Rede Manchete

Aconteceu, Virou História

Elmo Francfort

imprensaoficial

São Paulo, 2008

GOVERNO DO ESTADO DE
SÃO PAULO
TRABALHANDO POR VOCÊ

Governador José Serra

imprensaoficial Imprensa Oficial do Estado de São Paulo

Diretor-presidente Hubert Alquéres

Coleção Aplauso Série Especial

Coordenador Geral Rubens Ewald Filho

Apresentação

A relação de São Paulo com as artes cênicas é muito antiga. Afinal, Anchieta, um dos fundadores da capital, além de ser sacerdote e de exercer os ofícios de professor, médico e sapateiro, era também dramaturgo. As 12 peças teatrais de sua autoria – que seguiam a forma dos autos medievais – foram escritas em português e também em tupi, pois tinham a finalidade de catequizar os indígenas e convertê-los ao cristianismo.

Mesmo assim, a atividade teatral somente se desenvolveu em território paulista muito lentamente, em que pese o marquês de Pombal, ministro da coroa portuguesa no século 18, ter procurado estimular o teatro em todo o império luso, por considerá-lo muito importante para a educação e a formação das pessoas.

O grande salto foi dado somente no século 20, com a criação, em 1948, do TBC –Teatro Brasileiro de Comédia, a primeira companhia profissional paulista. Em 1949, por sua vez, era inaugurada a Companhia Cinematográfica Vera Cruz, que marcou época no cinema brasileiro, e, no ano seguinte, entrava no ar a primeira emissora de televisão do Brasil e da América Latina: a TV Tupi.

Estava criado o ambiente propício para que o teatro, o cinema e a televisão prosperassem entre nós, ampliando o campo de trabalho para atores, dramaturgos, roteiristas, músicos e técnicos; multiplicando a cultura, a informação e o entretenimento para a população.

A *Coleção Aplauso* reúne depoimentos de gente que ajudou a escrever essa história. E que continua a escrevê-la, no presente. Homens e mulheres que, contando a sua vida, narram também a trajetória de atividades da maior relevância para a cultura brasileira. Pessoas que, numa linguagem simples e direta, como que dialogando com os leitores, revelam a sua experiência, o seu talento, a sua criatividade.

Daí, certamente, uma das razões do sucesso desta *Coleção* junto ao público. Daí, também, um dos motivos para o lançamento de uma edição especial, dirigida aos alunos da rede pública de ensino de São Paulo e encaminhada para 4 mil bibliotecas escolares, estimulando o gosto pela leitura para milhares de jovens, enriquecendo sua cultura e visão de mundo.

José Serra
Governador do Estado de São Paulo

Coleção Aplauso

O que lembro, tenho.
Guimarães Rosa

A *Coleção Aplauso*, concebida pela Imprensa Oficial, visa a resgatar a memória da cultura nacional, biografando atores, atrizes e diretores que compõem a cena brasileira nas áreas de cinema, teatro e televisão. Foram selecionados escritores com largo currículo em jornalismo cultural, para esse trabalho em que a história cênica e audiovisual brasileiras vem sendo reconstituída de maneira singular. Em entrevistas e encontros sucessivos estreita-se o contato entre biógrafos e biografados. Arquivos de documentos e imagens são pesquisados, e o universo que se reconstitui a partir do cotidiano e do fazer dessas personalidades permite reconstruir sua trajetória.

A decisão sobre o depoimento de cada um na primeira pessoa mantém o aspecto de tradição oral dos relatos, tornando o texto coloquial, como se o biografado falasse diretamente ao leitor.

Um aspecto importante da *Coleção* é que os resultados obtidos ultrapassam simples registros biográficos, revelando ao leitor facetas que também caracterizam o artista e seu ofício. Biógrafo e biografado se colocaram em reflexões que se estenderam sobre a formação intelectual e ideológica do artista, contextualizada naquilo que caracteriza e situa também a história brasileira, no tempo e espaço da narrativa de cada biografado.

São inúmeros os artistas a apontar o importante papel que tiveram os livros e a leitura em sua vida, deixando transparecer a firmeza do pensamento crítico ou denunciando preconceitos seculares que atrasaram e continuam atrasando nosso país. Muitos mostraram a importância para a sua formação terem atuado tanto no teatro quanto no cinema e na televisão, adquirindo, portanto, linguagens diferenciadas – analisando-as com suas particularidades.

Muitos títulos extrapolam os simples relatos biográficos, explorando – quando o artista permite – seu universo íntimo e psicológico, revelando sua autodeterminação e quase nunca a casualidade por ter se tornado artista – como se carregasse desde sempre, seus princípios, sua vocação, a complexidade dos personagens que abrigou ao longo de sua carreira.

São livros que, além de atrair o grande público, interessarão igualmente a nossos estudantes, pois na *Coleção Aplauso* foi discutido o intrincado processo de criação que concerne ao teatro, ao cinema e à televisão. Desenvolveram-se temas como a construção dos personagens interpretados, bem como a análise, a história, a importância e a atualidade de alguns dos personagens vividos pelos biografados. Foram examinados o relacionamento dos artistas com seus pares e diretores, os processos e as possibilidades de correção de erros no exercício do teatro e do cinema, a diferença entre esses veículos e a expressão de suas linguagens.

Gostaria de ressaltar o projeto gráfico da *Coleção* e a opção por seu formato de bolso, a facilidade para ler esses livros em qualquer parte, a clareza e o corpo de suas fontes, a iconografia farta e o registro cronológico completo de cada biografado.

Se algum fator específico conduziu ao sucesso da *Coleção Aplauso* – e merece ser destacado –, é o interesse do leitor brasileiro em conhecer o percurso cultural de seu país.

À Imprensa Oficial e sua equipe coube reunir um bom time de jornalistas, organizar com eficácia a pesquisa documental e iconográfica e contar com a disposição, o entusiasmo e o empenho de nossos artistas, diretores, dramaturgos e roteiristas. Com a *Coleção* em curso, configurada e com identidade consolidada, constatamos que os sortilégios que envolvem palco, cenas, coxias, *sets* de filmagem, cenários, câmeras, textos, imagens e palavras conjugados, e todos esses seres especiais – que nesse universo transitam, transmutam e vivem – também nos tomaram e sensibilizaram. É esse material cultural e de reflexão que pode ser agora compartilhado com os leitores de todo o Brasil.

Hubert Alquéres
Diretor-presidente da
Imprensa Oficial do Estado da São Paulo

A vida só é digna de ser vivida quando se faz algo pela vida em vida.

Adolpho Bloch

A todos os meus amigos, familiares, funcionários e telespectadores da Rede Manchete de Televisão que construíram essa grande história. Em especial ao meu irmão, Arthur Francfort Ankerkrone, que se encaixa em todas essas categorias e que foi meu braço direito na criação deste livro.

Também à *madrinha* Vida Alves, eterna guardiã da história da TV.

E, *in memoriam*, a Luiza Barthel, Adélia e Julio Francfort.

Elmo Francfort

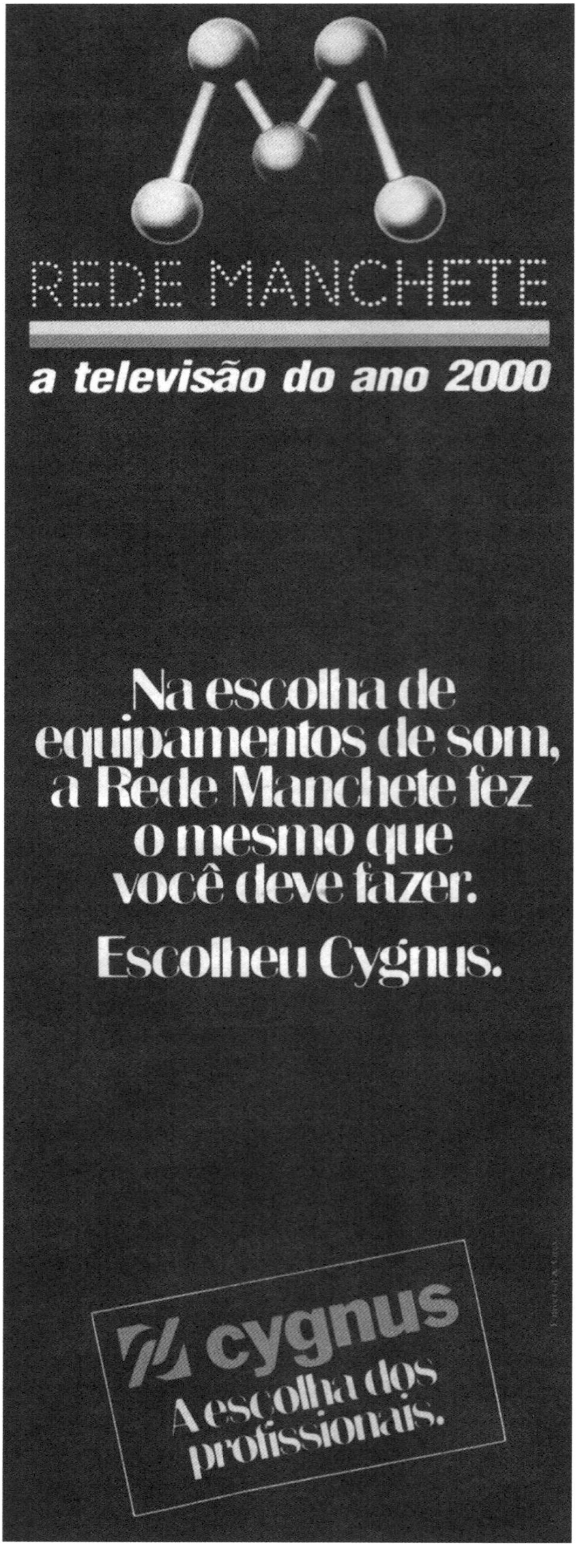

Anúncio, da semana de lançamento, publicado na revista Manchete

Prefácio

Imagine o fim da CBS... da ABC... da NBC... Daquele canal que nos deu *Jeannie é Um Gênio... Batman... Perdidos no Espaço*!!!
Não dá pra não sentir inveja da TV americana, com suas redes sólidas e seus programas tão bem preservados e distribuídos para o mundo inteiro...
No Brasil, tendemos a encarar como descartável a programação de TV. Ironicamente, as próprias emissoras acabam freqüentemente descartadas. Sempre achei isso muito relativo. Como considerar descartável uma entrevista histórica com Fidel Castro ou um musical exclusivo com B.B. King ou Chico Buarque? Alguém já disse que televisão não é arte, e não é mesmo. É um veículo que pode oferecer entretenimento, arte, notícia, cenas memoráveis e abobrinhas descartáveis – graças a Deus! Tive a sorte de sintonizar a TV Excelsior, a TV Rio, a TV Tupi... E a tristeza de ver suas câmeras se desligarem. Dentre as emissoras mais queridas do telespectador brasileiro, apenas a Globo entrou no século 21. Não, a TV Record não conta, pois virou uma rede com novos donos e mentalidade comprometida com a religião, sem qualquer resquício de sua gloriosa história nos anos 60.
Em 1983, a chegada de uma nova estação de TV no Rio de Janeiro deixou os cariocas alvoroçados. Havia muito tempo que esperávamos por isto – um melhor mercado de trabalho para profissionais e a promessa de mais diversão na telinha. Confesso que levei um susto quando, no terraço do Edifício Manchete, foi erguida uma gigantesca letra M prateada e reluzente.
Fui criado numa época em que as mães já não eram apenas donas-de-casa. Não havia computador nem videogame. Brincadeira de rua não era comum na cidade grande. A televisão era a nossa babá eletrônica. Meus ídolos nos anos 60 e 70 foram o Capitão Aza e o National Kid. Por isso, entendi perfeitamente quando os pimpolhos dos anos 80 elegeram Xuxa sua rainha e *Jaspion* seu herói – os equivalentes dessa geração, ambos apresentados pela Manchete. Portanto, as crianças dessa época tiveram aquele novo canal como principal referência.
Ainda sobre esses já distantes anos, foi na década de 1960 que as novelas viraram mania. Com o fim da Tupi em 1980, poucos telespectadores se animaram a espiar as novelas que estreavam em outro canal além da Globo, que foi a principal responsável pela evolução do formato, com seu *padrão de qualidade*. Mas não é que eu me peguei acompanhando regularmente *Kananga do Japão* e *Rosa dos Rumos*, com bastante interesse? A Manchete provou que era possível movimentar a audiência.
Esteticamente, a TV Manchete também fez história, travando um duelo de imagens apuradas com a Globo, especialmente com as novelas e minisséries.

Poucas vezes ameaçou a hegemonia da emissora do *Plim-plim*, mas não se pode negar que em toda sua existência ela surpreendeu com boas produções e roubou fatias da audiência. A saudável concorrência era nivelada por cima, ao contrário do que ocorreu nos anos seguintes, com a rendição de todas as emissoras à programação popularesca e apelativa.
Mesmo a minha orgulhosa memória foi salteada com os momentos documentados por Elmo neste livro. Percebi que a Manchete era mais importante na minha vida do que eu supunha. Muitos leitores terão a mesma sensação nas páginas que se seguem. E a riqueza de detalhes dará uma boa dimensão dessa história àqueles que não tiveram a oportunidade de conhecer o canal.
Na opinião deste típico telespectador, o ensolarado Rio de Janeiro continua merecendo uma nova televisão, digna de transmitir seu jeito e sua alegria para o país. Hoje não consigo passar diante da Rua do Russel, na Glória, sem sentir saudade daquele hediondo M prateado que quase me cegava nos dias de sol.

Rixa *

** Ricardo Xavier, o Rixa, é roteirista do Vídeo Show (Rede Globo) desde 1984 e autor do livro* Almanaque da TV – 50 Anos de Memória e Informação*, considerado atualmente como a* bíblia *sobre a história da televisão brasileira.*

O Último Funcionário

Cresci com a Manchete. Crescemos juntos. E talvez seja esta a razão pela qual eu tanto me apeguei à emissora. Desde cedo pude conhecer a Manchete por todos os lados. Eu, um telespectador, com um tio diretor administrativo e um irmão *cameraman*. Uma Manchete vista por quem liderava, por quem fazia funcionar e, é claro, por quem assistia. Nos já longínquos anos 90, lembro-me das greves e de como esses fatos chegavam na minha casa. Via meu tio contando dos piquetes na frente da Rua Bruxelas, onde existia a torre paulistana da Manchete, e meu irmão falando que dava para ver a decadência da emissora em pequenos detalhes, como na falta de reposição de materiais higiênicos. Na tela, a novela *Amazônia* virada de ponta-cabeça, sem esquecer de cartazes dos funcionários no ar, reclamando sobre salários atrasados. Mas, felizmente, acompanhei fases melhores, antes e depois. E é dessas que tirei a base do que sei sobre televisão. Enquanto na escola meus colegas ficavam impressionados com a mágica de Nani Venâncio virando onça na abertura de *Pantanal*, eu já tinha noções básicas do que era um *chroma-key*.

Mesmo novo, freqüentei a Manchete, sempre acompanhando meu irmão, e nessas ocasiões pude sentir um clima bom na emissora. Um ambiente de coleguismo, de amizade, de família, com brincadeiras rolando soltas enquanto um ensinava o outro, sem a preocupação da famosa *puxação de tapete*.

Ao fazer este livro, vi que esse espírito não se restringia à Manchete de São Paulo, mas sim a todas as emissoras, principalmente à Manchete carioca, a nave-mãe da rede. É um espírito coletivo que até mesmo os funcionários desconheciam, na ânsia de querer dar o melhor, independente da audiência. Era um time que nunca teve medo de desafiar a líder no Ibope, mesmo que estivesse o mais distante da liderança. Provas disso eram as superproduções de teledramaturgia, as coberturas carnavalescas, os cuidados com toda a linha de show, a preocupação com os infantis e, é claro, a ousadia de seu telejornalismo. Eram freqüentes as vezes em que o microfone da Manchete avançava centímetros à frente do da Globo, quase fazendo com que o entrevistado engolisse o microfone.

A Manchete deixou bem claro na história da televisão que aqui esteve para se transformar em uma grife de televisão de qualidade, de credibilidade, profissionalismo, capricho, criatividade e ousadia. Esteve na busca eterna de seus ideais, na superação dos limites e também acabou abusando, como poderão ver neste livro. Promoveu a cultura e o debate em suas coberturas, mas passou da mais tecnológica emissora do país à que precisava mais urgentemente da renovação dos seus equipamentos. Foi um cometa que passou pela história.

Ou melhor, um ***M*** que sobrevoou o país por uma década e meia, fazendo escola. Que modificou a televisão com atrações como *Pantanal*, marco de nossa teledramaturgia, e *Conexão Internacional*, com nomes jamais vistos na TV. Todos que lerem esta obra entenderão comigo as razões pelas quais uma televisão como essa faz falta atualmente. Sinto falta daquela TV na qual desde cedo tive o sonho de trabalhar. Queria me formar e tentar estágio na Manchete mas, antes de contar com essa possibilidade, ela fechou as portas. Foi então que tentei realizar esse sonho de outras formas, agora por meio da Pró -TV, a Associação dos Pioneiros da Televisão, donos do projeto do Museu da TV e, portanto, passíveis de abrir os braços à preservação da história da Manchete por meio da adoção do logotipo da emissora, o ***M***, que ainda existia em São Paulo. Em abril de 2002, entrei em contato com Lu Bandeira, secretária da presidente (e pioneira) Vida Alves, e soube da impossibilidade de abrigarem o ***M***. Em 2004, soube pelos jornais que a peça havia sido cortada e derretida – era o fim de um sonho. Mas graças àquele primeiro contato, tornei-me funcionário da Pró-TV, responsável pela consultoria histórica, e tomei consciência da grande dificuldade de se preservar a história do meio. É por essa razão, também, que dedico aos pioneiros e aos membros da associação esta obra.

Foi ao fazer este livro, que pude, indiretamente, realizar o sonho de trabalhar na Manchete, que vi renascendo em cada depoimento, em cada um dos rostos de seus ex-funcionários. Fiz uma maratona por todas as emissoras. Estive no Russel, voltei a São Paulo, fui ao Limão... E por conta disso, tive a satisfação de ser apelidado por muitos de o *último funcionário da Manchete.* Vesti assim, definitivamente, a camisa que tanto almejei. Obrigado colegas, obrigado Manchete.

Elmo Francfort

Capítulo I
A História Cronológica

O surgimento e os primeiros passos da Rede Manchete de Televisão
As raízes da Televisão do Ano 2000.

Se o Brasil e o mundo acreditavam que já tinham passado por tudo com as grandes transformações das três últimas décadas, estavam enganados. Com a chegada dos anos 80, nada ficou como antes. Inglaterra e Argentina brigaram pela Ilhas Malvinas e o Brasil, quem diria, perdeu a Copa de 1982, adiando mais uma vez, a promessa do Tetra. Tínhamos um Governo Militar, mas também o início do movimento pelo voto direto.

Na televisão, um grande momento acontecia. A Globo perdia sua principal concorrente, a pioneira Rede Tupi, afundada em dívidas. E esse divisor de águas marcou uma modificação no panorama da televisão. Era o começo de uma nova história.

Prólogo (1981 / 1983)

A possível criação de uma rede, sustentada por um grupo de peso que poderia fazer oposição ao regime, não interessava ao Governo Militar que, para evitar esse problema, utilizou a Lei de Salomão: o lote de concessões das emissoras da Tupi foi dividido em duas partes, que viriam a ser chamadas pela imprensa de *Rede A* e *Rede B*. A *Rede A* era formada pelas antigas emissoras:

- Canal 6 (ex-TV Tupi, Rio de Janeiro – RJ)
- Canal 6 (ex-TV Rádio Clube, Recife – PE)
- Canal 2 (ex-TV Ceará, Fortaleza – CE)
- Canal 4 (ex-TV Itacolomi, Belo Horizonte – MG)

Na *Rede B*, ficaram:

- Canal 4 (ex-TV Tupi, São Paulo – SP)
- Canal 5 (ex-TV Marajoara, Belém – PA)
- Canal 5 (ex-TV Piratini, Porto Alegre – RS)

O Ministério das Comunicações colocara também na concorrência os canais 9 de São Paulo (ex-TV Excelsior) e do Rio (ex-TV Continental), que estavam desocupados há mais de uma década. João Saad, do Grupo Bandeirantes de Comunicação, entrou com a oferta de utilizar o Canal 9 para a TV Bandeirantes e colocar na concorrência, dentro da *Rede A*, o Canal 13 de São Paulo – dizia-se que muitos telespectadores não iam até o 13, o último canal de TV aberta.

Concorreram diversos grupos: Jornal do Brasil, Abril, Bloch Editores, Visão (Grupo Maksoud), Capital (da Rádio Capital de São Paulo), Silvio Santos e Bandeirantes (interessado apenas na mudança de canal).

Jardim da torre da TVS, *no bairro do Sumaré (SP), onde originalmente foi a TV Tupi, anos 80*

Em São Paulo, o Grupo Abril era o favorito e no Rio, o JB. Foram nove meses de concorrência e em 19 de março de 1981, a *Rede A* ficaria com a Bloch Editores e a *Rede B* com o Grupo Silvio Santos. Cinco meses depois, Adolpho Bloch e Silvio Santos assinaram as concessões em momento mostrado ao vivo pela televisão. Pelas sedes dos grupos, a *Rede A* seria comandada pelo Canal 6 carioca e a *Rede B* pelo Canal 4 de São Paulo. Foi assim que Silvio Santos inaugurou a TVS, Canal 4, de São Paulo.

Problemas técnicos impediram que a Bandeirantes passasse a usar o Canal 9 – mesmo aprovada a mudança, a emissora continuou no 13, ficando o 9 reservado para a futura TV Manchete.

Em 19 de março de 1981, o Governo Federal encerrou a disputa pelas concessões que haviam sido cassadas das Emissoras Associadas, que formavam a Rede Tupi, e de mais duas emissoras. No caso de Silvio Santos, as concessões ficaram no nome de Carmem Abravanel, sua esposa, pois ele já possuía a TVS, Canal 11 do Rio de Janeiro; junto com as demais outorgas, recebera a concessão do Canal 9 fluminense, antigamente ocupado pela TV Continental. Como sócio majoritário da TV Record paulistana, ele faria do Canal 9 a Record carioca. Anos depois, já no final da década de 1980, por força da lei que não permite que o mesmo grupo controle duas emissoras na mesma banda de freqüência, na mesma cidade, o Grupo Sílvio Santos viria a se desfazer de sua participação nas emissoras Record.

A decisão de dar uma das novas redes ao Grupo Silvio Santos provocou reações inesperadas. Ex-funcionários da Tupi entraram em luto, pendurando uma imensa faixa preta em uma das janelas centrais do andar superior do pequeno prédio do Sindicato dos Radialistas de São Paulo. Afirmavam que Silvio Santos não cumpriria a promessa de absorver o quadro de funcionários das Emissoras Associadas. Nada fizeram contra as Empresas Bloch. Adolpho Bloch, no entanto, sem se comprometer com a contratação de ex-funcionários da Tupi, foi o primeiro a admitir um deles: Rubens Furtado, ex-diretor geral da Rede Tupi, que ocuparia o mesmo posto na nova emissora e sua primeira função seria pesquisar, em Nova York, os melhores equipamentos para a futura TV Manchete.

Os Órfãos da Tupi

Os funcionários da Tupi viveram anos difíceis entre a falência da emissora e a criação das novas redes. Para entender melhor essa época, entre 1980 e 1982, consultei Cyro Del Nero, que foi o último diretor de arte da Rede Tupi e que comenta esse período: *Quando a Tupi foi fechada, os profissionais, os famosos tupiniquins, já não recebíamos salários há meses. E nos últimos tempos, tinham recebido salário em forma de caminhão de abacaxi e cheque sem fundo.*

Nos últimos meses, nós, diretores da Tupi, fomos convocados pelo Calmon para uma reunião no prédio dos Diários Associados, na Rua 7 de Abril, fomos esperando uma solução pra aquele estado catastrófico, porque o Calmon representava a estrutura e a direção da rede. Ouvimos dele o contrário. Durante quase uma hora, ele foi discursivo, retórico e inútil. Ficamos silenciosos, atônitos, diante da cara-de-pau do Calmon de fazer um discurso sobre coisa nenhuma.

Em Construção

Com mais de 70 anos de idade, Adolpho Bloch era contra a idéia de se aventurar em um novo meio. Dizia que seu negócio era o mercado editorial, onde já fazia sucesso, e acreditava que uma emissora de televisão representaria desperdício de dinheiro. Foi depois de muitas discussões que chegou à conclusão de que era necessário entrar na mídia eletrônica, seguindo o caminho percorrido por todos os tradicionais veículos impressos. Partiu para a concorrência dos canais e ganhou. Também enveredou-se nas ondas do rádio, comprando a Rádio Federal AM do Rio de Janeiro, que seria transformada em Manchete AM, e outras emissoras em capitais brasileiras. Bloch se meteu de cabeça nos projetos e Oscar Bloch Sigelmann, seu sobrinho e vice na Bloch, e Flávio Cavalcanti Júnior foram figuras importantes nas negociações de seu grupo com o Governo.

Em 1981, após ganhar as concessões, Adolpho Bloch começou a tirar do papel os projetos da Rede Manchete. Aplicou dinheiro na compra de um terreno de 300 mil metros quadrados no bairro carioca de Água Grande e pediu ao amigo Oscar Niemeyer que projetasse um segundo prédio no terreno, ao lado do Edifício Manchete (Rua do Russel, 804). Em 1982, teve início a construção do prédio da televisão, com entrada pelo nº. 766. Os dois prédios pareciam um único por causa da mesma altura e do estilo da fachada, em aço e vidros escuros. Foram encomendados também outros projetos para as demais sedes da Manchete em São Paulo, Fortaleza, Belo Horizonte e Recife. Ainda estava sendo negociado com Niemeyer o projeto da construção de um centro de produção da TV Manchete na Barra da Tijuca, a Cidade da TV, englobando uma área de 100 mil metros quadrados, que seria inaugurado em 1985, que acabou não se concretizando.

A Rede Manchete teria Rubens Furtado na direção geral; Moysés Weltman na programação; Zevi Ghivelder, Mauro Costa e Michel Laurence no jornalismo, mais Heitor Augusto e Júlio Bartolo, em São Paulo, e Alexandre Garcia, em Brasília, além de mais duzentos jornalistas; Samuel Tolbert, na implantação da engenharia; Francisco Cavalcanti, na técnica, entre outros. Os novos jornalistas surgiriam de um curso de telejornalismo realizado pela própria Manchete e divulgado em todas as publicações da Bloch Editores, e que teria prosseguimento após a inauguração.

Rubens Furtado e Pedro Jack Kapeller, o Jaquito, sobrinho de Adolpho Bloch, foram para o Exterior providenciar o equipamento necessário à televisão. Jaquito foi para o Japão, Alemanha e Estados Unidos e adquiriu os equipamentos mais modernos do mercado, auxiliado por Samuel Tolbert, um dos mais brilhantes gênios técnicos da televisão americana, contratado para dar vida à nova emissora. O engenheiro Francisco Cavalcanti (Chiquinho), diretor técnico da rede, ficou nos Estados Unidos por um bom tempo antes da montagem da emissora, fazendo estágios nas principais emissoras para poder lidar com os novos equipamentos.

Bloch desembolsou 50 milhões de dólares para o desenvolvimento inicial da rede, sendo 27 milhões para a compra de equipamentos, 12 milhões para compra de filmes e o restante em pessoal e demais despesas, cifras altíssimas mesmo para os dias de hoje. O investimento em filmes representava o maior lote de superproduções já adquirido pela televisão brasileira até aquela data. Eram filmes que só poderiam ser exibidos três vezes no espaço de dois anos.

O Teatro Adolpho Bloch foi desativado para transformar-se em auditório da televisão. O show inaugural seria realizado ali, com direção do cineasta Nelson Pereira dos Santos, considerado pai do Cinema Novo brasileiro. A Manchete firmou alguns acordos na ocasião, fechando parcerias com as principais agências de notícias internacionais para reforçar seu telejornalismo. Firmou contrato também com sua primeira afiliada, a TV Pampa de Porto Alegre.

VENHA APRENDER TELEJORNALISMO

Faça a sua inscrição no I Curso Manchete de Telejornalismo. Os candidatos deverão estar cursando o oitavo período de Comunicação ou já formados a partir de dezembro de 1980.
O I Curso Manchete terá a duração de oito semanas, incluindo atividades de natureza profissional e familiarização com o sistema de televisão. As aulas serão às 2as., 4as. e 6as. feiras, das 9 às 11 horas.
No final do curso você receberá um certificado e as Empresas Bloch aproveitarão em seus quadros os alunos que se adequarem às vagas disponíveis.
Inscrições até o dia 31 de maio na Rua do Russell, 766. Traga duas fotos 3x4 e Carteira de Identidade.
O curso é inteiramente gratuito

I CURSO MANCHETE DE TELEJORNALISMO

REDE MANCHETE
a televisão do ano 2000

Anúncio na revista Manchete, *em busca de novos talentos em telejornalismo, 1983*

REDE MANCHETE

Foram montadas cinco torres de televisão em dois anos, uma em cada emissora própria. Curiosamente, as antenas da TV Manchete de São Paulo e do Rio de Janeiro ficavam no Sumaré. No primeiro caso, no bairro da capital paulista; no segundo, no morro onde estão todas as torres de TV da capital fluminense.

A agência de publicidade DPZ ficou responsável pela criação do logotipo da nova emissora: o ***M*** de Manchete era composto de cinco esferas e quatro cilindros, cada esfera significando uma das cinco emissoras da rede.

Bloch poderia perder os canais se não colocasse a programação no ar dentro de dois anos após a assinatura das concessões. Começou então uma corrida contra o relógio, até mesmo porque os cuidados no planejamento da Manchete atrasavam a estréia.

Na sexta-feira, 13 de maio de 1983, às 15h27, a Rede Manchete gerava seu primeiro sinal de teste, prometendo o mais perfeito padrão de imagem, uma qualidade incomparável com a dos demais canais. Por essa razão, Rubens Furtado anunciou à mídia que primeiro entrariam no ar os canais do Rio de Janeiro, São Paulo e Belo Horizonte. Os de Fortaleza e Recife entrariam até outubro por causa de problemas técnicos a serem solucionados.

É divulgada a data de 29 de maio às 19 horas para a grande estréia. Duas semanas antes, a inauguração foi transferida para o domingo seguinte, 5 de junho, para que tudo estivesse funcionando nos mínimos detalhes. Bloch começou, então, uma divulgação maciça das emissoras nas publicações do grupo. Só a *Revista Manchete*, na semana da inauguração, publicou três anúncios com o logo da emissora, dois no rodapé e um de duas páginas, em cores, anunciando a estréia da TV Manchete. Na semana seguinte, um encarte, dentro da revista, mostrava tudo sobre a inauguração, fornecendo razões para que a Manchete fosse assistida. Estava tudo pronto para que a moderna e sofisticada "televisão do ano 2000" entrasse no ar.

A Grande Inauguração

Das primeiras emissoras da Rede Manchete, a única que já estava no ar era a afiliada TV Pampa, que operava como estação independente. As emissoras do Rio, Belo Horizonte, Fortaleza e Recife voltariam ao ar após três anos de inatividade. A de São Paulo, depois de treze anos.

Na semana de 30 de maio a 5 de junho, foi colocada no ar uma mensagem, em letras amarelas sobre um fundo magenta, informando que dentro de alguns dias entraria no ar a TV Manchete. A imagem, segundo relatos, era superior ao de qualquer outro canal.

A TV Manchete entrou no ar, oficialmente, em 5 de junho de 1983, às 19 horas. Desde às 18 horas, no entanto, a Rua do Russel e a Avenida Beira-Mar apresentavam uma movimentação típica de noite de gala, com direito a autoridades e figuras da sociedade que entraram pelo *hall* do prédio novo, no nº. 766, construído para abrigar a televisão. Adolpho Bloch recebem seus trezentos convidados no 10º andar do Edifício Manchete.

19 horas – Entrou o *top* de 8 segundos e surgiu Adolpho Bloch, sem áudio. Sua imagem saiu do ar, dando lugar ao primeiro comercial da emissora. A imagem foi um espaço vazio e escuro, onde aos poucos aparece um homem de smoking, carregando em cada uma das mãos uma lata de Lubrax-4 (óleo lubrificante da Petrobrás), e anunciou: *Lubrax-4 saúda a entrada da TV Manchete.* O comercial retornou à programação inaugural nos intervalos seguintes.

No discurso de Adolpho Bloch, que se seguiu, ele justificou a falha: *São coisas eletrônicas, uma pecinha só e pronto!* Respirou e continuou: *Para nós, a televisão representa responsabilidade. Estamos produzindo uma programação de alto nível. Com emoção, posso dizer que a Rede Manchete é Bloch. É um dever mencionar o pioneiro Assis Chateaubriand, um homem de grande visão. Apresento minhas saudações à TV Educativa, à TV Cultura, à TV Bandeirantes, à TV Gazeta, à TV Silvio Santos, à TV Record, às emissoras independentes e à Rede Globo de Televisão. E ao Sr. Roberto Marinho, uma amizade que já passa de meio século. Deixo com vocês, meus amigos, a Rede Manchete de Televisão. Ela está no ar.*

A TV Silvio Santos a que se referiu Bloch é a TVS (TV Studios) – na época, muitos acreditavam que o S era o nome do patrão do SBT.
Entrou no ar, em seguida, uma vinheta na qual o M da Manchete sobrevoou diversas capitais do país até pousar no alto do Russel. Continuando, o presidente João Figueiredo fez uma saudação e falou das responsabilidades que a nova rede teria com a nação, concluindo com a frase: *Adolpho Bloch tem mais anos de Brasil que a maioria de nós.* Também o Governador do Rio de Janeiro, Leonel Brizola, destacou a importância da inauguração, ressaltando a figura de Adolpho Bloch: – *É uma figura que por si só dá projeção e conteúdo aos acontecimentos.*
Intervalo – Na volta, começou o show *Mundo Mágico*, feito de gravações de números musicais nas instalações da Bloch e espetáculos, no estúdio principal (antigo Teatro Adolpho Bloch). Um dos primeiros números foi o da banda Blitz, que passeou pelas instalações do Parque Gráfico de Parada de Lucas, mostrando ao telespectador a dimensão do patrimônio da Bloch: a redação das revistas, a Escola Ginda Bloch (em Teresópolis), os laboratórios e estúdios fotográficos da editora e a própria televisão. Depoimentos de funcionários das empresas do grupo, até da televisão, foram inseridos, além de reportagens sobre o que e como era produzido dentro dessas empresas. O público tomou contato com

Adolpho Bloch posa ao lado da câmera, às vésperas da inauguração (1983)

REDE MANCHETE

os apresentadores da rede e reforçou a constatação de que a Rede Manchete possuia a melhor imagem e o melhor áudio da época.

Aos poucos, a audiência da noite foi crescendo. Milton Nascimento cantou ao lado de Ney Matogrosso, depois entraram os gaúchos Kleiton e Kledir. Paulinho da Viola veio com seu violão e tocou um samba. Bailarinos acompanharam todos os números, no ritmo das canções. Astor Piazzola e seu bandoleon interpretaram *Adios, Nonino* e, em um tape internacional, Gregg Burge, Zizi Jeanmaire e o Balé Nacional de Marselha recriaram o *Can Can*, de Cole Porter, sob a direção de Roland Petit. A câmera focalizou Arthur Moreira Lima tocando *Carinhoso* – tratava-se da primeira grande apresentação do pianista em televisão após ter retornado da Europa, onde morou por duas décadas. Saiu o pianista e entrou Elba Ramalho pulando, sorrindo, cantando alto. É a preparação para a entrada do número de Alceu Valença, uma das atrações mais comentadas da semana – nessa hora, a Manchete já ocupava o segundo lugar na audiência.

Entrou Dona Yvone Lara, marcando presença com o samba de raiz – a potência de sua voz foi mais bem percebida graças à qualidade do som da Manchete. As baianas da Portela se integravam ao show e a câmera então focalizava o teclado: abriu-se o zoom e Sérgio Mendes continuou sua performance. O palco se esvaziou e do canto surgiu Ana Botafogo e Fernando Bujones. A leveza do balé era mostrada por todos os ângulos. Quando saíram, seis bailarinas, umas de vestido preto, outras de vermelho, dançavam um tango bem coreografado. O tango continuou a ser dançado por Cláudio Tovar e Lucinha Lins. Uma seqüência de futebol apareceu entre um número e outro. No gramado, o Flamengo, num jogo da semana anterior.

O último musical foi da cantora Watusi que, usando na cabeça um adorno de penas laranja, rabo de pavão, aparece no alto de uma escadaria, sendo recebida por oito bailarinos de terno e cartola dourada, no estilo *Broadway*. Ela desceu da escada, encontrou várias bailarinas com roupas parecidas, e dançou, enquanto cantava *É Luxo Só*.

22 horas – Teve início a programação de filmes com a apresentação de *Contatos Imediatos de Primeiro Grau*, de Steven Spielberg. A emissora chegou ao primeiro lugar em audiência, já em sua inauguração. As primeiras notas do tema do filme se transformavam no *plim-plim* da emissora (anos antes, a Rede Tupi as utilizou também). Um número impressionante de anunciantes, quantidade nunca vista em um show inaugural, aparece com seus comerciais: Petrobrás, Shell, Atlantic, Nestlé, Omo, Gigante Branco, Philips, Walita, Maggi, Gillette, General Motors, Supergasbrás, Gradiente, Ariola, Consul, Minerva, Odyssey,

Ponto Frio, Brastemp, Sul América, Souza Cruz, Volkswagen, Johnson & Johnson, Doriana, entre outros.

1 hora – A programação saiu do ar. Respirou-se com alívio. Fora alguns imprevistos, tudo correu como o planejado na primeira noite da nova rede, uma noite de sucesso. Ficaram na emissora alguns funcionários que adiantaram a programação da semana.

No dia seguinte, a repercussão estava nos jornais e na boca do povo. Uma nova rede tinha chegado... E pronta para disputar a audiência.

Temida por uns, aguardada por outros, a estréia da Rede Manchete deu um novo pique à briga de audiência entre os canais, tanto em São Paulo como no Rio de Janeiro. O show *Mundo Mágico* tinha dado bons resultados, com 33 %, chegando perto do Fantástico, da Rede Globo (35%), que desde sua estréia, em 1973, nunca havia sido ultrapassado, nem ameaçado em sua liderança. Já o filme *Contatos Imediatos de Terceiro Grau*, às 22 horas, fez com que a Manchete ultrapassasse a Globo em audiência.

Em São Paulo, a vitória foi de 27 contra 12. A nova rede não pretendia alcançar o primeiro lugar, mas almejava o segundo, o que havia conseguido já naquela semana no Rio de Janeiro – em São Paulo, a TVS ainda estava na frente. Acreditava-se que com a chegada da nova emissora, as concorrentes mais frágeis (Bandeirantes e Record) precisariam se precaver contra uma possível crise, principalmente porque o mercado não acreditava poder absorver mais uma rede.

A Globo fez questão de preparar alguns trunfos para segurar a audiência, no mínimo, na primeira semana. Atacou com as novelas, seu carro-chefe. Assim, na segunda-feira, dia 6, estreou a nova novela das 19 horas, *Guerra dos Sexos*, que, além de ser anunciada freqüentemente pela emissora, trazia encabeçando a trama dois nomes de peso: Fernanda Montenegro e Paulo Autran. Cenas de ação, aventura e principalmente humor deram um toque especial à atração que durante a semana ficou em primeiro lugar, com 50% a 60% de audiência. A Globo usou a mesma estratégia em suas outras novelas, colocando nos roteiros revelações surpreendentes e fatos que mudariam as tramas, como a morte de personagens.

A Manchete também tinha algumas surpresas para o seu segundo dia de vida: apresentando desenhos animados inéditos e brincadeiras no palco em um formato diferente do que acontecia nos demais programas infantis, a modelo Xuxa Meneghel encarou o desafio de comandar o *Clube da Criança*, às cinco da tarde, abrindo as transmissões da rede naquela fase. Nesse mesmo dia, estreou, às 19 horas, o *Jornal da Manchete*, exibido até as 20h40. Com quase duas horas de duração,

DE JUNHO

O maior acontecimento de 1983

TV MANCHETE - CANAL 9 - SP

— a televisão do ano 2000

Anúncio de estréia da Rede Manchete, publicado em maio de 1983, com a 1ª vinheta da emissora

No Russel, Adolpho assiste à estréia da Rede Manchete, com seu discurso inaugural (5/6/1983)

Show inaugural da TV Manchete, Mundo Mágico *(5/6/1983), com Watusi ao centro*

dividido em segmentos de variedades, esportes, noticiário nacional e internacional, exibindo as notícias com maior profundidade, foi recebido com impacto e considerado o telejornal com maior credibilidade do país, antes do final daquele ano. Durante a primeira semana, o *Jornal da Manchete* disputou o segundo lugar com a TVS no Rio e, o terceiro com a Record em São Paulo, quando não o segundo também com a TVS paulistana.

O ataque da Manchete continuou depois do final da novela das oito na Globo, com a apresentação, em sua faixa nobre, das séries *Fama* (baseada no filme homônimo), *O Caçador de Aventuras* (inspirada no sucesso do filme *Os Caçadores da Arca Perdida*) e a de maior sucesso de todas, que chegou a conquistar o primeiro lugar nas noites de segunda-feira: *Acredite se Quiser* (*Ripley´s Believe it or Not*), apresentada por Jack Palance, e que dois anos depois da estréia chegou a ter um segmento nacional depois do último bloco, chamado *Acredite se Quiser – Brasil,* apresentado pelo ator Walter Forster. Na quinta-feira, dia 9, estreou *Conexão Internacional*, programa que trouxe as maiores entrevistas da época, apresentado por Roberto D´Ávilla e amplamente divulgado durante a semana.

Televisão de Primeira Classe (1983 / 1988)

A TV Manchete começou a se consolidar, ainda no ano de 1983, como uma nova opção de qualidade na televisão brasileira, e se manteve, entre altos e baixos nessa sua primeira fase, até 1988. Ou seja:

1983

• Os primeiros destaques foram *Bar Academia,* com Walmor Chagas e *Clube da Criança*, com a estreante Xuxa. O Russel virou, ao mesmo tempo, o paraíso das crianças, que lotavam diariamente o antigo Teatro Adolpho Bloch com suas mães, e um palco para a nata da música popular brasileira.

• *Conexão Internacional*, com Roberto D'Ávilla, também se mostrou uma forte opção de entretenimento, na medida em que muitos nomes que ali apareciam jamais tinham estado na televisão.

• O *Jornal da Manchete* deu uma nova cara ao telejornalismo brasileiro, ao trazer, além das notícias, informações sobre cultura e espetáculos, sem deixar de lado as reportagens internacionais e o dia-a-dia do esporte.

• Aos domingos, entrou no ar a revista eletrônica da Rede Manchete: o *Programa de Domingo* foi um dos mais duradouros na história da emissora.

• Começaram a ser produzidos musicais e séries. Os musicais eram realizados também no estúdio B, onde eram montados cenários complexos para transformá-los em grandes produções. Utilizou-se mais da criatividade do que dos efeitos especiais. Passaram por lá Chico Buarque, Gilberto Gil, Caetano Veloso, entre outros. Grandes concertos também foram transmitidos pela Manchete, firmando a posição de TV de *Primeira Classe*.

• As séries, em sua maioria, eram feitas em parceria com a *Intravídeo*, produtora de Roberto D'Ávilla, Walter Salles Júnior e Fernando Barbosa Lima. Ganharam audiência, ao longo da década de 80, por mostrarem lugares e histórias nunca explorados pela televisão. *China: O Império do Centro*, *Xingu – A Terra Mágica dos Índios* e *Kuarup* foram algumas dessas séries que entraram para a história. Além das séries nacionais, as estrangeiras também fizeram sucesso. Foi o caso de *Acredite, Se Quiser*, pela primeira vez exibida na América do Sul.

• Surgiu no vídeo um novo talento: Patrícia Pillar, apresentadora do programa de videoclipes *FM TV*.

1984

• Depois da inauguração, a primeira vez que a Manchete posicionou-se pra valer foi durante o Desfile das Escolas de Samba, quando foi inaugurado o sambódromo da Marquês de Sapucaí, no Rio de Janeiro. A Globo acabou por não transmitir o evento e a audiência foi toda para a Manchete.

• Nasceu o programa *Manchete Esportiva*, com Paulo Stein e Márcio Guedes, e *Toque de Bola*, aos domingos, entrou no ar com os dois apresentadores e mais uma dupla: Alberto Léo e João Saldanha.

• Zevi Ghivelder, Carlos Heitor Cony, Maurício Shermann e outros se reuniram para decidir se apostariam ou não na teledramaturgia. Ao decidirem que sim, tiveram início as contratações de autores, atores e diretores, muitos vindos da Tupi, da Globo e do núcleo da Bandeirantes, que já se encontrava em crise. Até 1987, a Manchete reuniu um forte time de autores (Wilson Aguiar Filho, Manoel Carlos, Glória Perez, Geraldo Vietri, Geraldo Carneiro, José Antonio de Souza, Sylvan Paezzo, Bráulio Pedroso, José Louzeiro, Mário Prata, Leila Miccolis, etc.) e de diretores (Ary Coslov, Herval Rossano, Atílio Riccó, José Wilker, Mário Márcio Bandarra, David Grinberg, Denise Saraceni, Jardel Mello, Walter Campos, Luiz Fernando Carvalho, Marcos Schetman, Tânia Lamarca, Luiz Antônio Piá, entre outros).

• Passaram a fazer minisséries. A primeira foi *Marquesa de Santos* (1984), com Maitê Proença e Gracindo Júnior, que alcançou média de 7 de pontos, colocando a Manchete apenas atrás da Globo e SBT, no Ibope.

• Iniciaram-se os comícios pelas *Diretas Já*, transmitidos primeiramente pela TV Cultura e em seguida pela Bandeirantes (em São Paulo) e pela Manchete (no Rio de Janeiro) – aos poucos as outras emissoras foram aderindo à campanha. A Manchete montou uma grande estrutura para transmitir ao vivo o comício da Candelária. A Globo, que passou a transmitir os comícios do Rio de Janeiro, estendeu a transmissão a São Paulo. Miguel Fortunato, editor de texto da Manchete paulistana comenta: – *Só ousamos colocar no ar as imagens do comício de São Paulo, ao vivo, logo depois que a Globo o fez. Veio um narrador do Rio para contar o evento*. A partir dessa ocasião, a Manchete não deixou nenhum comício sem transmissão ao vivo e até o final das *Diretas Já*, em 1985, foi a televisão que mais registrou as manifestações, possuindo o maior acervo de imagens do movimento.

1985

• A Manchete produziu sua primeira novela, *Antônio Maria, remake* de grande sucesso de Geraldo Vietri na TV Tupi. As primeiras cenas, gravadas em Portugal, deram ares de superprodução à novela, que tinha como protagonista o ator português Sinde Felipe.

• Xuxa abandonou a Manchete. O *Clube da Criança* e o *Circo Alegre* (com o palhaço Carequinha) foram substituídos por dois novos programas infantis: *Nave da Fantasia*, com Simony, e *Lupu Limpim Clapla Topo*, com Lucinha Lins e Cláudio Tovar. Em 1986, com a saída de Simony, *Nave da Fantasia* testou uma nova apresentadora: a garota Angélica, que se tornou aos poucos a nova revelação da emissora.

• Clodovil Hernandez apresentava o programa *De Mulher para Mulher* no horário vespertino. Nasceu o show de variedades *Alô Pepa, Alô Dola*, com Pepita Rodrigues e Carlos Eduardo Dolabella. Na área do humor, nasceram os programas *Domingo de Graça* e *Aperte os Cintos* – Costinha era a estrela principal.

• Ao mesmo tempo que a Manchete se tornou uma emissora mais popular, principalmente para driblar a queda de audiência – a estratégia inicial, de uma programação elitista, havia sido mantida por três anos – com programas mais requintados como *Um Toque de Classe*, com o pianista Arthur Moreira Lima, em que o músico e seus companheiros mostravam interpretações de músicas clássicas e populares em diversos instrumentos.

1986

• **7 de abril** – Foi ao ar a novela *Dona Beija*, protagonizada novamente pela dupla Maitê Proença e Gracindo Júnior. Foi a primeira novela de sucesso da emissora, dando média de 15 pontos de audiência. Até hoje, os telespectadores consideram *Dona Beija* o personagem mais marcante da carreira de Maitê Proença.

• Foi lançada a série *Desafio do Mar*, com direção de Maurice Capovilla, que mostrou a vida das cidades litorâneas do Brasil e o dia a dia dos pescadores e portuários. A série, de doze episódios – um por mês, às terças-feiras à meia noite – ficou no ar até 1987.

• **Julho** – a equipe esportiva da emissora partiu para o México para a transmissão da Copa do Mundo. Pela primeira vez, a programação ficou totalmente voltada para um evento esportivo, com a produção de programas especiais e boletins diários de tudo o que acontecia no México.
• Clodovil passou a apresentar *Clô para os Íntimos*, às 14 horas, uma co-produção da Rede Manchete com a Equipe A em São Paulo. O programa saiu do ar no mesmo ano, depois que Clodovil, encarando a câmera, perguntou: – *O Congresso está votando na Constituinte ou na* Prostituinte*?* Os jornais noticiavam que logo após o programa, Ulisses Guimarães teria ligado para Adolpho Bloch reclamando do apresentador. No dia seguinte, Clodovil foi demitido da Manchete – pela primeira vez.
• **15 de setembro** – estreou a novela *Tudo ou Nada*, de José Antonio de Souza, abrindo um novo horário para a teledramaturgia na emissora – 19h45.
• **Setembro** – Apesar do sucesso de sua programação, nessa época a TV Manchete já possuía uma dívida de US$ 23 milhões.
Com o apoio do Sindicato, um grupo de trabalhadores organizou a primeira greve da emissora por reajuste salarial.

1987

• José Wilker, contratado para assumir a direção de teledramaturgia, lançou em março a novela *Corpo Santo*, com Reginaldo Faria, Christiane Torloni, Maitê Proença, Jonas Bloch, Silvia Buarque, Lídia Brondi e outros.
• **Carnaval** – a Manchete venceu a audiência da Globo, no Rio de Janeiro, por 53 a 33 pontos no IBOPE. Para cobrir os festejos, a emissora contou com mil funcionários e operou com uma câmera-robô durante a transmissão. Um enorme *back-light* com o símbolo da emissora ficou bem ao lado do da concorrente, TV Globo.
• Meses depois, Angélica se tornou a principal estrela da emissora com o *Clube da Criança*, programa que, em 1988, transformou as séries de heróis japoneses, como *Jaspion* e *Changeman*, na febre do momento.
• Angélica passou a apresentar também *Shock* (e depois *Milk Shake*), aos sábados. Foi no *Shock* que surgiu Carolina Ferraz, futura apresentadora do *Programa de Domingo*, que mais tarde se tornou atriz.
• **15 de abril** – Com uma nova exibição do filme *Contatos Imediatos de Terceiro Grau*, a Manchete, em parceria com a Philips, tornou-se a primeira emissora a utilizar oficialmente a transmissão de som estéreo. *Um Toque de Classe*, *Miéle & Cia.*, *Sessão Extra*, *Primeira Classe* e *FM TV* tornaram-se os primeiros programas estéreos da televisão brasileira.
• Até esse momento, a Manchete tinha na área de jornalismo, esporte e economia os seguintes noticiários: *Repórter Manchete*, *Jornal da Manchete* (*Edição da Tarde*, 1ª Edição e 2ª Edição), *Manchete Rural*

(com Luiz Adriano), *Manchete Esportiva* (1° e 2° Tempo), *O Mundo dos Esportes* (com Alberto Léo), *Manchete Economia* e *Momento Econômico* (com Marco Antônio Rocha).

• O público feminino foi brindado com o programa *Mulher 87* (com Celene Araújo), produzido pela Equipe A, de Nilton Travesso, em São Paulo, que também respondia pela produção do programa *Osmar Santos Show*. Travesso tornou-se responsável pela criação de uma faixa de horário de novos programas, todos produzidos pela Equipe A.

• No lugar de *Tudo ou Nada*, às 19h40, a Manchete estreou uma nova novela de época: *Helena*, com Luciana Braga e Thales Pan Chacon.

• Independente da rede, só em São Paulo era exibido, à uma hora da madrugada o programa *Perfil*, com Otávio Mesquita.

• Na área de entretenimento, Jacyra Lucas apresentou *Vídeo em Manchete*, sobre os bastidores da emissora. *FM TV* (com Tânia Rodrigues), Rock Expresso, *Shock*, Certas Palavras e Clip Show eram os programas musicais.

• Ao estrear na Manchete, a novela *Carmem*, de Glória Perez, com Lucélia Santos, teve problemas com a censura mas garantiu boa audiência no horário. Contou com participações especiais de Silvio Santos e Nelson Piquet.

• Arnaldo Niskier apresentou *Debate em Manchete* e dirigiu os programas culturais *Jornal do Professor* (com apresentação de Eliane Furtado), *Verso e Reverso – Educando o Educador*.

• **7 a 11 de novembro** – Às 22h20, foi ao ar o especial *Viagens às Terras de Portugal*, com direção e roteiro de Maurice Capovilla. A série foi gravada em diversas cidades de Portugal, numa parceria entre a Rede Manchete, a Tap Air Portugal e o Centro de Turismo Português.

• **16 de novembro** – Estreou no lugar do programa a minissérie *A Rainha da Vida*, com 15 capítulos. O cantor Fagner interpretou o personagem Padre Vitor.

• Para o fortalecimento da programação regional, surgiam os telejornais *Praça em Manchete* no horário nobre, às 20h20. Começaram então *Rio em Manchete, São Paulo em Manchete, Minas em Manchete e Ceará em Manchete,* entre outros.

Em junho desse ano, Bloch começou a manifestar sua vontade de vender a emissora a terceiros, depois de demitir 100 funcionários da linha de shows. Conforme publicou o Jornal do Brasil, em 15 de agosto, Adolpho tinha a intenção de colocar à venda entre 40% a 80% das ações da emissora, mas conservando-se como sócio majoritário. Entre os interessados da época, figuravam a construtora Odebrecht, a Paranapanema, o rei da soja, Olacyr de Moraes, e um grupo ligado à área do café. Em 25 de agosto, o mesmo jornal desmentiu que o Grupo Monteiro Aranha estivesse interessado na emissora. Em 3 de dezembro, chegou a notícia que o empresário Otávio Lacombe, do Grupo Paranapanema, encerrou as negociações com as Empresas Bloch e desistiu da compra. As intenções de venda foram então canceladas com a notificação do Ministério das Comunicações, já que a emissora não possuía cinco anos de existência (o mínimo necessário para uma possível transferência societária). Outros órgãos de imprensa noticiavam na mesma época que empresários ligados à Viacom (MTV Networks) e a rede mexicana Televisa estavam interessados na Manchete, porém desistiram.

1988

• **Junho** – De acordo com a lei, a Manchete já podia ser vendida. Surgiu a história de que Orestes Quércia havia sondado Oscar Bloch Sigelmann para a compra de parte da emissora, o que não aconteceu.

• **Junho** – Estreou o programa *Cinemania*, aos sábados, fazendo com que crescesse a audiência da hora do almoço.

Wilson Cunha conquistou a atenção dos cinéfilos, mostrando os bastidores do cinema nacional e internacional a um público cativo, apesar de restrito.

• É nesse ano que José Wilker e Maitê Proença deixaram a Manchete. A atriz, que estava nos planos da emissora para ser a protagonista da próxima novela das 21h30 – *Olho por Olho* – teria ficado irritada com uma peça publicitária da reprise de *Dona Beija*, distribuída para 500

jornalistas e publicitários.O folheto apresentava na capa uma fotografia da atriz caracterizada como a personagem da novela e, na contracapa, uma outra foto de um bumbum de mulher vestindo uma calcinha de renda preta, com uma etiqueta em seda do logotipo da novela. A justificativa da coordenadora de Comunicação Social da Manchete, Iná Bloch, era que o folheto havia sido produzido para o lançamento de uma outra novela – *Kananga do Japão* – e foi aproveitado para o relançamento de *Dona Beija* por causa do adiamento de *Kananga*.

• **Julho** – A equipe esportiva viajou para a Coréia do Sul para transmitir a Olimpíada de Seul. Na mesma época, Rubens Furtado trocou a Manchete pela Bandeirantes, ficando seu posto para Expedito Grossi, até então na coordenação da área comercial. Jayme Monjardim foi contratado como diretor artístico da emissora.

• **Agosto** – A linha de show foi reativada. Estreavam então 19 programas, entre eles, o humorístico *Cadeira de Barbeiro* (com Lucinha Lins e Cacá Rosset) e a novela *Olho por Olho*, de José Louzeiro e Geraldo Carneiro, às 21h30.

Apesar das dívidas, o crescimento da emissora foi visível aos olhos de todos. A Rede Manchete entrou numa nova fase.

Bar Academia

Um dos maiores sucessos nos primeiros tempos da Rede Manchete, *Bar Academia* foi apresentado por Walmor Chagas em sua primeira experiência fora da carreira de ator. A atração foi ao ar pela primeira vez em 15 de agosto de 1983 e era um misto de conversa de bar e show musical. Ali estava a nata da música popular brasileira, dos mais antigos aos que entravam na moda, todos se encontrando no *Bar Academia* e sendo entrevistados não só por Walmor Chagas como também pelos colegas. O poeta Geraldo Carneiro e o jornalista Sérgio Cabral ajudavam nas entrevistas.

Os convidados conversavam, cantavam e tinham espaço não só para revelações como para elogios ou críticas aos amigos. Normalmente, havia um homenageado principal. No especial sobre Fagner, por exemplo, em 1° de novembro de 1983, o cantor foi entrevistado por Walmor Chagas, Cauby Peixoto, Zé Ramalho, Chico Buarque, Ivan Lins e outros, que também fizeram números especiais.

Surgiram duetos improvisados, como o de Chico Buarque e Tom Jobim, Gilberto Gil e Maria Bethânia, em outras edições do programa.

Weber Tadeu, na época editor da Rede Manchete, comenta sobre a atração: *Bar Academia era a limpeza. A edição, a qualidade dos convidados, dos músicos que participavam. Gente sempre de primeira linha, de MPB, tudo... Tudo era perfeito*.

O cenário do programa era um grande palco e nas laterais ficavam imagens dos artistas, em tamanho real, feitas de papelão. No alto ficava a placa de neon *Bar Academia* e ao centro uma pequena mesa de bar, onde Walmor Chagas sentava-se com o homenageado. A iluminação, montada por Jorge Monclar, dava um toque especial ao visual boêmio.

Na equipe, alguns nomes se destacaram: a direção era de Maurício Sherman, os roteiros de Marlene Mattos e Renato Sérgio, produção de J. de Camillis, coordenação musical de Cynara (que só regressaria ao Quarteto em Cy em 1987) e promoção de Ricardo Moreira.

Bar Academia durou vários anos. Foi o primeiro representante dos programas musicais voltados para as classes A e B, conforme a estratégia da Rede Manchete. Após seu término, na década seguinte, foi por muitas vezes reprisado. Seu desempenho e todos os cuidados para sua elaboração fizeram com que ganhasse vários prêmios da crítica especializada.

Musicais

Os musicais da Manchete, na década de 80, tornaram-se referência no gênero. Os Especiais, realizados ou no teatro da emissora ou em casas de shows, aliavam criatividade, atuação e efeitos visuais em verdadeiras superproduções, cujo requinte era mostrado por meio dos cenários, da linguagem e até mesmo das condições da emissora, que oferecia a melhor imagem e o melhor áudio.

No Rio de Janeiro, Maurício Sherman e Augusto César Vanucci foram duas figuras importantes na consolidação do gênero na emissora, tanto em Especiais como em programas musicais. Luiz Toledo também dirigiu diversos musicais. Em São Paulo, o responsável era o diretor Nilton Travesso, no final da década de 1980 e no início da de 1990. Eduardo Ramos, que fez parte da produção de diversos desses espetáculos, comenta: *Houve os musicais que nós fazíamos no próprio estúdio da Manchete e que eram, das trilhas das novelas, de Kananga do Japão, por exemplo. Foram as primeiras produções feitas no Limão – antes de termos os estúdios lá, as produções eram feitas em teatros como o Teatro Záccaro. Nós gravávamos muitos shows em casas noturnas, no Olympia, no Palace... A Manchete sempre teve uma tradição de musicais, sempre muito bons. Era uma intensidade de produção.*

No início de 1991, Tomil Gonçalves (que dirigia o programa *Cometa Alegria*) foi chamado para comandar o núcleo de musicais da emissora. O diretor enfrentava constantemente a ponte-aérea Rio – São Paulo para cuidar dos musicais realizados nas duas sedes, com cantores nacionais e internacionais: B.B. King, Rita Lee, Fábio Junior, Lulu Santos, Caetano Veloso, Maria Bethânia, Gal Costa, Gilberto Gil, Chico Buarque, Fafá de Belém, Sagrado Coração da Terra (em que Jayme Monjardim conheceu o músico Marcus Viana e iniciou uma parceria que continua até os dias de hoje), Tom Jobim, entre outros. A Rede Manchete possui, sem dúvida, o maior acervo de musicais da televisão brasileira, com registros que revelam toda uma época e as tendências das gerações de 1980 e 1990.

Musicais de Fim de Ano

O primeiro musical de final de ano da Manchete foi exibido no dia 22 de dezembro de 1983, às 21h30. O *Especial Julio Iglesias* foi produzido pela produtora Intervídeo, que já realizava na emissora os programas *Conexão Internacional* e *Os Brasileiros* e envolveu uma entrevista exclusiva feita por Roberto D´Ávilla com o cantor, na qual Iglesias contou toda sua carreira, cenas de um show do cantor em Las Vegas, ensaios e o dia-a-dia do artista. Ainda dentro da programação desse fim de ano, no dia 9 de dezembro foi exibido um *Tributo a John Lennon*. No dia 15, foi ao ar, um *Bar Academia* especial sobre Tom Jobim.

Brasil, Mostra sua Cara

Em maio de 1987, Cazuza voltou aos palcos com um show no Teatro Ipanema, ao lado dos guitarristas Torquato Mariano e Ricardo Palmeira. Foi a primeira vez que o músico cantou a composição *Brasil*, que acabou ficando conhecida ao ser tema da novela *Vale Tudo*, da Globo. A Manchete transformou o último show do cantor – era sua despedida do palco – em um grande Especial.

O Primeiro Vídeo Musical

Em 23 de janeiro de 1984, às 19 horas, a Manchete lançou um programa para o público jovem. *FM TV*, baseado em videoclipes, seguiu a mania entre as gravadoras e emissoras de TV americanas – nos Estados Unidos já existia a MTV – e foi um dos primeiros programas de videoclipes do país, quase que um *avô* do formato da MTV Brasil. O diretor Maurício Sherman disse, na época, que *FM TV* representava uma aposta certeira na televisão brasileira. O programa foi ao ar diariamente, por 30 minutos, e era apresentado pelos jovens João Kleber, 26 anos, e Marco Antônio, 19 anos. Um cenário psicodélico e futurista foi criado por Renato Lage para dar uma cara diferente ao programa.

Fernando Weltman, produtor internacional do *FM TV*, já tinha na estréia cerca de 200 videoclipes arquivados para serem apresentados. Além disso, foram gravados números musicais no estúdio da emissora, como os de Pepeu Gomes e Jim Capaldi.

Posteriormente, *FM TV* foi apresentado por Patrícia Pillar em sua primeira aparição no vídeo, e por Tânia Rodrigues, que mais tarde apresentaria na emissora *Cinemania* e *Almanaque*.

O Programa que Dançou

Em março de 1990, Luiz Carlos Miéle e Watusi começaram as gravações de *Dançando Conforme a Música*, sob direção de Augusto César Vanucci. No entanto, apesar de já contarem com quatro programas prontos, apenas o primeiro foi ao ar – a atração foi cancelada no meio do caminho, por contenção de verba.

Programa de Domingo

O *Programa de Domingo*, a revista eletrônica da Rede Manchete, nasceu no final de 1983, em mais uma criação de Fernando Barbosa Lima. Por um bom tempo, teve como cenário o Museu de Arte Moderna do Rio de Janeiro (Museu Adolpho Bloch) – os apresentadores utilizavam como fundo as esculturas e quadros do local – e seu símbolo era uma escultura em latão de Don Quixote de La Mancha. O programa ia ao ar aos domingos, das 20 às 22 horas e seu slogan era: *Uma Revista em Movimento*. A música *Where´s The Walrus?*, do conjunto The Alan Parsons Project, foi por um bom tempo o tema de abertura.

Apesar de mostrar as principais notícias da semana, o *Programa de Domingo* não era considerado jornalístico. Funcionava mais como uma agenda com dicas de cinema, teatro e espetáculos, matérias sobre sociedade, educação, saúde, religião, esporte e comportamento, além de divulgar os próprios programas da emissora. O *making-off* de *Pantanal*, assinado por Beatriz Becker, que atraiu a atenção de muita gente para a estréia da novela, foi apresentado no programa. O quadro de Economia ficou a cargo, de 1986 a 1990, da jornalista Miriam

PROGRAMA DE DOMINGO
FEITO PARA GENTE MUITO ESPECIAL
JORNALISMO MANCHETE: PARA QUEM GOSTA DE SER BEM INFORMADO
bloch
REDE MANCHETE
DOMINGO ÀS 20 HORAS

Leitão, a quem coube comentar uma das fases mais conturbadas de nossa economia: a criação do Plano Cruzado e do Cruzeiro Novo. Hoje, a jornalista aparece constantemente nos telejornais da Rede Globo, também como comentarista econômica.

Em seus dezesseis anos de existência, a atração contou com diversas aberturas, cenários e logotipos diferentes, e obedeceu a diversos formatos. Era produzida no Rio de Janeiro, no 6º andar, e diferentemente de outras atrações, sua equipe trabalhava em uma sala própria. Diversos repórteres, como Raul Silvestre (na década de 80) e Solange Bastos (a partir de 1995), participaram do programa que teve na direção-geral, entre outros, Fernando Gueiros, que se transformou, posteriormente, em supervisor de operações de jornalismo da Rede Globo em São Paulo, e Anita Sinkevicius.

O primeiro apresentador do *Programa de Domingo* foi Carlos Bianchini, seguido por Paulo Alceu, que tornou-se diretor. A atração foi conduzida por uma série de belas mulheres, entre elas, Maitê Proença em 1987 – ela também apresentava *Diálogo*, Márcia Peltier, Kátia Maranhão e Geórgia Wortman. A jornalista Leila Richers foi entrevistadora do programa, até assumir o *Jornal da Manchete* e o *Edição da Tarde*. Em 1988, Carolina Ferraz, que comandava o programa *Shock*, que também ia ao ar aos domingos à noite, passou a apresentar o *Programa de Domingo*. No ano seguinte, ela se lançaria como atriz na novela *Pantanal* e saiu da emissora em 1991, após *O Fantasma da Ópera*. Seu substituto foi Ronaldo Rosas, o apresentador que por mais tempo ficou à frente do *Programa de Domingo*. No início da década de 1990, ele

Georgia Wortman, apresentadora do Programa de Domingo

recebeu a companhia de Kátia Maranhão e o cenário foi substituído por uma tela em *chroma-key*.

Em 1991, o *Programa de Domingo* ficou nas mãos de Nelson Hoineff, marcando a época de maior criatividade e ousadia da atração em conteúdo e formato. Leilane Neubarth fazia entrevistas pelo Brasil afora, Marilu Torres cuidou das reportagens especiais, sobretudo de turismo e comportamento. José Simão fazia críticas sobre televisão e variedades. Até o ex-governador Paulo Maluf chegou a fazer alguns comentários políticos.

Nessa época, o produtor Inácio Zatz criou um curiosíssimo (e incompreendido) quadro satirizando a própria televisão – um dos episódios mais lembrados mostrava o ator Marcelo Mansfield apresentando *Médicos em Desfile*, um típico programa feminino, só que voltado para a classe médica e com direito a todos os *merchandisings* possíveis. Essa fase durou pouco e terminou com a saída de Hoineff da emissora, no mesmo ano. O programa então prosseguiu sua trajetória sem grandes inovações, batendo em jornalismo e variedades, e foi interrompido durante a fase que pertenceu à IBF, quando, em seu lugar, entrou *Domingo Forte*. O *Programa de Domingo* retornou apenas em 1994 e no ano seguinte foi remodelado novamente. Em 1996, foi encurtado em uma hora. Eduardo Miranda tinha um quadro sobre cinema.

Em janeiro de 1998, Pedro Bismarck foi contratado pela Rede Manchete e levou com ele seu personagem de maior sucesso, o Nérso da Capitinga, para comandar no *Programa de Domingo* um quadro de humor chamado *TV da Capitinga*. Sua contratação foi uma das primeiras medidas tomadas por Hermes Leal, o novo diretor de programação da emissora, que havia ficado no lugar de Carlos Amorim, quando esse se transferiu para a Record. Foi nessa ocasião que o programa mudou totalmente o perfil adotado em 1983 para começar a tratar de todo tipo de assunto: homossexualidade, violência conjugal, criminalidade, etc. Florestan Fernandes Jr. assumiu a apresentação em 1998 e ficou até meados do segundo semestre de 1999, quando o programa saiu do ar. Marca da Rede Manchete, o *Programa de Domingo* foi uma das poucas atrações que continuaram a ser produzidas após o fechamento da emissora e a criação da RedeTV!.

Conexão Internacional

Conexão Internacional foi uma das produções independentes mais bem sucedidas da nossa televisão. Sua história está ligada à criação da Intervídeo, produtora de Roberto D´Ávilla, Fernando Barbosa Lima e Walter Salles Jr. No dia 16 de março de 1983, foi gravada em Nova York a primeira edição de *Conexão Internacional*, com Mick Jagger como entrevistado – ele nunca tinha sido entrevistado por nenhuma emissora brasileira – e Caetano Veloso como entrevistador especial-

mente convidado para substituir Roberto D´Ávilla. Na quinta-feira, 16 de junho, o programa estreou na Manchete com essa entrevista e no dia seguinte, sentiu os primeiros resultados. Paulo Francis, em artigo na Folha de São Paulo, atacou a postura de Caetano Veloso à frente do líder dos Rolling Stones. A polêmica colocou em jogo outros artistas e intelectuais que se manifestaram a respeito da entrevista.
Conexão Internacional começou a trazer para a televisão nomes que nunca tinham sido entrevistados e outros que davam poucas entrevistas. Eram, em sua maioria, personalidades internacionais como Nancy Reagan, na 2ª edição do programa, Albert Sabin, Alvin Tofler, Catherine Deneuve, Cazuza, Costa Gavras, Diana Ross, Elton John, Felipe Gonzalez. O programa apresentou ainda Fernanda Montenegro, Fernando Henrique Cardoso, Fidel Castro, François Mitterrand, Yves Montand, Jesse Jackson, John Kenneth Galbraith, Jorge Sampaio, Liv Ullman, Luciano Pavarotti, Marcello Mastroianni, Nick Lauda, Tina Turner, Umberto Eco, Vitorio Gassman, Woody Allen Um caso marcante foi Cazuza falando sobre sua vida após descobrir que estava com aids. Arafat e Kadafi mostraram suas visões sobre o Oriente Médio, possibilitando ao telespectador descobrir novos pontos de vista para diversos acontecimentos do mundo.
Os bastidores do programa mostram que o líder cubano Fidel Castro, que não queria ser entrevistado por ninguém, acabou sendo persuadido pelo próprio Roberto D´Ávilla e sua equipe. Fidel Castro começou a entrevista com as seguintes frases: *Una presión muy forte que me decidirán alcar tiempo como fuera y a conceder la entrevista. Y sobre-*

Roberto D'Ávilla entrevista Fidel Castro em Conexão Internacional

todo tomar en conta todo... prioridad historica de el momiento que escribiste pidiendo la entrevista.

Conexão Internacional ficou no ar de 1983 a 1990, sempre na Rede Manchete, com o mesmo formato. Isso acontece também com *Conexão Roberto D'Ávilla*, exibido desde 1998. D´Ávilla possui o maior acervo particular de entrevistas da nossa televisão, com mais de 300 depoimentos.

Séries Premiadas

A Intervídeo foi responsável por trabalhos que ficaram na mente do telespectador. Além de programas como *Conexão Internacional*, *Aventura* e *Diálogo*, teve destaque internacional com suas séries de documentários que revolucionaram a linguagem no país. A equipe encarava os fatos por outro ângulo, próximo do chamado *new journalism,* prática jornalística em que os repórteres se integram ao modo de vida de um lugar ou de um povo, convivendo com esses elementos diariamente. Algumas das séries:

- *Os Brasileiros* – Com o slogan: *o retrato falado de um povo,* a série mostrou o povo brasileiro frente às questões sociais, o futebol, a música, a religião, os carnavais. Contou com depoimentos de escritores, como Gilberto Freyre e Jorge Amado, políticos, religiosos e outros membros da sociedade brasileira.
- *Terra Mágica* – Em várias edições, demonstrou aspectos de diversas regiões do País. A série analisou os costumes e as heranças culturais de várias cidades, sobretudo as capitais brasileiras como Rio de Janeiro, São Paulo e João Pessoa – nesse episódio, a polêmica estava na exibição de cenas de uma praia de nudismo.
- *Japão, uma Viagem no Tempo* – Dirigida por Walter Salles, a série foi exibida em 1985 em cinco capítulos. Aspectos sócio-econômicos e culturais do Japão foram mostrados ao telespectador, que pôde perceber a reestruturação do império nipônico no pós-guerra. A série fez um comparativo entre o Japão contemporâneo e o Japão da época dos Samurais, colocando em conflito os dois tempos. Nessa produção, Walter teve apoio do irmão João Moreira Salles.
- *Xingu – A Terra Mágica dos Índios* – Dirigida por Fernando Barbosa Lima e apresentada por Washington Novaes, a série exibida em 1985 foi uma das maiores audiências da Manchete na época. Mostrou os hábitos das 16 aldeias indígenas do Alto Xingu, sendo que, pela primeira vez, os indígenas foram à televisão falar sobre sua vida, seus problemas e tradições. Foram dois meses de gravações em que a equipe acompanhou o dia-a-dia das tribos percorrendo a pé ou de barco os mais de 300 quilômetros da região. Entre a pré-produção e a finalização, a Intervídeo trabalhou um ano e meio. A série conquistou o *International Broadcasting Society Award* e o Prêmio Rei da Espanha, concedido pelo Rei Juan Carlos II e governo espanhol.

• *Kuarup* – Com supervisão de Washington Novaes, a Rede Manchete exibia pela primeira vez, em 1987, o ritual que os povos indígenas do Alto Xingu realizam durante os meses de julho a setembro. O Kuarup representa uma homenagem aos indígenas mortos e a série mostrou o ritual de adeus ao chefe Malakuawa.

• *China, o Império do Centro* – Foi a primeira produção da Videofilmes, montada em 1986 por Walter Salles Jr. e seu irmão João Moreira Salles, assim que o primeiro desligou-se da Intervídeo. A série, apresentada na Manchete, de 16 a 20 de novembro de 1987, sempre às 22h20, foi em boa parte financiada pelo governo chinês graças à repercussão de *Japão, uma Viagem no Tempo*. Walter, João e mais quatro pessoas, percorreram mais de 20 mil quilômetros do Oriente em dois meses mostrando o trânsito de bicicletas em Xangai, o cotidiano do país mais populoso do mundo (na época já eram quase 1 bilhão de habitantes), os contrastes entre os chineses que moram nos grandes centros e os que vivem em outras regiões. Exibiram também a Cidade Proibida, no centro de Pequim, onde está a residência dos imperadores. Relataram uma China que foi modificada por Mao Tsé-Tung e registraram a vida de um império comunista, em meio à ainda existente Guerra Fria. Os primeiros quatro capítulos, narrados por José Wilker, mostram seqüências longas. A idéia era inserir o telespectador no universo do documentário, como um turista, conforme declarações de Walter Salles na época da exibição do documentário. O quinto capítulo foi destinado à apresentação do filme Terra Amarela, de Chen Kaige, um dos diretores da nova geração de cineastas chineses.

A série obteve tal repercussão que a Associação Paulista de Críticos de Arte – APCA premiou Walter Salles. Esse documentário, e mais os primeiros programas *Conexão Internacional*, representam os primeiros grandes passos de Walter Salles Jr., hoje um dos cineastas mais consagrados do País. Ele, mais tarde, dirigiu o filme Central do Brasil, indicado ao Oscar 1998 como Melhor Filme Estrangeiro e Melhor Atriz (Fernanda Montenegro), além de ganhar o Globo de Ouro de Melhor Filme Estrangeiro e o Urso de Ouro de Melhor Filme.

• *Pantanal* – O documentário realizado pela Manchete em 1986 é anterior à novela e teve direção artística de Siron Franco e apresentação de Washington Novaes. Transmitida pela Rede Manchete e outras emissoras da América do Sul, a série foi uma das mais compradas pelo público, comercializada pela Manchete Vídeo.

Xuxa na Manchete

Xuxa, ou Maria da Graça Meneghel, não começou sua carreira na TV Globo, como muitos imaginam, mas na Manchete, na primeira atração de peso da casa, o *Clube da Criança*. O programa estreou em 6 de junho de 1983, quando Xuxa estava com 20 anos, e era exibido de segunda a sábado das 17 às 19 horas, abrindo as transmissões da Manchete.

Xuxa e crianças no programa (1983)

Modelo desde os 16 anos, Xuxa, por sua beleza e carisma, logo se tornou um *sex symbol*, ganhando a capa de diversas revistas, entre elas, *Manchete* e *Ele Ela*. Seriam os primeiros contatos da apresentadora com o Grupo Bloch.

Mauricio Sherman, então na Bandeirantes, pretendia criar um programa infantil na emissora, baseado em uma fórmula que vinha amadurecendo e que já havia posto em prática no passado: um programa para crianças com uma apresentadora bonita. Viu Xuxa na capa de uma revista e conseguiu falar com a mãe dela. A senhora estranhou o convite e ficou nisso mesmo. Em 1983, ano de estréia da Rede Manchete, ao ser contratado por Adolpho Bloch, Sherman viu mais uma foto de Xuxa ao lado de Pelé na capa da *Revista Manchete* e como queria concretizar seu projeto, chegou a Xuxa por intermédio de Pelé, que já conhecia. Ela então ouviu a proposta de Sherman, mas não aceitou por estar empenhada na carreira de modelo: queria continuar com as viagens e desfiles que fazia. Sherman insistiu, até convencê-la a fazer um teste. Xuxa topou, gostou do resultado e a equipe também. A modelo se saiu muito bem porque não tratava as crianças de maneira infantil. Eram todos iguais.

O *Clube da Criança* foi o primeiro programa de auditório totalmente formado por crianças – foi gravado no Teatro Adolpho Bloch. As brincadeiras começavam antes mesmo do programa, tanto que as crianças nem percebiam quando as gravações começavam e continuavam brincando, correndo. E o cenário do programa? Lápis gigantescos, bonecos, casinhas, palhaços. Tudo muito bem feito.

Marlene Mattos – Trabalhava como sonoplasta na Rádio Roquette Pinto do Rio de Janeiro e Sherman, que era o diretor da emissora, gostava de seu trabalho. Quando foi para a Manchete, ele levou-a junto para secretariá-lo. Em pouco tempo, Marlene virou sua assistente de direção. Com o progresso de Xuxa, Sherman pediu a Marlene que cuidasse do programa, tornando-a coordenadora de produção.

Xuxa, no topo do Edifício do Russel em 1985

Trem da Alegria – Esporadicamente, freqüentavam o *Clube da Criança* dois garotos, Patrícia e Luciano, que cantavam animadamente alcançando, aos poucos, a admiração das crianças. Foi com eles e mais o palhaço Carequinha que Xuxa gravou o disco *Clube da Criança* (1984), que tem como destaque a canção *É de Chocolate*.
A Primeira Paquita – Andréa Veiga foi a primeira das paquitas. Recebeu o apelido de Xuxa quando, aos 14 anos, era sua assistente no *Clube da Criança*, em 1984, dividindo o palco com o mascote do programa, o papagaio Paquito (um ancestral do Louro José na TV). Brincando com a menina, Xuxa disse que ela era namorada do pássaro, portanto, a Paquita do Paquito. E ficou sendo esse o nome de uma legião de garotas que até 2001 acompanharam Xuxa. Andréa Veiga seguiu com Xuxa para a Globo e foi paquita por diversos anos. Depois, apresentou um programa na Rede Record e também trabalhou na produção dos programas de Xuxa na Rede Globo.

O *Xuxexo* de Xuxa – Xuxa lançou nesse período da Manchete três filmes com Os Trapalhões: *O Trapalhão na Arca de Noé* (1983), *Os Trapalhões e o Mágico de Orós* (1984) e *Os Trapalhões no Reino da Fantasia* (1985). E também o seu primeiro disco, *Xuxa e Seus Amigos* (1985) pela gravadora Philips, com produção musical de Roberto Menescal. É nesse disco que lança a música *Xá-xé-xi-xó-Xuxa*, de Daniel Azulay.
Xuxa e Seus Amigos foi o nome do primeiro especial de Natal da apresentadora, também realizado na Manchete. O programa, com direção-geral de Paulo Netto – a partir desse primeiro trabalho com Xuxa, ele integrou-se a equipe da apresentadora – teve cenas gravadas em Maricá e outras montadas em *chroma-key.* Fez grande sucesso. Foi mostrado para a imprensa no dia 19 de dezembro de 1985, com um coquetel de lançamento que lotou, mais uma vez, o saguão do Russel com convidados, jornalistas, fotógrafos. Adolpho Bloch foi o anfitrião.
Marlene Mattos assumiu, a partir daquela produção, o cargo de diretora do programa *Clube da Criança* e devido à repercussão de *Xuxa e Seus Amigos*, a apresentadora recebeu o convite para mudar de canal. Foi assim que ela, Marlene Mattos, Paulo Netto e alguns membros da equipe mudaram da Manchete para a Rede Globo, onde o *Xou da Xuxa* estreou na manhã de 30 de junho de 1986.
Depois de quase duas décadas, em 2002, Xuxa e Marlene Mattos desfizeram sua parceria.
A saída de Xuxa foi uma surpresa para todos. Ninguém imaginou que ela deixaria a Manchete, mesmo sabendo que, com o sucesso obtido, a Globo já deveria estar rondando a apresentadora. Com a ida de Xuxa para a TV Globo, a Manchete teve que enfrentar um grande problema: como retomar aquela audiência? Diversos programas e apresentadores passaram pela emissora mas o *Clube da Criança* só voltaria a ser sucesso

Xuxa recebe Adolpho Bloch no Clube da Criança, *em 1984 (acima) e, no mesmo programa, com Andréa Veiga, a primeira* paquita *(abaixo)*

com a entrada de Angélica. Mesmo com a mudança de canal, Xuxa e Adolpho Bloch não perderam a admiração mútua que mantinham.

Circo Alegre

Algum tempo depois da estréia do *Clube da Criança*, a Manchete abriu uma segunda atração para o público infantil, o *Circo Alegre*, apresentado por George Savalla, o famoso palhaço Carequinha. O programa ficava no ar das 15 às 17 horas, abria a programação da TV Manchete e antecedia o programa de Xuxa, que já fazia um sucesso considerável. O formato geral era próximo ao do *Clube da Criança* mas, por causa da figura de Carequinha, tinha um jeito mais circense. O palhaço, que imortalizou seu personagem com a música *O Bom Menino* (*O Bom menino não faz xixi na cama...*), no disco *Clube da Criança*, também cantou *Circo Alegre* no *Clube da Criança*. Carequinha era, a única recordação do antigo Canal 6 (TV Tupi do Rio de Janeiro), onde fez o Circo Bombril, de 1951 a 1964, e também *As Aventuras de Fred e Carequinha*. A Manchete acreditava que sua volta à televisão seria a promessa de bons índices de audiência, mas o programa não teve vida muito longa. Carequinha teve um segundo programa na emissora: o *Clube do Carequinha*, exibido às 12h55. Na época, mais duas emissoras tinham programas com palhaços: o SBT com Bozo e a TV Gazeta de São Paulo com Atchim e Espirro.

Com os desenhos animados, e mais *Circo Alegre* e *Clube da Criança*, a Rede Manchete descobriu que sabia fazer televisão para o público infantil, um filão que a manteve por toda sua existência. Carequinha faleceu em 2006.

Sessão Animada

A *Sessão Animada* já existia na época da Xuxa e foi um dos programas de maior permanência na história da Rede Manchete, ficando no ar até o final da emissora – existiu de 1986 a 1998, sempre com boa audiência. Aliás não era um programa em si, mas uma sessão de desenhos que repetia o modelo do SBT, Globo e Bandeirantes, de abrir o horário matutino com desenhos. Mais tarde, na Manchete, passaria para o horário da tarde, chegando até a ser exibida nos dois horários.

Nave da Fantasia

Quando o *Clube da Criança* saiu do ar, a emissora procurou por uma atração diferente para ocupar o horário optando, em 1986, pela apresentadora mirim Simony, que já não fazia mais o Balão Mágico. Para ela foi criado o programa *Nave da Fantasia* em que as crianças e diversos personagens brincavam e cantavam dentro de um navio. O cenário, como todas as produções da Manchete, era cheio de detalhes e feito com grande capricho. O navio ocupava de uma ponta a outra do palco do estúdio B (teatro) no Russel.

Pouco tempo depois, Simony e a Manchete se desentenderam. Ela assinou com o SBT e, para substituí-la, foi chamada Angélica, então com 13 anos, que veio com o apresentador Ferrugem. Foi no *Nave da Fantasia* que ela começou a sua carreira no comando de programas de televisão. Uma curiosidade é que Ferrugem havia participado na Globo do *Balão Mágico* um ano antes de sua contratação. Isso porque Simony chegou à Manchete assim que Xuxa foi para Globo, como uma "troca". Na Globo morreu o *Balão Mágico* e nasceu o *Xou da Xuxa*. Depois que Simony chegou na Manchete, o *Balão* durou poucos meses – saiu do ar em 1987, sem completar um ano – até a entrada de um novo programa.

Lupu Limpim Clapla Topo

No horário vespertino, entrou em 1986 um novo programa: *Lupu Limpim Clapla Topo*, com apresentação da cantora Lucinha Lins e do bailarino Claudio Tovar, que faziam sucesso no teatro com musicais infantis. O nome do programa vem da *língua do P – Lupu Limpim* (Lucinha Lins) e *Clapla Topo* (Cláudio Tovar) – e teve duas fases. De 86 a maio de 87, era feito em um pequeno parco, onde os apresentadores interpretavam contos e fábulas. O cenário contava com máscaras de diversas cores e tamanhos. Lucinha e Tovar ensinavam uma coreografia por semana e a cada dia, as crianças – de dez a doze – aprendiam uma parte da coreografia (por exemplo, a de *História de uma Gata*, tema de *Saltimbancos* e que Lucinha Lins fez no filme *Os Saltimbancos Trapalhões* em 1981). De maio até o fim de 87, o programa mudou de formato e ganhou cenário maior, para shows musicais e brincadeiras. Uma delas era a *Cama de Gato*, onde as crianças tinham que passar entre cordões, sem deixar que os sinos pendurados tocassem. Quem chegava ao outro lado ganhava.

Angélica no *Clube da Criança*

No início de 88, Angélica, que já apresentava o *Nave da Fantasia*, assumiu o comando de *Lupu Limpim Clapla Topo* que, com o mesmo cenário, transformou-se também no *Clube da Criança*, apresentado novamente em dois horários, atendendo a desejo expresso de Adolpho Bloch. Angélica, que com o programa entraria para a história da televisão brasileira, atuava ao lado de Ferrugem, *o garoto Ortopé*, que ficou poucos meses na nova atração. Luiz Alves Pereira Neto, o *Ferrugem*, fez grande sucesso como garoto-propaganda dos calçados Ortopé no final da década de 1970. Integrou o elenco da Tupi e da Globo e, em 2002, fez *Os Piores Clipes do Mundo* (MTV Brasil) ao lado de João Gordo. Hoje tem mais de trinta anos, mas continua com a mesma cara e a mesma altura por causa de uma rara disfunção biológica.

Na história da Manchete, Angélica Ksyvickis tornou-se o mito da criançada. Nascida em Santo André, SP, em 30 de novembro de 1973, aos três anos começou a carreira fazendo fotos publicitárias. Aos oito anos, já tinha sido eleita pela segunda vez a Garota Mais Bonita do Brasil, em concurso realizado por Chacrinha. Quando completou treze anos, com o consentimento dos pais, Angélica integrou um grupo de cantores baseado no Balão Mágico, mas quando o diretor Maurício Sherman tentou encaixar o grupo dentro da programação da Manchete, achou que apenas a loirinha tinha talento. Aproveitou-a, então, inicialmente como figurante do *Nave da Fantasia*. Depois de um tempo, quando Adolpho Bloch, descontente com a atração, mandou demitir a equipe, Maurício Sherman tratou de escondê-la de Adolpho até que criou para ela o programa *Shock*, de videoclipes, apresentado aos sábados às 5 horas da tarde, horário em que Adolpho Bloch não via televisão. A menina ficava se policiando para o patrão não vê-la até o dia em que Bloch decidiu que queria novamente um novo programa com a cara do antigo *Clube da Criança*. Semanas depois, Maurício Sherman apareceu com Angélica na sala do chefe, vestida de camponesa russa, dizendo a Bloch que era de origem polonesa, conforme orientação de Sherman. Adolpho Bloch gostou da garota e pediu então para contratá-la.

Angélica reestreava, em 1987, o *Clube da Criança* que voltou com força total, com uma equipe formada por muitos profissionais que trabalhavam também no *Milk Shake*, como Marcelo Zambelli (diretor) e Mônica Miranda (produtora). Um ano depois, Francisco Ksyvickis e dona Angelina tornaram-se empresários da filha. Além do carisma de Angélica, os desenhos e o lançamento das séries de heróis japoneses fizeram com que o *Clube da Criança* se tornasse uma alternativa àqueles que só assistiam a Xuxa. Angélica, que muitos diziam ser a nova Xuxa, não gostava de ser comparada à apresentadora. As duas, no entanto, tinham um costume em comum: beijavam a câmera no início e no final do *Clube da Criança*, deixando a marca de batom na tela.

O programa também tinha também brincadeiras, convidava colégios para competições e apresentava números musicais – um deles, que se repetia quase todos os dias, era *Blue Jeans*, em que Angélica e as angelicats faziam uma fileira e cantavam juntas. Outras músicas que Angélica cantava viraram *hits* da época:

- *Vou de táxi, cê sabe...* (esse foi o carro-chefe do programa);
- *Roda, roda, roda...Pé, pé, pé... Só não é criança quem não quer*;
- *Meu Calhambeque Bibi...* (antigo sucesso de Roberto Carlos);
- *Certo ou errado, certo ou errado...* (regravação de Patricinha).

Angélica no palco do Clube da Criança

Assim como Xuxa, que tinha suas paquitas, Angélica tinha os angélicos e angelicats como assistentes. Uma de suas angelicats era a garota Giovana Antonelli, que mais tarde se tornaria atriz – hoje, é figura de destaque nas novelas da Globo. Em 1991, o garoto Patrick de Oliveira, que trabalhava no *Cometa Alegria*, tornou-se repórter de rua do *Clube da Criança*. Quando a Manchete foi vendida para o Grupo IBF em 1992, Angélica foi para São Paulo gravar seus dois programas no estúdio B da sede do Limão, que tinha auditório. Nesse mesmo ano, receberia o Troféu Imprensa de melhor apresentadora. Marcelinho Fernandes, na época controle-mestre da Manchete de São Paulo, recorda-se do programa de Angélica: *Ela chegava num carrinho ou num balão, numa carruagem, num trenó, não sei o que era aquilo! Ela vinha voando... Mas ela ia desligar e não tinha botão, nem equipamento. Então, passava a mão em cima do encosto, do apoio, como se estivesse desligando alguma coisa.*

Milk Shake

Milk Shake foi o grande diferencial de Angélica, o programa que mostrou que ela não era uma Xuxa 2. Ia ao ar nas tardes de sábado, sempre com média de 10 pontos de audiência, abrindo espaço para todas as vertentes da música nacional, desde cantores da jovem guarda até os novos talentos do rock. Era considerado pela imprensa da época um sucessor do *Cassino do Chacrinha*. A atração também possuía quadros de humor.

Angélica no palco do Milk Shake

O músico Laert Sarrumor, líder do conjunto Língua de Trapo, interpretava o cômico repórter Airtoupeira que, com óculos fundo de garrafa, não enxergava quem estivesse a mais de um metro de distância. Angélica revelava, a cada edição, o seu potencial. Chegavam a transformar a apresentadora em Marilyn Monroe, Madonna, etc. e refaziam *trailers*. Como relatou Denise Dourado, que chegou a ser produtora de arte do programa: *Milk Shake era bem legal. Na época existia um cenário base, que era um fundo infinito, uma passarela e um queijo (que a gente chama aquele redondo do palco). E cada semana o programa tinha um tema qualquer. A gente montou um* Thriller*, do Michael Jackson, fizemos um cemitério com todas aquelas roupas esfarrapadas. Na semana seguinte, a gente fez uma agência de viagens, na outra semana era uma Disneylândia, então era temático. Era mexicano, era tudo preto-e-branco, era Mondrian. Toda vez que a gente escolhia o tema, era uma discussão da qual participavam o diretor, a cenógrafa, o figurinista.... Eu fiz pouco Milk Shake, mas adorei fazer*.
O cenário contava com um enorme carro amarelo, partido ao meio, no qual, muitas vezes, Angélica encerrava ou começava um bloco. Nas paredes do estúdio tinham muitos neons piscando, até mesmo um neon representando três sorvetes na casquinha. Marcos Resende, autor do *Milk Shake*, fala das personagens que Angélica interpretava durante o programa: *Eram várias personagens e cada uma apresentava um tipo de gênero musical. Tinha a Lilica Barraqueira – meio tiete, barraqueira, que apresentava as músicas românticas no quadro* Vive o Amor*. Tinha também a Dita Jibóia, uma crioula que gostava de samba e que apresentava samba e MPB. Outra era a Regininha Whitaker, bem mineira,*

filha de fazendeiro, menina mimada que tinha um namorado fictício, o Luiz Felipe, que nunca apareceu no programa, mas que ela falava sempre. A Regininha apresentava música sertaneja. E a Joaninha Dark? A Angélica vinha toda pintada... A Joaninha era gótica, sempre com roupas escuras e a maquiagem também. Apresentava rock, é claro. E tinha mais um que entrava – para apresentar MPB e samba também – quando a Dita Jibóia não aparecia. Os personagens se intercalavam. Uma hora era a Dita, em outra era o Gegé Tamanduá, aquele tipo do malandro carioca, com terno e chapéu branco... Pra mim, o Milk Shake foi o que começou a explorar a atriz Angélica, não só a apresentadora.

Milk Shake foi para São Paulo e terminou com a saída de Angélica da Manchete. Há quem acredite que ela foi convidada a apresentar o programa *Fama*, da Rede Globo, justamente por seu desempenho em *Milk Shake*. Na direção do programa passaram nomes como Marcelo Zambelli, Valdemir Fernandes e Roberto Jorge.

A apresentadora já vinha recebendo propostas de outras emissoras quando foi dispensada pela Manchete – a direção acreditava que, naquele momento de crise, ela seria mais bem aproveitada por outra rede. Em 93, com o retorno dos Bloch ao comando da Manchete, Osmar Gonçalves tentou trazer Angélica de volta, mas ela já havia assinado contrato com o SBT. Nessa ocasião, a primeira providência de Adolpho Bloch foi mandar Oscar Bloch para o Limão e fazer com que todas as produções voltassem ao Rio de Janeiro. O cenário do *Clube da Criança* estava para seguir para lá de caminhão mas já era tarde. Agora teriam que encontrar uma nova apresentadora.

No SBT, Angélica ficou até 1996, passando depois para a Globo. *Bambuluá* foi o último programa infantil que apresentou. Angélica resolveu então se desligar da imagem de apresentadora infantil, alegando que um dia o gênero entraria em decadência. Em 2001, passou a comandar o *game-show Vídeo Game*, do *Vídeo Show* e o *reality-show Fama*.

Angélica tornou-se uma grande vendedora de produtos baseados em sua imagem. Sua boneca foi uma das primeiras a possuir características personalizadas, inclusive com a mancha na perna, marca registrada da apresentadora. Um dos produtos mais famosos era o *Angelical Touch*, uma linha de produtos do *Boticário* com deo-colônia, brilho labial, condicionador e xampu.

Heróis Japoneses

Esse é mais um dos capítulos sobre o qual telespectadores e profissionais da Manchete pediram que eu escrevesse. Porque, além de *Pantanal*, os heróis japoneses foram marcantes na história da emissora, aparecendo pela primeira vez nos programas *Clube da Criança* e *Cometa Alegria*. Provocaram um *frisson* em audiência e popularidade nas décadas de 1980 e 1990.

No Japão, esses heróis recebem o nome de *Tokusatsus Heroes* (filmes e seriados de heróis com efeitos especiais). A maioria das séries lançadas no Brasil era da Toei Company e distribuídas pela Everest Vídeo. Conheça um pouco de suas histórias:

Changeman – O Esquadrão Relâmpago *Changeman* era formado por Change Dragon, Change Griphon, Change Pégasus, Change Mermaid e Change Phoenix, comandados pelo Sargento Ibuki. Sua função era salvar a terra da invasão do Império Gozma e do grande vilão Bazoo. Toda vez que os *Changeman* venciam um monstro, Bazoo mandava o monstro Guyodai (que tinha um olho na boca) transformá-lo em uma criatura gigante. *Changeman* e *Jaspion* foram as séries japonesas de maior sucesso da Manchete.

Cybercop – A série mais futurista de todas, em que as armaduras e os efeitos eram mais caprichados que nas demais. O esquadrão Cybercop é composto de diversos policiais e veículos designados para ações especiais. A força inimiga é a Destrap.

Flashman – O Comando Estelar Flashman era composto por cinco membros, que quando crianças foram raptadas por extraterrestres e só voltaram depois de 20 anos. Durante toda a série, os Flashman ficam em busca de seu passado, enquanto protegem a Terra.

Jaspion – Pioneiro dos heróis japoneses na Manchete, junto com *Changeman*, chegou ao país em 1988. *Jaspion*, quando criança, viajava com os pais pelo espaço quando a nave caiu. *Jaspion* foi o único sobrevivente e é encontrado pelo mestre Edin, uma espécie de profeta do espaço. Ao crescer, *Jaspion*, a andróide Anri e a monstra Miya viajam pelo espaço para salvar o universo de Satan Goss, uma criatura maligna. Viajavam a bordo de uma nave, que se transforma no gigante guerreiro Dayleon quando *Jaspion* necessita.

De cima para baixo: duas imagens de Changeman *e duas de* Jirayia, o Incrível Ninja

Jiban – Praticamente a versão japonesa de Robocop. O policial de aço era um detetive de Central City e foi morto por Biolon, ser do ressuscitado por um cientista.

Jirayia, o Incrível Ninja – Jirayia chega na Terra na Era Medieval do Japão trazendo consigo um tesouro, que um robô gigante quer para si. Jirayia derrota Hoshinin e casa-se com uma terráquea e o tesouro é passado de geração em geração, com a tradição ninja. Todos os descendentes utilizam a armadura de Jirayia. Um ninja chamado Dokusai mata o último casal da família para roubar o tesouro, que se parte ao meio. O casal entregara ao amigo Tetsuzan seu filho Toha, a outra metade do tesouro e a armadura. Quando Toha cresce, Tetsuzan faz com que ele se torne o novo ninja Jirayia. Ele trava diversas batalhas contra o Clã dos Feiticeiros, encabeçado por Dokusai. Diversos ninjas se unem a Jirayia ao longo da série. Até mesmo um garoto ninja: Manabu. Foi a série mais humana de todas que foram lançadas no Brasil.

Kamen Rider Black (Blackman) – Dr. Akizuki e Dr. Minami estão em crise financeira e os monstros Gorgom prometem ajudá-los em troca de seus filhos. Akizuki tenta salvar seu filho, mas aos 19 anos ele é levado e se transforma em Shadow Moon. Isamu Minami, que escapa, se transforma em Kamen Rider Black. Sua moto Battle Hopper (que tem cara, olhos e antenas de inseto como herói) o ajuda na fuga e nas batalhas que tem durante a viagem. Foi feita também a versão *Kamen Rider Black RX.*

Lionman – Eram duas séries. A primeira (única que passou no Brasil) foi a do Lionman laranja. As duas histórias contam as aventuras do samurai Shimaru, que ao se cobrir com a capa se transformava em Lionman. Grande sucesso no Japão, não teve a mesma repercussão no Brasil. A Manchete exibiu apenas a primeira série, sendo que Lionman branco apareceu apenas no capítulo *O Vale do Diabo.*

De cima para baixo: Lionman, *duas imagens de* Jaspion e Flashman

Maskman – Foi a última série *tokusatsu* a estrear na Manchete. Ela e Jirayia foram os últimos seriados da emissora, presentes na fase de transição para a RedeTV!, em 1999. Red Mask, Black Mask, Blue Mask, Yellow Mask, Pink Mask são os Defensores da Luz Maskman e lutam contra o Império Tube, que existe nas camadas subterrâneas do Japão.
Patrine – A primeira e única série com uma mulher no papel principal. As trapalhadas e o jeito angelical de Patrine tratar os inimigos é no mínimo insólito. Com uma roupa extravagante, brincos enormes, espada com brilhantes, máscara vermelha e uma boina, Patrine tinha jeito de perua e levava consigo sua irmã menor, uma Patrine em miniatura. Seus inimigos eram os mais imprevisíveis, desde monstros até eletrodomésticos vivos. Seu lema era: *Lutarei enquanto existir amor, até o fim de minha vida. Estrela Fascinante Patrine*. Resultado: não conquistou nem o público infantil feminino, que preferia heróis mais valentes e menos afetados.
Solbrain – Solbrain foi criado no Japão para substituir Winspector, o que também aconteceu no Brasil. O chefe Shunsuke Massaki organizou um novo esquadrão, intitulado Esquadrão de Resgate Solbrain.
Spielvan (Jaspion 2) – Por mais de um mês, a Manchete exibiu chamadas informando sobre a nova série de *Jaspion*, que já tinha terminado. Uma jogada de marketing. *Jaspion* 2 era Spielvan, em que apenas a armadura se assemelhava a do outro herói. Muitos telespectadores deixaram de assistir a série em sinal de protesto pela enganação. Não teve sucesso nem no Brasil, nem no Japão.
Winspector – Na série futurista, passada em 1999, o policial Shunsuke Massaki cria uma equipe de policiais para combater o crime em Tóquio: o Esquadrão Especial Winspector. Apesar das ações policiais, os atrapalhados andróides roubavam a cena com suas peripécias.

A partir de 1989, *Jaspion* e *Changeman* não se limitaram apenas a brinquedos e séries de televisão, mas ganharam um circo próprio, o *Circo Show Jaspion e Changeman*, que ficou em São Paulo boa parte do tempo, na Radial Leste, ao lado do Metrô Tatuapé. A criançada queria ver de perto os heróis, as armaduras e as lutas entre os heróis da TV e ia ao Circo Show a caráter, com máscara e fantasia de *Jaspion* ou *Changeman*.
Os heróis japoneses também se tornaram uma febre e o mercado aproveitou para colher todos os frutos: álbum de figurinhas, bonecos, fantasias, chaveiros, enfeites de festa de aniversário, camisetas estampadas, roupa de cama, travesseiro, cortinas, máscaras, espadas, escudos, adesivos, fitas de vídeo e discos (da Top Tape), lápis, borracha, régua, jogos, quebra-cabeças, revistinhas, produtos alimentícios... Em 1989, um ano depois do lançamento de *Jaspion* no Brasil, a Everest Vídeo já tinha 16 empresas licenciadas, que juntas produziam mais de 100 produtos diferentes.

Jaspion, por exemplo, tinha duas revistas: uma pela Editora Abril e outra (como fotonovela da série) pela Bloch Editores. Quem também aproveitou a febre foi a Top Tape, que antes mesmo de *Jaspion* e *Changeman* estrearem na Manchete, começaram a vender fitas no mercado. Até 89, foram 150 mil cópias vendidas. A mesma Top Tape foi quem lançou os LPs de *Jaspion* e *Jirayia*, com versões nacionais das músicas em japonês. No início da década de 90, trouxeram ao Brasil o ator Hiroshi Atari (o *Jaspion*), para uma turnê de entrevistas e shows.
No final da Rede Manchete, a emissora passou a transmitir duas séries consideradas clássicas, precursoras de praticamente todas as outras: os legendários *National Kid* (*Nationaro Kidô!*) e *Ultraman*, que fizeram sucesso retumbante na televisão brasileira nos anos 1960 e 1970. As outras emissoras, então, seguiram esse modelo e resolveram levar para suas programações outros heróis. Foi dessa forma que Globo, Gazeta, Record e Bandeirantes foram contaminadas pelos *Tokusatsus Heroes*. Isso explica, por exemplo, que não foi de uma hora para outra que os *Power Rangers* se tornaram uma atração de peso nas manhãs da Globo.

Séries e Desenhos

O projeto Televisão de *Primeira Classe* era extensivo a toda a programação da TV Manchete, inclusive na programação comprada no Exterior, como filmes, séries e desenhos animados. A emissora, antes de sua estréia, mandou seus representantes para a temporada de *screenings* em Los Angeles, em maio de 1982, adquirindo as maiores produções disponíveis no mercado, tornando-se, portanto, referência nesse segmento na televisão brasileira. Assim, o melhor das séries americanas chegou para fazer frente à concorrência no horário nobre. A Manchete trouxe um pacote de séries inéditas, como *Quincy* (*Quincy, ME*), *Fama* (*Fame*), *O Caçador de Aventuras* (*Bring 'em Back Alive*), *Trapper John, Médico* (*Trapper John, MD*), e por último, mas sem dúvida a que fez o maior sucesso, foi *Acredite se Quiser* (*Ripley's Believe it or Not*). Baseada em uma tira de jornal criada pelo cartunista Robert L. Ripley, e apresentada por Jack Palance, a série trazia fatos e pessoas incomuns, mas reais. Em seu segundo ano de exibição ganhou um bloco nacional, com destaque para diversas curiosidades brasileiras. A apresentação ficou a cargo do ator Walter Forster.
Com o passar dos anos, a Manchete continuou apostando nesse filão, ao contrário das demais emissoras, que praticamente baniram as séries de sua programação. No entanto, a empresa já não dispunha do mesmo fôlego financeiro dos seus primeiros tempos e passou a exibir séries que já haviam sido transmitidas à exaustão pelas demais redes, como *CHiPs, O Incrível Hulk, O Homem-Aranha, O Homem de Seis Milhões de Dólares* (o homem biônico), *Buck Rogers, A Ilha da Fantasia* (*patrão, o*

O Incrível Hulk

Ao centro, Sr. Roarke e Tatu na série A Ilha da Fantasia

avião! O avião!, com Ricardo Montalban e Hervé Villechaize), *Xerife Lobo, Galactica: Batalha nas Estrelas, As Aventuras de Guilherme Tell* e a clássica *Jornada nas Estrelas*. A única exceção inédita foi a série *Jornada nas Estrelas – A Nova Geração*, trazendo as aventuras de uma nova nave Enterprise.

De olho no público infantil, a Manchete também trouxe uma grande variedade de desenhos animados inéditos, para serem exibidos dentro do *Clube da Criança*, de Xuxa. Entre eles, se destacavam não apenas produções norte-americanas, mas européias (sobretudo francesas e espanholas) e japonesas, antecipando o que um dia seria uma imensa fonte de audiência e lucro para a emissora. De saída, o *Clube da Criança* exibiu *D'Artagnan e os Três Mosqueteiros*, produção espanhola que adaptava o clássico de Alexandre Dumas, estrelado por cães; As produções americanas *Lord Gato*, com as aventuras de um gato *bon-vivant*, *Marmaduke*, com um cachorro atrapalhado mas de bom coração, e *A Turma do Abobrinha*, com as histórias de uma abóbora de *halloween*, um cachorro vampiro e um esqueleto ambulante; E as japonesas Don Drácula, de Osamu Tezuka, mostrando o vampiro morando no Japão moderno, na companhia de sua filha, Sangria – o desenho chegou a ter problemas com a censura no Brasil, que viu conteúdo erótico em uma cena; *O Pirata do Espaço* no qual um casal de jovens luta contra o Império Gailar (*Joe! Rita! Preparar o pirata do espaço!*); *Patrulha Estelar*, a mais famosa de todas, contando a história da astronave Argo (no original, *Yamato*) e sua tripulação.

As produções européias voltavam a marcar presença com *Don Quixote de La Mancha*, realizado na Espanha e inspirado no clássico de Miguel de Cervantes, com um cuidado refinado na produção, sobretudo nos cenários. Vindas dos Estados Unidos, haviam ainda *Goldie Gold; Andy, o Anjinho da Guarda; A Família Drácula;* O último destaque dessa fase foi *Sport Billy*, que contava a história de um garoto que vinha à Terra para ensinar como encarar as disputas com espírito esportivo.

Assim como as séries, no final dos anos 1980 a Manchete parou de investir em desenhos animados e passou a reprisar clássicos que haviam sido exibidos por outras emissoras. A única produção que não seguiu essa regra foi *Cobi*, uma série de desenhos curtos alusivos à Olimpíada de Barcelona, em 1992, que acabou não tendo nenhuma repercussão na TV brasileira. Entre outros, a Manchete exibiu os seguintes desenhos: *Corrida Maluca, Os Apuros de Penélope, Josie e as Gatinhas, Tutubarão, Charlie Chan, Carangos e Motocas, O Fantasminha Legal, Pac-Man, Bacamarte e Chumbinho, Dinamite – o Bionicão, Jackson 5* (sobre a família Jackson), *Space Ghost, Mosquete, Mosquito e Moscardo, Os Herculóides, A Família Addams, Os Brasinhas do Espaço, Frankenstein Jr., Os Impossíveis, Coelho Ricochete, O Homem Elástico, A Formiga Atômica, Rabugento, Hong Kong Fu, Bicudo, o Lobisomem e Marty, o Menino Biônico.*

Maitê Proença e Gracindo Jr, como Marquesa e D. Pedro I, na minissérie Marquesa de Santos, *primeira produção em teledramaturgia da Manchete, 1984*

Nos últimos anos da emissora, os únicos investimentos concretos nesse setor foram em produções japonesas, tanto séries dirigidas ao público infanto-juvenil quanto em *animes*, estilo de desenhos animados que estourou no Brasil com *Os Cavaleiros do Zodíaco, Shurato, Sailor Moon* e *Yu-Yu Hakusho, Samurai Warriors* e *Supercampeões*.

As Primeiras Minisséries

Em 1984, surgiram as primeiras produções de teledramaturgia da Rede Manchete. Muitos roteiristas, diretores e atores globais, além de remanescentes da extinta Tupi, formaram o núcleo inicial da emissora. A direção acreditava que para inserir a Manchete com mais força no mercado, seria preciso investir em minisséries e séries, já que era inviável concorrer com a Rede Globo, especialista em novelas.

Nessa primeira fase, Carlos Heitor Cony e Zevi Ghivelder foram figuras presentes na construção do núcleo de teledramaturgia. Cony, além de supervisionar o núcleo, colaborou efetivamente na autoria de *Marquesa de Santos*, *Dona Beija* e *Kananga do Japão*. Já Zevi Ghivelder foi produtor executivo de *Marquesa de Santos*, *Viver a Vida*, *Santa Marta Fabril*, *Tudo em Cima*, *Antônio Maria* e *Dona Beija*. Foram inicialmente exibidas seis produções, sendo três minisséries, dois seriados (*Tamanho Família* e *Joana*, essa última, uma produção independente) e uma novela (*Antônio Maria*). As quatro primeiras foram:

Marquesa de Santos – 21 de agosto a 5 de outubro de 1984. Minissérie escrita por Wilson Aguiar, com o apoio de Carlos Heitor Cony, baseada no livro homônimo de Paulo Setúbal, a história tinha como pano de fundo o amor proibido entre D. Pedro I (Gracindo Jr.) e sua amante Domitila (Maitê Proença), transformada mais tarde pelo Imperador em *Marquesa de Santos*.

Maitê Proença e Gracindo Jr, como Marquesa e D. Pedro I, na minissérie Marquesa de Santos

Outros romances extraconjugais de D. Pedro, o processo de Independência do Brasil e a oposição da corte, de José Bonifácio de Andrada e Silva (Leonardo Villar) e da esposa Dona Leopoldina (Maria Padilha) ao romance com Domitila são o grande tempero da trama. Com bons índices de audiência e um elenco de peso, a Manchete estreava na dramaturgia com sucesso. O diretor foi Ary Coslov.

Viver a Vida – 9 de outubro a 20 de novembro de 1984. Marcelo (Paulo Castelli) muda de Minas Gerais para o Rio de Janeiro mas no meio do caminho se depara com dois amores: a colega de trabalho Marly (Louise Cardoso) e Maria Eduarda (Cláudia Magno), filha do patrão. A briga pelo amor de Marcelo é levada até o final da trama. *Viver a Vida* é o primeiro trabalho de Manoel Carlos após seu desligamento da Globo. A direção foi de Mário Márcio Bandarra.

Santa Marta Fabril – 21 de novembro a 29 de dezembro de 1984. A indústria *Santa Marta Fabril*, criada pela matriarca Dona Marta (Natália Thimberg), passa por diversas fases, da ascensão à ruína, e os descendentes da fundadora fazem o possível para reerguê-la. A Manchete caprichou na reconstituição de três décadas (do final da década de 1950 ao início da de 1980). É a volta em grande estilo de Geraldo Vietri à direção.

Joana – 10 de setembro a 1° de outubro de 1984. Em parceria com a produtora Art Vídeo (de Guga de Oliveira, irmão de Boni), foram exibidos pela Manchete os quatro primeiros capítulos da série sobre a jornalista *Joana* (Regina Duarte), divorciada e mãe de três filhos. Por não obter o sucesso esperado e por desentendimentos com a direção da casa, *Joana* passou a ser exibida pela TVS, onde ficou até 1985, com a exibição dos 21 capítulos restantes. A Manchete alegou na época que interrompeu *Joana* porque a trama não havia conseguido vender todas as cotas de patrocínio.

Núcleo firmado, autores e diretores de peso, audiência subindo, Geraldo Vietri, Manoel Carlos e Wilson Aguiar Filho já estavam na casa quando Bráulio Pedroso, considerado o pai das novelas modernas (com Beto Rockefeller, sucesso da Tupi em 1968), passou a integrar a equipe. Junto com Geraldo Carneiro, escreveu a minissérie da Manchete ***Tudo em Cima***, com direção de Ary Coslov. Exibida às 21h15, foi ao ar no início de março de 1985. A relação entre drogas e criminalidade dentro da alta sociedade davam o tempero à trama. Pedroso também assumiu a direção de criação de ***Tamanho Família***, uma *sitcom* que retratava a vida de uma ***Família Brasileira***, classe média, em tempos de crise. No elenco estavam Suely Franco, Diogo Vilela, Ivan Cândido, Elizabeth Henreid, Zezé Polessa, Caio Junqueira, Stella Freitas, Ariel Coelho, Vicente Pereira e Nildo Parente. O seriado ficou no ar, de segunda a sexta-feira, de julho de 1985 a 1986, com 94 capítulos que satirizavam a sociedade, as produções de outros canais, a crise política e tantos outros fatos. Entre os roteiristas estavam Mauro Rasi e Miguel Falabella.

Esses foram os últimos trabalhos de Bráulio Pedroso, que faleceu em 15 de agosto de 1990.

Fábrica de Novelas

Antônio Maria – Primeira novela da Rede Manchete, estreou no dia 1° de julho de 1985, às 18h30. Era um *remake* da novela de Geraldo Vietri, que foi sucesso na TV Tupi em 1968, e trazia o português Sinde Felipe no papel que havia sido de Sérgio Cardoso.

Antônio Maria foi resultante de uma parceria entre a Manchete e a RTP – Rádio e Televisão Portuguesa. A novela fez com que a Manchete acreditasse na possibilidade de não só produzir minisséries. Nessa versão, Vietri teve o apoio de Lucas Bueno, com quem dividiu a função de diretor.

Dona Beija – Criada inicialmente como minissérie, acabou considerada novela, devido ao grande número de capítulos. A produção estreou às 21h30. A tentativa de exibi-la as 18h30 foi reprovada pelo teor. A contratação de Herval Rossano para a direção-geral também era um diferencial – estava com ele na direção David Grinberg. Com a intenção de atingir os índices de *Marquesa de Santos*, a Manchete repetiu as duplas

Maitê Proença e Gracindo Jr, como Dona Beija e Antonio Sampaio, na novela Dona Beija

Maitê Proença e Carlos Alberto, na novela Dona Beija

Wilson Aguiar Filho como autor e Carlos Heitor Cony como colaborador, e Maitê Proença (*Dona Beija*) e Gracindo Júnior (Antônio Sampaio) como protagonistas. As semelhanças eram estratégicas. Inspirada no livro *Dona Beja, a Feiticeira de Araxá*, de Thomas Leonardo, a trama contava a história de Dona Beja (que recebeu na novela a letra *i* em seu nome), que fica noiva de Sampaio e vê a morte dos avós e de sua mãe. Beija é raptada pelo ouvidor Joaquim Inácio Silveira da Mota (Carlos Alberto) e a partir daí torna-se uma mulher revoltada, disposta a se vingar de todos os homens e da sociedade de seu tempo. Com o dinheiro do Ouvidor, ela funda a Chácara do Jatobá, um bordel de luxo, e torna-se uma mulher muito moderna para sua época e de personalidade forte. Ela consegue ter todos os homens a seus pés, tornando-se a pessoa mais influente da região, a dona de Araxá. Antônio Sampaio e Beija tornam-se amantes. Ela ainda se casa novamente com outro, mas nunca se esquece de Antônio. Após idas e vindas, no final um mata o outro.

A Manchete investiu 20 milhões de cruzados na produção de *Dona Beija* (um valor exorbitante para a época), sendo que 3 milhões foram destinados apenas à cidade cenográfica construída em Santa Cruz, zona rural do Rio, com igreja, pelourinho, casas, aviário (com 300 galinhas, patos e perus), cemitério e tudo que um pequeno arraial de 1820, como o Arraial dos Araxás, necessitava.

Cenas como as de Maitê Proença tomando banho de cachoeira nua e andando a cavalo da mesma forma criaram polêmica na época. Por diversas vezes, Adolpho Bloch se reuniu com o presidente Sarney por causa do conteúdo de algumas cenas.

Dona Beija ficou à frente da Globo por muitas vezes no Ibope: no dia 16 de maio de 1986, alcançou 36% de audiência contra 31% da Globo, que exibia o programa musical Chico & Caetano. *Dona Beija* foi uma das produções mais exportadas da Manchete – na República Dominicana, a personagem e a novela são até hoje as mais adoradas da população – e foi reprisada pela emissora em 1988 e 1992.

Novo Amor – Estreou logo após *Dona Beija*, no dia 14 de julho. Era uma novela de Manoel Carlos com direção de Denise Sarraceni e Jardel Mello e que falava de um triângulo amoroso entre os personagens de Nuno Leal Maia, Renée de Vielmond e Carlos Alberto. A trama não manteve a audiência de *Dona Beija*.

Tudo ou Nada – Em 15 de setembro, essa novela inaugurou o horário das 19h45. Guadalupe (Elisângela), uma jovem pobre, se casa com César Augusto (Edwin Luisi), filho do patrão. Após a lua-de-mel, ele some e a partir daí começa a história, que não fez grande sucesso.

Mania de Querer – No horário das 21h30, *Novo Amor* foi substituída por essa novela de Sylvan Paezzo e colaboração de Leila Miccolis, em 22 de setembro. Com Nívea Maria e Marcelo Picchi nos papéis principais, era uma trama cheia de segredos familiares e conflitos entre Margô

Vista aérea dos estúdios de Água Grande

Nogueira (Lélia Abramo) e todos que rodeavam seu neto Ivan (Marcelo Picchi). Nos bastidores, Herval Rossano foi demitido da Manchete e com ele, em apoio, saíram Nívea Maria e Carlos Augusto Strazzer. *Mania de Querer* foi a primeira novela da Manchete que teve a cidade de São Paulo como cenário.

Corpo Santo – José Wilker foi contratado para ficar no lugar de Rossano. *Corpo Santo* foi ao ar no dia 30 de março de 1987, às 21h30. Na festa de lançamento, Wilker fez um breve discurso, onde brincou sobre sua contratação: – *Quando eu pedi demissão do meu antigo emprego, minha mãe disse que eu estava louco. Quando contei qual era o meu novo emprego, ela e minha tia começaram a rezar achando que além de louco eu queria tentar o suicídio.*

Corpo Santo marcava a estréia de José Louzeiro como autor de novelas. Sua proposta era fazer uma novela-reportagem e ela foi melhor do que se esperava, atingindo audiência de 14% do IBOPE em seu primeiro dia. Era uma vitória, visto que na Globo voltava ao ar o *Viva o Gordo*, com Jô Soares, e na Bandeirantes estreava *Agildo no País das Maravilhas*, com Agildo Ribeiro. Um dia após a estréia de *Corpo Santo*, a Globo anunciou nos jornais: *Mais vale um Pecado Original do que um Corpo Santo* (*Pecado Original* era a minissérie que passava na Globo na época). Pela primeira vez, a campeã de audiência rebatia publicamente outra emissora – fato que foi comemorado dentro da Manchete. O diretor-geral, Rubens Furtado, declarou à revista Veja no 15 de abril de 1987: *A Globo sabe que somos sua futura concorrente*.

A novela tinha como enredo a vida de Simone (Christiane Torloni), que conhece Téo (Reginaldo Faria), produtor de filmes eróticos que quer que a filha de Simone, Lucinha (Sílvia Buarque de Holanda), trabalhe em um de seus filmes.

José Wilker, Maitê Proença e Jonas Bloch, na novela Corpo Santo

Téo participa ao mesmo tempo de uma máfia de contrabando de filmes pornô. Lucinha acaba sendo obrigada a fazer o filme, mas por causa de sua mediunidade, seu corpo não aparece, daí a expressão *Corpo Santo*. Crime, erotismo, paranormalidade e tiroteios transformaram *Corpo Santo* em uma novela de destaque dentro da história da Rede Manchete. No final de julho, a novela atingiu 31 pontos de audiência por causa da morte de Simone, motivo de protestos dos telespectadores. *Corpo Santo* foi a primeira novela a falar da aids e do preconceito das pessoas em relação aos portadores do vírus HIV.

Helena – A emissora voltou às novelas de época com a estréia, em 4 de maio de 1987, às 19h45, de *Helena*, baseada no romance homônimo de Machado de Assis. A emissora contava com três nomes que cada vez mais se consagravam na direção – José Wilker, Luiz Fernando Carvalho e Denise Sarraceni – e, com Mário Prata no time dos autores. Protagonizada por Luciana Braga (*Helena*) e Thales Pan Chacon (Estácio).

Carmem – O ano de 1987 ainda trouxe novidades para o público. A Manchete contratava Glória Perez para seu núcleo de teledramaturgia. Em 5 de outubro, às 21h30, estreou *Carmem,* que ainda trouxe como um outro atrativo a contratação de Lucélia Santos pelo dobro que ganhava na Globo. Estavam no elenco Guilherme Karam, Paulo Betti e Darlene Glória. A novela, inspirada no romance de Prosper Mérimée e na ópera de Georges Bizet, fez da cigana *Carmem* uma personagem um tanto diferente. A *Carmem* da Manchete era uma jovem suburbana que faz um pacto com uma pomba-gira para poder seduzir todos os homens. Três se apaixonam por ela: o mau-caráter Ciro (Paulo Betti), o policial José (Paulo Gorgulho) e o piloto de automóveis Camilo (José Wilker). Nos primeiros dias, *Carmem* se mostrava uma novela confusa mas o perfil das personagens foi se definindo. Em dezembro, a Manchete foi multada pela Censura da Polícia Federal por levar ao ar uma cena de nudez de Lucélia Santos na praia. A novela também chamou a atenção por causa da participação especial de Silvio Santos. Creuza (Bia Sion) foi participar do quadro *Namoro na TV* do Programa Silvio Santos. Em março de 1988, a Manchete anunciou que *Carmem* continuava na liderança do horário no Rio de Janeiro, com 31 pontos, contra 28 de *Além da Imaginação*, da TV Globo.

Rainha da Vida – Enquanto *Carmem* esteve no ar, a Manchete voltou a produzir minisséries: *Rainha da Vida,* de Maria Cicogna e Leila Miccolis, foi lançada às 22h20, com apenas 15 capítulos. Mesmo com a participação do cantor Fagner e da atriz Florinda Bolkan, não fez sucesso e o plano de um horário para minisséries foi suspenso. Enquanto começava a preparação da trama que iria suceder *Carmem*, no horário foi reprisada *Dona Beija* para alavancar a audiência.

Misticismo, emoção e suspense

Lucélia Santos é

CARMEM

Novela de Glória Perez

De segunda a sábado,
às 21:20h

REDE
MANCHETE

Rio - TV Manchete - Canal 6
São Paulo - TV Manchete - Canal 9
Belo Horizonte - TV Manchete - Canal 4
Fortaleza - TV Manchete - Canal 2
Recife - TV Manchete - Canal 6
Porto Alegre - TV Pampa - Canal 4
Cachoeira do Sul - TV Pampa Centro - Canal 11
Pelotas - TV Pampa Sul - Canal 13
Brasília - TV Brasília - Canal 6
Londrina - TV Vanguarda - Canal 9 (Ret.) - SSC
Cornélio Procópio - TV Vanguarda - Canal 12 - SSC
Maringá - TV Vanguarda - Canal 6 (Ret.) - SSC
Curitiba - TV Independência - Canal 7 - SSC
Chapecó - TV O Estado - Canal 10 - SSC
Pato Branco (PR) - TV Sudoeste - Canal 7 - SSC
Maceió - TV Alagoas - Canal 5
Uberaba - TV Uberaba - Canal 7
Uberlândia - TV Uberaba - Canal 12 (Ret.)
João Pessoa - TV Manchete - Canal 13 - (Ret.)
Natal - TV Tropical - Canal 8
Vitória - TV Vitória - Canal 6
Salvador - TV Aratu - Canal 4
Florianópolis - TV Barriga Verde - Canal 9
Manaus - TV RBN - Canal 8
Campina Grande - TV Borborema - Canal 9
Campinas - TV Metrópole - Canal 6
Campo Grande - TV MS - Canal 11
Juiz de Fora - TV Manchete - Canal 2 (Ret.)
Aracaju - TV Jornal - Canal 13
Macapá - TV Equatorial - Canal 8
Goiânia - Rede Manchete Centro - Canal 11 (Ret.)

Lucélia Santos, José Wilker e Paulo Betti, na novela Carmen

Olho por Olho – Com argumento de W lson Aguiar Filho e texto de José Louzeiro e Geraldo Carneiro (posteriormente Leila Miccolis), estreou em 22 de agosto de 1988. O fazendeiro Horácio Falcão (Henrique Martins) é assassinado. Sua mulher, Ana Paula, (Geórgia Gomide) e os quatro filhos – vividos por Mário Gomes, Caíque Ferreira, Nehemias Demutcha e Flávio Galvão – prometem vingança. O resultado de *Olho por Olho* não foi satisfatório, mas a Manchete sabia que estava se consolidando no gênero. Resolveu tirar da gaveta um projeto que há anos vinha sendo arquitetado: *Cananga do Japão* (inicialmente com *C*), que ganharia ares de superprodução. A fábrica de novelas estava pronta para passos maiores.

Um dos estúdios de Água Grande, a fábrica *de novelas*

Carnaval é Manchete

Pode preparar o seu confete, este ano na avenida tem Manchete. – Quem se recordar dessa música, com certeza vai se lembrar da força do Carnaval da Manchete, que simplesmente parava sua programação nos festejos, e não só no horário dos desfiles. A rede se transformava numa estação carnavalesca com vinhetas, boletins, programas especiais, madrugada no ar. Era um Carnaval, no bom sentido, com organização, brilho, alegoria e muita alegria.

A escola da emissora era a *Revista Manchete*, que foi sempre campeã em vendas com sua edição especial de Carnaval (às vezes Fatos & Fotos também entrava no embalo). A *Revista Manchete* não só publicava a edição como trazia todos os anos fotos, dados das escolas de samba e seus sambas-enredo. A Bloch tradicionalmente era campeã nos dias de folia.

A Rede Manchete, em 1984, caminhava para seu primeiro aniversário. Em 12 de fevereiro, conseguiu inaugurar a TV Manchete de Fortaleza e pouco tempo depois a de Recife, colocando assim toda rede no ar. Nessa mesma época, problemas internos impediram que a Rede Globo transmitisse o Desfile das Escolas de Samba no Sambódromo – uns dizem ter sido por questões políticas, outros falam que a emissora não se interessou pelo desfile no Sambódromo, por achar que se tornaria um Carnaval mais organizado e sem a graça dos anos anteriores. A Manchete então entrou na avenida e alcançou o primeiro lugar de audiência – 70% – em uma transmissão ao vivo e própria. A direção do Carnaval foi de Maurício Sherman e a narração de Paulo Stein e Fernando Pamplona. A Globo programou o *Fantástico* e o filme *Uma Rajada de Balas* (*Bonnie & Clyde*, inédito na TV), não passando de 8% na média dos aparelhos ligados no Rio de Janeiro. Era a primeira vez que uma concorrente batia a audiência do *Fantástico*, em primeiro lugar desde sua estréia em 1973. Isso só aconteceria novamente em 2001, quando o SBT surpreendeu o *Fantástico,* com *Casa dos Artistas*.

Além de ter atingido grande audiência em todo país, o Carnaval 1984 serviu para o telespectador descobrir a Manchete e ver que existia uma segunda opção no ar.

Para se livrar do prejuízo, em 1985, a Rede Globo decidiu transmitir o desfile da Sapucaí, em conjunto com a Manchete. As duas emissoras combinaram todos os detalhes. Deveriam ter a mesma imagem 15 minutos após a entrada de cada escola na passarela e entre o final de um desfile e esses 15 minutos, as duas tinham o direito de colocar o que quisessem no ar. Foi assim que muitos carnavais da Manchete, com direção de Mauro Costa, surpreenderam a Globo com matérias, comentários e *flashes* dos principais bailes, pois haviam repórteres espalhados em todos os pontos.

Gina Masello, que participou de alguns carnavais como assistente de produção, lembra que *Carnaval pra Manchete era sinônimo de Ibope. Todo mundo preferia dar entrevista pra Manchete em vez da TV Globo.*
Nos intervalos, quando entravam reportagens em camarotes, na porta do Scala, nas filas do Gala Gay, no Monte Líbano, em São Paulo, e em outras partes do Brasil, a audiência oscilava entre as duas. Foi assim que a Globo teve de se adaptar a esse novo formato de jornalismo.
Mais normas no contrato para a realização do *pool:* A Globo ficou responsável pela imagem e a Manchete pelo áudio. Em 1987, a cláusula ainda não estava vigorando, então, a Manchete aproveitou e lançou uma novidade na TV brasileira: as câmeras-robôs, com grua e controle a distância, garantindo os melhores closes sobre a avenida.

E para cutucar mais um pouco a concorrente, a Manchete alugou um helicóptero e fez as primeiras imagens aéreas da Sapucaí (é dessa fase aérea que muitos associavam o M da Manchete com o formato do portal da Sapucaí, na apoteose). Do outro lado da avenida, foi colocado um imenso luminoso com o logotipo da Rede Globo e, curiosamente, a Manchete colocou um grande M ao lado. Afinal, se a Globo tentasse mostrar seu logo, teria que mostrar o M. Assim, não tinha como mascarar que o Carnaval não era exclusividade da Globo.

Para grandes eventos como o Carnaval na Sapucaí, a Manchete escalava o coordenador Jorge Machado, presente em praticamente todos os carnavais da emissora: *Era uma loucura. Mas era bom, muito trabalho. Começávamos a preparar o Carnaval em dezembro. Era preciso ter um empenho absurdo com os profissionais, pois sabíamos da responsabilidade para com o público.*

Outra figura importante, que trabalhou na Manchete de 1989 a 1992, foi Wagner Mancz, diretor técnico da rede: *Carnaval foi o grande desafio do Jack Kapeller (Jaquito) e ele sempre conquistou glórias, a cada ano fazendo melhor. Do ponto de vista técnico, o objetivo é atender o que a produção necessita e garantir o menor índice de falhas. Tratando-se de um evento de grande porte, a presença dos mais experientes fez a diferença e a Manchete nunca mediu esforços para tê-los sempre envolvidos. O resultado satisfatório é alcançado quando todos se integram como uma única equipe e afirmo que foram poucas as vezes que problemas de relacionamento prejudicaram as transmissões.*

A Voz do Carnaval

Haroldo Costa esteve presente em toda história da emissora, sendo o principal comentarista do Carnaval. Trabalhou ao lado de Fernando Pamplona, Maria Augusta e Paulo Stein na locução e comentários dos desfiles da Sapucaí.

Apresentou diversos boletins e programas: *Na Passarela do Samba*, inicialmente com direção de Nelson Pereira dos Santos, em que fez uma série de reportagens resumindo a história de cada escola; *Botequim do Samba*, *Feras do Carnaval*, *Esquentando os Tamborins* (que também teve participação de Neguinho da Beija-Flor durante muitos anos), *Jornal do Carnaval*, *Debates de Carnaval*. Ator pioneiro, voltou em 1989 às novelas, fazendo *Kananga do Japão*, *Pantanal* e *A História de Ana Raio e Zé Trovão*. Com o fim da Manchete criou e dirige a Haroldo Costa Produções Artísticas e foi contratado da Rede Globo, com Maria Augusta, para comentar o Carnaval carioca.

Carnaval 89

A Manchete carioca lançou uma série de especiais chamada *Tantos Carnavais*, com apresentação de Luiz Armando Queiroz. O programa tinha cenas externas, e muitas fotos do arquivo de imagens da *Revista Manchete*.

Em São Paulo, estava sendo inaugurado o Sambódromo do Anhembi e a Manchete se preparava para fazer a primeira grande transmissão do Carnaval paulistano, mobilizando para isso 150 funcionários. A direção artística era de Carlito Camargo, a técnica de Wagner Mancz e a administrativa de Luiz Francfort. Assim como no Rio, existia o *pool* entre Globo e Manchete em São Paulo. Sobre a parceria, Luiz Francfort lembra que: *embora o Carlito fosse funcionário da Manchete, a Globo fazia questão de que ele estivesse na direção da parte artística da transmissão, senão ela não fazia em São Paulo.*

E Carlito Camargo completa: *Deixamos para o jornalismo as diferenças. O importante nesse evento era congregar pessoas com interesses diferentes. Éramos concorrentes, mas tinha a decisão inteligente de não colocarmos duas câmeras na mesma posição... Enfim, até sobre refeições fizemos reunião.*

Nesse período, surgiu uma idéia que não só passaria a valorizar a festa, mas mudaria o Carnaval de São Paulo visto pela televisão. Luiz Francfort é quem conta: *Eu via a transmissão do Rio de Janeiro e achava grandioso. E quando entrava São Paulo, era aquela coisinha, uma escolinha de samba. Mas não era. De repente, eu bati os olhos e achei: Puxa, é o chão que tira a grandeza da coisa! Então, sugeri à Prefeitura que pintasse o chão de branco pra valorizar a imagem, que era uma coisa horrível, com aquela garoinha no asfalto. Cresceu muito a transmissão do Carnaval por causa dessa pintura.*

Samba de Russo

Em 2001, a Globo passou por uma saia-justa durante o Carnaval, quando teve que exibir a homenagem da Escola de Samba Tradição a Silvio Santos. Em 2006, a Nenê de Vila Matilde homenageou João Saad, da Band, mas o primeiro concorrente a ser homenageado, na verdade, foi Adolpho Bloch, no Carnaval de 1991, quando sua história, de Kiev ao Brasil, foi contada pela Escola de Samba Unidos do Cabuçu. Pra piorar, um ano antes, a Globo já tinha sido atropelada pelo fenômeno da novela *Pantanal*, presente também no samba-enredo da escola.

A idéia do enredo *Aconteceu, virou Manchete* surgiu numa conversa entre Adolpho Bloch e Therezinha Monte, presidente da escola, que queria homenageá-lo. Adolpho respondeu que se quisesse fazer alguma homenagem, que fosse feita em vida para que ele pudesse ver. E na Sapucaí, em cima do carro, lá estava Bloch acenando para todos, e é claro, para a câmera do *pool*. E no vídeo da Globo.

Tema de Carnaval

Por muitos anos, a Manchete usou como tema de seu Carnaval esta música cantada por Neguinho da Beija-Flor. Quando transmitia também o Carnaval de São Paulo, a emissora acrescentava no samba um adendo: e *do Anhembi!* – após as frases terminadas em...*da Sapucaí!*. Veja o tema abaixo: *Aconteceu, virou Manchete, / (é isso aí!) / A Manchete é a preferida/ Da Sapucaí! / Deixa acontecer, virou Manchete. / Olha você na revista e na TV! / Deixa a Manchete levar / Sua imagem colorida pro povão admirar. / Onde a Manchete vai eu vou (eu vou!) / Onde a Manchete está eu tô (por quê?) / Sua cobertura é geral / Mostra um Carnaval muito legal pra você.*

Luiz Toledo

Para falar do Carnaval da Manchete, é preciso citar Luiz Toledo, que coordenou as transmissões externas em praticamente toda a história da emissora, respondendo não só pelos desfiles, como também pelo *Jornal do Carnaval*. Luiz Toledo, na televisão desde 1969, entrou em 1983 na Manchete para integrar a primeira equipe de jornalismo. No ano seguinte já fazia transmissões de Carnaval, ao lado de Alcino Diniz. Esteve na Copa do México (1986), na Olimpíada de Seul (1988) e na Copa da Itália (1990). Produziu vários musicais como *Um Beatle Chamado Lennon, Guilherme Arantes e Engenheiros do Havaí* e *Elvis, Seu Nome é Rock´n Roll*. Na Manchete, Luiz Toledo era conhecido também por sua frase: *Se a televisão está atrapalhando sua vida pessoal, deixe a vida pessoal de lado.*

Vai-Vai, Não Vai!

Na Manchete paulistana, após a mudança de sede do Sumaré para o Bairro do Limão, havia um temor: a Escola de Samba Vai-Vai ganhar o Desfile de Carnaval. Sua quadra, na região central da cidade, fica no fundo de um vale, e era praticamente impossível conectar-se à antena de recepção. Então havia uma torcida entre o pessoal do jornalismo e do departamento técnico, para que outra Escola de Samba ganhasse e não a Vai-Vai. A torcida maior era para a Unidos do Peruche, que tinha quadra no mesmo quarteirão da sede do Limão, fato que permitia à emissora ser a primeira a chegar no local para a transmissão ao vivo. Eram diversos os profissionais envolvidos na operação, como os técnicos Índio e Mustafá, que hoje é repórter cinematográfico da GloboNews.

Carnaval Axé

Na fase IBF, Jayme Monjardim e Eduardo Ramos fizeram a primeira grande transmissão do Carnaval da Bahia, que intitularam de *Carnaval Axé*. A Globo havia garantido a exclusividade dos carnavais do Rio e São Paulo. Ramos, que na época era coordenador geral da atração, comenta: *Eram tradicionais os flashes de Carnaval da Bahia. Mas a transmissão como um evento, a Manchete foi a primeira. Estou hoje na Bandeirantes por causa do Carnaval da Bahia. Na época, a Bandeirantes rivalizava com a Manchete nessa cobertura, mas até então só na parte jornalística. Em 93 nós entramos com o que existe no ar hoje, essa transmissão de quatro dias diretos, 24 horas, fizemos isso naquela época. No ano seguinte, a Bandeirantes me chamou pra fazer. E o de 94, eu fiz pela Band.*

A experiência do Carnaval da Bahia deu tão certo, que a partir de 1994, a Bandeirantes praticamente desistiu de fazer a cobertura dos desfiles do Rio e de São Paulo e transformou a festa baiana em uma tradição, transmitida ano após ano, levando o nome de Band Folia. Carmen Busana, na época produtora do programa *Clô para os Íntimos*, também foi convocada para organizar a transmissão do Carnaval da Bahia. Ela conta a aventura da Manchete, que teve boas – e péssimas – histórias: *O David* (Grinberg*) me chamou na sala dele, nessa época ele já era o diretor de produção de São Paulo, e me disse: – Vai pra sua casa, faz sua mala que você vai pra Salvador, você vai montar o Carnaval da Bahia. E fomos, eu e o Tomil Gonçalves, ficamos lá 10 ou 15 dias gravando clipes com personalidades. Depois de uns 15 a 20 dias, começaram a chegar os profissionais que efetivamente iam fazer o Carnaval que teria cobertura em três grandes pontos: no Campo Grande, na Praça Castro Alves e na Barra. Eu produzi o veleiro onde o Clodovil ia fazer entrevistas ao vivo, a bordo. Ele fez uns dois, três dias, e depois desistiu, e a Tânia Rodrigues, que era apresentadora do* Almanaque, *assumiu. Esse evento teve direção geral do Jayme Monjardim, o Nilton Travesso estava lá, Eduardo Ramos, todos os bacanas... Eu fiz meio que a coordenação desse circo todo, por conta de estar na Bahia há mais tempo. Recebi até um convite pra ficar na Bahia, na TV Aratu, afiliada da Manchete naquela época. A coisa era maluca, no meu quarto dormiam quatro pessoas... Nós inauguramos um* flat, *as pessoas dormiam no chão literalmente, porque eles não tinham estrutura para receber a nossa equipe e eram 200 pessoas... Era até engraçado porque as pessoas reclamavam pra mim, que era da produção, eram 200 que reclamavam pra mim. Tivemos momentos em que algumas pessoas da equipe estavam passando fome. E foi muito louco, porque nós estávamos totalmente sem dinheiro, eu pagava com o meu cartão de crédito almoço e jantar pra equipe, e quando voltei, o Adolpho Bloch retomou a Manchete porque o Hamilton não estava pagando, e nisso eu me dei mal, porque tinha passado um monte de cheques, passado meu cartão de crédito pra pagar as despesas da equipe, e quando fui fazer a prestação de contas, a equipe do Hamilton me disse que essa conta não era mais deles, e o seu Adolpho Bloch disse que não tinha autorizado o gasto.*

Como eu não tinha uma verba pré-aprovada, ou seja, o dinheiro na mão, só tinha prestação de contas, não recebi e meu nome foi pro Serviço de Proteção de Crédito por uns três anos.

A produtora Moneta Vautier, também foi escalada para o Carnaval da Bahia e relembra essa aventura: *Fretaram um avião para a gente ir, chegamos às duas horas da manhã na Bahia, fomos muito bem recebidos, foi muito legal. Fomos ao hotel e passavam aqueles trios-elétricos que eu nunca tinha visto na vida, eu falava: Gente, vai passar um trator em cima da minha cabeça!... mas depois acostumei.*

A Manchete não só realizou o ***Carnaval Axé*** como também transmitiu shows da Bahia naquele primeiro semestre de 1993, com destaque para os shows da Banda Beijo e de Netinho no mês de abril. Foi na Manchete que começou a febre da Axé Music.

Sem Dinheiro

As Empresas Bloch retomaram o controle da emissora no final de 1993. No ano seguinte, não tiveram verba para fazer o Carnaval do Rio de Janeiro e São Paulo e optaram pela transmissão do Carnaval de Manaus (AM). A transmissão foi realizada em fevereiro, com o patrocínio da Zona Franca de Manaus, tanto que na parte inferior da tela apareciam desenhos que simbolizavam os produtos ali vendidos. Em 1995, a Globo já tinha sua *Globeleza* (Valéria Valenssa) e a Manchete criou a sua garota, uma loira que tinha o corpo pintado e sambava em frente ao *chroma-key*. Em 1996 foi a mesma coisa, a mesma garota, o mesmo samba, só a imagem do *chroma* diferente. Nesse ano, foram ao ar os boletins *Feras do Carnaval*, com Haroldo Costa entrevistando a Velha Guarda das Escolas de Samba do Rio, e *Botequim do Samba*, em que compositores falavam sobre a criação dos enredos, enquanto outros membros comentavam sobre a preparação do desfile.

Garota Carnaval 97

Como a Manchete já fazia sucesso com *Xica da Silva*, resolveu voltar com toda força no Carnaval de 1997, criando até um Disque-0900 para que os telespectadores votassem para a Garota Carnaval 97. Eram três candidatas. Marcela (loira), Kelly (morena) ou Julie (negra). A eleita foi Marcela Leite, a loira, e os vencedores do concurso ganharam automóveis Palio zero quilômetro. Foi nesse mesmo ano que, sob o slogan *Rede Manchete: Estação Primeira do Carnaval*, a emissora começou a exibir integralmente em rede o Desfile das Escolas de Samba do Grupo Especial de São Paulo, numa confirmação de que todos os esforços para o crescimento do Carnaval paulistano tinham vingado. Em 1998, a Rede Manchete fez sua última transmissão de Carnaval, encerrando uma tradição. Foi a última vez que Augusto Xavier anunciou a entrada de Clóvis Bornay na passarela, porque em 1999 nenhum desfile foi ao ar e a data passou em branco.

Chamadas de Carnaval

Ronald Sidi, que foi o terceiro funcionário do departamento de chamadas, lembra da importância das chamadas de Carnaval da Manchete: *Tenho no episódio Carnaval um momento pessoal por ter editado uma chamada que o Boni viu e então deu ordem para refazer todas as chamadas da Rede Globo porque a da Manchete estava melhor. Eu tinha então três anos de profissão e não poderia imaginar que teria meu trabalho observado pelo Boni, causando reboliço por lá. Anos depois, já com a Manchete em crise, no final de* Ana Raio, *fui editor de outra chamada de Carnaval que causou a mesma reação do Boni, e as chamadas de lá foram refeitas. Nessa época, o Jaquito estava fora do país e não tinha visto a nossa chamada, que ficou uma semana no ar. Quando chegou, sem saber da repercussão da chamada na Rede Globo, mandou tirar do ar porque ela tinha um minuto e trinta segundos e ele não queria chamadas grandes que ocupavam os espaços comerciais, preciosos na crise financeira que a TV já estava. A Rede Globo, com certeza, agradeceu a decisão do Jaquito.*

Marcelo Muniz, que também editou chamadas na Rede Manchete, disse que as de Carnaval eram tão boas que muitas vezes eles recebiam propostas para trabalhar na Globo: *É que nós não nos prendíamos muito ao samba, fazíamos uma criação diferente, com balé moderno.*

Carlos Henrique Pinheiro, operador de ADO, conta que usava o equipamento principalmente para *replay* de cenas do desfile: *Mostrávamos coisas que até então poucos viam. Eu lembro que fiz Bailes de Carnaval e a Manchete na época foi um escândalo, porque o Scala tinha imagens ousadas. Hoje em dia já não é mais.*

As chamadas da Manchete tinham como principal diferencial o uso maior da criatividade do que da computação gráfica. A cenografia vinha em primeiro plano, depois os efeitos, qualidade ressaltada por muitos editores.

Bloco da Manchete

Em algumas transmissões de Carnaval, quando a Manchete já fazia *pool* com a Globo, parte da sua equipe ficava responsável apenas pelo áudio. Então, alguns saíam pra curtir o Carnaval aproveitando para sambar e beber. O único perigo era a câmera do *pool* focalizá-los e alguém da direção reconhecer as figuras: seria demissão na certa. Suzy Haulfon, operadora de caracteres, fala sobre o Bloco da Manchete: *Na época não tinha esse negócio da Liga das Escolas, não era tão organizado como hoje. Então, a gente desfilava no final de todas as escolas com a credencial TV Manchete.*

Sempre que o desfile e os bailes acabavam, todos os funcionários da Manchete – repórteres, comentaristas, atores – se encontravam na Apoteose da Sapucaí e no ar apareciam juntos comemorando o final da transmissão. Depois, juntavam todo o equipamento que iria para o Russel e voltavam para suas casas.

Concurso de Fantasias

A Manchete, desde 1984, exibia o famoso Concurso Oficial de Fantasias do Rio de Janeiro, realizado no Hotel Glória. Era uma transmissão externa fácil porque o Hotel Glória fica a menos de 200 metros do edifício sede da Rede Manchete, na Rua do Russel. O concurso foi criado em 1975, e desde o primeiro ano, já despontava a figura de Clóvis Bornay com suas fantasias cheias de pompa. Os concursos aconteciam sempre no Sábado de Carnaval, pela manhã. A apresentação era feita sempre por duas pessoas (Ronaldo Rosas e Jacira Lucas, no início, e Augusto Xavier e Paula Barthel, nos últimos anos).

O roteiro obrigatório dos candidatos era andar em linha reta tangenciando a mesa do júri, parar no final e se exibir para as pessoas que estavam assistindo ao desfile. Davam voltas e mostravam toda a fantasia enquanto o apresentador falava quem era o candidato, quem confeccionou a fantasia, do que era feita e, sobretudo, seu significado – em alguns casos, uma tarefa complicada. Os nomes das fantasias eram curiosos e extensos. Um exemplo fictício: *Adão, o Primeiro Homem Que Deus Colocou no Mundo Depois do Sétimo Abençoado Dia de Descanso*. Haviam cinco categorias: Originalidade Masculina e Feminina, Luxo Feminino e Masculino e Fantasia Show.

Hoje a categoria Drag Queen faz parte do concurso também. O Concurso de Fantasias do Hotel Glória foi um dos únicos eventos da época da TV voltado para a classe alta que perduraram até o final da emissora. Existe ainda hoje.

Clóvis Bornay

Muita gente não entendia bem quem era Clóvis Bornay, uma figura tradicional do universo carnavalesco. Após se tornar celebridade, viajou o mundo com suas fantasias. Ganhou tantas vezes, que não permitiram que concorresse mais, pois tiraria a chance dos outros candidatos. Virou *hors concours* do Concurso de Fantasias do Hotel Glória. Clóvis Bornay morreu em 9 de outubro de 2005.

Outras Transmissões

A Manchete se transformava no Carnaval e por conta disso, toda a programação era temática. Novos programas voltados ao Carnaval foram criados. O ator Gerson Brenner e Rogéria se revezavam na porta do Gala Gay e do Scala, ambos no Rio, para entrevistar Drag Queens, convidados especiais, artistas. Otávio Mesquita também fez essas entrevistas.
A emissora também transmitiu o Baile da Pantera no Clube Monte Líbano, que começava por volta das 19 horas e acabava de manhã.

Otávio Mesquita na Manchete

Primeira equipe de apresentadores do Jornal da Manchete

Jornalismo Manchete

O Brasil e o mundo em sua casa, pelo Jornal da Manchete

Foi com essa frase, logo depois de informar os principais destaques daquela edição, que, às 19 horas do dia 6 de junho de 1983, Carlos Bianchini e Ronaldo Rosas davam início ao primeiro *Jornal da Manchete*, principal telejornal da emissora, transmitido durante quase toda a sua existência. Era um novo formato de programa noticioso para a época, em conteúdo e forma, pois apresentava as notícias de maneira mais analítica, diferente das outras redes. E trazia uma roupagem moderna, espelhando toda a alta tecnologia da emissora. Seu cenário, que até hoje é copiado, era predominantemente prata, com curvas e um grande vidro ao fundo, mostrando os monitores e toda a sala de controle da emissora, ladeado por dois grandes logotipos também metálicos.

O *Jornal da Manchete* inovava, também, em sua estrutura: enquanto o *Jornal Nacional*, da TV Globo, seu principal concorrente, ficava no ar durante 20 minutos, o da Manchete durava cerca de duas horas, com os apresentadores se revezando na mesma bancada. Iniciava com a escalada das principais notícias do dia, com Bianchini e Rosas, e logo em seguida, dava início ao segmento de variedades, chamado *Manchete Panorama*, apresentado por Jacira Lucas e Íris Lettieri; em seguida, entrava *Manchete Esportiva*, ancorado por Paulo Stein e Alberto Léo;

Anúncios do Jornal da Manchete, *com o casal Eliakim Araújo e Leila Cordeiro (acima), toda a equipe de jornalistas (abaixo), e criado pelo maior ilustrador de cartazes do cinema brasileiro, Benício (à direita)*

Assista o Jornal da Manchete.
REDE
MANCHET
Televisão de primeira cla
O Jornal da Manchete mostra a sua cidade, o nosso país e o mundo com muito
imagens e consistência.
O Jornal da Manchete é feito por pessoas inteligentes para pessoas inteligentes.
Pessoas que não se conformam em ficar apenas olhando os acontecimentos de lon
Pessoas que mergulham fundo nas causas, nas conseqüências e na análise dos fatos
Ligue na Manchete. Ou continue no ar.
Ou então fique no ar.

na seqüência, ocupando toda a última hora, era chamado apenas *Jornal da Manchete*, e contava, além da principal dupla de apresentadores, com um time de comentaristas de respeito: Villas Boas Corrêa, Carlos Chagas, Salomão Schvartzman e Zevi Ghivelder (que também acumulava a função de diretor geral de jornalismo). Roberto Maya, que de ator transformava-se em apresentador de jornalismo, também integrava a equipe. Entre os repórteres, Sandra Passarinho, que durante anos fôra uma das principais correspondentes da Globo.
Carlos Amorim, um dos principais diretores de programas jornalísticos da Rede Manchete, conta a história dos bastidores da primeira segunda-feira do *Jornal da Manchete*, em depoimento dado ao boletim Semana em Manchete, em junho de 1995:

A Primeira Vez

Quando entrei pela primeira vez na sede da TV Manchete em março de 1983, vi uma cena muito estranha. Algo tão diferente, que levei algum tempo para entender. No quarto andar do prédio da Rua do Russel – onde pouco depois estaria batendo o coração da rede de televisão – vi o Jaquito sentado no chão de pernas cruzadas, ajudando a puxar cabos de vídeo para ligar o estúdio do jornalismo ao controle mestre da emissora. Com ele estava o engenheiro Sam Tolbert, que ajudou a instalar a televisão. Nunca tinha visto cena semelhante: o empresário fazendo trabalho bruto para terminar a tempo a parte técnica de uma emissora de televisão.

Só depois de embarcar na mesma aventura da Rede Manchete é que fui entender corretamente o significado daquela cena. Jaquito não estava fazendo nada demais – nada que já não tivesse feito antes. Adolpho Bloch, Oscar Bloch Sigelmann e Pedro Jack Kapeller sempre foram de trabalho duro. Eles passavam dias e noites naquele quarto andar – queriam ver de perto cada detalhe da instalação da televisão. E eram eles que transmitiam para nós a vontade, a determinação, a coragem necessária para enfrentar os desafios que teríamos pela frente. Quando foi ao ar o primeiro Jornal da Manchete, no dia 6 de junho de 1983, eu estava no corte do estúdio News com o Mauro Costa, o Toledinho (Luiz Toledo) e o Jaquito. O jornal decolou como um boeing em pista curta; todos estavam tensos, a operação tinha muitos pontos críticos. A televisão brasileira ainda não tinha visto um telejornal diário daquele tamanho: duas horas de duração, cinco apresentadores, mais de 30 reportagens em videoteipe, entradas ao vivo de São Paulo e Brasília. Uma loucura.

Quando estava no ar o segundo bloco do Jornal da Manchete, rodamos o VT de uma matéria da CBS sobre o Exército Vermelho chinês, editado pelo Luís Gleiser. Tinha seis minutos de duração. Foi a primeira trégua que tivemos naquela noite. Olhei para o lado e vi que no canto esquerdo da sala de corte, sentado numa cadeira trazida da redação, estava Adolpho Bloch com os olhos cheios d'água. Nos olhamos numa fração de segundo e foi o bastante, ali estava tudo o que eu precisava saber. Tínhamos vencido o pior momento, tínhamos controlado o nervosismo, estávamos no ar. Aquela coragem silenciosa do Adolpho ficou impregnada em cada uma das pessoas que testemunhou aquele momento. Tenho certeza de que todos nós vamos carregar para sempre o gosto daquela primeira vitória do jornalismo da Rede Manchete. Muitas outras viriam, mas aquela noite de segunda-feira nunca mais saiu da minha mente.

Carlos Amorim

O apresentador e repórter Fabio Pannunzio, que fazia parte da emissora em São Paulo nos anos 1980, relembra essa fase: *No começo, a Manchete estava no embrião ainda, mas era uma proposta muito arrojada, de fazer um jornal extenso, profundo e denso. A sucursal de São Paulo era tocada por Cristina Piasentini, que era chefe do departamento de jornalismo, Luiz Gonzaga Mineiro e o chefe de reportagem que era Zé Américo. A Manchete foi uma escola muito importante, junto comigo estavam começando Heraldo Pereira, Mônica Waldvogel, Pacheco, André Ribeiro. Todo mundo vingou na carreira, pode não ser uma carreira prodigiosa mas tem jornalistas bem respeitados entre a safra dessa geração.*

Essa safra da Manchete também serviu para lançar outros nomes, como Marcos Uchôa e Vinícius Dônola, ambos com destaque nacional e internacional nos dias de hoje. O diretor de jornalismo Mauro Costa, hoje dirigindo os informativos da TV Alerj (emissora a cabo da Assembléia Legislativa do Rio de Janeiro) recorda a importância do telejornal: *O* Jornal da Manchete *era considerado o* filet mignon *da emissora, menos no período em que a novela* Pantanal *ficou no ar. Ganhava das autoridades brasileiras o mesmo prestígio do* Jornal Nacional. *Exibia a notícia por inteiro, sem máscaras. Interferência dos Bloch? Muito pouca*.

Mauro Costa passou para a história da Rede Manchete como o diretor de jornalismo que mais tempo permaneceu no cargo: durante todo o tempo da existência da emissora, com exceção do tempo em que Alice-Maria Rainiger (hoje diretora geral da GloboNews) ficou em seu lugar. Mauro esteve em praticamente todas as funções do departamento, tendo sido Chefe de Reportagem, Editor Chefe do *Jornal da Manchete*, Diretor Nacional de Telejornalismo, Assessor da Presidência e Diretor Geral nos últimos e conturbados três meses, fazendo a ponte entre a TV Manchete e o Lehmann Brothers, que fez a auditoria para a conseqüente troca de comando.

Este formato de duas horas de duração perdurou até o último trimestre de 1983, quando houve o desmembramento dos segmentos como programas independentes, utilizando novos cenários:

Manchete Panorama

Conservando as apresentadoras da versão original, e com direção de Nelson Hoineff, era um telejornal que abordava cultura e variedades, num visual sofisticado e um bom número de reportagens por edição. Durou menos de um ano nesse padrão, tendo sido anexado novamente pelo *Jornal da Manchete* em seguida, dentro do noticiário normal.

Manchete Esportiva

Desde o desmembramento, mostrou ter vida própria e ganhou importância dentro da programação, logo sendo exibido em duas edições: a primeira por volta do meio dia e meia, e a segunda por volta das sete e meia da noite. Entre os apresentadores, Márcio Guedes, Paulo Stein, Alberto Léo, Milena Ceribelli, Carla Cavalcanti, Washington Rodrigues, Ana Paula Rocha e outros. Com o tempo, cada sede estadual da rede passou a produzir o primeiro bloco da edição diurna e a edição noturna seria totalmente local, com a duração reduzida para 15 minutos, antecedendo os telejornais locais. Em São Paulo, destacaram-se na apresentação Oscar Ulysses, Osmar de Oliveira, Antonio Pétrin e Isabel Tanese, sendo que os dois últimos também faziam reportagens externas. A versão paulista também contou com os repórteres James Capelli e Mariana Godoy. A edição noturna, eventualmente gravada nos finais de tarde, foi extinta em 1991. Cada praça passou a abordar o noticiário esportivo dentro dos telejornais locais, sendo que os principais destaques voltaram a ser exibidos pelo próprio *Jornal da Manchete*. O *Manchete Esportiva* ficou no ar até 1997.

Segunda Edição

Ainda no final de 1983, a Rede Manchete ampliou o espaço para o noticiário, levando o prestígio recém conquistado do telejornalismo para os finais de noite de segunda a sexta, com o *Jornal da Manchete* – 2ª Edição, apresentado próximo das 23h30. Era a estréia de Leila Richers ancorando o programa, no mesmo cenário do *Jornal da Manchete*. O mais inconstante telejornal da rede, *Segunda Edição,* mudou de formato, nome e horário diversas vezes, foi apresentado por um sem-número de jornalistas – Ronaldo Rosas, Kátia Maranhão, Marcos Hummel, Lúcia Abreu e, por último, Cláudia Barthel, que hoje encontra-se na Rede TV! – e permaneceu no ar quase até o final da Manchete. Durante sua trajetória, foi chamado de *Jornal da Manchete – 2ª Edição, Segunda Edição, Noite Dia, Edição Nacional, Verdade* e *Edição da Noite.*

Márcia Peltier no penúltimo cenário do Jornal da Manchete *(acima), e João Saldanha e Márcio Guedes em transmissão de futebol (abaixo)*

Marcos Hummel
Na Rede Manchete, houve uma época em que se podia ligar a televisão em um horário, desligá-la em seguida e depois ligá-la novamente mais tarde, que veríamos o mesmo apresentador, Marcos Hummel. Antes de entrar na Manchete, em 1996, para comandar o *Verdade* (uma das várias roupagens do *Jornal da Manchete – 2ª Edição*), ele esteve à frente de praticamente todos os programas de jornalismo e entretenimento da Rede Globo. Aqui, ele fala de sua trajetória no período em que esteve na Manchete:

Jornalismo: entre tiros e verdades

Trabalhei na Manchete do início de 1996 até o final de 1997 – em torno de 22 meses. A emissora significou muito para mim. Eu estava há quase 21 anos na TV Globo e no momento em que não tive meu contrato renovado, me senti até meio sem o chão embaixo. Quando a Manchete me contratou foi até uma espécie de alívio.É que o Hildeberto Aleluia, jornalista e grande amigo meu, havia conversado com o Mauro Costa sobre o meu nome, parece que havia interesse na minha ida pra lá. Me receberam de uma forma muito elegante e isso pra mim foi dez, foi maravilhoso. Eu passei lá esses quase dois anos com um grau de felicidade muito grande. Conversei, acertei e logo começamos o Manchete Verdade, uma revista no final da noite (por volta da meia noite, uma hora da manhã) que teve um bom resultado, foi um programa gostoso de fazer, chegou a dar quatro pontos de média à uma hora da manhã.
Na Manchete fui apresentador de três programas. Manchete Verdade foi o primeiro e, em seguida, o Jaquito me convidou para participar do Jornal da Manchete junto com a Márcia Peltier – ali tive uma passagem rápida, mas também agregou-se alguma pontuação, foi interessante. E em seguida criaram o Na Rota do Crime, que explodiu, foi um programa de uma repercussão fantástica, uma audiência incrível. Foi tão grande a audiência que na ocasião fui convidado para ir apresentar o Aqui Agora no SBT. Fui conversar mas não achei interessante a proposta e continuei na Manchete.

Mas o programa que eu mais gostei de apresentar foi Manchete Verdade. Era um programa mais simpático, bonito, uma revista de variedades, um telejornalismo leve que é o que eu mais gosto de fazer na televisão. Seu cenário era muito interessante porque era a primeira vez que as pernas apareciam. Eu tinha uma mania antiga de fazer marcação de locução balançando as pernas e isso ficou muito esquisito porque fizeram uma mesa de acrílico muito bonita, com a parte frontal aberta. Eu não me atentei muito pra esse detalhe e recebi pelo ponto a informação: Marcos, pára de balançar as pernas que tá no ar. Eu acho que a partir dali eu comecei a me policiar mais e me contive.

A minha passagem pela Manchete foi numa condição muito especial. Não tenho nenhuma queixa. Entrei, estive lá dentro e saí em um clima de total cordialidade, de respeito e de carinho. Portas largas e sempre abertas. Tanto o Jaquito como a Jaqueline me trataram com uma dignidade à toda prova. Era época do Fernando Barbosa Lima, diretor-geral. E do Carlos Amorim, que tinha saído da Globo e que dirigiu aquela faixa de programas jornalísticos da noite. Um dia era o Na Rota do Crime, outro dia era outro programa... Enfim, tinha lá uns cinco programas diferenciados.

Sempre tem uma pessoa, um motorista de táxi, alguém no shopping ou no supermercado que te pára e fala: Ah, que bom! Eu te vejo. Que bom, eu gosto do seu trabalho, te acompanho desde a Globo. Isso acontece sempre. E teve um fato curioso que aconteceu em um supermercado. Duas senhoras estavam à minha frente, uma deu uma olhada na minha cara, virou o rosto e comentou com a outra: Temos que ir embora pra ver o Boris. *Eu achei muito legal isso, porque eu a lembrei que estava na hora dela ir pra casa assistir o Bóris Casoy (no SBT). Mas esse fato é muito marcante na minha vida, porque eu ri muito. Achei muito engraçado.*

No final de 1997, eu fui convidado para apresentar uma revista também diária na TV Bandeirantes – Tempo Quente. E quem me convidou foi o Carlos Amorim, que havia deixado a TV Manchete pra dirigir um projeto na TV Bandeirantes. Depois me chamaram para participar do Jornal da Band com a saída do Paulo Henrique Amorim. Apresentei ainda o Jornal 10 na Rede 21, também do Grupo Bandeirantes, e hoje estou no Fala Brasil, da Rede Record.

Foi muito bom o jornalismo da Manchete. Quando começou, o Jornal da Manchete tinha uma audiência altíssima. Foi um momento mágico da televisão. E todos nós, trabalhadores do telejornalismo, tivemos uma grata satisfação de vislumbrar o crescimento do mercado. Foi muito importante aquilo. Infelizmente definhou. Era muito interessante. A plástica dele, o cenário fumê com a redação atrás. Era muito bonita aquela disposição.

É uma pena que a Manchete tenha acabado. É inconcebível esse tipo de coisa, porque era uma televisão muito simpática. Inclusive, hoje tem espaço para uma televisão no formato da TV Manchete. Ela foi um cometa que passou e durou uma década e meia. Eu tenho saudade da Manchete e lamento profundamente. Acho que as pessoas que carregam no coração a imagem, aquela coisa bonita que ela passava, têm mais é que curtir essa nostalgia e torcer para que um dia volte a TV Manchete. Não é impossível.

Marcos Hummel

Inovação no Fim de Noite

Uma das mais importantes mudanças ocorridas no formato do *Jornal da Manchete – 2ª Edição* ocorreu em 1991, quando o programa foi rebatizado como *Noite Dia*. Alice-Maria Rainiger, ex-executiva do jornalismo da Globo, havia assumido a direção de telejornalismo da Manchete e com ela, migraram da Globo diversos profissionais com o propósito de desenvolver formatos novos para todos os programas informativos e reforçar ainda mais a credibilidade da rede. Fabio Pannunzio, que havia retornado para a Manchete naquela época, relembra: *Teve uma segunda tentativa de consolidar uma proposta de jornalismo, que era uma proposta muito interessante, era um projeto tocado pela Alice-Maria, mas a Manchete já tinha no ar uma certa crise.*

O *Noite Dia* era ancorado no Russel por Renato Machado, que acabara de cobrir a Guerra do Golfo para a Manchete. Interagia ao vivo com Paulo Markun, em São Paulo, e com Carlos Chagas, em Brasília; de segunda a sexta, as três praças recebiam personalidades, que eram entrevistadas simultaneamente. O cenário do *Noite Dia* também tinha um diferencial: Renato Machado ficava em frente a um grande monitor principal, com a imagem da pessoa com quem estivesse conversando. Abaixo, outros três monitores mostravam a imagem dos estúdios de São Paulo e de Brasília, que participavam integralmente do que acontecia no Rio.

Apesar do formato inovador, o *Noite Dia* foi sendo aos poucos esvaziado, devido ao alto custo e pouco retorno. A primeira mudança foi a saída de Paulo Markun e, em seguida, o cancelamento da participação ao vivo de São Paulo. Com o tempo, só havia espaço para os comentários (gravados) de Carlos Chagas Pouco tempo depois, já num reflexo da crise que culminaria com a venda da TV para o grupo IBF, Alice-Maria deixou a emissora, assim como Renato Machado e outros apresentadores. O fim do *Noite Dia* ocorreu ainda antes da chegada de 1992.

Leda Nagle no Edição da Tarde

Informação de Primeira

Em 1985, a Manchete decidiu que era hora de investir em mais um horário de jornalismo e estreou o *Jornal da Manchete – Edição da Tarde*. Seguindo a mesma estrutura dos demais telejornais da emissora, se diferenciava por não ser apresentado no cenário tradicional, mas num set onde predominava a cor creme. Na bancada de madeira, destacava-se em dourado o logotipo da rede.

Diversos apresentadores e repórteres passaram pelo programa, que teve uma reforma decisiva em 1991, quando a jornalista Leda Nagle, tradicional apresentadora do *Jornal Hoje*, foi contratada para ancorá-lo, junto com Carlos Bianchini, transferido do horário noturno. O programa sofreu diversas mudanças visuais e o próprio nome foi alterado, chamando-se apenas *Edição da Tarde*, a partir de então, ou *ET*, como era tratado nos bastidores da emissora. O jornal tornou-se mais ágil com participação ao vivo das emissoras de Brasília e São Paulo, com Carmem Lúcia (que durante muitos anos foi apresentadora de *A Voz do Brasil*) e Carlos Chagas, e Celene Araújo e Florestan Fernandes Jr., respectivamente. Nessa época, o programa adotou o slogan *Edição da Tarde – Informação de Primeira*, que manteve até seu final.

Carlos Bianchini continuou no *Edição da Tarde* até 1992, quando foi contratado pela Record. Nesse período iniciava-se a primeira grande crise da rede. Leda Nagle ficou à frente do *Edição da Tarde* até ser contratada pela TVE, para apresentar o tradicional programa de debates *Sem Censura*, onde permanece até hoje.

Em meio a toda essa tempestade, o *Edição da Tarde* foi cancelado pela emissora e só retornaria definitivamente em março de 1998, com a reestruturação geral do telejornalismo. E apresentação de Elisa Mendes. Seria exibido até o início de 1999, quando os horários da emissora passaram a ser loteados por causa da crise.

Novas Caras e Novos Tempos

Uma das mais importantes mudanças no *Jornal da Manchete* aconteceu em 1989, com a contratação dos jornalistas Eliakim Araújo e Leila Cordeiro, que substituíram Carlos Bianchini e Ronaldo Rosas. A contratação se deu num momento em que o casal estava descontente com o tratamento que a Globo vinha dando a eles no *Jornal da Globo*. A estrutura de jornalismo da Manchete, aliada à sua competência e carisma, aumentaram ainda mais a audiência do telejornal, na fase que pode ser considerada o auge da Rede Manchete.

Eles estiveram à frente do *Jornal da Manchete* como âncoras em todo o período que antecedeu as primeiras eleições diretas para Presidente, os sobressaltos da *Era Collor*, e em coberturas como a Guerra do Golfo e a queda do Muro de Berlim, a abertura da Europa Oriental e o fim da União Soviética.

Um período de grande audiência e prestígio para a emissora, que apresentava as superproduções *Pantanal* e *A História de Ana Raio e Zé Trovão*, atingindo índices inéditos.

Casal Telejornal

Os jornalistas Eliakim Araújo e Leila Cordeiro conheceram-se na Globo e trabalham juntos desde meados da década de 1980. Depois do período na Manchete, ancoraram o *Jornal do SBT* e, em seguida, mudaram-se para Miami, de onde passaram a comandar a programação do extinto canal *CBS Telenotícias Brasil*, que também transmitia telejornais para o SBT. Eliakim e Leila moram na Flórida, onde estão à frente de uma consultoria de jornalismo e marketing para empresas brasileiras ali instaladas. Também editam, desde 2000, o *Direto da Redação* (www.diretodaredacao.com), um serviço de notícias e opinião via Internet. Além do jornalismo, Leila também tornou-se pintora. E Eliakim é apresentador da Record News.

Via Internet, direto dos Estados Unidos, Leila Cordeiro e Eliakim Araújo, concederam entrevista, aqui reproduzida na íntegra:

Eliakim – *Além de apresentar o Jornal da Manchete, trabalhamos nas principais coberturas e eventos da emissora. Participei, por exemplo, dos debates presidenciais de 1989, entre Lula e Collor, transmitidos em* pool *nacional das emissoras. O primeiro no Rio, gerado na Manchete, e o segundo em SP, na Bandeirantes. Participamos das coberturas do Carnaval da Manchete, eu como narrador dos desfiles das escolas de samba e Leila como repórter na pista.*

Leila – *Trabalhávamos no quarto andar do Russel. Apresentávamos o Jornal da Manchete vendo aquela paisagem deslumbrante do Pão de Açúcar e a Baía de Guanabara. Isso acontecia porque as paredes externas do estúdio eram todas de vidro e aí na hora do jornal entrar, pedíamos sempre para abrirem as cortinas para sermos inspirados por aquele visual.*

Eliakim – *Lembro que a Guerra do Golfo, em 1991, foi noticiada em primeira mão pelo Jornal da Manchete. Estávamos no ar quando a guerra estourou, por volta das 21h20. A Regina chegou e colou um papel no vidro do estúdio com uma simples mensagem: Começou a Guerra. Imediatamente, o diretor de TV abriu meu microfone e eu improvisei uma curta e vibrante nota, anunciando que havia começado a guerra no Iraque e que naquele momento, a cidade de Bagdá estava sendo atacada pela aviação norte-americana. Daí em diante, alteramos as matérias que vinham em seguida no jornal, todas sobre o iminente bombardeio americano, trocando o tempo do verbo para o passado, fixando o fato de que a guerra já tinha começado. Depois do Jornal da Manchete, a emissora manteve a cobertura ao vivo. Zevi Ghivelder e Renato Machado juntaram-se a mim na bancada.*

Leila – *A Manchete foi um marco, um divisor de águas. Foi o meu segundo emprego em televisão. Fui recebida como rainha pela empresa. Valorizaram meu trabalho como repórter e apresentadora e acreditaram no meu profissionalismo. Lembro-me bem do dia em que a direção da Manchete divulgou a nossa contratação. Foi durante a festa de lançamento da novela Kananga do Japão. Quando chegamos como convidados especiais, toda a imprensa se voltou para nós, fotografando, filmando, querendo entrevistas. Pela primeira vez na vida me senti uma estrela. Quando entramos no salão, outra grande emoção, fomos aplaudidos de pé pelos colegas e pelos outros convidados.*

Eliakim – *Foi um dia histórico para nós. No início da tarde, assinamos a rescisão contratual com a Globo. O carro de seu Adolpho já nos esperava no Jardim Botânico para nos levar ao Russel, onde assinamos com a Manchete. Um carro da emissora nos levou para casa, onde trocamos de roupa e partimos para o Automóvel Clube do Brasil, na Rua do Passeio, onde acontecia a festa da Kananga. De repente, alguém subiu no palco e anunciou nossa chegada como contratados da emissora. Surpresa geral, inclusive da imprensa que estava presente à festa.*

Leila – *Era uma emoção assistir de perto ao sucesso de Pantanal. Para nós que tínhamos vindo da Globo, onde você não se preocupava com os pontos de audiência e nem tinha acesso à telinha do Ibope, era uma novidade acompanhar os números subindo, subindo até chegar, muitas vezes a passar a líder. Com a espera da novela, nossos índices também subiam e nós podíamos acompanhar isso pelo monitor do estúdio. A nossa adrenalina subia também e quando atingíamos os dois dígitos, a empolgação aumentava e nos incentivava a fazer o jornal com mais garra e vibração. São experiências e emoções que você só pode conhecer se um dia trabalhar em outra emissora que não seja a Globo. A Manchete da nossa época prometia ser o grande diferencial, com uma programação variada e inteligente.*

Eliakim – *Apesar de todas as crises, jamais deixamos de receber nossos pagamentos em dia. Os atrasos começaram mesmo em meados de 1992, quando o Grupo IBF assumiu o comando da emissora. Com os atrasos constantes, acabamos por rescindir nossos contratos em 31 de dezembro de 1992. Em janeiro de 1993, mudávamos para São Paulo contratados pessoalmente por Silvio Santos, para apresentar o Jornal do SBT, antes e depois do Jô. A apresentadora Lilian Witte-Fibe estava se transferindo para a Globo.*

Eliakim – *A Manchete significou para mim uma excelente experiência profissional, sobretudo porque vínhamos de um ano conturbado na Globo, que adotou naquele ano de 1989 uma posição dúbia. Ao mesmo tempo em que exigiu de seus principais âncoras um comportamento reservado em relação ao candidato em quem votariam, obrigava-os a ler editoriais de O Globo, sobretudo aos sábados, contra os candidatos que não eram de sua simpatia. Além disso, adotou uma postura favorável à candidatura Collor, com a abertura de generosos espaços jornalísticos para divulgação de atos do caçador de marajás.*

Leila – *Numa dessas coberturas de Carnaval da qual participamos pela Manchete, Dercy Gonçalves foi a estrela desfilando com os seios de fora em cima de um carro alegórico. Já conhecia Dercy de outros carnavais e tinha feito várias reportagens com ela. Ao chegar na avenida, ela logo gritou o meu nome e eu a seqüestrei para o botequim da Manchete que era montado na concentração das escolas. Botamos Dercy sentada lá e começamos a entrevistá-la. Fiquei no ar uma meia hora conversando com ela sobre vários assuntos, não deixando que a concorrente se aproximasse, afinal, o furo era meu! Dercy, sempre muito engraçada, falava os palavrões habituais sem a menor cerimônia provocando ataques de risos em todos nós. Resultado: um pouco antes de começar o desfile, um guindaste chegou na concentração para içar Dercy até o alto do carro. Quando ela viu aquela engenhoca subindo começou a gritar por mim dizendo que queria que eu fosse junto com ela. Vale a pena reproduzir aqui um trecho da conversa. Ela dizia: Leila, minha filha, vem comigo. Não me deixe aqui sozinha nessa merda de guindaste. Se você não vier comigo vou acabar caindo e me f... de verde e amarelo.*

Não posso, por uma questão de conveniência, reproduzir aqui os cabeludos palavrões que foram ao ar ao vivo e a cores. No dia seguinte, recebi um telefonema do Jaquito. Pensei que já estivesse demitida por ter permitido que aquilo tudo fosse filmado e documentado. Qual não foi a minha surpresa quando peguei o telefone e escutei do outro lado uma gargalhada e um elogio do poderoso chefão: Leila, ontem durante a transmissão das escolas ri muito com a Dercy. Cheguei a rolar na cama de tanto rir. Você nos proporcionou um dos melhores momentos da televisão brasileira em todos os tempos. *Exagero ou não, foi gratificante ouvir isso. Afinal, também tinha passado por um dos maiores sufocos de todos os tempos. Mas valeu. Só mesmo Dercy com a sua alegria de viver e força como ser humano poderia protagonizar um episódio assim com tanta graça e descontração. Aproveito aqui para mandar um beijo para minha querida Dercy Gonçalves, um mito, uma alegria, um exemplo de ser humano.*

Onde Você Sempre Sabe Mais

Depois das idas e vindas do período IBF, Márcia Peltier foi convidada para ancorar o *Jornal da Manchete*, onde ficou durante anos. Entre o *casal telejornal* e sua chegada, Leilane Neubarth e César Filho foram apresentadores. Nesse período, Márcia imprimiu seu estilo de apresentação, sóbrio e incisivo, e conseguiu ajudar a recuperar a credibilidade do jornalismo Manchete, que culminaria com a reestruturação de toda a linha de informativos em 1997, com a volta das três edições diárias. Fez também na casa o *Márcia Peltier Pesquisa*, em co-produção, exibido nas noites de terça-feira.

Permaneceu na Rede Manchete até 1998, no auge da crise; na seqüência, o comando do *Jornal da Manchete* passou para o jornalista Berto Filho, veterano da Globo e TVE até que saiu do ar durante algumas semanas, voltando a ser exibido pouco antes da venda da emissora para o grupo TeleTV. Então, já era apresentado por Augusto Xavier e Cláudia Barthel, que continuaram no mesmo posto na nova rede.

Nessa fase do *Jornal da Manchete*, além de Márcia Peltier e Carlos Chagas, que fazia entradas de Brasília, dois jovens apresentadores começavam a despontar. Letícia Levy era a moça do tempo. Depois do final da emissora, transferiu-se para a Bandeirantes, onde apresentou durante um bom tempo o *Jornal da Band*. Outro talento que surgia ali era Danton Boher, que apresentava o noticiário esportivo. Sua permanência na frente das câmeras durou pouco. Logo passou a fazer as locuções para as produções da Igreja Universal, exibidas pela Record. Em seguida assumiu as locuções em *off* do programa *Casseta & Planeta Urgente*, da Globo, e é a voz oficial das *Organizações Tabajara*.

Mauro Costa, que era novamente diretor de jornalismo ressalta: *O mais importante na minha longa permanência na TV Manchete foi o Jornal da Manchete, que nos deu muitas alegrias. Era o noticioso preferido pelas pessoas que fizeram a opinião no País. Cheguei ao prédio das Empresas Bloch, na Glória, em junho de 1982, um ano antes da estréia no ar. Fiquei fora dois anos, quando fui para o SBT em junho de 1990. Voltei em agosto de 1992, e lá permaneci até agosto de 1999, justamente no dia em que Amilcare Dallevo e Marcelo de Carvalho tiraram a TV Manchete do prédio da Bloch e instalaram a RedeTV!, no Teleporto, no centro do Rio.*

Maratona na Manhã

Em 1985, a Rede Manchete colocou nas manhãs de segunda a sexta-feira uma proposta diferente, com o maior telejornal matinal do país, o *Repórter Manchete*, com três horas diretas apresentadas por Gilberto Nascimento, Jacyra Lucas, Paulo Carvalho e Ana Maria Badaró. Com cobertura nacional, o programa iniciava as oito da manhã, atualizando as notícias a cada meia hora, baseado no formato da CNN, sendo que basicamente é o que faz, atualmente, o canal de notícias BandNews. Um detalhe curioso sobre o *Repórter Manchete*: no Rio de Janeiro, o programa também tinha grande audiência no rádio. É que a TV Manchete do Rio de Janeiro operava no Canal 6, uma freqüência que pode ser captada normalmente pelos rádios FM, no início do *dial*. Assim, muitas pessoas iam de casa para o trabalho ouvindo o telejornal em seus automóveis.

Toque de Bola

A partir da segunda metade da década de 1980, no final da noite dos domingos, a Rede Manchete passou a apresentar *Toque de Bola*, mesa redonda de esportes em geral. Apesar da pouca tradição, o programa contava com a presença garantida de jogadores e técnicos e era apresentado por Paulo Stein, Márcio Guedes e Alberto Léo, além de João Saldanha e o árbitro Armando Marques.

Toque de Bola era transmitido simultaneamente para todo o Brasil. Uma exceção passou a ocorrer em 1990, em São Paulo. Por dar mais destaque aos times cariocas, a Rede Manchete local tinha baixa audiência no horário, e passou a produzir seu próprio *Toque de Bola*, com transmissão estadual. Apesar do nome, o formato era muito diferente da versão original. Apresentada por Osmar de Oliveira e José Carlos Conte, a versão paulista era introspectiva, opinativa, totalmente oposta às mesas redondas tradicionais. Seus entrevistados eram apresentados em um fundo preto, com ilustrações coloridas para contraste. Transmitido do grande estúdio do térreo do Bairro do Limão, o programa utilizava quatro câmeras, em constante movimento, e uma quinta câmera portátil, que buscava ângulos inusitados, como uma imagem feita durante a entrevista com a jogadora de vôlei de praia Jackie (Jaqueline), quando o cameraman Luiz Carlos Mioto posicionou a portátil no mesmo nível do *grid* de iluminação, a quase dez metros do solo. Uma *minigrua* chegou a ser utilizada no programa. O *Toque de Bola* São Paulo teve uma audiência diferenciada, mas também não suportou muito tempo esse formato, tendo sido substituído pela versão nacional no final de 1991.

Entre as crises vividas pela Manchete, o programa terminou por volta de 1993, no período IBF, e voltou ao ar em 31 de março de 1996. Nessa volta, a emissora fazia o possível para diferenciá-lo do formato mesa redonda, conceituando-o como programa esportivo de entrevista ilustrado, com os principais lances dos jogos da rodada do fim-de-semana do Rio e São Paulo. A nova versão do *Toque de Bola* era apresentada às 23 horas pelo jornalista Washington Rodrigues, direto do Rio de Janeiro, com a participação do repórter Marcos Garcia, em São Paulo.

Sotaque Local

Em meados da década de 1980, a Manchete chegava à conclusão que os mercados locais precisavam ser mais valorizados, nascendo assim os *'Praça' em Manchete*, série de telejornais regionais, feitos pelas emissoras próprias e afiliadas, transmitidos localmente. O primeiro foi o *Rio em Manchete*. O formato deu certo e com ele vieram *São Paulo em Manchete* (São Paulo, SP), *Ceará em Manchete* (Fortaleza, CE), *Minas em Manchete* (Belo Horizonte, MG), *Nordeste em Manchete / Pernambuco em Manchete* (Recife, PE), *TV Mar em Manchete* (depois, *Mar em Manchete*, Santos, SP), *Tambaú em Manchete* (João Pessoa, PB), *Tropical em Manchete* (Natal, RN). *Mato Grosso em Manchete* (Cuiabá, MT), *Jornal Meridional / Pampa Notícias / Pampa Boa Noite* (Porto Alegre, Santa Maria, Pelotas e Passo Fundo – RS), *Jornal da Barriga Verde* (Florianópolis, SC) *Jornal da Morada* (TV Morada do Sol, Araraquara, SP), *Jornal da Metrópole*, (TV Metrópole, Campinas, SP), *Thathi Notícias* (TV Thathi, Ribeirão Preto e Campinas, SP), *Câmera 2* (TV Regional de Uberaba, MG), *Jornal Independência* (TV Independência, Curitiba, PR), *Jornal da Exclusiva* (TV Exclusiva, Curitiba, PR, 1996), além de muitos outros.

Inacreditavelmente, o telejornal *Mar em Manchete*, no Litoral Paulista, existiu até 2006. Afiliada da Rede Record desde o final da Rede Manchete, a emissora optou por manter o nome do programa que sempre foi considerado referência de qualidade na região.

No *Rio em Manchete* uma das apresentadoras que se consagraram foi Leilane Neubarth, depois contratada pela Globo.

Na capital paulista, o primeiro apresentador do *São Paulo em Manchete* foi Wellington de Oliveira, que vinha do jornalismo regional da Globo. Foi sucedido depois por Lídia Andreatta e, posteriormente, por Celene Araújo. Lídia ainda retornaria numa última fase do programa, após ter apresentado também o *TV Mar em Manchete*.

O editor de jornalismo da Manchete paulista, Walter Mesquita, relembra o pior período do jornal local, na crise de 1993: *É muito difícil cobrir bem algum assunto ou dar furos de reportagem quando se trabalha com telefones cortados, equipamento sucateado e com o posto de gasolina ameaçando cortar o fornecimento de combustível dos carros de reportagem. A partir do segundo semestre de 92, isso foi uma constante. Mesmo assim, não deixamos de dar nenhuma informação importante sobre as investigações da CPI do PC em São Paulo. Onde estavam todos, estávamos nós. O telespectador não perdeu nada. E talvez esteja ai o grande furo que tenhamos dado.*

Nessa época, os funcionários da emissora fizeram uma manifestação em pleno ar, durante o *São Paulo em Manchete*. Walter continua: *Os salários já estavam defasados e alguns jornalistas começaram a fazer movimentos de pressão. Pensaram em distribuir panfletos na porta dos teatros, mas a idéia não foi adiante por falta de adesão. A primeira grande manifestação foi justamente no São Paulo em Manchete. Todos, de fitinha vermelha no pulso, prepararam um jornal só de notas cobertas no ar. A apresentadora Celene Araújo topou o desafio e foi aplaudida depois de sair do estúdio. James Rúbio, o diretor de jornalismo, atônito.*

Celene Araújo, completa: *Fiz questão de participar. Foi significativo. O James tinha muito medo de confusão....*

Outra história interessante vem de outro ponto do Estado de São Paulo. O repórter José Paulo Lanyi, conta sua reportagem mais marcante, para o telejornal *Mar em Manchete*.

Ameaças de Morte

Certo dia, recebi a denúncia de que o ex-presidente do PMDB da Praia Grande Edmundo Berçot Jr., condenado a 14 anos de prisão por homicídio, estava circulando pela cidade, com a anuência de policiais e carcereiros da delegacia-sede de Praia Grande. Inconformado com a perda do direito de explorar um cartório que durante anos ficou nas mãos de sua família, Berçot viajou para assassinar, em Socorro (Interior de São Paulo), o empresário que o venceu na concorrência. Ele foi e matou o oficial de cartório José Pimentel Camargo, na frente da família da vítima.

Na apuração, concluí que a denúncia era correta: o condenado zanzava mesmo pela cidade. Fizemos uma campana e registramos duas imagens marcantes que foram veiculadas numa sexta-feira, primeiro no Mar em Manchete, *depois no* Jornal da Manchete, *apresentado pelo Ronaldo Rosas: a primeira mostrava Berçot em um boteco, ao lado da Delegacia, abraçado de costas a um carcereiro muito gordo conhecido como Tim Maia; na segunda, o condenado voltava do bar para a Delegacia, sozinho, passos lentos, com um embrulho nas mãos. Assim que ele entrou pela porta principal, o zoom buscou a inscrição da Delegacia, que ficou enorme na telinha.*

Assim que a reportagem foi exibida no jornal local, recebemos um telefonema de ameaça. Foi, de fato, um escândalo na Baixada. Caíram o delegado e o diretor do presídio, carcereiros foram afastados. Em 24 de março de 1996, um domingo, o Jornal da Tarde *publicou uma nota em que relatava, com fidelidade, todo o trabalho que fizemos e as ameaças que recebemos.*

Depois de tudo isso, concluí que não havia segurança para morar na Baixada e fazer o meu trabalho. O apartamento em que eu vivia ficava em São Vicente. Era desguarnecido, qualquer um podia entrar pela garagem. Achei melhor voltar para São Paulo.

José Paulo Lanyi

Correndo Atrás da Notícia

O jornalismo investigativo teve vários espaços na programação da Rede Manchete. Os maiores destaques foram o *Documento Especial* e o *Manchete Especial: Documento Verdade*, e *24 Horas*, que abordava um único tema por edição.

Criado por Fernando Barbosa Lima, *24 Horas* estreou em 18 de setembro de 1995, com o propósito de mostrar a realidade nua a e crua e com um slogan bem característico: *nossas câmeras são os seus olhos*. Teoricamente, seu propósito seria mostrar o que acontecia durante *24 Horas* em um certo local – a rotina de um hospital público, num exemplo. Na estréia, o programa mostrou as *24 Horas* da Vila Mimosa, conhecida zona de prostituição da cidade do Rio de Janeiro. Outros temas seriam abordados, como a situação dos menores no Instituto Padre Severino, além da rotina dos policiais militares, que inspirou a criação do programa *Na Rota do Crime*, em abril de 1996. Durante os quatro anos que esteve no ar, conseguiu boa audiência, com uma média de 12 pontos.

No mesmo período, havia também o *Câmera Manchete*, outra criação de Fernando Barbosa Lima, que estreou em setembro de 1994, marcando a volta da emissora à produção de documentários. O programa era apresentado por Ronaldo Rosas e dirigido por Ewaldo Ruy e, inicialmente, ia ao ar às terças-feiras, na faixa das 22h30.

O produtor Alberto Russo fala do programa: *Tivemos várias fases. Na primeira, era um programa sobre um tema só. A gente fazia uma grande reportagem, estilo* Globo Repórter, *e esgotava aquele assunto. A gente viajava, fazia matérias em outros Estados. Depois, teve uma fase que era um primeiro bloco desse formato e o outro bloco já era uma entrevista cultural. A gente pegava um diretor de cinema, por exemplo, e fazia uma grande entrevista sobre esse assunto. Nesse período, o programa ficava dividido entre dois, três temas diferentes. Lembro de uma entrevista que a gente fez com o Pedro Almodóvar, diretor de cinema, que foi muito interessante. Ele estava vindo aqui no Brasil para lançar um filme em meados dos anos 1990 e nós entrevistamos ele lá num hotel em São Conrado.*

Um dos destaques do *Câmera Manchete* foi a reportagem exclusiva com as gêmeas siamesas Abigail e Brittany dos Estados Unidos, em 1997. Em 1998, uma série especial apresentada por Lucélia Santos sobre a China foi levada ao ar no programa.

Na Rota do Crime

Estreou em abril de 1996, junto com o pacote de programas populares que a emissora trazia. Com apresentação de Marcos Hummel e direção de Hermes Leal, seu propósito era acompanhar a polícia pela cidade de São Paulo, mostrando seu cotidiano em ação. Também trazia imagens de criminosos foragidos.
Em 1997, o programa ganhava uma edição diária às 20 horas, com meia hora de duração, apresentada por Florestan Fernandes Jr. A partir daí, passou a acompanhar as polícias de outros Estados, não se restringindo a São Paulo. Em 1998, com a saída de Marcos Hummel, Augusto Xavier passou a apresentar *Na Rota do Crime*, por muitas vezes, o campeão de audiência da programação da Manchete, registrando médias de 14 pontos.
O repórter José Paulo Lanyi, que havia se transferido da afiliada TV Mar, no Litoral Paulista, para a Rede Manchete de São Paulo nesse período, conta detalhes do que viveu durante o programa: *Nesse programa, era como se cobríssemos uma guerra. Perdemos a conta dos tiroteios que todas as equipes presenciaram, de todos os perigos dessas operações.* Essas aventuras urbanas de José Paulo Lanyi na Manchete acabaram três meses depois, num acidente, em 25 de agosto de 1996, quando o carro em que estavam acompanhando um Tático Móvel da Polícia Militar bateu de frente com um Fiat 147 vermelho. José Paulo quebrou uma costela, Daniel, o cinegrafista, fraturou o nariz e Carioca, o motorista, bateu a cabeça no pára-brisa e ficou zonzo por alguns dias. Por sorte, ninguém morreu.
O programa *Na Rota do Crime* ainda gerou uma outra atração: *Operação Resgate*, que acompanhava as equipes do Corpo de Bombeiros, paramédicos, médicos e enfermeiros, nas ruas do Rio de Janeiro e São Paulo. Com direção de Hermes Leal, *Operação Resgate*, usava alguns materiais internacionais.

Direto de Brasília

A partir de 1984, a Casa da Manchete do Distrito Federal passou a abrigar a TV Brasília, canal 6, afiliada da rede e uma das sobreviventes da extinta Rede Tupi. Inicialmente a equipe jornalística de Brasília era chefeada por Luiz Gonzaga Mineiro. Os links eram quase todos comentários políticos, sendo o primeiro comentarista Alexandre Garcia, na Manchete até 1988. Quem apareceu também, pela primeira vez no vídeo, através da TV Brasília, foi a então repórter Ana Paula Padrão, entre 1986 e 1987. Mas Carlos Chagas é quem consagrou-se como comentarista político da Manchete, chegando até a apresentar telejornais da rede. Havia também Carmem Lúcia, que foi a primeira apresentadora e comentarista político-econômica da TV Brasília e que ancorava as notícias da capital federal no *Edição da Tarde* a partir de

1989. Carmem é conhecida até hoje como a voz feminina oficial de *A Voz do Brasil*, produzida pela Radiobrás.

Transmissões Históricas

Por ser a Rede Manchete sinônimo de coberturas jornalísticas extensas e de conteúdo aprofundado, realizou diversas transmissões históricas em toda sua existência que marcaram não só país e o mundo, mas as carreiras de muitos dos funcionários.

Jornalismo

Bateau Mouche – Em 31 de dezembro de 1988, durante o réveillon de Copacabana, a equipe da Rede Manchete foi uma das primeiras a chegar ao local em que o Bateau Mouche afundara.

– Jorge Machado, coordenador: *Eu estava fazendo a transmissão ao vivo para o Japão da passagem do ano, acho que foi para a NHK, foi quando soube, umas três horas da madrugada, do que estava acontecendo. Fui direto da emissora para o local acreditando que era um navio, um barco, na emissora ninguém tinha certeza de nada. Chegando no lugar é que eu soube do tamanho do navio. Conseguimos imagens exclusivas no dia seguinte, por causa do iate do Seu Adolpho. Ficamos em alto-mar acompanhando tudo. A equipe passava mal, dia e noite, as pessoas vomitavam, até que a Marinha içou o barco. Lembro dos cadáveres, do desespero dos familiares.*

– Suzane Halfoun, operadora de caracteres: *Nós estávamos fazendo o Jornal da Manchete – 2ª Edição que acabaria às 10 horas da noite e íamos dar os flashes de Copacabana quando o Bateau Mouche afundou. Não vinha outra equipe e ficamos até de manhã esperando outro equipamento chegar. E todo mundo no ar, ao vivo, o tempo todo, mostrando o resgate das pessoas.*

Uma das pessoas que morreu no naufrágio foi a atriz Yara Amaral, que havia participado da novela *Helena* (1987) na Rede Manchete.

Furacão no Caribe – Em setembro de 1995, o furacão Luis passou pelo Caribe devastando quase toda ilha, principalmente Saint Martin. Era o pior furacão da região em 40 anos. Enviado pela Manchete à região, o câmera Pé-de-Anjo (Wilson Nascimento) conta como conseguiu as imagens para os telejornais da rede: *Nós estávamos no avião e eu perguntei pro comandante de que lado ele ia aterrissar.* Do lado esquerdo. *Já levantei, peguei a câmera e comecei a gravar lá de cima, porque tínhamos pouco tempo em terra. Então, quando o avião encostou no chão, caí pra trás com a câmera, levantei e continuei gravando. A porta abriu, eu desci gravando, um polícial me pegou pelo pescoço e me levantou. Viu que eu não falava nada em inglês. Disse pra ele que já estávamos saindo, ele me largou – isso em Saint Martin -, entramos no avião novamente. Ele levantou vôo, depois paramos em Isla Margarita. Lá ficamos cinco dias.*

Guerra do Golfo – No dia 16 de janeiro de 1991, às 3h30 de Bagdá (em Brasília, 21h30), começava a Guerra do Golfo. Na voz de Eliakim Araújo, a Manchete foi a primeira a dar a notícia, durante o *Jornal da Manchete*, de que os aviões americanos começavam o bombardeio ao Iraque. A Manchete se empenhou ao máximo na cobertura do conflito, como explica o técnico de manutenção Dominó (Luiz Augusto Brandão Morais): *No dia em que aconteceu a Guerra do Golfo eu estava trabalhando, e o engraçado é que no mesmo dia teve greve de ônibus aqui no Rio, então eu trabalhei a noite toda. Peguei às cinco horas da tarde, virei e saí às três (15h) do outro. Levaram refeições pra mim. Foi um acontecimento, estourou a guerra, quase meia noite. Tínhamos um enviado a Nova York que era o Azenha e tínhamos um equipamento só para pegar ou o sinal do Azenha ou o sinal da CNN que estava com as imagens ao vivo de lá. Então, colocamos o Azenha. Ele fazia um comentário de lá, voltava com a CNN, e eu estava sozinho e fiquei só até... quase três horas.*

Fatos & Fitas – Dois personagens da Manchete, Jorge Machado e Eduardo Ramos, narram algumas de suas experiências com o jornalismo.

Jorge Machado fez de tudo na Rede Manchete. Foi produtor, coordenador, assistente de direção, supervisor de externas e dava apoio constante à equipe de jornalismo da emissora. Além de coordenar a montagem e a desmontagem de eventos como o Carnaval, jogos de tênis e shows. Machado estava com a equipe da Manchete em frente à Bolsa de Valores do Rio de Janeiro, em maio de 1996, data em que estava sendo autorizada a privatização de empresas nacionais. Isso causou a revolta de alguns cidadãos que eram contra a privatização: *Ali na Praça XV, os manifestantes começaram a atirar as pedras na polícia e na Bolsa. Eu levei uma pedrada na cabeça e fui acudido no local. Eram pedras grandes, daquelas pedras portuguesas. E aquelas pedras voavam. Antes disso, em 1992, estava presente em mais dois momentos importantes: Eu fiz a cobertura geral do* Impeachment *do Collor, lá em Brasília. E pouco tempo depois fui coordenador das equipes que cobriam a turnê do Papa pelo Brasil. Ele foi para Brasília, Goiânia, Mato Grosso e eu ia atrás, de vôo particular, acompanhando a turnê e coordenando.*

Jorge fez questão de lembrar de outra transmissão, que não marcou a história do País, mas que para ele foi marcante: *Teve um seqüestro de uma velhinha na Rua Rainha Elizabeth, em Ipanema. Me prontifiquei a entrar no prédio com um microfone sem fio para falar com o seqüestrador, a estratégia era trocar a refém por outra pessoa. Mas soltaram a velhinha e eu a trouxe pro lado de fora, saí como estrela da festa mesmo sem ter feito nada. Toda essa operação, de decidir o que fazer, de entrar e depois da saída teve umas duas horas de duração. Me ofereci para entrar por amor à profissão. E por causa da velhinha.*

Os dois lados da notícia – Valmir Faceto (Caniggia), que trabalhava no jornalismo da Manchete (São Paulo), se recorda de episódios que marcaram sua carreira: *Duas coisas me marcaram muito. Uma foi a morte do Senna. Apesar da estrutura já quebrada, os bons profissionais que poderiam ajudar na cobertura já tinham saído, mas mesmo assim batalhamos e conseguimos fazer uma cobertura muito boa, fomos elogiados em jornais. No dia seguinte tinha salgadinho e champanhe pra todo mundo lá, o Jaquito mandou uma carta agradecendo o trabalho e o empenho de todo mundo. A outra ocasião foi a morte dos Mamonas Assassinas, muito chocante porque eles estavam no auge. Nós estávamos de folga e o James (Rubio), diretor de jornalismo daqui de São Paulo, ligou chamando um pessoal envolvido com jornalismo, que poderia estar ali próximo, pra ajudar. Passamos a madrugada fazendo a cobertura, um trabalho bacana, apesar de ter sido uma tragédia.*
A Manchete também acompanhou o velório e o cortejo de Tancredo Neves em 1985 (com tarja preta no canto superior direito da tela).

Esportes

Copa do Mundo 1986 – A Rede Manchete colocou o seu time de comentaristas e narradores esportivos em campo para transmitir sua primeira Copa do Mundo de Futebol, diretamente do México, inclusive com mesas de debates sobre os principais lances de cada jogo. No último dia de sua *Copa Total*, a Manchete fazia uma viagem aérea ao som do Bolero de Ravel sobre a Cidade do México, cidade sede da última partida do mundial, disputada entre Argentina e Alemanha – a seleção argentina conquistou a taça. Como a transmissão da Rede Globo em eventos esportivos era imbatível, a Rede Manchete não obteve bons índices de audiência, mas sua cobertura atendia a todas as expectativas dos telespectadores que a sintonizavam. Lourenço Carvano, gerente de manutenção, conta: *Foi o primeiro evento internacional que a Manchete participou com um grande número de pessoas. Na equipe, nas Olimpíadas de Los Angeles (1984), foram só duas ou três pessoas. Em 86 foi um grupo realmente grande, talvez até maior que o necessário, quase 50% ou 60% do Departamento de Engenharia. Dois meses no México, uma confusão muito grande. Eu fiquei junto com a Seleção Brasileira na concentração, segui a Seleção. Houve um episódio que aconteceu conosco, em que a Manchete começou a atrasar os pagamentos das diárias e quase houve uma greve. Inclusive, João Saldanha estava conosco e também não recebia. Recebia um cheque que só poderia ser descontado em Miami.*
Copa do Mundo 1990 – A Copa do Mundo da Itália foi transmitida pela emissora, que novamente colocava a sua equipe em campo, seja nos jogos ou nos diversos debates. Da mesma forma que na Copa anterior, a Manchete não alcançou grandes colocações em audiência, mas fez

uma boa transmissão, sempre disposta a mostrar o lado cultural do país-sede em sua *Copa Total*. A última partida do mundial, novamente disputada entre a Argentina e a Alemanha, esteve presente na tela da Manchete, que também mostrou a conquista do título pela seleção alemã. O cameraman Pé-de-Anjo, relembra: *Fui dois meses antes da Copa começar, fiquei em Rúbio. O Vicente Matheus construiu um hotel lá só pra esperar o Brasil e quando o Brasil chegou, havia uma pessoa cantando para recepcionar a equipe. E foi muito bom, trabalhei bastante. Depois que eu fui pra Roma, pegava três vôos por dia. No jogo entre Inglaterra e Holanda, que foi em uma ilha, só podia entrar de barco e avião, e eu fui gravar os* Hoolligans *(torcedores violentos da Inglaterra). Eles estavam com uns copos de cerveja, eram grandões, fortões e um deles me deu um tapa na orelha com câmera e tudo. Se não fosse a polícia, eles tinham me matado, estouraram os postos de gasolina que tinham, quebraram tudo. Todo dia eu ia até o estádio e gerava no* up-link *pro Brasil*. Nessa Copa, a Manchete também realizou os documentários *A Itália de Falcão* com o jogador.

Copa do Mundo 1994 – Quebrando a tradição, em 1994 a Manchete ficou de fora da Copa do Mundo e também dos desfiles principais do Carnaval do Rio e a solução foi mostrar o Carnaval de Manaus. A Copa do Mundo, na qual o Brasil conquistou o tetracampeonato, ficou reduzida a boletins durante a programação. A emissora havia perdido a chance de transmitir o evento, devido à crise e à disputa com o grupo IBF no ano anterior. Ainda assim, a Manchete não deixou o telespectador sem explicação, colocando no ar, durante os meses que antecederam a competição, um comunicado detalhando os motivos de sua ausência nas transmissões. Ao mesmo tempo, passou a prometer sua presença na próxima Copa, dentro de quatro anos, e também na Olimpíada de Atlanta, em 1996.

Copa do Mundo 1998 – Foi a última grande transmissão futebolística realizada pela Manchete. As redes imaginavam que o evento poderia ser uma continuação do sucesso de 1994, quando o Brasil conquistou o tetracampeonato. Quem sabe a repetição das copas seqüenciais de 1958 e 1962, com um Penta vindo em 1998? A emissora, então, resolveu apostar todas as fichas na Copa, almejando também o crescimento no IBOPE – a rede crescia anualmente de forma razoável, mesmo num momento de profunda crise – e investiu muito dinheiro para poder exibir todos os jogos da Copa.

O pontapé inicial para entrar no clima da Copa foi dado no final de dezembro de 1997, com o programa *Toque de Bola Especial*. A atração tinha Paulo Stein e Zagallo (já confirmado como técnico da Seleção Brasileira), falando das quatro copas conquistadas pelo Brasil (1958, 1962, 1970 e 1994). Aos poucos, já em 98, o *Manchete Esportiva* apresentou curiosidades e informações sobre a *Coupe du Monde*. E, no final de

maio, a Manchete entrava em clima de Copa. Afinal, em 10 de junho começaria a competição.
No início de junho, estreou o programa *Bate-Papo com Zagallo*, onde ele falava sobre as partidas e o desempenho das seleções dos outros países. Zagallo, além de técnico e ex-jogador, tinha ganhado amplo destaque na mídia em 1997, com a conquista da Copa América, quando proferiu a famosa frase: *Vocês vão ter que me engolir!*
A Manchete mandou para a França uma vasta equipe de profissionais. Na narração, Paulo Stein, Cledir de Oliveira, Carlos Borges, Edson Mauro e Januário de Oliveira. Como comentaristas, Washington Rodrigues, Armando Marques, Milton Neves, Valdir Espinosa, o técnico Paulo Autori, e os jogadores Edinho e Renato Gaúcho. A repórter Lúcia Abreu também foi para a Europa, transmitindo *flashs* diários do que acontecia por lá, no boletim *Manchete na Copa.*
Praticamente todos os programas ao vivo da emissora entraram também no clima. Débora Elias, auxiliar da produção do *Mulher de Hoje* comenta que durante toda a Copa do Mundo, os quadros de artesanato e culinária, assim como outras pautas da atração, obedeciam às tradições dos países que iam se enfrentar no campo.
A concorrência – e a falta de empatia com o público – acabou prejudicando todo o investimento da Manchete. A Copa de 98 foi transmitida pela TV aberta (Globo, Manchete, Bandeirantes, Record e SBT), como também pela TV paga (ESPN Brasil e SporTV). A meta da Manchete era ultrapassar o SBT e a Record, pelo menos, para se igualar à Bandeirantes no 2º lugar. Mas, segundo funcionários da emissora, a transmissão não teve a repercussão esperada, causando prejuízo e acentuando a crise.
o final da Copa foi em 12 de julho de 1998, com um espetáculo de triste memória. No término do jogo, Paulo Stein, vendo a goleada da França sobre o Brasil por 3 a 0, ficou em silêncio, falando depois sobre a importância do futebol e os equívocos de um dia ganhar e no outro perder. Provavelmente sem essa intenção, descrevia ali o futuro breve que se abateria sobre a Rede Manchete.
Analisando a sua posição diante do mundial da França, a Manchete, infelizmente, não obteve o sucesso esperado. Seu prejuízo foi calculado mas agravou-se cada vez mais com a proibição dos sorteios telefônicos que tanto contribuíam para o bom faturamento da emissora.
Olimpíada 1996 – O ano de 1996 proporcionou mais um período de recuperação para a Manchete com o lançamento de programas populares de auditório e de um Especial em comemoração aos seus 13 anos de existência, no mês de junho. No jornalismo, houve um bom reforço, comprovado com a transmissão do *Jornal da Manchete* direto de Atlanta, cidade que sediou a Olimpíada daquele ano. A presença da emissora na cobertura dos Jogos Olímpicos já estava garantida, juntamente com

os diversos sorteios telefônicos que passaram a figurar em boa parte da programação da *Rede Manchete a* partir daquele ano.

Os departamentos comercial e de produção criaram uma gigantesca estrutura para a cobertura dos Jogos Olímpicos, iniciando a veiculação em 20 de julho de 1995 e encerrando em 20 de julho de 1996, exatamente um ano de patrocínio, o maior espaço comercial desenvolvido por uma rede de TV aberta para uma Olimpíada. Além da cobertura propriamente dita, foram transmitidos os programas *Boletim Olímpico, Deuses do Olimpo, A Caminho de Atlanta, Movimento Olímpico* e *Atlanta 96*.

Osmar Santos Show

Nilton Travesso e a Equipe A, sua produtora, criaram em 1988, o programa *Osmar Santos Show* transmitido para toda a Rede Manchete. O programa esportivo era feito em São Paulo e ficou no ar até a transferência do locutor Osmar Santos para a Rede Record, pouco tempo depois. A atração tinha direção de Carlito Camargo, que também foi diretor de imagem, assim como Abílio Ribeiro, e foi um dos dois programas produzidos na época em São Paulo – o outro era *Sobre Mulher* (1987 a 1990). Na Manchete, Osmar Santos também fez transmissões esportivas. Com seu jeito ímpar de ser, o *pai da matéria* marcou época em diversas emissoras de rádio e televisão. Foi inventor de diversas expressões que ganharam as ruas: *Animaaaaaal..., Ihhhh, que gol!, Pimba na gorduchinha, Ripa na chulipa, Garotinho!*

No dia 22 de dezembro de 1994, o locutor sofreu um acidente que afetou seu cérebro – perdeu 5% da massa encefálica – e os sentidos. De forma surpreendente, Osmar Santos tornou-se um exemplo de vida, pois venceu a imobilidade e aos poucos recuperou os sentidos. Hoje, Osmar escreve uma coluna no jornal *Diário de São Paulo*, continua dirigindo a Rádio Globo e tornou-se artista plástico.

É Abílio Ribeiro, diretor de imagem do *Osmar Santos Show*, que fala sobre o programa: *Osmar Santos Show era um programa de entrevistas. Ele começava a fazer aquela parte do* talk-show *íntimo, quando sentado ao lado de uma pessoa, começava a conversar – a partir da segunda pergunta, já estava íntimo, já estava dando risada. Essa facilidade era uma coisa contagiante do Osmar, era um dom natural. Desde o primeiro programa, o diretor de TV era eu. Ele virava e dizia:* Hoje vamos falar sobre Carnaval. *Você tinha referência no papel sobre o que estava acontecendo! Parecia que ele tinha um arquivo, já sabia daquilo que você estava colocando. Eu sempre tive dificuldade de falar do Osmar. Talento natural, simplicidade, coleguismo, dedicação, era tudo que tinha esse homem. É tanta bondade que esse homem tem, tanto respeito pelas pessoas, tanto carinho que tem pelo ser humano que eu acho que é isso que está fazendo esse homem voltar a ser o que ele é. Ele é um ente, uma pessoa muito querida. Não tinha roda que tivesse o marceneiro conversando, ou os diretores, que o Osmar não entrava pra conversar.* Osmar Santos teve conhecimento de sua presença neste livro. A ele, e à sua força, também dedico esta obra.

Mulheres em Manchete

O público feminino tinha espaço garantido na Manchete que apresentava em sua grade, diversos programas voltados às mulheres. Muitos nomes de peso que desfilaram pelos programas femininos da emissora, ainda hoje continuam por aí, dando boa audiência em vários canais.

Mulher 87 / 90 – O diretor Nilton Travesso, por meio de sua produtora Equipe A, criou uma parceria com a Manchete a partir de 1987. A idéia era fortalecer o núcleo paulistano da rede, que até o momento era voltado apenas para o jornalismo local.
Travesso realizara, na TV Globo, o *TV Mulher* com grande sucesso e ao trazer a fórmula para a Manchete, criou o *Mulher 87*, que mudava de nome conforme o ano. Com ele veio toda equipe do programa, incluindo a apresentadora Celene Araújo, que já tinha mais de dez anos de Globo e que apresentava o *TV Mulher*.
O *Mulher 87* possuía praticamente os mesmos quadros do *TV Mulher*, ou seja: *O Direito da Mulher*, com Zulaiê Cobra Ribeiro; *Pediatria* e *Sexologia* com Marta Suplicy; Xênia Bier com entrevistas e debates sobre saúde. Durante a apresentação, Celene lia poesias de autores que não conseguiam publicar suas obras. Chegavam muitas cartas, pois era uma fonte de divulgação de novos escritores. Também aconteciam entrevistas e música ao vivo. Celene Araújo conta que um Especial que a marcou muito foi com Milton Nascimento: *Conversa e música se misturavam num clima de encanto mineiro.*
Mulher era exibido de segunda a sexta-feira, das 13 as 17 horas, aproximadamente, ao vivo, e era produzido fora da Manchete, já que não havia espaço no pequeno estúdio paulista da Rua Bruxelas – os equipa-

mentos eram quase todos da emissora. Inicialmente, o programa teve como cenário uma casa na Rua João Lourenço, no bairro de Vila Nova Conceição. Mais tarde, já na fase *Mulher 90*, o programa foi para um estúdio na Rua Ceará, no bairro de Higienópolis, perto da Rua da Consolação. Para transmiti-lo, colocavam a unidade móvel da Manchete em frente da casa e geravam dali mesmo o sinal que iria para o ar. Nessa época, a casa foi invadida por ladrões em uma madrugada, que feriram o vigia e levaram quase todos os equipamentos. Moneta Vautier, que fazia parte da Equipe A fala sobre o assalto: *Fomos assaltados nessa produtora e os assaltantes estavam procurando os equipamentos. Eles queriam as câmeras, mas elas estavam dentro de dois dollys grandes e eles não acharam. Nós ficamos umas duas horas com os caras nos ameaçando com revólver e dando ordens. Eram poucas pessoas que estavam na produtora, pois era um sábado e nós estávamos editando um programa que tinha sido feito no Marrocos. Quando o ladrão entrou com o revólver, eu pensei que era um amigo da gente que estava brincando, mas não era, era um ladrão de verdade. Mas no fim ele até que me respeitou, pois me deixou sentada num sofá enquanto os seguranças ficaram deitados no chão. Chegou uma hora que eu já cansada; falei: Olha, tô estressada, me arruma um cigarro. Ele chegou com um monte de maço de cigarro pra mim. Mas levaram tudo.*

Sobre *Mulher*, Celene Araújo diz: *Acredito que contribuímos muito com informação. Fizemos debates esclarecendo dúvidas de pessoas (a maioria) que não têm acesso à informação e fomos um dos primeiros programas a interagir com o público, numa época em que não havia internet. Era telefone mesmo e ele não parava*.

A direção de imagens era feita por Carlito Camargo, que depois assumiu a direção do programa. Com o passar dos anos, entre um quadro e outro, o programa ficou recheado de informes publicitários e venda de produtos. Com a mudança de Celene para o telejornalismo, em 1990 – hoje, ela é uma das sócias da Brasil Media Training, empresa especializada em treinamento de profissionais e verbalização – assumiu o *Mulher* Astrid Fontenelle, que vinha do TV Mix, atração que revolucionou a linguagem televisiva naquela época e era exibida pela Gazeta desde 1988. Astrid teve uma passagem rápida na Manchete pois logo foi para a MTV Brasil, onde trabalhou por nove anos. Com sua saída, Xênia Bier assumiu o comando da programa. A atração só saiu do ar depois de um protesto de Xênia, que foi demitida logo após se aderir à greve que acontecia, em 1990.

A Lente da Verdade – O polêmico apresentador Clodovil Hernandez também esteve na tela da Manchete. E foram várias passagens. Sua primeira participação na emissora aconteceu nos primeiros anos, como um dos apresentadores do *Manchete Shopping Show*. Ele trazia para a atração um pouco do que já tinha feito no *TV Mulher*. Não tratava apenas de moda, falava de variedades em geral. Em 1987, surgiu o *Clô para os Íntimos*, às 13h05 da tarde. O programa ficaria no ar até Clodovil fazer críticas diretas à Assembléia Constituinte e à direção da Manchete. Adolpho Bloch não viu os comentários com bons olhos e o demitiu. Sua volta aconteceria em maio de 1992, quando a IBF assumiu a direção da rede. Na sede do Limão, em São Paulo, ele apresenta *Clodovil Abre o Jogo*, um *talk show* noturno, recheado de atrações musicais, e que imortalizou uma frase que o apresentador passaria a usar com freqüência nos seus demais programas: – *Olha para a lente da verdade e me diz....* Tratava-se de uma produção em grande estilo, com direito a piano no palco, cafezinho, sofá, etc. Foi ali que Adryana Ribeiro, do grupo Adryana e a Rapaziada, fez sua primeira apresentação, vista por um dos diretores da Sony Music. A partir daí, sua carreira receberia um novo impulso. Em decorrência da crise de 1993, a partir do dia 29 de março daquele ano, o programa *Clodovil Abre o Jogo* passou a ter uma reprise às 10 horas, também de segunda a sexta, visando aumentar a audiência da Manchete no horário matutino. O programa terminou antes mesmo de voltar para o comando da Bloch e Clodovil se transferiu para a CNT.

Mulher de Hoje – O programa *Mulher de Hoje* tinha esse nome por causa da revista homônima da Bloch Editores. Assim, o programa podia divulgar a revista e vice-versa. Além disso, programa feminino era uma tendência do mercado naquele momento. *Mulher de Hoje* chegou a ter uma versão à tarde na década de 1980, mas a que ficou mais conhecida foi a segunda versão. A atração estreou no início de 1998, com apresentação de Beth Russo, e contava com os ingredientes tradicionais de um programa feminino vespertino – era exibido das 14 às 18 horas, sempre em rede nacional: aulas de artesanato, desfiles de moda, dicas de beleza, entrevistas com médicos, psiquiatras e terapeutas, além de artistas e anúncio de produtos.

Em dezembro, Beth Russo se desentendeu com membros da equipe e Cátia Fonseca assumiu o programa, onde ficou por pouco tempo. Em janeiro de 1999, Claudete Troiano saiu da TV Gazeta e entrou em seu lugar, ficando até o final da atração.

Apesar das produções da Manchete serem feitas em sua maioria no Rio de Janeiro, *Mulher de Hoje* foi realizado em São Paulo por questões comerciais. Os anunciantes, com diversas ações ao vivo no programa, eram todos da capital paulistana.

Em relação ao formato, Débora Elias (auxiliar de produção do programa) fala: *Durante um período tivemos o quadro* Vida de Artista *que era composto por matérias feitas na casa de personalidades. Era produzido por Maciel Queiroz e apresentado por Fabiana Mattar (na época, esposa do ator Maurício Mattar). Todas as edições do programa também contavam com um quadro de esoterismo, comandado por Samantha Stéfanie. E tínhamos também um quadro com o Celso Russomano que encerrava o programa, de defesa do consumidor. As pessoas mandavam denúncias pra produção, ele investigava e produzia as matérias para o quadro. Houve uma época em que toda sexta-feira tinha auditório e o programa era apenas musical.*

Sobre esse auditório citado por Débora, ele sempre fez parte do estúdio principal, o maior da sede do Limão. Só que suas cadeiras se recolhiam na parede quando havia necessidade de utilizar o restante do estúdio. Era um mecanismo moderno que existia dentro da Manchete paulistana. O cenário do programa imitava uma casa, com sala, cozinha, etc, e existia ainda o espaço para bancadas onde se faziam os *merchandisings*.

O *Mulher de Hoje* tinha boa audiência e dava à Manchete o terceiro lugar no Ibope, atrás da Globo e da Record, com o *Note & Anote*, apresentado por Ana Maria Braga. O SBT era ultrapassado no horário. Foi dirigido inicialmente por João Henrique Schiller e depois por Waldemir Fernandes. Foi nessa época que começou o rodízio de apresentadoras de programas femininos na televisão brasileira que até hoje acontece.

Além dos programas femininos já citados, a Manchete colocou no ar o *Jornal Mulher* e *Momento Mulher*.

Raio-X: Maurício Sherman

Maurício Sherman é um dos maiores representantes da primeira fase da Manchete. Lá, ele descobriu talentos como Xuxa, Angélica e Marlene Mattos. Também criou programas inesquecíveis como *Bar Academia*, com Walmor Chagas.

Uma equipe muito boa

Foi mais um passo na carreira, mais uma referência agradável. Eu trabalhei em muitas estações. Minha amizade com Adolpho Bloch data de bem antes dele sonhar com uma estação de TV. No aspecto pessoal, gostei muito de trabalhar lá. E no aspecto profissional, a Manchete representou um grande avanço técnico e artístico na época, sendo a única TV a conseguir índices compatíveis com a Globo.

No mesmo prédio funcionavam as rádios, as revistas, a parte gráfica. A chegada da TV provocou um certo ciúme nos outros setores. Era natural que naquela época o patrão desse atenção especial à emissora que estava lançando, a caçula da empresa. Mas Adolpho Bloch dirigiu a Manchete com mão de ferro e, na maior parte do tempo, aquele ciúme não chegava a atrapalhar. A responsabilidade dos profissionais prevalecia.

Adolpho Bloch tinha a dimensão de um príncipe renascentista, como eu costumava chamá-lo. Ele tinha uma visão artística sofisticada, elitizada e personalista. Sempre queria o melhor – tanto que lançou a Revista Manchete, que fez frente a O Cruzeiro, que imperou por décadas. A revista revolucionou com a qualidade técnica de suas publicações, a finalização de suas capas. Adolpho era fascinado pela arte gráfica italiana. Apesar de toda essa personalidade, talvez ele não tenha conseguido assimilar tão bem o que era a rotina da televisão, se rebelava contra os resultados de audiência. Ainda atuava como um gigante gráfico.

A TV Manchete foi uma tentativa bem sucedida, do ponto de vista artístico. E malsucedida do ponto de vista administrativo – quase desastrosa. O público tem saudades. A Manchete lançou grandes estrelas como Xuxa e Angélica. Uma pena que aquele precioso acervo não esteja acessível, como o programa Bar Academia, *que em 40 edições reuniu a nata da música e ganhou prêmios nacionais e internacionais, um feito que voltou a ser exclusividade da Globo. A Manchete sempre teve uma equipe muito boa, altamente capacitada, tanto que, após encerrar suas atividades, centenas de profissionais foram absorvidos pela Globo.Na história recente da televisão brasileira, a Manchete era a única que poderia alcançar o padrão da Globo.*

Maurício Sherman
Depoimento concedido a Ricardo Xavier, especialmente para o livro
Rede Manchete: Aconteceu, virou História

A Fase de Ouro (1989 / 1991)

A fase de ouro na história da Rede Manchete representou uma fase de mudanças, quando a emissora de Primeira Classe imprimiu na tela a qualidade em primeiro lugar... no Ibope.

1989

• **1º de janeiro** – A Manchete fez a cobertura do naufrágio do *Bateau Mouche*, na passagem do ano. A equipe estava preparada para exibir a queima de fogos em Copacabana quando chegou a notícia de que a embarcação começava a adernar próximo da Pedra da Urca, na Praia Vermelha. A emissora foi a primeira a dar a notícia e a transmissão do Réveillon se voltou totalmente para a tragédia.

• **26 de abril** – Foi lançado o humorístico *Cabaré do Barata*, com Agildo Ribeiro, que trouxe uma boa audiência à Rede Manchete, principalmente porque naquele ano seriam realizadas as primeiras eleições diretas do Brasil, após o fim da Ditadura Militar em 1985.

• A emissora observou, a partir de 1988, uma grande reformulação na grade. Saíram *Agita Brasil, Nas Ondas do Rádio, Cadeira de Barbeiro, Nashville e Perfil.* E entraram *C&A Shop Show, Milk Shake, Ela e Ele, Sem Limite, São Paulo 8 Horas, Brasília 7 Horas* (para toda rede), *Olho por Olho, Cinemania* e *Sinfonia da Natureza* (programa de variedades).

• **Primeiro semestre** – Foram contratados pela Manchete o casal telejornal, Eliakim Araújo e Leila Cordeiro. O anúncio foi feito na festa lançamento de *Kananga do Japão*, novela realizada pela emissora com ares de superprodução.

• **Junho** – Foi exibida, em cinco episódios, a série *African Pop*, uma coprodução entre a Rede Manchete e a produtora MetaVídeo orçada em US$ 420 mil. *African Pop* mostrava as tradições e a música africana e fora programada inicialmente para às 22h20, mas foi transferida para às 23h30. A sociedade SOS Racismo do Instituto de Pesquisas das Culturas Negras, em carta enviada à Manchete, dizia que havia denúncias de que a mudança de horário era uma forma de racismo, uma vez que às 23h30 o público estaria muito reduzido. A confusão foi desfeita pela própria Manchete.

• **19 de julho** – *Kananga do Japão* estreou, às 21h30, com roteiro de Wilson Aguiar Filho e argumento de Carlos Heitor Cony e Adolpho Bloch, presidente da Rede Manchete. Na direção estava Tisuka Yamazaki, vinda do cinema, com apoio do ex-global Carlos Magalhães. A novela alcançou a segunda audiência no horário e a Manchete conquistou, em média, a terceira posição durante quase toda a programação, enquanto Raul Gazola e Christiane Torloni ganharam maior destaque com a novela. A perfeita reconstituição da Praça XI chamou tanto a atenção dos telespectadores que a cidade cenográfica acabou recebendo

constantemente excursões e visitas. A novela criou o *merchandising de época* na televisão brasileira.
• Eliakim Araújo e Leila Cordeiro assumiram o *Jornal da Manchete – 1ª Edição*. Aos poucos, subiu a audiência do horário e, em conseqüência, a audiência de *Kananga do Japão*, que entrava no ar em seguida. Eliakim ainda apresentou na época o primeiro debate das Eleições 89, representando a Manchete dentro do *pool* de emissoras.
• **Agosto** – Começa *Documento Especial*, dirigido por Nelson Hoineff e apresentado por Roberto Maya, com seus temas polêmicos que trouxaram grande audiência à emissora. *Documento Especial: Televisão Verdade* ainda hoje é um dos programas da Manchete mais lembrados pelos telespectadores.
• Apesar da audiência crescente, surgiram greves exigindo reajuste salarial, inclusive em São Paulo, onde grande número de funcionários da Manchete fez manifestações em frente da sede da Rua Bruxelas. Em março, Artur Falk, da Interunion, já estudava compra de parte da Manchete. Bloch teria pedido US$ 350 milhões pela rede, proposta recusada por Falk. Na época, estimava-se que a dívida da Rede Manchete chegava a US$ 34 milhões.
• A Manchete inaugurou um novo programa infantil, *Cometa Alegria*, com Patrick de Oliveira e Cinthya Rachel. A atração era dirigida por Tomil Gonçalves e exibia os mesmos desenhos que passavam no *Clube da Criança*, que ia ao ar em outro horário. Patrick de Oliveira e o Mestre Kim ensinavam um golpe de tae-kwon-do por dia.
• **Outubro** – A Manchete organizou a campanha *Um Sorriso de Criança*, com direção de Augusto César Vanucci, um sucesso graças aos diversos shows realizados no Aterro do Flamengo, entre eles, o de Angélica. Arrecadações foram feitas em diversos pontos do país e a campanha mobilizou as afiliadas da emissora.
• **9 de novembro** – Luiz Carlos Azenha noticiou em primeira mão, da Alemanha, a queda do Muro de Berlim, em mais um furo de reportagem da Manchete que aumentou mais ainda a credibilidade do canal.

1990

• **24 de janeiro** – Foi inaugurada a nova sede da Manchete em São Paulo, na Av. Professora Ida Kolb, 551, no bairro do Limão – a emissora pretendia aumentar seu faturamento no mercado publicitário de São Paulo, o maior da América Latina. Diversos shows e uma festa de gala fizeram parte da inauguração que foi do dia 21 até a virada para o dia 25, aniversário de São Paulo. O show principal teve direção de Augusto César Vanucci, no dia 24. O ponto mais alto da festa foi um show de fogos, enquanto era inaugurada também a nova iluminação da torre do bairro do Sumaré.

• **Fevereiro** – Foi anunciada a contratação de Benedito Ruy Barbosa e o investimento de US$ 50 milhões em programação, sendo US$ 7 milhões destinados à novela a ser escrita pelo autor. O mercado achou uma loucura a Manchete produzir uma novela com custos iguais aos das novelas da Globo, uma vez que sua infra-estrutura e seu caixa eram extremamente frágeis se comparados ao da emissora de Roberto Marinho. O que ainda impressionava era o fato de que a Manchete levaria o elenco para gravar na região do *Pantanal*, onde se passaria a nova trama, e pretendia a vice-líderança em audiência. Todos acreditavam que os planos dariam errado.

• Nesses primeiros meses, a Manchete já começava a se preparar para a transmissão da Copa do Mundo na Itália. Entrou no ar, em três edições diárias de dez minutos, *A Itália de Falcão*, programa dirigido por Nilton Travesso e apresentado pelo ex-jogador de futebol Paulo Roberto Falcão, trazendo curiosidades e dados culturais do país-sede da Copa. O programa não falava nada sobre futebol e ficou no ar até maio, sendo que em junho – horas antes da Copa começar – foi exibido um compacto de uma hora com os principais momentos da atração.

• **27 de março** – Estreou a novela *Pantanal*, a superprodução mais anunciada pela Manchete até então. Nas primeiras semanas de abril, o público mudou de canal e o Ibope soprou cada vez mais a favor da Manchete, fazendo com que a audiência alcançasse e uma média de 30 a 40 pontos por capítulo.

• **Março** – Surgiu *Fronteiras do Desconhecido*, com o episódio *A Personalidade Intrusa*. A série foi baseada em argumento de Augusto César Vanucci e exibiu, no dia 15 de maio, sua mais famosa história: *A Escrava Anastácia* (com Ângela Corrêa), em quatro capítulos. Com a repercussão, a Rede Manchete voltou a investir em minisséries produzindo, nesse mesmo ano, *O Canto das Sereias*, *Mãe de Santo* e *Rosa dos Rumos*. A Manchete alcançou a liderança acreditando na seqüência: Jornalismo (*Jornal da Manchete* – 1ª Edição, com Eliakim Araújo e Leila Cordeiro) / Novela (*Pantanal*) / Minissérie.

• **4 de junho** – Os maiores sucessos, no entanto, estavam no ar ao mesmo tempo em que a emissora enfrentava movimentos grevistas. O que havia acontecido em 1987 se repete em 1990. Nesse dia começou uma greve geral promovida pelo Sindicato dos Radialistas de São Paulo, tentando paralisar todas as emissoras de rádio e televisão do Estado até que melhorasse o piso salarial da classe. Globo e Bandeirantes negociaram ainda no primeiro dia mas na nova sede da Manchete, os funcionários lacraram o portão com Durepoxi e a diretoria acabou tendo que tomar a única providência cabível: serrar o lacre, sem afetar o portão.

• **5 de junho** – Estavam praticamente paradas todas as emissoras de televisão em São Paulo, incluindo a Manchete, que tinha em seu estúdio apenas três pessoas fazendo o programa *Mulher 90*: a apresentadora

Xênia Bier e operando as câmeras, o diretor de programação Nilton Travesso e o gerente administrativo Luiz Francfort (ambos haviam sido *câmeras* da Record e Tupi, respectivamente, mais de 35 anos antes desse episódio). Os funcionários haviam estranhado o fato de Xênia, conhecida por gerar polêmicas, não ter aderido à greve até o momento, mas ela interrompeu a leitura da carta de um telespectador e surpreendeu os dois diretores ao falar da greve dos radialistas e completar: *Tenho muito carinho pelo Nilton Travesso, mas vou aderir a esta greve. Com licença*. Os telespectadores que assistiram ao programa ficaram boquiabertos quando Xênia Bier levantou-se da cadeira e saiu de cena. Nilton Travesso e Francfort, então, providenciaram para que o sinal do Rio de Janeiro entrasse no ar e minutos depois, Xênia foi demitida por causa da atitude.

• **Julho** – O Banco do Brasil embargou os bens da Rede Manchete para quitação de US$ 60 milhões de dívidas com o banco. Felizmente, o embargo foi desfeito e no mesmo mês, a equipe esportiva da Manchete embarca para a Itália para transmitir a Copa do Mundo. O apresentador João Saldanha faleceu na Itália durante o período da Copa, fato que entristeceu toda a equipe que o acompanhava e os colegas que ficaram aqui no Brasil.

Voltando a falar do fenômeno *Pantanal*, pela primeira vez, depois de décadas, os telespectadores voltaram a acreditar que uma rede poderia ultrapassar a Globo em audiência e tirar sua liderança absoluta. Sem dúvida nenhuma, os tuiuiús e as belas paisagens hipnotizaram os telespectadores. A luz e a fotografia das cenas impressionavam, ainda mais por atingirem uma qualidade superior à das novelas globais. Além disso, ajudou a segurar o público a trama da mulher que virava onça, do misterioso velho que vivia na mata, do fazendeiro Zé Leôncio à procura do pai, do violeiro que tem pacto com o demônio. A partir do sucesso da novela, Benedito Ruy Barbosa voltou a ser considerado um autor de peso, Jayme Monjardim virou um mago na direção e alguns atores que até então haviam feito papéis pequenos ganharam fama, chegando ao primeiro time da teledramaturgia nacional, como foi o caso de Cristiana Oliveira – que tornou-se símbolo sexual de 1990 como a Juma Marruá.

Havia críticas à *Pantanal* e à Rede Manchete por causa das inúmeras cenas de nudez, mas isso não abalou a audiência nem da novela, nem das outras produções da emissora, tanto é que no último capítulo, em 10 de dezembro, a novela registrou no Ibope a diferença de 41 pontos contra 21 da Globo. A ascensão da Manchete representou um faturamento de US$ 120 milhões. Nunca a rede havia faturado tanto como em 1990.

• **Outubro** – Nova campanha foi feita em prol das crianças: *Criança 90*, também dirigida por Augusto César Vanucci e nos mesmos moldes de *Um Sorriso de Criança*.

• **12 de dezembro** – Estreou *A História de Ana Raio e Zé Trovão*, a primeira e única novela itinerante do mundo, dirigida por Jayme Monjardim. A audiência cai em relação aos últimos capítulos de *Pantanal*, mas ainda manteve uma boa média (20 pontos). As imagens do primeiro capítulo foram dignas de uma produção cinematográfica e o que impressionou nos capítulos que se seguiram foram as paisagens do interior brasileiro e os enormes caminhões de *Dolores Estrada* (Tamara Taxman), *Zé Trovão* (Almir Sater) e posteriormente, o de *Ana Raio* (Ingra Liberato). Como pretendia no início do ano, a Rede Manchete alcançava o segundo lugar em audiência, mesmo depois de ter chegado ao primeiro.

1991

• A emissora ainda trouxe novidades. Renato Machado foi contratado para apresentar o *Noite Dia*, antigo *Jornal da Manchete* – 2ª Edição), o jornalismo foi o primeiro a anunciar a Guerra do Golfo, na voz de Eliakim Araújo, e o próprio Renato Machado foi enviado para o Iraque, de onde apresentou o telejornal e os plantões sobre a guerra com Luiz Carlos Azenha.

• Começaram as gravações do programa *Almanaque* nos novos estúdios da Rede Manchete em São Paulo, apresentado por César Filho e Tânia Rodrigues – tempos depois, Rosana Hermann assumiam o comando da atração.

Devido aos altos gastos com *A História de Ana Raio e Zé Trovão* e depois com *Amazônia*, a próxima superprodução, além das dificuldades enfrentadas com o Plano Collor e a queda de audiência, o faturamento anual da emissora caiu vertiginosamente. A Manchete, infelizmente, não conseguiu administrar todo aquele sucesso que repentinamente veio cair em suas mãos.

Cabaré do Barata

No final de 1987, o humorista Agildo Barata Ribeiro criou um espetáculo, de nome *Cabaré do Barata*, que ficou em cartaz em diversos teatros cariocas até 1989. No dia 26 de maio desse ano, ele transferiu a peça e os profissionais do programa *Agildo no País da Maravilhas*, que fazia na TV Bandeirantes, para a Rede Manchete. Nascia assim o *Cabaré do Barata*, apresentado sempre às quartas-feiras, às 22h30, em que o humorista recebia convidados a cada edição – na estréia, estavam o juiz de futebol Margarida e a cantora Cláudia. A direção era de Augusto César Vanucci, que logo voltaria para a Rede Globo, e que fez na Manchete *Fronteiras do Desconhecido, Dançando Conforme a Música, Miéle & Cia.*

O programa satirizava por meio de bonecos todos os políticos de então. Na época, às vésperas das Eleições 89, os bonecos de Tancredo Neves e

No Cabaré do Barata *Agildo Ribeiro com* George Bush *(pai) e* Tancredo Neves

Chacrinha (já falecidos à época) apareciam no céu comentando sobre quem seria o mais recomendável na sucessão presidencial. Após a posse de Collor, o *Cabaré do Barata* fazia uma espécie de Semana do Presidente (quadro apresentado no Programa Silvio Santos, no SBT), satirizando o dia-a-dia do novo presidente. Nessa época, o programa teve grande audiência.

O cenário, de Rodrigo Cid, era requintado, com mesas, escadas e muita luz. Os bonecos eram uma criação da dupla Gepp e Maia (Haroldo George Gepp e José Roberto Maia de Olivas Ferreira), chargistas oficiais do Jornal da Tarde, de São Paulo, e que acompanhavam Agildo Ribeiro desde *Agildo no País das Maravilhas*. As Agildetes eram belas mulheres que auxiliavam o apresentador, além de realizar números de dança e canto. A manipulação dos bonecos e suas vozes eram feitas por humoristas e dubladores que até hoje estão atuando: Luiz Perrone, Ari, Ênio Vivona, Nelson Machado, Marcos Aguena e outros. Ênio Vivona naquele ano se juntaria com os colegas Zé Américo e Ivan de Oliveira (que fizeram com ele *Agildo no País das Maravilhas*) e criariam o grupo Café com Bobagem, que hoje é integrado pelos três e mais Oscar Pardini e René Vanorden.

Ao ser entrevistado por Jô Soares, em 1990, Marcos Aguena, o Japa, foi visto por Tuta, dono da Jovem Pan, que o chamou para trabalhar na rádio. Recentemente, Japa fazia o *Pânico na TV*, da RedeTV!.

Nelson Machado fazia o boneco Zé Brasil, a representação do povo brasileiro e porteiro do cabaré. Pelo nome, poucos devem saber de quem se trata, mas pela voz, já se sabe quem é. Nelson, como dublador, é um dos protagonistas do maior sucesso mexicano do país: o seriado *Chaves* – há mais de 20 anos no SBT. Ele é a voz do Quico, filho da Dona Florinda.

ESTE NÃO É UM PROGRAMA SÉRIO

AINDA BEM.

A Rede Manchete lança o seu Programa Nacional Em Defesa do Humor Inteligente. Agildo Ribeiro, um dos maiores humoristas do país, inaugura o *Cabaré do Barata*. Com a participação dos incríveis bonecos de Gepp e Maia, grandes surpresas, belas mulheres, entrevistas com personalidades e atrações irresistíveis. *Cabaré do Barata*, o programa humorístico mais politizado da televisão (ou será um programa político muito bem-humorado?) espera por você. Todas as quartas, 22:30h, pela Rede Manchete.

CABARÉ DO BARATA

Um Programa Que Promete (Muita Risada). E Cumpre.

ESTRÉIA QUARTA/DIA 26 - 22:30H

REDE MANCHETE

Havia também no programa as presidências: a decadente (Sheila Aragão) e a idealizada, bonita, almejada (Kátia Bronstein, que já era modelo antes de entrar no *Cabaré do Barata*). Além das duas, havia Regina Gordilho, a caça – fantasmas da política brasileira. Outro quadro era o *Cabaré do Pirata*, que satirizava o programa *TV Pirata*, principal atração de humor da Rede Globo na época. A Manchete estava em uma curva ascendente em audiência e nas noites de quarta, *Cabaré* pegava o Ibope de *Pantanal*.
A música de abertura do programa era *Por Debaixo dos Panos,* de Ney Matogrosso, e no vídeo, os bonecos faziam a representação de uma reunião presidencial, sendo que a câmera passeava embaixo da mesa, mostrando as verdadeiras intenções pelos pés de cada um... alguns se agredindo, outros fazendo gestos um tanto dúbios. Na maioria das vezes, os bonecos iniciavam suas frases com os bordões dos políticos. Collor, com *Minha gente;* Sarney, com *Brasileiros e brasileiras;* Lula, *com Meus companheiros* e por aí vai...
Agildo Ribeiro, que deixaria a emissora em 1991 com o fim do programa, voltou apenas em 1997, na novela *Mandacaru*.

Humor na Manchete

Antes de Agildo Ribeiro e seu *Cabaré do Barata*, a figura principal do humor na Manchete era Costinha, que protagonizou dois programas: *Domingo de Graça* e *Apertem o Cinto*. As duas atrações entraram no ar por volta de 1986. Existia também, a partir de 1988, *Cadeira de Barbeiro*, com Lucinha Lins e Cacá Rosset. Mas antes da criação de todos esses programas, houve o seriado *Tamanho Família*, de 1985, o primeiro programa de humor da Rede Manchete.

Kananga do Japão

Seis milhões de dólares foi o quanto Adolpho Bloch resolveu investir para transformar uma antiga idéia em realidade. O ano era 1989 e a Manchete reprisava a novela *Helena*, sem obter muita audiência. Nos bastidores, entretanto, era organizada uma mega-operação que visava recolocar a emissora no caminho das superproduções. A novela *Kananga do Japão*, a partir de uma sinopse de Adolpho Bloch e Carlos Heitor Cony, roteirizada por Wilson Aguiar Filho e co-autoria de Leila Miccolis, inauguraria a Era de Ouro da Rede Manchete que, menos de um ano depois, ameaçaria – concretamente – a quase inatingível liderança de audiência da Globo.
Tratava-se de um projeto ambicioso que envolvia até mesmo a recriação, em tamanho natural, da região da Praça XI, centro do Rio de Janeiro, na década de 1930, e todo o clima de uma época. Apesar de não ser autobiográfica, a novela representava uma volta ao tempo em que Adolpho Bloch chegara ao Brasil, um período que ele desejava mostrar

KANANGA DO JAPÃO

aos telespectadores. Assim, na novela havia também uma família judaica proveniente do Leste Europeu e que, a exemplo dos Bloch, vindos da Ucrânia, se estabelecem no Rio de Janeiro. O carinho da equipe com a produção era grande porque todos sabiam do quanto essa história era importante para Seu Adolpho, já que ele fazia questão de contar para quem quisesse ouvir a história de sua chegada ao Brasil.

Kananga do Japão tem início em 1929, precisamente a partir do crack da Bolsa de Valores de Nova York, que pega desprevenido o megaexportador de café Teodoro Macedo que, falido, suicida-se. A mulher, Zulmira, e as filhas Alzira, Dora e Madalena deixam sua cidade e mudam-se para o Rio de Janeiro, onde se instalam na casa do irmão de Zulmira, Dr. Epílogo, um farmacêutico, na Praça XI, e passam a viver de favores. A família, que até então vivia abastadamente, começa a se deseperar. Dora (Christiane Torloni), uma das filhas de Macedo, criada como princesinha, terá a incumbência de reerguer o que restou da família.

As subtramas paralelas da novela correm na Praça XI, que era, na época, reduto da malandragem carioca e abrigava várias casas noturnas, precursoras das gafieiras, denominadas Sociedades Recreativas Familiares. *Kananga do Japão* era um desses cabarés.

A saga de Dora começa quando ela se apaixona por Alex (Raul Gazola), filho do dono da *Kananga*, um cafetão. Ela também se desentende com o tio, que tenta seduzi-la, até que resolve dançar à noite no cabaré, sonhando tornar-se independente e engordar seus ganhos, e muda-se para a casa de seu patrão, o judeu Saul, também morador da Praça XI. Obviamente, durante a novela, Dora passa por maus momentos – desentendimentos familiares e até um crime – antes de um final feliz com

Alex. O par se reencontra somente nos capítulos finais, quando *Kananga do Japão* começa a ser demolida, por imposição do progresso, para dar passagem à Avenida Central, atual Avenida Presidente Vargas.
Paralelamente à história de Dora, *Kananga do Japão* contou um pouco da história político-social brasileira entre 1930 e 1939, além do *crack* da bolsa de Nova York: a Revolução de 1930, o Movimento Constitucionalista de 1932, o Movimento Integralista de 1937 e o início da Segunda Guerra Mundial, em 1939. Para criar o elo entre os acontecimentos políticos e os personagens da novela, o autor fez com que eles interagissem. Henrique, por exemplo, era um tenente da Aeronáutica, comunista e amigo de Luiz Carlos Prestes, que se envolve com a filha do judeu Saul e acaba morto na Ilha Grande, onde dividia uma cela com o escritor Graciliano Ramos. Outro aspecto importante mostrado na novela foi o movimento musical que marcou a década de 1930. Carmem Miranda, Lamartine Babo, Sinhô, Noel Rosa, Vadico e Ary Barroso foram alguns dos artistas que animaram as noites da *Kananga*, por meio de reconstituições muito bem cuidadas.

Tizuka Yamasaki

Kananga do Japão foi a primeira novela dirigida por Tizuka Yamasaki, que na televisão já havia feito a minissérie *O Pagador de Promessas*. Premiada diretora de cinema – *Gaijin*, *Parahyba Mulher Macho* e *Patriamada* – ela considerava um desafio utilizar sua experiência e técnica de cinema na direção de uma telenovela. Sobre isso, disse na época: *Quando alguém assiste a um filme ou a uma novela e se emociona, chora, significa que aquela fantasia virou realidade. Essa é a minha profissão: fazer fantasias e aí não importa a técnica que se use, própria ao cinema ou à TV, o importante é o que o público vê ou sente... O que acontece no cinema e, acredito, também na televisão, é que não existe nada que garanta o sucesso de uma obra. Às vezes tudo é da melhor qualidade, porém, de repente, não há uma química que assegure um resultado positivo. Eu acho essa incerteza do sucesso um grande barato.*
Tizuka não precisou se preocupar por muito tempo. *Kananga do Japão*, com uma história bem contada, em poucos meses transformou-se num sucesso de público e crítica. A seu lado esteve o diretor Carlos Magalhães, com um currículo todo voltado para a produção de TV. Na época de estréia, ele dizia que tinha ido para a Manchete com certeza do sucesso: – *Estou aqui para unir o meu conhecimento de televisão à experiência de cinema da Tizuka. Essa união nos dá muita força porque temos consciência da importância de Kananga do Japão para a Rede Manchete... Jamais em toda a minha carreira estive tão próximo das grandes decisões e com tamanha autonomia.*

Christiane Torloni e Raul Gazola em Kananga do Japão

Habilidades Especiais

A novela era uma superprodução que exigia dos atores e personagens uma série de habilidades específicas, entre elas, o jogo de sinuca, a capoeira e as brigas de navalha, além da dança de salão. A dança ficava a cargo da professora Sandra Regina, que levou ao elenco a gafieira, o maxixe, o tango, charleston, fox trot, fox blue e samba de gafieira, as modalidades mais praticadas na década de 30. Para preparar os atores que freqüentaram o cabaré *Kananga do Japão* e os salões de elite da época, foram compostos grupos de dança de elite e dança de salão, com estilos basicamente iguais, mas com posturas e marcações diferentes. Segundo Sandra, a montagem e a reconstituição dos hábitos e modos da época davam grande destaque à elegância e postura dos dançarinos, contrastando com a falta de rigor nas pistas contemporâneas: *Os ricos da época tinham outra postura, os passos eram curtos e bem marcados, sem grandes volteios de corpo. A dança de salão, por sua vez, tem maior variedade de passos e uma grande maleabilidade de corpos*.

A capoeira ficou por conta de Mestre Camisa, que advertia sobre as inúmeras faces que a capoeira pode assumir: ora como luta, ora como dança, ou como expressão corporal, numa fusão de ritmos e cânticos, parte do folclore e da cultura brasileira. Segundo ele, a capoeira e a navalha faziam parte do mundo dos malandros da época, que usavam também lenços de seda em torno do pescoço para proteção da jugular nas lutas com navalhas, facas ou facões. As navalhas, por mais afiadas que fossem, tinham dificuldade em cortar os cachecóis. A sinuca ficou a cargo de Gilberto Piquiri, também ator e membro do grupo Tal. A sinuca era um detalhe obrigatório na composição dos personagens mais ligados ao Grêmio Recreativo *Kananga do Japão*, pois era um hábito amplamente difundido na época, essencialmente popular.

Além dessas habilidades, a produção contava também com um incomum consultor para assuntos judaicos, função desempenhada pelo cantor litúrgico Alberto Burzstein, do Grande Templo Israelita, do Rio de Janeiro. Alberto acompanhava as gravações do núcleo judaico e também fazia as vezes de professor de *iídiche* – idioma usado pelos judeus do Leste Europeu, já que o hebraico só se tornaria a língua oficial depois da independência de Israel, muito tempo depois do período em que a novela se passava. Entre os costumes judaicos representados na novela, se destacaram o *Shabbat*, feriado de Sábado, o casamento entre seus pares e os *klienteltchick*, representantes comerciais que batiam de porta em porta para vender suas mercadorias. Foi recriada também a *Relif* – Sociedade Israelita para Imigrantes do Estado do Rio de Janeiro – que existiu na Praça XI, onde a personagem Hannah, primeiro destaque da atriz Cristiana Oliveira, recebia os imigrantes judeus que chegavam ao Brasil. O papel valeu o convite do diretor Jayme Monjardim para Cristiana protagonizar *Pantanal*, meses depois.

Um painel da década de 1930, a música e a dança do Grêmio Recreativo *Kananga do Japão* e o sonho de Adolpho Bloch. A partir dessas três idéias básicas, Adolfo Rosenthal e Toni Cid Guimarães criaram a abertura de *Kananga do Japão*, que mostrava um casal dançando em meio a imagens de fatos que caracterizaram a época: *Procuramos dar às imagens da abertura um clima de sonho. Uma atmosfera que lembrasse um pouco os filmes de Fellini, como Casanova e E La Nave Va*- explicou Adolfo Rosenthal na época da estréia. Ele e Toni Cid passaram um longo tempo pesquisando sobre a década de 1930 para encontrar a linguagem certa para a abertura: assistiram a vários filmes da época e procuraram gravuras e fotos do período. Dessa forma, os dois chegaram a sete momentos característicos da década e que foram reproduzidos, de forma estilizada, na abertura da novela. Um deles é o próprio salão de dança *Kananga do Japão*, representado no início e no final da abertura. A plantação do café, lembrada pela reprodução de um quadro do pintor Portinari, a Revolução de 1930, que levou Getúlio Vargas ao poder, o Carnaval, o porto do Rio de Janeiro, as fábricas e as gigantescas manifestações de jovens também são mostrados como símbolos da década. Também simbólica é a imagem do casal que interliga as cenas e que, para Adolfo e Toni, representavam o romance presente na novela.
Em entrevista concedida na época da estréia, Adolfo Rosenthal e Toni Cid Guimarães ressaltavam ainda que na abertura não foi usado sequer um efeito eletrônico. *Tudo é obtido através de efeitos de luz, do cenário, do movimento constante da câmera em uma grua e da ilusão de imagens interligadas, sem cortes*, explicou Adolfo. A gravação da abertura, uma das mais sofisticadas feitas pela dupla, durou sete dias, com a presença de 340 figurantes, três automóveis de época, um canhão do exército, cavalos, figurinos elaborados e muitos elementos cênicos como a reprodução da parte exterior de um navio, que surgia em uma das seqüências. Toda a coreografia da abertura foi criada pelo já famoso professor Carlinhos de Jesus, que chegou a participar da novela em algumas cenas na *Kananga*.

Cidade Cenográfica
Um dos fatores de maior repercussão de *Kananga do Japão* era a cenografia, ponto de partida para a construção da cidade cenográfica de Grumari, onde foram reproduzidos cenários da década, como a Praça XI. Os cenários eram criados nos estúdios de Água Grande, que abrigaram as gravações da novela. Só a cidade cenográfica tinha 5.600m^2 de área construída, sete ruas, 32 fachadas de prédios, uma sinagoga, um colégio, várias lojas, e mais uma réplica de um bonde com 200 metros de trilhos que faziam a curva pela cidade-cenário. A construção de Grumari consumiu 35 mil metros de madeira, 1.600 litros de tinta, seis

mil paralelepípedos e mil postes de eucaliptos, num esforço que envolveu seis empresas e 600 pessoas, desde pesquisadores até engenheiros, arquitetos, operários e cenógrafos. O diretor-geral da cenografia era Rodrigo Cid.

É a produtora de arte Denise Dourado quem conta: *Uma época, a Kananga, a cidade cenográfica, virou visitação, no final de semana tinha excursão. As pessoas iam lá visitar porque era muito bonito. E tentaram preservar a área. Historicamente foi muito importante. Era um lugar que não existe mais no Rio de Janeiro, a Praça XI virou a Presidente Vargas. Foi um bairro que desapareceu. As pessoas iam lá tirar foto no bonde, passear. A década de 1930 ainda era próxima de algumas pessoas. E algumas ficavam emocionadas de ver, porque tinham vivido aquilo.*

Além da construção da cidade cenográfica, os estúdios de Água Grande também foram totalmente reformulados para abrigar a novela. Além de sofrerem um completo tratamento acústico, foram montados doze cenários fixos que ficaram disponíveis durante toda a duração de *Kananga* e nos quais foram consumidos mais de 20 mil metros de madeira e 800 litros de tinta, num trabalho que envolveu cerca de 50 operários trabalhando ininterruptamente.

Com o andamento da novela, a Manchete começou a definir qual seria a próxima produção. Fora decidido que *Amor Pantaneiro*, um texto há muito engavetado de Benedito Ruy Barbosa, substituiria *Kananga do Japão*. Escolhido o elenco, foi solicitado ao autor Wilson Aguiar Filho que eliminasse alguns personagens de *Kananga* para que os atores pudessem ser aproveitados na próxima trama. Foi o caso de Cláudio Marzo, Cristiana Oliveira e Elaine Cristina, cujos personagens morreram na novela. Curiosamente, eram as primeiras participações de Marzo e Cristiana na Manchete e eles iriam encabeçar o sucesso – até então inesperado – de *Amor Pantaneiro*, que seria conhecida e faria história como *Pantanal*.

Sérgio Britto, que fazia Teodoro Tavares, pai de Dora, se suicidava logo no início da novela. Sua participação em *Pantanal* também seria curta. Seu personagem, Thiago, avô de Joventino, morre de um ataque cardíaco fulminante, durante uma partida de pôquer com o neto, ao conseguir um *royal straight flush*.

Kananga teve 208 capitulos e foi exibida pela primeira vez entre 19 de julho de 1989 a 25 de março de 1990, às 21h30. Menos de dois meses depois do encerramento, teve sua primeira reprise, então com 209 capítulos, abrindo um segundo horário de novelas, às 19h30, entre 21 de maio de 1990 a 18 de janeiro de 1991; a última reprise foi exibida entre 18 de março e 10 de outubro de 1997, com 149 capítulos, de segunda a sexta-feira, inicialmente às 20h00 e depois às 19h00, abrangendo parte do período em que *Xica da Silva* esteve no ar no horário das 21h30, também com a intenção de aproveitar a boa audiência.

DE VOLTA.
UE HÁ DE MAIS INÉDITO
NA TELEVISÃO.
Esta de volta a novela que trouxe uma linguagem inédita para a TV. Que mudou
eito de fazer novela, com imagens e tramas tão ousadas e fascinantes quanto
cinema. Kananga do Japão. Agora de segunda a sábado, às 19:30 horas.
Você vai reviver as emoções que marcaram uma época importante na história
s. E se você ainda não tinha visto Kananga do Japão, prepare-se para assistir
superprodução de primeira grandeza.
Kananga do Japão é dirigida pela premiadíssima Tizuka Yamasaki e estrelada
ristiane Torloni, Raul Gazola e grande elenco.
Por isso, não deixe de conhecer a diferença entre ver de novo e ver o novo.
KANANGA DO JAPÃO
A SUPERPRODUÇÃO QUE REVOLUCIONOU A TV INAUGURA MAIS UM HORÁRIO DE NOVELA NA MANCHETE: DE SEGUNDA A SÁBADO 19:30 HORAS.
REDE MANCHETE

Wilson Aguiar Filho

Considerada a primeira novela documentário da televisão brasileira, *Kananga do Japão* foi um projeto que misturou de maneira primorosa a ficção e a realidade. E Wilson Aguiar Filho foi o nome-chave dessa superprodução, desenvolvendo uma história que se concretizou como o trabalho mais importante de sua carreira. Na Manchete havia feito antes *Marquesa de Santos*, *Dona Beija* e *Corpo Santo*. O argumento de *Olho por Olho* era de sua autoria e *Rainha da Vida* tinha sido escrita em parceria com Leila Miccolis. *Kananga do Japão* contava, essencialmente, a história do triângulo amoroso formado por Dora, Danilo e Alex – Christiane Torloni, Giuseppe Oristânio e Raul Gazola – inserido no contexto político da década de 30 e no movimento musical que marcou o período. Wilson dizia que o resgate desse movimento era um dos pontos fortes de *Kananga do Japão* e um dos ganchos mais atraentes do projeto. Foi seu último trabalho. Ele faleceu pouco mais de um ano após a exibição da novela, em 23 de agosto de 1991.

Casa Nova em São Paulo

As Empresas Bloch, repensando a importância da praça de São Paulo na rede, planejou a construção de uma nova sede que pudesse abrigar um segundo núcleo de produção e, ao mesmo tempo, reforçar os departamentos comercial e administrativo, uma vez que as principais decisões econômicas do país já eram tomadas na capital paulista.

Para a Manchete, essa estratégia era importante porque, em São Paulo, a emissora estava dividida e, portanto, com dificuldades na comunicação de um departamento ou empresa com outro. A diretoria de produção, administração, divulgação e o departamento comercial ocupavam um imóvel na Av. Rebouças, 1955; o jornalismo, a técnica e operações estavam na Rua Bruxelas, 199 (outros dois imóveis na Rua Bruxelas chegaram a ser utilizados depois por alguns departamentos que estavam na Rebouças); a Rádio Manchete se encontrava na Rua

Imagens da inauguração da nova sede da Manchete-São Paulo, com a presença (ao centro) do governador Orestes Quércia, Anna Bentes Bloch, Adolpho Bloch e Salomão Schvartzman

Em frente a nova sede, a Banda da Guarda Civil Metropolitana se apresenta.

da Consolação e as revistas na antiga Casa da Manchete, na esquina da Avenida Europa com a Rua Groelândia.

Adolpho Bloch era da opinião de que se fosse para fazer, tinha que ser bem feito. Assim, acatou a idéia de construir uma sede totalmente planejada em São Paulo, que centralizasse todas as empresas, em um enorme terreno próximo a Av. Casa Verde, no bairro do Limão. Ao lado da área escolhida, havia um terreno ainda maior, ocupado pelo Clube Matarazzo, totalmente abandonado, que foi cogitado posteriormente para ampliação das instalações de São Paulo, o que não se realizou. Ainda assim, a área comprada foi bem aproveitada.

Foram investidos US$ 2 milhões no projeto e Oscar Niemeyer, mais uma vez, foi convocado para projetar a nova sede e o engenheiro Joélcio Wendt ficou responsável pela construção dos prédios. Wendt e Niemeyer dividiram a construção em dois blocos, o Bloco de Vidro (de cinco andares) e o Bloco dos Arcos (de dois andares). O primeiro, com 4.500 m^2 de área, uma réplica em tamanho reduzido do Edifício Manchete no Rio de Janeiro, foi planejado para abrigar todos os setores da Bloch Editores (redação e oficina de publicações da Bloch) e parte da administração e divulgação da Rede Manchete, refeitório para os funcionários e um luxuoso restaurante da diretoria no último andar. Os funcionários em pouco tempo apelidaram o prédio de Palácio do Planalto, por ser parecido com o prédio criado também por Niemeyer em Brasília.

Já o Bloco dos Arcos foi construído para ser o mais moderno prédio de televisão em São Paulo, destinando totalmente aos departamentos da TV Manchete. Assim como no Russel, teria um estúdio com platéia orçado em US$ 600 mil, com acabamento com o que havia de mais avançado na época: isolação das paredes (lã de vidro) e do piso (thafohan) contra sons extremos e vibrações. Em seus 500 m^2, havia um sistema de platéia móvel, onde as cadeiras podiam ser recolhidas e armazenadas verticalmente contra a parede do fundo, fato que permitia que o espaço se transformasse em um auditório com capacidade para 200 pessoas ou um grande estúdio. No mesmo andar ficaria um almoxarifado de cenários e camarins. No primeiro andar existia o estúdio fotográfico da revista (mais tarde transformado em estúdio da TV) e um andar falso, acessível apenas por escadas, a partir do segundo andar, onde seriam abrigadas a equipe de produção e a gerência administrativa, de produção e programação. Já esse segundo andar seria destinado ao jornalismo e central técnica de transmissão da TV, além de um estúdio específico para os telejornais, bem menor que o do térreo.

As obras começaram no início de 1989. Em junho, já estava pronto o Bloco de Vidro, com a fachada em vidros fumê. O outro bloco estaria pronto em outubro e no final do ano, começaram as mudanças de sede. O processo de centralização estava em desenvolvimento. Luiz Francfort, gerente administrativo de São Paulo, fala desse processo e sobre as modificações que ocorreram: *Eu comandei a mudança disso. Levamos dois finais de semana inteirinhos, com caminhões um em seguida do outro, para levar tudo que tinha de uma sede para outra. Não só a parte de equipamentos, como as coisas de escritório, os arquivos, aquilo tudo. Todo mobiliário da Casa Verde foi feito pela oficina da Manchete em Água Grande, sob desenho de Seu Adolpho Bloch. E as instalações ficaram grandiosas. Na época, era a maior emissora de São Paulo em instalação.A emissora foi todinha montada com o sistema de proteção contra incêndio. Havia* sprinklers *em todos os andares e com um acréscimo além do normal. Normalmente, se tivesse fumaça ou fogo aquilo disparava um chuveiro pra primeira providência, pra apagar o fogo. Mas na Manchete, além disso, disparavam um alarme numa sala que era da equipe de bombeiros. Nossa brigada de incêndio da Manchete tinha uma sala especial.E com o novo prédio, São Paulo começou a participar da programação, mais do que antigamente. São Paulo passou a fazer programas para a rede toda. Foi contratada mais gente.*

Todas as empresas passaram para o Limão, exceto a Rádio Manchete FM, que se mudou da Consolação para o sobrado da Rua Bruxelas, onde funcionava o departamento de jornalismo da rede.

A Inauguração

A nova Casa da Manchete ficava na Avenida Professora Ida Kolb, 551 e seria inaugurada numa data especial: 25 de janeiro de 1990, o 436º aniversário da cidade de São Paulo. Na manhã do dia 24, foram abertas as festividades com a apresentação da Banda da Guarda Civil Metropolitana na área de estacionamento, todos os guardas vestidos de calça preta, paletó vermelho e quepe. Angélica também se apresentou para alegria das crianças da região. E, de forma simbólica, foram gravadas cenas da novela *Kananga do Japão* inaugurando as produções no estúdio principal da emissora.

Os convidados circulavam com roupa de gala para alegria de Adolpho Bloch, que nunca imaginara que teria em São Paulo uma sede que pudesse comportar eventos grandiosos como os que fazia no Russel. O número de convidados era tão grande que havia fila junto aos elevadores do prédio administrativo. Bloch ia junto com os convidados, mostrando as novas instalações da Manchete paulistana.

A Rede Manchete transmitiu o evento em dois momentos: enquanto Adolpho Bloch recepcionava as autoridades e no auge da festa, quando foi entregue a nova iluminação da torre da emissora.

No alto do prédio da televisão (o Bloco dos Arcos), seguindo o modelo do Russel, estava iluminado o enorme ***M*** de aço que impressionava quem olhava lá debaixo. O capricho estava demonstrado até mesmo nas maçanetas das principais portas: todas com o logotipo da Manchete, também em aço.

O gerente de produção Carlito Camargo, que produziu o show, sintetiza o evento: *A inauguração do prédio da Manchete em São Paulo foi um evento de gala, com vários shows ao vivo e ainda uma queima de fogos que inaugurava a iluminação da torre no Sumaré. Foi a segunda torre de transmissão iluminada na cidade.*

E, em um *link* direto da antiga sede do Sumaré para a do Limão, os presentes e também os telespectadores puderam ver no meio do escuro surgir uma grande torre iluminada. É como Wagner Mancz, diretor técnico da rede, explica: *Fizemos da torre de transmissão (localizada no alto do Sumaré) uma grande cascata de fogos e a pedido do querido Carlito Camargo, responsável por esse evento, instalamos um botão simbólico no local da festa (no andar do restaurante do prédio do Limão) para que o Sr. Adolpho, ao apertar esse botão, iniciasse a queima dos fogos. Ele, ao ver a torre, ficou muito agitado pensando que tudo iria queimar, foi muito engraçado.*

O estúdio A de São Paulo (à esquerda), de Telejornalismo, com o cenário de São Paulo em Manchete *ao fundo; e vista parcial da platéia móvel do estúdio B, em São Paulo (abaixo)*

Um *Documento Especial*

No final da década de 1980, a Rede Manchete lançou um programa revolucionário que logo atingiu os primeiros lugares de audiência, chegando inclusive a liderar no horário em diversas edições. *Documento Especial* trazia um jornalismo diferente, que levava o telespectador a acompanhar de perto acontecimentos que jamais haviam sido mostrados na televisão. Era uma criação do jornalista Nelson Hoineff, hoje diretor do IETV – Instituto de Estudos de Televisão. Desde 2007, *Documento Especial* é reapresentado pelo *Canal Brasil*, na TV paga.

Manchete: ousadia extraordinária

Entrei na Manchete uns três ou quatro meses antes dela estrear e estive lá por dois períodos, mas com intervalos curtos, porque a Manchete entrou no ar em 1983 e eu fiquei até 1985. Aí, fui pra Nova York fazer uma especialização e na volta fiquei na Manchete até maio de 1992. Eu até então não tinha feito televisão, era só imprensa escrita, Última Hora, o Diário de Notícias, O Cruzeiro, Veja, O Globo, apesar de fazer um trabalho de estudo de televisão, já naquela época. Então eu procurei o Rubens Furtado e o Zevi Ghivelder, que eram e são ainda hoje dois grandes amigos meus, e disse que eu gostaria muito de fazer televisão. Então, os dois me levaram pra TV Manchete, no início de 1983.

Naquela época, a gente estava preparando o Jornal da Manchete *com uma bancada muito grande de apresentadores, era um telejornal muito longo, de uma hora e meia de duração, em que você tinha uma editoria nacional, de esporte, uma editoria internacional e de cultura. Comecei como editor de cultura do* Jornal da Manchete *mas pouco tempo depois da estréia, decidiu-se cortar, subdividir, então, criou-se um programa de cultura que entrava antes, chamado* Panorama, *que passei a dirigir e era apresentado por Íris Lettieri e Jacyra Lucas. Era uma agenda cultural, que ia ao ar das 19h30 às 20 horas, e em seguida entrava o* Jornal da Manchete, *das 20 às 21 horas.*

Núcleo de Novos Projetos *– Em 1984, 1985, eu saí, fui pra Nova York e voltei como diretor do* Jornal da Manchete – Segunda Edição, *que ia ao ar às 23h30. A gente colocou apresentando naquele momento o Roberto Maia e o Luiz Santoro, e depois entraram a Leila Richers e o Ronaldo Rosas. Era uma coisa que eu gostava muito de fazer, um jornal muito criativo. Nessa época eu dirigi praticamente todos os eventos internacionais da Manchete: coordenei a Copa do Mundo de 1986, do México, e a Olimpíada de 1988, em Seul. Quando voltei da Olimpíada, retomei o* Jornal da Manchete – Segunda Edição *e aí tive um desentendimento com o diretor de jornalismo, que era o Mauro Costa, e pedi pra sair da Manchete. O Jaquito não deixou, pediu que eu ficasse na Manchete e criou o Núcleo de Novos Projetos, onde minha função era receber e avaliar os projetos que chegavam, desenvolver novos projetos.*

O Documento Especial *era um desses projetos que nasceu completamente da minha cabeça. Apresentei ao Jaquito, ao Zevi (Ghivelder), ao Expedito Grossi. O Jaquito me deu um suporte extraordinário, mandou que eu desenvolvesse um piloto, que foi aprovado e nós lançamos então em, se não me engano, agosto de 1989, o* Documento Especial, *que ficou na Manchete até maio de 1992, quando eu fui convidado pra ir para o SBT.*

No início era um programa de grandes reportagens composto por três ou quatro matérias relativamente rápidas, de dez minutos cada uma, mais ou menos. Com o tempo, ele foi ganhando corpo, transformou-se num programa de uma hora, as três ou quatro matérias viraram duas, finalmente virou uma, e houve vários casos em que nós fizemos dois programas, uma matéria com duas horas de duração.

***Piloto** – Quando eu fui pra esse Núcleo de Novos Projetos, eu tinha me desgastado lá dentro, tinha brigado com o Mauro Costa e estava meio de saco cheio das limitações que eu tinha na Manchete – comparado com as limitações que nós temos hoje, era um paraíso. A Manchete sempre foi um dos melhores lugares que eu conheci pra trabalhar mas eu tava de saco cheio, tanto que pedi demissão, não precisava. O próprio Jaquito me segurou ali. Na concepção do* Documento, *eu fiz um negócio que pode parecer uma figura de retórica, mas o que eu vou falar é absolutamente real, absolutamente concreto. Eu peguei um papel, dividi ao meio e coloquei do lado esquerdo tudo o que me constrangia dentro da Manchete, o que eu não podia fazer dentro da TV Manchete: falar de pobreza, mostrar cenas rudes, fazer várias coisas assim. E coloquei do lado direito do papel o oposto disso. Aí eu peguei o lado direito do papel e disse: muito bem, então eu vou fazer um programa que tenha todos esses elementos. Eu achava que era um piloto pra não ser aceito. E nisso eu tenho que destacar uma qualidade extraordinária do Jaquito, só ele teria bancado esse programa. Apresentei o piloto e ele não só topou como encorajou. E era um piloto com isso tudo, pobreza, denúncias, excluídos, imagens feias, aonde entravam algumas características formais que a televisão não contemplava, planos muito longos, onde não entravam efeitos especiais em ADO, aonde não entrava insert, aonde não entrava slow, e compus o piloto assim. E já que estou falando nisso, e já falei na Manchete, vou contar mais uma coisa. Na verdade, o piloto que eu apresentei era um piloto falso. O* Documento Especial *foi aprovado com base num piloto falso, porque o programa que eu estava fazendo eu vi que não tinha a menor chance de ser aprovado. Então, mandei fazer outro programa que tinha três matérias, uma sobre discos voadores numa cidade do interior do Estado do Rio, outra sobre um grupo de salvamento nas estradas, chamado Anjos do Asfalto, e uma terceira sobre roubo de bancos, e apresentei esse programa.*

Mas, na verdade, eu estava fazendo outro programa com matérias muito mais fortes, sobre prostituição masculina e Igreja Universal do Reino de Deus, que na época ninguém tinha ouvido falar daquilo. Apresentei meu piloto, foi aprovado, eu disse ok, então vamos botar no ar.

***Audiência** – Foi uma loucura porque botei no ar o outro programa, o que eu queria fazer. O resultado, no entanto, foi o seguinte: o programa estreou quarta-feira, às 23 horas quando a média da Manchete era traço ou um ponto. Na primeira semana, a gente fez sete pontos, na segunda oito, na terceira, 13. A partir de então eu estava com carta branca para o programa, porque é a audiência a moeda que prevalece até hoje pra televisão.*

Chamei o Roberto Maia pra apresentar, porque eu tinha tido uma experiência extraordinária com ele no Jornal da Manchete – Segunda Edição. *Já naquela época a gente já fazia umas coisas muito ousadas, brincadeiras no ar, entre ele e o Santoro, uns diálogos, coisas assim meio absurdas, e dávamos certo. Tínhamos uma audiência muito boa, e assim eu trouxe o Maia pra fazer o* Documento Especial, *um outro achado extraordinário. Eu acho que o Roberto Maia é ainda hoje um dos melhores apresentadores da televisão brasileira e possivelmente do mundo. Ele é extraordinário em todos os sentidos. Inteligentíssimo, brilhante, um intérprete, apurado, uma pessoa fantástica.*

***Marcantes** – Tem uma quantidade imensa de programas que me marcaram na Manchete. Os programas que nós fizemos sobre a Igreja Universal do Reino de Deus foram históricos. Praticamente, nós inventamos e desenvolvemos o sistema de microcâmera. Então, conseguimos uma bíblia de madeira, grande, e colocamos dentro dela uma camerazinha. Entramos na igreja assim, o repórter fantasiado de crente...*

A matéria que nós fizemos sobre o suicídio dos índios Caiowá, feita no Mato Grosso, pelo André Roth, foi extraordinária. A matéria que nós fizemos em Cuba, sobre as pessoas que tentavam fugir de lá, feita pelo Eduardo Faustini, foi extraordinária. A matéria que ganhou o Prêmio Príncipe Rainier III, no Festival de Televisão de Monte Carlo, em 1994, sobre a seca no nordeste.

Para o Documento Especial, *na fase Manchete, foram cerca de 200 programas e da maior parte deles eu trago recordações extraordinárias, é um momento único na minha carreira. Uma matéria feita pelo Aldir Ribeiro, chamada* Os Pobres vão à Praia, *que era sobre a invasão dos farofeiros, outras matérias conceituais que nós fizemos... Fizemos dois programas baseados em frases de Nelson Rodrigues.* Todo o Amor é Eterno e Se Acaba não é Amor *foi um programa extraordinário. Uma outra frase do Nelson que nós usamos era* Toda Família um Dia Começa a Apodrecer, *fizemos um programa chamado* Álbum de Família *com esse tema. Um programa sobre travestis, que ficou famosíssimo. O programa que foi a maior audiência do* Documento Especial, *e possivelmente a maior audiência da história da TV Manchete (até a ocasião), foi um programa sobre gordos, fez 31 pontos. Foi um programa muito bem humorado, matéria feita pelo Felipe Paes e o Aldir Ribeiro.*

***Prêmios** – A gente ganhou o Troféu Imprensa acho que quatro vezes. Ganhamos o Troféu Supercap de Ouro duas ou três vezes. Ganhamos o prêmio de Melhor Programa Jornalístico da APCA – Associação Paulista de Críticos de Arte, o Prêmio Príncipe Rainier III, no Festival de Televisão de Monte Carlo. Tivemos o Documento Especial homenageado, convidado a compor uma tarde inteira do Festival de Vídeo de Berlim. Houve um momento extraordinário em que exibimos três ou quatro programas para uma platéia de alemães que deliraram com o programa, depois eu fiz uma palestra sobre o* Documento *que foi muito bem sucedida, e ganhamos outros prêmios que não me vêm à memória agora.*

***Liberdade e Criatividade** – A Manchete era um lugar único pra se trabalhar, um lugar extraordinário porque era uma empresa familiar no que existe de ruim e de bom numa empresa familiar. O que existe de ruim a gente sabe: gerência, família, etc. Mas o que existe de bom quando você tem um acesso à família é a facilidade com que se resolve as coisas. Eu me dava muito bem com o Jaquito, freqüentava a casa do Adolpho Bloch, ele tinha sido amigo dos meus pais, dos meus avós, era um cara que prezava muito esses laços. Eu tenho certeza que devo muito à simpatia e ao carinho que o Adolpho tinha por mim, aos laços familiares que existiam antes. Isso facilitava as coisas. Fiquei dez anos na Manchete e vou ser sincero: não consigo lembrar de uma coisa ruim. A liberdade com que o* Documento *trabalhava era única, o* Jornal da Manchete *a mesma coisa. O Adolpho era uma pessoa de uma generosidade incrível e a interferência dele era uma coisa muito mais folclórica do que diziam. Numa matéria do* Jornal da Manchete *que eu botei o Yasser Arafat, ele veio me dizer que eu era anti-semita, logo eu que sou de uma família judaica mais tradicional do que a dele. Eu disse isso pra ele no telefone: – seu Adolpho, minha família tem mais tradição judaica do que a sua. Aí ele disse: – então tá bom. O espaço que o jornalismo tinha era extraordinário e grande parte dessa conquista deve-se a ele, uma pessoa de uma garra, que literalmente não dormia em busca da notícia, de um bom momento jornalístico, de um furo. E eu aprendi muito com ele. Nós tínhamos autonomia para parar a programação à hora que quisesse. Se o Mauro Costa não estivesse dentro da estação, se eu achasse importante, então, podia dizer: pare. Morreu François Truffaut, um diretor de cinema conhecido por intelectuais... Eu paro a programação e dou uma edição extra... Mas essa liberdade que eu tinha, esse espaço que nós conquistamos, graças à garra do Mauro Costa, graças à visão do Jaquito, isso se refletia em gratificação permanente.*

Eu passava a maior parte do dia trabalhando na Manchete e adorava estar ali, tinha um prazer muito grande de ir pra lá a qualquer hora do dia ou da noite. É difícil dizer quais são os grandes momentos da Manchete. Quando eu botei o primeiro Jornal da Manchete – Segunda Edição *no ar, quando eu botei o primeiro* Documento Especial *no ar... Uma vez o Jaquito me chamou, a Alice-Maria era diretora de jornalismo e ele tinha se desentendido com ela e queria tirá-la, me convidou para assumir o jornalismo. Eu disse que não, que não queria fazer isso nessas condições, então, ele pediu que pelo menos eu dividisse: a Alice-Maria ficaria responsável por todos os telejornais e ele criaria o Departamento de Programas Jornalísticos, e foi o que ele fez, eu fiquei responsável pelos programas jornalísticos da Manchete, que eram o próprio* Documento Especial, *o* Programa de Domingo, *um programa chamado* Nosso Tempo, *as retrospectivas, etc.*

***Ousadia** – Fiz uma reforma no* Programa de Domingo *que durou pouco, mas que foi extremamente gratificante. Durou pouco porque ela era muito ousada, e aí houve uma pressão muito grande, do próprio Adolpho e do Jaquito, pra que a gente recuasse. Foram três ou quatro programas muito ousados, com o Zé Celso Martins Correia, com uns videomakers ousadíssimos, tinha vários quadros de humor... Existia um videomaker em São Paulo, chamado Inácio Zatz, que hoje eu não sei o que é feito dele, mas é uma pessoa divertidíssima, e ele criou uns personagens pra gente, uma coisa muito divertida... Mas era muito ousado, era outra época, hoje ainda seria muito ousado.*

No próprio Programa de Domingo *a gente abriu espaço para a experimentação, para realizadores independentes que fizessem vídeos ousados. Era um quadro de muito sucesso, que durou pouco, na verdade, quatro programas. Mas naquela época, era 1991, fizemos isso. Nós tínhamos convidado a Zélia Cardoso de Mello pra fazer um comentário econômico que, na verdade, ia ser uma coisa meio irônica, eu ia ironizar isso. A Zélia, isso foi parar nos jornais, ela me xingou, deu primeira página nos jornais, eu rebati, e ainda assim a Manchete nos apoiava, foi uma coisa que eu consegui fazer. A criatividade só se exerce com liberdade. Se você quer tolher a criatividade você tolhe a liberdade. E isso, a liberdade, a Manchete propiciava. A TV Manchete era uma emissora, do ponto de vista qualitativo, muito boa.* Pantanal, *por exemplo, era um sucesso tão grande, era uma novela muito ousada em todos os sentidos. Por ser feita toda em externas, por ter aqueles silêncios intermináveis, por ter uma carga de erotismo muito grande, aquilo não seria aceito em nenhum outro lugar, a não ser ali. E depois, evidentemente, as fórmulas são exportadas e acabam sendo diluídas. Mas algumas pessoas ganharam espaço como o Jayme Monjardim que dirigiu* Pantanal. *Não podemos esquecer nessa história toda o Rubens Furtado, que era a espinha dorsal daquilo, a pessoa que conhecia televisão, porque nem o Adolpho nem o Jaquito tinham a obrigação de conhecer televisão. O Rubens montou e bancou aquilo, é um dos maiores profissionais de televisão que eu conheci na minha vida.*

***Antes da inauguração** – Evidentemente, eu ficava concentrado na inauguração do* Jornal da Manchete*, e a gente tinha as reuniões com o Mauro Costa, o Paulo Stein, que era o editor de esportes, Luiz Gleiser, que era o editor internacional, Carlos Amorim, que era o editor nacional, o Moysés Weltman, que era uma espécie de diretor de jornalismo, embora fosse mais executivo, o Zevi (*Gh velder*), e era aquele frisson de colocar uma rede de televisão no ar, que é uma experiência única. E tinha suas piadas, suas alegorias, suas histórias... Conta-se que o seu Adolpho certa vez passou ali em frente ao switcher do news, onde o jornal era feito, e viu aquele monte de monitores, cada um com uma imagem diferente, e aí ele falou: – tá tudo errado! Aí, pra acalmar o seu Adolpho, tiveram que botar a mesma imagem em todos os monitores. E ele: – agora tá certo. Tinham muitas histórias sobre o Adolpho, muitas delas verdadeiras, outras não, mas em todas elas há um componente humano altíssimo. Foi uma figura às vezes difícil, mas esse componente humano do Adolpho, oxalá existisse em todas as pessoas.*

***Nosso Tempo** – Não tenho lembranças tão fortes do programa que era dirigido pela Tereza Barros, um programa que lidava mais com a parte internacional, que era a especialidade da Tereza – quando eu dirigia o* Jornal da Manchete – Segunda Edição*, ela era editora internacional, uma jornalista extremamente dedicada, e o apresentador acho que era o Ronaldo Rosas, um tremendo apresentador.*

***Momentos de Crise** – Eu evitava me envolver muito com as greves porque era uma coisa muito perigosa, na época tivemos duas grandes. Eu evitava porque eu era diretor de edição – como tal eu era jornalista, mas estava num cargo de chefia... Mas para encurtar a conversa, uma semana depois de uma dessas greves, eu recebi uma admoestação do Sindicato dos Jornalistas do Rio de Janeiro, que era dirigido por um grande amigo meu, até hoje, o José Carlos Monteiro, citando os jornalistas que furaram greve e que eram chefes: era um time extraordinário, uns 10 ou 12, Fernando Barbosa Lima, e não sei quem, e entre eles, eu. E uma semana depois, eu recebi um contracheque da Manchete, descontados os dias de greve. Foi uma coisa engraçada, eu me lembro disso. Eu levei a admoestação do Sindicato dos Jornalistas e o contra-cheque da Manchete, um me culpando porque eu furei a greve e outro porque eu aderi. Eu procurava, na verdade, agir como mediador. A Manchete não reagia bem a essas coisas de greve... Era encarado como uma coisa pessoal, talvez como fruto de ser uma empresa familiar, fruto da emoção, que a família geria nos negócios, que por um lado era muito bom para a coordenação, para a resolução dessas questões que eu falei há pouco... Eu tinha um problema lá dentro porque freqüentava a casa* *do Seu Adolpho ou a casa do Jaquito e quando alguém fazia greve, isso era encarado como traição. E várias vezes eu falei isso pro Jaquito. Mas a reação era muito over, desproporcional. Eu dizia: Jaquito, é uma reivindicação trabalhista, ninguém está contra você. É claro que grevista às vezes faz isto, vai na casa do dono, vai não-sei-o-quê, insulta família, mas são coisas com que a empresa tem que lidar.*

Classe A *– A emissora tinha um foco na classe A. Isso é uma coisa extraordinária. Hoje ela é criticada por isso, querer segmentar demais, mas é verdade. A Manchete queria fazer uma televisão voltada para um público classe A, a opção era corretíssima. A Manchete era a melhor emissora. Havia a Globo, que hoje se expandiu para todos os lados, para a classe C e D, para a classe A, para a classe média, as classes mais populares... O SBT, que estreou junto com a Manchete, tinha uma proposta visivelmente popularesca, muito diferente. Não se deve esquecer que durante meses a fio a programação do SBT era composta por dois filmes antigos, que repetiam duas vezes ao dia. Passava um filme às seis horas, outro filme as oito, aí o filme das seis passava às dez e o filme das oito passava a meia-noite. Era essa a programação. Então, a Manchete buscava uma opção de nicho. Não dá pra esquecer também que o sistema de televisão por assinatura só começou pra valer no Brasil em 1992 (a pioneira foi a Canal +, em 1989), e a Manchete começou em 1983, segmentando o público e criando uma programação de muito boa qualidade. Os shows da Manchete,* Bar Academia, Um Toque de Classe, *o jornalismo muito bem montado, com telejornais de manhã, à tarde, à noite, no início da madrugada... Os próprios filmes que a Manchete comprava, filmes de um modo geral muito bons, uma teledramaturgia muito corajosa... Foi a proposta correta porque funcionou. Eu não tenho a menor restrição em dizer isso, que a Manchete acertou do princípio ao fim. Em resumo: ela não suportou a transformação do mercado.*

O Legado *– A Manchete deixou o exemplo de que é possível fazer televisão aberta de qualidade, é possível fazer televisão dentro de um ambiente de trabalho saudável, é possível você criar condições de reflexão, de inteligência dentro da televisão, e ninguém pode dizer que isso não funcionou. Funcionou até o momento em que, por questões administrativas, parou de funcionar, mas funcionou. Eu acho que a Manchete deixou grandes exemplos para a televisão.*

Uma CNN brasileira *– Eu tinha ido a Nova York em 1984 exatamente para fazer um curso de TV por assinatura, que estava começando a explodir, começando a aparecer nos Estados Unidos. E estudei a fundo isso, fiz meu primeiro livro sobre isso:* TV em Expansão, *é baseado nas coisas que aprendi em Nova York. E quando eu voltei, eu fui ao Mauro Costa e disse assim: – a Manchete tem faturamento muito baixo pela manhã, tem uma programação muito ruim, a gente podia aproveitar a estrutura que ela tem e fazer uma CNN de manhã. E o Mauro pergun-*

tou: – mas o que é CNN? Eu disse: – CNN é uma rede de TV por assinatura, noticiosa, só tem notícia o tempo todo. Ele disse: – conta isso pro Jaquito!. E eu fui, disse que podíamos usar a estrutura, fazer uma CNN, o faturamento é baixo, e tal... O Jaquito não deu muita atenção e encerrou a questão. Passou seis meses, um ano, aí eu recebo um telefonema em casa, quinta ou sexta-feira, o Mauro dizendo assim: olha, aquela CNN que você quer fazer é pra começar segunda-feira. E eu: o que quer dizer isso? Ele: – aquela idéia que você deu é pra começar segunda-feira. E de fato, eles tinham anotado a coisa pra começar na segunda-feira da semana seguinte, o programa que era o Repórter Manchete. *Era um apresentador diante da câmera, lendo notícias que eram recicladas. Era uma CNN dos pobres, mas em rede aberta, bem ou mal, entre as 7 e às 12 horas, se você ligasse, tinha alguém lendo notícia (Jacyra Lucas, Halmalo Silva e Gilberto Nascimento se revezavam no programa).*

***Televisão verdade** – O* Documento Especial *sempre teve o slogan de* Televisão Verdade. *E a gente jogava isso. Foi uma das primeiras coisas que o* Casseta e Planeta *parodiou – entrou na televisão com o slogan:* Jornalismo Mentira, *a primeira coisa deles foi uma paródia do nosso slogan.*

Depois eu levei o Documento Especial *para o SBT com esse mesmo nome porque esse título era meu, estava registrado. Foi uma das coisas que o Jaquito brigou. E olha que a Manchete não queria esse tipo de programa. Discutiu muito, muito, especificamente com o Expedito Grossi, pra bancar esse tipo de coisa. E a gente batia na mesa, o Expedito Grossi não queria esse tipo.* Televisão Verdade *eu tinha criado com base no cinema verdade, vamos fazer uma coisa* cinema-verité, *e funcionou. Aí, depois, quando eu fui pro SBT com o* Documento Especial, *eles pegaram um dos caras que tinha sido um dos meus principais colaboradores, o Aldir Ribeiro, está aí de novo, fazendo o 60 Minutos – e o Aldir criou então um programa para a Manchete que misturava os títulos. Era Documento Verdade, que já era um programa mais barra pesada. O Aldir é um cara extraordinário, mas o estilo dele não é muito sutil, então, ele fazia um programa que tinha até sexo explícito e aí o SBT entrou com uma interpelação porque esse Documento Verdade, na Manchete, muita gente confundia com o* Documento Especial *– não durou muito tempo o Documento Verdade.*

***Mudança de Endereço** – Um belo dia eu estava fazendo o* Documento Especial, *na Manchete, quando toca o telefone, era o Luciano Callegari. Eu perguntei: Quem é o Luciano Callegari? Aquele cara do SBT?. Ele disse: – é, aquele cara do SBT. E eu quero te cumprimentar pelo excelente programa, te parabenizar pela excelente audiência, e o Sílvio Santos queria saber se você poderia vir aqui, almoçar com ele, e tal.... Eu disse: perfeito!. Então marcamos um dia, e eu subi imediatamente*

à sala do Jaquito e disse: – eu fui convidado pelo Silvio Santos para almoçar com ele e eu vou, quarta-feira. Eu acho até hoje que o Jaquito não acreditou. Eu fui, quarta-feira, o Silvio me esperou na porta, junto com o Luciano e a secretária, lá na Vila Guilherme e o Silvio, assim na lata, me ofereceu exatamente quatro vezes o que eu ganhava na Manchete. Aí eu comecei a fazer exigências: eu quero levar toda a minha equipe ganhando mais e ele: – perfeito!; eu quero fazer o programa no Rio – perfeito!. E ele: do que você precisa? Tantas câmeras, tantos carros, tantos não-sei-o-quê, tal....
Saí de lá, marcamos uma outra reunião e eu fui de novo no Jaquito, relatei o que tinha acontecido, e assim mesmo o Jaquito não acreditou. Esse foi um pequeno erro do Jaquito, que eu lamentei. Aí eu deixei passar dois ou três dias, fui no diretor que era o Xerxes Gusmão e contei a verdade: estou indo, vou ter que parar o programa que eu estou fazendo, fiquei mais uma ou duas semanas... E o SBT era um lugar excelente de se trabalhar, uma estrutura magnífica. Nós fazíamos o programa no Rio e fazíamos a edição final em São Paulo. Era uma estrutura diferente da Manchete... Eles estavam ainda na Vila Guilherme, começando a construir o CDT Anhangüera. Quando eu saí do SBT, em 1996, tinha lá só o departamento comercial e a diretoria. Mas foi um período maravilhoso no SBT.

Eu me lembro exatamente de quando deixei a Manchete, foi em maio de 1992. E fui à sala do Jaquito, deixei uma carta para ele, fui na sala do Xerxes, conversei, entreguei uma carta ao Xerxes, dei um grande abraço nele, peguei o elevador, desci e nunca mais voltei... Na verdade, voltei àquele prédio duas vezes, uma vez no velório do Seu Adolpho, sentindo uma dor muito grande, quando eu falo me emociono, e outra vez quando o Alberico de Souza Cruz me convidou pra montar alguma coisa na RedeTV!. Por pouquíssimo tempo, a RedeTV! esteve funcionando ali no Russel, onde eram os escombros da Manchete. Eu até fui para a RedeTV! depois, fiz um projeto para eles, mas era um projeto que o Alberico tinha me encomendado, de criar modelos de produção para uma programação jornalística que acabou não indo adiante, mais porque a direção da rede orientou de outra forma. Mas quando estive no prédio da Manchete para conversar com o Alberico, já eram os escombros da Manchete. Eu vi aquilo e desejaria não ter visto, porque me deprimiu muito ver aquilo tudo que era a Manchete... Porque o Adolpho era uma pessoa que adorava arte, adorava as coisas boas, o prédio era feito pelo Oscar Niemeyer, as cadeiras eram de jacarandá, as mesas eram pesadíssimas, os banheiros de mármore... Os restaurantes, tanto o do 3º andar quanto o do 10º andar... Algumas pessoas diziam que a Manchete era um bom restaurante que publicava algumas revistas... Aquela galeria de arte que havia no mezanino da Manchete tinha uma das melhores coleções de arte brasileira contem-

porânea que eu conheço, era impressionante... Só aquele Krajcberg que havia na entrada, um Krajcberg de mais de 100m², era um negócio impressionante... Não sei que fim levou aquilo, não sei se está lá... Quando voltei para falar com o Alberico, eu entrei no elevador, desci no andar em que ele estava, acho que era o 5° ou 6°, e fui direto para a sala dele, não vi mais nada. Não que eu não vi, eu não quis ver as as coisas jogadas umas em cima das outras, aquele mobiliário que eu conheci, totalmente deteriorado, eu sabia que todos os equipamentos já tinham sido devorados... Foi o mesmo que ver uma coisa que você gosta muito acabar. Todos nós temos perdas na vida, perdemos bens materiais, famílias, filhos... E tendo participado de certa forma da construção daquilo, e tendo visto o prédio da TV ser erguido, a sensação de perda era muito grande. Por isso que eu não fiquei ali naquele dia, me fazia muito mal, tudo lá dentro a gente gostava, as pessoas, porque não teve ninguém na história da Manchete que eu odiasse. E havia um amor... E a beleza daquele prédio, duvido que exista uma televisão com aquela nobreza... E o Adolpho gostava disso, era fantástico, você tinha coisas do século XIX, peças chinesas... E é doloroso ver isso acabar. Mas eu insisto, pela terceira vez, não quer dizer que a experiência da Manchete não tenha dado certo. Repito, ela deu certo. às vezes eu ouço: – ô, fulano, estou casado há 20 anos e não deu certo. É claro que deu certo, durante 20 anos deu certo, depois separou. A Manchete é claro que deu certo. Foi uma emissora extraordinária, que fez programas históricos, que inovou a TV. Ela deu certo.Não só para a televisão brasileira, a Manchete vai ter um capítulo muito refinado, muito nobre. Quando se escrever a história da televisão brasileira e se falar de TV Manchete, dificilmente poderá se dizer alguma coisa ruim. É um dos capítulos mais bonitos da história da televisão brasileira. Para mim, a TV Manchete foi tudo isso que falei, a minha formação em televisão, a possibilidade de desenvolver a minha liberdade, a minha criatividade, de uma maneira que nunca mais encontrei. Se eu tenho alguma coisa de importância na televisão brasileira, eu devo 90% disso à TV Manchete.

Nelson Hoineff

Documento Verdade

Quando Nelson Hoineff, diretor do *Documento Especial – Televisão Verdade* se transferiu com o programa e quase toda a equipe para o SBT, a Manchete não se conformou em perder uma de suas atrações de maior sucesso e, em pouquíssimo tempo, criou um clone da atração, misturando o nome e o slogan do original. Nascia assim o *Documento Verdade*. O repórter Aldir Ribeiro, que tivera grande destaque nas edições do programa, não se transferiu para o SBT e ficou encarregado de dirigir a nova atração. Para auxiliá-lo, foi convocado o produtor

Domingos Mattei Neto, que era do departamento de teledramaturgia. Pioneiro da televisão, tendo participado da inauguração da TV Tupi em 1950, Mattei inovou por diversas vezes a temática do *Documento*, tendo criado programas com resultados até mais surpreendentes do que o original. Entrevistado dentro da cidade cenográfica do SBT, Domingos Mattei Neto – ou melhor, o *Comendador* Domingos Mattei Neto – contou os fatos desse período na Rede Manchete.

Vá lá e faça!

Eu tenho histórias bonitas desse programa. Recordo que terminou a novela e eu estava ocioso, aguardando que acontecesse alguma coisa. Daí o Documento Especial *veio para o SBT e a Manchete criou o* Pantanal. *O Aldir Ribeiro, então, começou a querer urgente um produtor de jornalismo e o diretor de produção, que era o senhor David Grinberg, pediu um tempo para isso. O Aldir:* – mas eu quero e preciso urgente. *Então, o David respondeu:* – faz o seguinte, leva o Mattei emprestado até eu arrumar um produtor pra você. *Eu estava na sala, senti que ele olhou pra mim, ele não me conhecia, acho que pela minha idade, eu tinha mais de 50 anos. Então, eu pedi licença para tomar um café e quando voltei, o David Grinberg disse que ele queria uma pessoa mais jovem, mas que eu ia trabalhar com ele. O Aldir queria dinamismo. Isso me valeu muito, era uma oportunidade maravilhosa de mostrar meu trabalho. No dia seguinte, me apresentei ao Aldir Ribeiro; sentamos na mesa de produção com os jornalistas e repórteres para ver a pauta do programa e e ele disse:* – Bom, o programa vai ao ar na semana que vem e, você tem 48 horas para arrumar algo. *E essa era a pauta. Estávamos em 1992 e acontecia a ECO 92 no Rio. Então, liguei para minha casa e minha filha, sem saber de nada, disse:* – Pai, tem uma coisa interessante acontecendo aqui em Guaratinguetá. Tem um pessoal que se reúne no Clube dos 500 e são gente de dinheiro, e eles dizem que Cristo, por causa da ECO 92, vai vir na Terra, então, tem gente que está vendendo tudo o que tem. *Liguei para algumas dessas pessoas e senti que o pessoal estava definitivamente disposto a entregar tudo o que tinha pois, na cabeça deles, eles iam fazer 24 horas de orações com gente do mundo inteiro na praia do Flamengo e Cristo ia aparecer. Achei essa matéria maravilhosa, então, fui para Guaratinguetá e vi que esse pessoal tinha ligação com outro pessoal de Valparaíso, em Goiás. Fui pra Goiás e quando cheguei lá estava uma verdadeira loucura. Na cidade, que era pequena com cerca de 4 mil habitantes, havia gente de umas cem religiões, só não vi católicos, e eles batiam o pé dizendo que ia aparecer o Cristo. Fiz a matéria em quatro dias, voltei e entreguei. O programa foi pro ar e teve um Ibope maravilhoso. Até hoje estamos esperando Cristo.*

Daí, esse diretor começou a abusar de mim, toda vez que tinha pauta, duas ou três vezes por semana, ele dizia: – Mattei, faz o seguinte, eu preciso saber quando acontece um acidente na estrada. Por que o trânsito pára inteirinho pra ver? Você pega a Mirian Andrade – *que é uma repórter do Rio de Janeiro muito decidida* – sai pela estrada e me acha um acidente, com o trânsito parado. *E eu pensei onde é que eu ia achar um acidente de hoje pra amanhã? Se eu correr nas estradas posso até encontrar um acidente, mas que pare o trânsito...? O que eu fiz, sem dizer nada a ele, foi que saí de lá, passei num desmanche, vi uma Veraneio linda do ano, só que totalmente achatada, e guinchei esse carro pro trevo da Margarida no Rio de Janeiro, que é onde termina a Dutra, Avenida Brasil, vem o pessoal de Irajá, então, são 18 pistas que terminam ali, eu me lembro bem disso porque contei; indo do Rio pro interior tem seis pistas, vindo de Pedra do Guaratiba para o Rio são mais seis, vindo da Dutra são mais quatro pistas, e vindo de Irajá são mais duas pistas e um gramado imenso no meio. Eu coloquei essa Veraneio bem no meio do gramado, nada a ver com as pistas, passei na contra regra, peguei quatro bonecos, botei do lado, cobri de jornal, cruzei os braços e olhei. O primeiro que chegou foi a Policia Rodoviária, me perguntando o que eu fazia ali. Eu respondi que estava gravando uma cena de novela. Parou o trânsito no Rio de Janeiro, entre a Linha Vermelha até ali, mais ou menos 40 quilômetros de trânsito, porque as pessoas desciam dos carros, andavam, iam lá, levantavam o jornal, viam que era boneco e chutavam. Não teve nem entrevista, as câmeras falaram, deu o maior Ibope no programa.*

Como ele não exigia pauta, só dizia: você vá lá e faça, eu comecei a gostar da coisa. Uma outra vez, ele me pediu pra ir até uma encruzilhada na noite de sexta-feira ver um despacho. Amanheceu o dia e eu fui numa rua no Rio de Janeiro, tipo a 25 de Março em São Paulo, que tem pedestre pra todo lado. Mais ou menos às seis e meia da manhã, eu montei o maior despacho ali, num cruzamento, e quando o povo veio pra fazer as compras, eu escondi uma câmera em cima de um prédio pra mostrar. Companheiro, despacho no meio do povo é muito bom, tem gente que vinha e rezava, outros já queriam chutar e outros não deixavam, e eu botei cabrito, velas de todas as cores, tudo ali no meio, também foi um outro sucesso.

Depois, eu recebi a Comenda de Tiradentes, a medalha de Tiradentes da Assembléia Legislativa do Rio de Janeiro do Rio de Janeiro que é dada só aos comunicadores. O Aldir queria uma matéria em que eu provasse porque o brasileiro nasce desonesto.

Ele dizia que o brasileiro nasce desonesto, não nasce honesto, ele sempre quer dar um jeitinho pra ter lucro, a pauta era essa. Eu então fui na casa de Augusto Black, diretor de fotografia. Ele era meu iluminador, tem na casa dele uma churrasqueira e eu combinei de fazer um churrasco lá. Comprei carne e fui pra lá com um ator desconhecido, com o câmera e tudo, dizendo que era aniversário do Black. Foi quando eu vi

que um dos vizinhos do Black também estava lá, levou três criancinhas pequenas, o cara muito falante, comendo o churrasco e tomando guaraná. Eu então disse pro ator: – chega naquele cara lá, nós estamos aqui gravando a festa, nada pra televisão, bem doméstico. *Coloquei as três crianças sentadinhas perto dele brincando e falei:* – presta atenção no que o papai fala... *Daí o ator chegou e disse:*– Pô, o senhor é Flamengo? – Sou – O Flamengo foi roubado, o juiz é ladrão... o senhor acha que no Brasil tem muito ladrão? – Tem, o Brasil tá cheio de ladrão – O senhor seria honesto? – Eu sou muito honesto, minha família tá aí... – Muito bem, e o que você acha do PC? – Esse é o maior ladrão que o Brasil já teve. *Gravamos tudo isso com as criancinhas olhando pra ele* – Se o senhor estivesse no lugar dele o senhor roubava? – *e ele respondeu:* – Eu roubava! *Os filhos ali, olhando, fiz então a abertura desse programa. Depois, levei um carro novinho até uma loja de pneus, comprei um estepe e escondi lá a câmera, mostrei pros telespectadores que tinha acabado de comprar o pneu e ele estava vazio. Coloquei como estepe no carro e fui numa borracharia para ver se aquele borracheiro era honesto. Aí o repórter chegou dizendo:* – Passei numa rua de feira, furou esse pneu novinho, mas acho que passei em cima de umas tábuas com pregos... *O rapaz pegou o pneu e pediu para voltar dali a 15 minutos. Depois desse tempo, o repórter voltou lá e o cara disse:* – Olha companheiro, tinha cinco buracos. São R$ 25,00, mas coloquei um manchão, fica em R$ 50,00. *O repórter perguntou:* – O senhor é honesto? – Claro que sou honesto! – *Aí o repórter virou para o telespectador e disse:* – Aqui você está perto de um homem honesto.
Fiz isso também com uma oficina mecânica na Avenida Brasil. Tirava umas bobinas do carro e eles falavam que o problema era outro. Quando o repórter perguntava se a pessoa era honesta, a resposta era sempre afirmativa. Depois que essas reportagens foram ao ar, eu fui chamado pela Assembléia Legislativa e me deram o título de Comendador, porque eu provei de uma forma ou outra que o brasileiro já nasce desonesto. E isso eu ganhei graças à Manchete, que foi uma lição na minha vida, aprendi muito lá, foi uma boa escola pra mim.

Domingos Mattei Neto

Novos Programas Infantis

Se você era criança, não estudava de manhã e achava que o *Xou da Xuxa* não era o melhor programa infantil, principalmente por não ter os heróis japoneses que você tanto gostava, com certeza assistia ao *Cometa Alegria* e anos depois, também na Manchete, ao *Dudalegria*.

Patrick de Oliveira e Cinthya Rachel

Cometa Alegria

Estreou na Manchete em 2 de outubro de 1989, às 8 horas da manhã, com apresentação de Cinthya Rachel Abrantes e Patrick de Oliveira. O programa era um misto de seriado com programa infantil uma vez que não tinha só desenhos e séries, mas também contava uma história criada a partir dos personagens Cinthya (Cinthya Rachel), Baby (Patrick de Oliveira) e do monstro Gorgolão (Jonas Miquéias). Era apresentado de segunda a sexta, com quatro horas de duração e uma história por dia. A primeira das histórias explicava os personagens. Cinthya é enviada a um planeta desconhecido, onde conhece Baby, um garoto de 535 anos de idade. Existe lá também o monstro Gorgolão, que é o único que sabe a razão da ida de Cinthya para o planeta – Gorgolão só apareceu na segunda semana do *Cometa Alegria* e esteve no ar por poucos dias. Nesse novo planeta, Baby tem aulas de tae-kwon-do com o Mestre Kim, que faz questão de ensinar ao aluno que as artes marciais não funcionam apenas para defesa pessoal, mas para integrar corpo e mente. A cada dia, Mestre Kim ensinava um golpe novo para Baby, que treinava junto com o telespectador e com mais cinco crianças no estúdio. Na época, o diretor Tomil Gonçalves definia o programa como uma mistura de *Guerra nas Estrelas* com *O Pequeno Príncipe*. Existia uma preocupação em passar uma lição de moral ao final de cada programa sem ser piegas.

A proposta de *Cometa Alegria* era a de falar de igual para igual com as crianças, já que na Globo a apresentadora era uma adulta. E ao

contrário da concorrente, em que a apresentadora era loira, os dois meninos tinham um tipo bem brasileiro, sendo Cinthya negra e Patrick moreno com traços indígenas.
Os roteiros eram feitos por Renato Nogueira, que fala sobre sua dificuldade ao escrevê-los: *Foi um dos períodos da minha vida mais difíceis, profissionalmente, porque a minha formação é toda de jornalista. Então, escrever diálogos – que era basicamente o que eu fazia – era muito difícil. Ainda mais diálogos fictícios. Eu tinha que fazer todo dia um programa novo, era complicado criar uma historinha, um enredozinho simples por dia que era desenvolvido nos intervalos das séries e que não se relacionavam com elas.*
Foram inseridos nos programas diversos quadros, como *Receitinha da Cinthya* e *Lixo Legal*. Esses dois quadros, aliás, foram ampliados e reformulados na nova versão do programa, que foi ao ar em 18 de junho de 1990. O cenário agora, inspirado no *Lixo Legal*, era construído a partir de sucata e borracha e mostrava um ambiente colorido, cheio de planetas e objetos psicodélicos. Quando Tomil Gonçalves foi deslocado para o núcleo de musicais, em 1991, André Auler dirigiu interinamente o *Cometa Alegria* até que fosse escolhido um novo diretor.
O programa saiu do ar em 1991, mas Patrick de Oliveira continuou na Manchete depois disso. E é ele mesmo, o Baby, que conta um pouco sobre a experiência que viveu apresentando o *Cometa Alegria*:

Manchete, minha casa

Eu tinha sete anos quando fiz o Cometa Alegria*. Participei da melhor fase da Manchete, foi a época do* Pantanal*. Nossa audiência estava lado a lado com a Xuxa, era emocionante. O* Cometa Alegria *foi a melhor coisa que aconteceu na minha vida. Aprendi muito no programa. Aprendi muito sobre televisão.*
A Manchete era a minha casa. Depois da escola eu ia pra lá e ficava até o fim do dia, ficava da uma às oito horas. Eu levava meus brinquedos para a Manchete e ficava com o pessoal da técnica, porque eles gostavam de futebol, o que eu gosto muito!
A geração do Cometa Alegria *foi uma geração muito boa, era uma galera muito fiel. Até hoje eu recebo cartas! E quando me encontram na rua, me perguntam se eu era o garoto do Mestre Kim, que assistiam e que gostavam muito. Para eles eu só posso dizer uma coisa. Muito obrigado! Agradeço muito por tudo.*
Uma vez, eu estava no elevador e entrou o Adolpho Bloch. Ele me viu e perguntou: Você trabalha aqui? E gosta de trabalhar aqui? *Então, tirou da carteira uma nota, que acho que hoje seria uns R$ 50,00, e me deu:* toma pra você comprar um pirulito*. Saí do elevador todo feliz, o dono da Manchete tinha me dado dinheiro! E sabe como é criança quando ganha dinheiro!? Contei pra todo mundo quando cheguei*

no estúdio. Aí ficaram brincando, dizendo que eu tinha conseguido arrancar dinheiro do patrão. Falaram até pra eu ir pedir de novo, pra eles, pra garantir um extra no salário, eu ri muito aquele dia.

Patrick de Oliveira

Dudalegria

Em julho de 1992, a menina Maria Eduarda Esteves, a Duda Little, do *Jornal da Xuxa* e dos filmes dos Trapalhões, estreava o programa *Dudalegria* na Manchete, no horário que antes era preenchido por Patrick e Cinthya. Inicialmente, o programa ia chamar-se *Via Láctea*. Era um formato bem mais simples, que indiretamente demonstrava a redução de gastos na emissora, já em crise: uma conversa informal entre Duda e o telespectador e desenhos e séries japonesas, as mesmas que normalmente passavam na programação. Inicialmente o programa era dirigido por Olívio Petit, que havia assumido a direção do *Cometa Alegria* no lugar de Tomil Gonçalves. A direção depois passou para Roberto Monteiro, que também era coordenador de produção. A produção era feita por Rosa Helena Arras, Wagner Salgado Costa e PT, profissionais que, a exemplo do que acontecia em outras emissoras, eram deslocados de uma atração para outra com o passar dos tempos. Rosa Helena Arras dá exemplo disso: *Eu trabalhei no* Dudalegria *fazendo a produção no final do programa. Trabalhei também na abertura de* Kananga, *na própria* Kananga, *na produção de elenco com a Márcia Ítalo e na produção musical de* Milk Shake *e do* Clube da Criança *com a Georgiana de Moraes.*

Duda apresentou seu programa por quase cinco anos e cresceu. A maior prova da passagem desse tempo está em um dos boletins de divulgação da Manchete, de 1996: *Duda Little, apresentadora do programa infantil* Dudalegria, *não tem tempo nem para respirar. Como se não bastasse a correria das gravações, a menina, que completou 16 anos, enfrenta atualmente o terror do vestibular. Com todas as atenções voltadas para os estúdios e os livros, ela vem desempenhando suas tarefas com o máximo jogo de cintura.* Meus colegas de trabalho têm sido compreensivos e até transferiram as gravações para quarta-feira, quando o colégio me dá uma folga – *explicou. Trabalhando na Rede Manchete há quatro anos, Duda está em forma graças a uma lipoaspiração, feita há um mês. Confiante, ela afirma que seu próximo passo é ingressar no curso de jornalismo.*

Com a entrada de programas independentes no horário da manhã e a dificuldade de a apresentadora adequar os estudos ao trabalho, em 1996 Duda resolveu sair da Manchete. Atualmente, é jornalista e trabalha na redação da Rede Record do Rio de Janeiro. Estava também na Record a apresentadora do *Cometa Alegria*, Cinthya Rachel, também formada em jornalismo.

Pantanal

Ainda hoje, quando as pessoas lembram da Rede Manchete, invariavelmente se recordam de *Pantanal*, seu grande sucesso. Muitos pesquisadores e jornalistas acreditam que existiu uma televisão antes de *Pantanal* e outra depois. Porque, pela primeira vez, a hegemonia da Globo era quebrada por outra emissora depois de décadas. E exatamente na teledramaturgia, o carro-chefe da Globo.

Pantanal se passa na década de 1940. Joventino (Cláudio Marzo), fazendeiro em Mato Grosso, vê crescer seu filho José Leôncio e o ensina a lidar com o gado, a usar o berrante, fala dos perigos da mata, onde tem sucuri, onça-pintada e também os tuiuiús. O tempo passa, o garoto já está com mais de 20 anos (Paulo Gorgulho) e Joventino o conscientiza de que um dia ele terá que cuidar de tudo aquilo junto dos seus dois melhores peões: Tião (Marcos Caruso) e Quim (Ewerton de Castro).

Quando uma onça começa a rondar a casa, Joventino resolve caçar o animal. José Leôncio, preocupado, sai à procura do pai com os dois peões e só encontra o chapéu de palha de Joventino que é dado como morto. José Leôncio não acredita mas, a partir desse momento, assume tudo que era de Joventino e vai ao Rio de Janeiro, a fim de ampliar seus negócios. Lá, conhece Madeleine (Ingra Liberato/Ítala Nandi) e a família rica da moça: o pai, Thiago (Sérgio Britto); a mãe, Mariana (Natália Thimberg); a irmã de Madeleine, Irma (Carolina Ferraz/Elaine Cristina). Madeleine envolve-se com José Leôncio e termina o namoro com Renato (José de Abreu).

PANTANAL

Cássia Kiss, como Maria Marruá, na cena de parto de Juma, em Pantanal

Em uma de suas viagens, o fazendeiro conhece Filó (Tânia Alves/Jussara Freire) em um bordel. A moça se apaixona por ele e vai viver na fazenda com um filho, Tadeu Aparecido (Marcos Palmeira na 2ª fase). José Leôncio casa-se com Madeleine mas a moça não se adapta ao mato e começam as brigas entre o casal, mesmo com o nascimento do filho que é batizado como Joventino, o mesmo nome do avô. Madeleine então se separa do fazendeiro, leva Jove para o Rio de Janeiro e reata o namoro com Renato.

Do outro lado da história, Gil (José Dumont) e Maria Marruá (Cássia Kiss), vindos de Sarandi, no Paraná, chegam de chalana ao *Pantanal*, perseguidos por causa de posses de terra.

Maria está grávida e por causa de sua bravura, dizem que se transforma em onça em noite de Lua Cheia. Ela faz o parto da filha sozinha, em uma canoa, e Juma Marruá (Cristiana Oliveira) entra na história. Gil, o marido, é morto a tiros.

Jove cresce no Rio de Janeiro, Juma no Pantanal e 20 anos depois, Jove, adulto (Marcos Winter), vai ao encontro do pai José Leôncio (Cláudio Marzo, agora com bigode) no Pantanal. É quando começa a segunda fase da novela, com o jovem Tadeuzinho enciumado porque aquele José Leôncio, a quem considera como pai, está dividindo todas as atenções com Jove. Os novos peões, Trindade (Almir Sater) e Tibério (Sérgio Reis), são os conselheiros de Tadeu e evitam desentendimentos entre ele e Jove.

Juma Marruá hospeda em sua cabana dois forasteiros, Levi e Mudinha (Andréa Richa), que querem se vingar da morte do pai por Maria Marruá. Os dois matam Maria, Muda torna-se amiga de Juma e se apaixona pelo peão Tibério. Madeleine morre em um acidente de avião

Marcos Winter (Jove) e Cristiana Oliveira (Juma) em Pantanal

Marcos Palmeira (Tadeu) em Pantanal

Cláudio Marzo (Velho do Rio) em Pantanal

Andréa Richa (Mudinha) e Giovanna Gold (Zefa) em Pantanal

quando ia para o Pantanal e, por conta disso, a avó de Jove e a tia, Irma, mudam-se para o Pantanal também. A história tem como pano de fundo questões ambientais e políticas e brigas por terras, além de muitos romances e banhos de rio, daí as cenas de nudez.

Jove é o único que consegue domar Juma Marruá, a mulher que vira onça como a mãe, e os jovens se enamoram. Irma se apaixona por Trindade, o violeiro que tem pacto com o diabo (o cramulhão), e Zeca (Giovanna Gold), uma moça meio chucra que se torna ajudante de Filó na cozinha, começa a namorar Tadeu. Aparece na história o misterioso Velho do Rio, homem lendário que vira sucuri para proteger a natureza de ataques e que consegue conversar com os animais.

É quando chega -se à conclusão que o Velho do Rio é o avô desaparecido de Jove e começa a busca por aquela figura mitológica do Pantanal.

O antagonista de José Leôncio é Tenório (Antônio Petrin), rico fazendeiro da região que subiu na vida por causa de pilantragens e falcatruas e que é casado com Maria, a Bruaca (mulher feia), interpretada por Ângela Leal. É também o pai de Guta (Luciene Adami), a grande rival de Juma, e de Marcelo (Tarcísio Filho). Zé Lucas de Nada (Paulo Gorgulho), caminhoneiro, é fruto da relação que José Leôncio teve com uma moça durante viagem ao Norte e que vai em busca do pai que desconhece. José Leôncio assume a paternidade ao ver que ele tem os mesmos traços de quando era moço.

Tenório contrata um novo peão para sua fazenda, Alcides (Ângelo Antônio), que acaba gostando da tão rejeitada Maria Bruaca. Ao saber do romance da mulher, Tenório resolve castrar Alcides, numa cena que chocou boa parte do público pela violência nela contida. Como o peão resiste e continua interessado em Maria, Tenório resolve matar Alcides mas quem acaba morto é o fazendeiro. Seu corpo é jogado no rio para servir de alimento às piranhas e não deixar pistas e Bruaca arruma a trouxa e vai embora com o peão.

No final, Filó casa-se com José Leôncio, Jove casa-se com Juma e Tibério com Muda, que passa a falar e chama-se Maria Ruth. Trindade e Irma têm um filho e quando o peão vai embora, ela fica com Zé Lucas de Nada – na realidade, Almir Sater tinha de sair de *Pantanal* para as gravações da próxima novela da Rede Manchete, *A História de Ana Raio e Zé Trovão*, onde seria o protagonista. Juma e Jove têm uma menina. Jove, Tadeu e Zé Lucas assumem as terras quando José Leôncio morre, e, nas últimas cenas, vê-se o encontro da alma de José Leôncio com o Velho do Rio (Joventino). José Leôncio dará prosseguimento à lenda que zela pelo bem da região.

O Criador

Benedito Ruy Barbosa é um dos autores mais importantes da teledramaturgia nacional. Entrou na Globo em 1976 para fazer *O Feijão e o*

Sonho e *Cabocla* e, nas duas vezes em que deixou a emissora porque sua proposta de fazer superproduções era inviável devido ao alto custo, provocou estragos na audiência da líder. A primeira saída da Globo deu-se de 1980 a 1982, quando foi fazer na Bandeirantes as novelas *Pé de Vento* e *Os Imigrantes*, uma idéia que já tinha na cabeça. *Os Imigrantes* fez grande sucesso e em 1982 a Globo o chamou de volta.

Na época, já tinha ficado amigo de Sérgio Reis e quando foi passar férias no Hotel Fazenda do compositor e cantor em Mato Grosso, achou o *Pantanal* fantástico não só por causa da natureza mas pelas serestas e causos. Em uma noite, quando o calor não deixou Benedito dormir, ele foi para a varanda da pousada e lá ficou por toda a madrugada, reparando no céu estrelado, no som vindo da natureza. Pegou no sono e quando amanheceu, ficou boquiaberto com o que via: o sol avermelhado, pássaros cantando, animais se mexendo. Foi ali que nasceu a idéia da novela *Pantanal* com Benedito Ruy Barbosa convicto de que aquele seria o cenário de sua próxima trama. Voltou para São Paulo e no mesmo dia começou a escrever *Amor Pantaneiro*, que ficou com mais de cem páginas. Mostrou a proposta para a TV Globo que a recusou por causa do orçamento, agravado pelo fato de que a novela teria que ser gravada no *Pantanal*. Toda vez que pediam para escrever uma novela, ele sugeria novamente *Amor Pantaneiro*.

Nesse meio tempo, foi para a Bandeirantes, voltou para a Globo, escreveu *Sinhá Moça* e conheceu Jayme Monjardim, que estava se transferindo para a Manchete. Por volta de 1988, Monjardim resolveu contratar Edimara Barbosa, filha de Benedito, para escrever novelas para a emissora. O pai, de férias por um ano da Rede Globo, acompanhou a negociação e Jayme faz então a proposta para que ele escrevesse uma novela para a Manchete. Benedito não aceitou o convite mas quando Jayme mexeu no seu ponto fraco, *Amor Pantaneiro*, reuniu-se de imediato com Adolpho e Oscar Bloch, mais toda a direção de emissora, para mostrar sua proposta. Naquele mesmo dia, foi pedir à Boni demissão da TV Globo e *Amor Pantaneiro* virou *Pantanal*, que estreou em 27 de março de 1990. Em menos de um mês a audiência soprou a favor da Manchete. A aposta do autor estava certa, como ele diria em depoimento ao Museu da Televisão Brasileira (1/2/1999):*Eu tenho orgulho da história que escrevi, que prendeu muito o povo. Mas o grande, o que significou o sucesso do Pantanal, foi o pantanal.*

Nas gravações de *Pantanal* foram utilizadas duas fazendas: a Fazenda Rio Negro, que foi a principal da novela, e a propriedade de Sérgio Reis. A Rio Negro possui 20 mil hectares e fica em Aquidauana (cidade a 180km de Corumbá, no Estado de Mato Grosso do Sul). No final de 1989, 20 profissionais da Manchete (atores e toda equipe da novela) se instalaram na sede da fazenda para começar as gravações. Em oito meses, gravaram na região 70% da novela, dividindo sua rotina com

Almir Sater (Trindade) em Pantanal

Ângelo Antonio (Alcides) e Ângela Leal (Maria Bruaca) em Pantanal

Sérgio Reis (Tibério) em Pantanal

Paulo Gorgulho (Zé Lucas de Nada) em Pantanal

30 famílias que trabalham e moram no local e que ajudaram nas gravações, ensinando os atores, por exemplo, a tocar o gado de um lado a outro do rio. A fazenda não tinha luz elétrica nem telefone, não havia comunicação com o Rio de Janeiro, com Cuiabá ou Campo Grande, as capitais mais próximas, e os profissionais tiveram que se virar com um radioamador que encontraram na região. Foram realizados mais de cem vôos no *Pantanal*, principalmente pela falta de recursos do local.
Todos os profissionais da Manchete se depararam com problemas da região pantaneira. Afinal, na natureza não existe só a flora. A fauna conta e muito. A quantidade de formigas, por exemplo, era incrível e o elenco e os técnicos sempre levavam picadas.
Picadas fazem feridas. E feridas soltam sangue, o prato predileto para atrair as piranhas do rio onde gravavam. Além disso, era preciso esperar por horas algum animal aparecer para poder gravar. Qualquer vôo inesperado de tuiuiú podia dar uma boa cena ou comprometer um trecho de *stock-shots*. Sem falar em jacarés, capivaras, colhereiros, garças... Cristiana Oliveira, durante as gravações, teve que fugir não só das formigas, mas também de um ataque de seis jacarés-do-papo-amarelo.
As gravações eram realizadas, normalmente, do início da manhã até o final da tarde para evitar a escuridão – não há refletor que conseguisse iluminar as cenas de longa distância. Quando escurecia, não se enxergava absolutamente nada e havia o perigo de animais surgirem.

A iluminação era feita na base do gerador e quando o desligavam, acabava a luz – na fazenda, portanto, todos dormiam cedo. Não havia televisão, nem telefone, não havia nada.
No período inicial das gravações, o ator Carlos Alberto caiu do cavalo e se machucou, ficando impedido de fazer o papel de José Leôncio na segunda fase. Como Marzo já estava fazendo Joventino (Velho do Rio), Jayme Monjardim e Benedito Ruy Barbosa pediram para que ele entrasse no lugar de Carlos Alberto.
Dez anos depois, Orlando Rondon transformou sua fazenda em Pousada uma vez que a novela contribuiu para o progresso da região e de seu turismo. Na Fazenda Rio Negro hoje existe também um centro de pesquisas científicas (sobre a flora e a fauna pantaneira) mantido pela entidade Conservação Internacional-Brasil.

A Direção

Jayme Monjardim Matarazzo nasceu em 19 de maio de 1955, em São Paulo, filho da cantora Maysa Monjardim e do empresário André Matarazzo. Maysa, que era uma jovem da sociedade e cantava apenas em recintos fechados, estava grávida de Jayme quando recebeu convite do radialista e produtor musical Roberto Côrte-Real para gravar seu primeiro disco. Aceitou o convite para depois que a criança fizesse um ano.

O pai de Jayme faleceu quando o filho ainda era pequeno, então, Maysa o levava junto para gravações, apresentações na TV e outros eventos. Foi assim que Jayme conheceu o meio televisivo.

Jayme teve a oportunidade de morar e estudar no Exterior desde cedo. Conheceu o mundo todo, da América à Ásia, e no ano da morte da mãe – Maysa morreu em 22 de janeiro de 1977, em um acidente de carro na Ponte Rio-Niterói – dirigiu, em homenagem a ela, o especial Maysa, na *Rede Bandeirantes*, lançando-se como diretor. Foi lá que dirigiu sua primeira novela – *Braço de Ferro*, em 1983. Chamado para trabalhar na Globo, ficou por lá até 1988, quando a Manchete o contratou como diretor artístico. Fez *Olho por Olho, Kananga do Japão, Pantanal, A História de Ana Raio e Zé Trovão, O Canto das Sereias, Fronteiras do Desconhecido* e *O Guarani*.

Apesar de estar envolvido com o projeto da novela *Amazônia*, deixou a Manchete para retornar somente em 1992, já sob direção do Grupo IBF, mas dessa vez como diretor de programação. Nessa fase, realizou a primeira grande transmissão de Carnaval da Bahia em 1993.

Voltou para a Globo em 1998, depois de dez anos, para dirigir a minissérie *Chiquinha Gonzaga* e a novela *Terra Nostra*, a última dobradinha com Benedito Ruy Barbosa. Daí pra frente, fez um sucesso atrás do outro: *Aquarela do Brasil, O Clone, A Casa das Sete Mulheres, América, Páginas da Vida*. Em 2004, realizou seu sonho de dirigir o filme *Olga*, a história de Olga Benário, esposa do líder comunista Luiz Carlos Prestes. O roteiro foi escrito por Rita Buzzar, que havia trabalhado com Monjardim em *A História de Ana Raio e Zé Trovão*.

Jayme Monjardim soma mais de 20 anos de uma carreira dedicada, principalmente, à televisão. Dirige com um estilo próprio, em que assina visualmente suas produções, assim como os grandes diretores do cinema. Seja na tomada, na trilha sonora, na luz ou no enquadramento, é fácil saber quando é ele que está por trás do trabalho.

O Primeiro Pico no Ibope

No início de abril de 1990, já com a audiência em alta, *Pantanal* atingiu pela primeira vez o pico de 40 pontos no Ibope. Naquela noite, Jayme Monjardim assistia à novela em sua sala no 6º andar do Russel

O diretor Carlos Magalhães e equipe durante gravação externa de Pantanal *(acima), e um operador de câmera se prepara para gravação externa no rio (abaixo)*

Antonio Petrin (Tenório) na cena de morte em Pantanal *(acima), e a equipe de filmagem durante gravação externa (abaixo)*

ao lado de Roberto Faustino, chefe do Departamento de Chamadas, e Bruno Villas-Boas, Diretor de Produção. Quando o Ibope atingiu a marca que ultrapassava o recorde anterior de audiência, os três saíram da sala berrando: *Deu, deu 40!!!* Nunca a Manchete tinha atingido aquela marca.

O Lado Comercial

Em 1990, Ricardo Fremder era superintendente comercial da Manchete em São Paulo. Ele recorda que nesse período, a Manchete fortaleceu o setor comercial e administrativo na capital paulista – a praça significava 60% do faturamento da rede por ser o grande centro financeiro da América do Sul. As principais negociações eram realizadas na cidade, como também as festas de lançamento de programas. Quem era o responsável pela rede (o superintendente nacional) era Osmar Gonçalves, que trabalhava em conjunto com ele. Para Fremder, Pantanal *foi a grande novela, que perturbou a concorrência. A gente vinha fazendo diversas novelas na Manchete com média de audiência em cinco pontos, então, era uma dificuldade pra se vender, embora a gente conseguisse. Fomos crescendo, vendo a novela, mas tudo em cima de cinco pontos de audiência. Era uma coisa técnica. Vendemos o* Pantanal *apostando que ia dar cinco pontos e deu 40. Então, foi uma explosão e ao mesmo tempo uma confusão, com fila de anunciantes! A gente perdia na época 11 mil segundos por mês, mais ou menos, de faturamento. Porque nós vendemos tudo antecipado e daí veio a procura do mercado, não tinha aonde encaixar. A gente tinha até* over-price *que na época se cobrava – o que sobrou pra vender, cobrávamos até com ágio, acima da tabela comercial. E renegociamos com os clientes. Quem tinha quatro comerciais a gente renegociou pra ter só dois. Mas, na verdade, onde se ganhou muito dinheiro foi em* Ana Raio e Zé Trovão, *que vendemos com média de 15 pontos e deu média de 18. A arrancada foi* Pantanal, *mas o dinheiro foi feito em cima de* Ana Raio. *Os principais patrocinadores, que estavam nas duas novelas, foram a Nestlé e a Perdigão, depois veio a Sadia, as Pernambucanas, o Bradesco.*

Fremder ainda se recorda da festa de lançamento de Pantanal e conta um fato curioso: *A estréia de* Pantanal *foi no Gallery (na Haddock Lobo) e no dia veio o plano do Collor que tirou o dinheiro de todos, todo mundo ficou com 50 cruzeiros. O Jaquito até brincava que todo mundo tava igualado lá. E nós tínhamos que pagar os garçons em dinheiro, se não me engano era uma coisa de 3 mil, 4 mil cruzeiros na época. E a gente conseguiu o dinheiro com o bicheiro e com o posto de gasolina, foi no auge da crise. E nós vendendo todas as cotas. Não se podia cobrar mais, tava tudo congelado. Não se podia* maquiar *a tabela que vinha atrás, mas a gente conseguiu contornar legal.*

Primeiro Patrocínio

O primeiro patrocinador de *Pantanal* foi o Bradesco, que pagou adiantado para a Manchete. Luiz Francfort, gerente administrativo da Manchete em São Paulo, foi receber o cheque: *A novela foi vendida para o Bradesco que adiantou a cota dele de mais de 2 milhões de cruzeiros, um dinheirão danado. E o David Elkind no Rio de Janeiro disse para eu ir buscar o cheque e levar para ele. Fui com um medo desgraçado, me levaram com o carro da Manchete para buscar o cheque e depois me levaram para o aeroporto, imagine eu com aquele dinheiro todo no bolso! A responsabilidade era enorme. E quando cheguei ao Rio, o Seu Adolpho nessa época estava aborrecido porque não tinha dinheiro pra pagar os funcionários. E ele botou na cabeça, não sei porque motivo, que o* Luiz de São Paulo *ia colocar mais gente na emissora. Porque quando eu cheguei, ele foi logo dizendo pra mim:* Não vai contratar ninguém! *Daí o David Elkind, que estava na sala, falou pra ele:* Não, o Luiz veio trazer o cheque de 2 milhões. *E aí ele virou pra mim e mudou completamente:* – Senta aí. Não tá cansado? Quer que eu chame um café? Garçom! Chamem o garçom pra trazer o café para o Luiz!

Um outro momento dessa fase que Luiz considera muito especial é quando a Manchete passou a ter a liderança de audiência: *Estar lá dentro era emoção de saber que uma emissora chegou nessa posição. Em um almoço na Rede Globo na época de* Pantanal, *eu senti muito orgulho da Rede Manchete quando um diretor da Rede Globo, ironicamente, disse que se sentia emocionado por estar almoçando com a emissora líder.* 165

Repercussão

O sucesso de *Pantanal* aparecia nas rodas de conversa, todo mundo querendo saber o que ia acontecer no próximo capítulo. Na imprensa, a Manchete anunciava, em letras bem grandes: *O Brasil mudou de canal.* Já as revistas e jornais estampavam não só internamente, como na capa, fotos da novela e comentários. A matéria de capa da Revista Veja, em 9 de maio de 1990, com o título *Tiroteio no Vídeo*, foi uma das responsáveis pela repercussão que a novela teve com o público. As publicações Manchete e Amiga, que pertenciam às Empresas Bloch, foram divulgadoras em peso da novela em praticamente todas as edições em que *Pantanal* esteve no ar e suas vendas aumentaram muito nesse período.

Entre 1990 e 1991, todos colheram frutos do sucesso de *Pantanal.* A abertura da novela foi uma das premiadas do Festival Internacional de Nova York em 1991. A Manchete e seus profissionais foram os grandes vencedores do Troféu Imprensa 1990, que premiou como Melhor ator – Cláudio Marzo; Melhor atriz – Jussara Freire; Revelação – Cristiana Oliveira; Melhor novela – *Pantanal.* Na premiação interna da Bloch, o Prêmio Manchete, Antonio Petrin foi escolhido como melhor ator na edição de 1991 por seu desempenho em *Pantanal.*

As irmãs Irma (Elaine Cristina) e Madeleine (Ítala Nandi, deitada) nas segunda fase de Pantanal *(acima), e gravação externa com Cristiana Oliveira (abaixo)*

Gravação externa de Pantanal *(acima), Cláudio Marzo se refresca durante intervalo de gravações (abaixo)*

A novela fez sucesso também fora do Brasil, ao ser exibida na América Latina, Estados Unidos, Canadá, Grécia, Bulgária, Rússia, Itália e Portugal. O mundo havia mudado de canal.

Presente de Aniversário

As emissoras, em geral, festejam quando completam décadas ou fazem 25 ou 50 anos – 50 anos, até agora, só a Record conseguiu emplacar. O ano de 1990 seria especial para a Rede Globo por conta de seus 25 anos no dia 26 de abril.
Para esse dia, programaram para o horário de *Pantanal* o filme *Os Intocáveis*, cuja exibição custou 200 mil dólares. A Manchete, normalmente, colocou no ar a novela que bateu a Globo no Rio em 51 pontos contra 30 e, em São Paulo, por 29 pontos a 27. Foi esse o presente de aniversário dado à concorrente: banho em audiência.

Espionagem

O técnico de manutenção da Manchete, Luiz Augusto Brandão Moraes (o Dominó), lembra que para *Pantanal* manter a audiência sempre elevada, foi montada uma estratégia de guerra: *Na hora da transmissão da novela* Pantanal, *a gente ficava de olho na Globo – quando a Globo encerrava a novela* (Rainha da Sucata), *a gente encerrava o jornal e entrava. A gente ficava monitorando o canal de satélite da TV Globo, os canais de voz, e quando os caras davam informação sobre o último bloco da novela ou quanto tempo faltava pra acabar, ficávamos atentos, a gente botava comunicação pra todo mundo e o pessoal do jornal via, encerrava junto. Era uma pequena espionagem. Nós não começávamos a nossa novela com a dela já no ar. Como a gente monitorava o Ibope direto da sala, seu Adolpho ligava todo dia para saber quanto que tava o Ibope da novela. E dava de porrada na Globo. 46, 50 pontos... Contra 8, 9 da Globo.*

Caixa de Comunicação

A operadora de caracteres Suzy Halfoun lembra das brincadeiras feitas entre os profissionais da Manchete e da Globo por causa do monitoramento do sinal de voz (da coordenação de rede) da outra: *A gente implicava com o pessoal da Globo numa caixinha de comunicação, era engraçadíssimo! A gente apertava o botão e falava. Implicávamos com eles dizendo que tínhamos crescido tantos pontos no Ibope e aí eles xingavam e nós xingávamos eles. Tinha uma rixa porque a gente queria o Ibope da TV Globo, pra nós isso era importante, então, quando conseguíamos tomar a audiência deles, a gente ficava enlouquecido! Tinha um bar lá embaixo, o Colorbar, que era o* point *de encontro da galera, então, o pessoal da Globo ia lá às vezes para implicar com a gente também. Em televisão todo mundo se conhece. O nosso sonho era mesmo ser o número um em audiência.* A discussão se dava também no Salsa & Cebolinha, bar que ficava em frente da TVE no Rio de Janeiro. Como disse Suzy, apesar da concorrência, nesse meio todos se conhecem e se respeitam. Felizmente, desde os tempos da Tupi, nunca a concorrência se pôs acima do coleguismo interno dentro da classe de radialistas.

Euforia

A fase *Pantanal* dentro da Manchete foi um período inesquecível, na opinião dos funcionários. Era um momento mágico em suas carreiras mesmo que não estivessem dentro da equipe de *Pantanal*, porque sabiam que aquele sucesso melhoraria seu passe no mercado televisivo. Gostavam de ouvir comentários sobre a novela ou sobre outra atração da emissora,da qual faziam parte. Era muito bom ver seu trabalho valorizado e prestigiado pelo público. O editor de chamadas Ronald Sidi (o Roni) descreve o clima: *Ficávamos à noite dentro do 4° andar assistindo à transmissão ao vivo do* Jornal da Manchete, *que só acabava quando a novela das oito da Globo acabava. Todo dia era uma verdadeira guerra de audiência para a entrada de* Pantanal. *Esse foi realmente um momento histórico que nenhuma outra rede conseguiu. E de todas as memórias que tenho, essa é a que me traz maior orgulho: de ter visto* Pantanal *com: mais de 40 pontos no Ibope, todos os dias.*

Carlos Henrique Pinheiro também não era da equipe, mas enquanto trabalhava no ADO, via nos outros monitores das ilhas de edição, os colegas editando a novela: *Pantanal foi um divisor de águas. O inovador que teve na Manchete foi a linguagem que o Jayme Monjardim levou pra lá e aparecia nas novelas e minisséries, isso dava um diferencial. Ele saiu do estúdio e na Manchete começou a usar mais a externa, o próprio Jayme Monjardim foi gravar lá no Pantanal. Era difícil de alguém fazer essas coisas. Acho que era essa a grande diferença.*

Na Manchete de São Paulo, o câmera Arthur Ankerkrone (*Fofão*) lembra do dia seguinte ao último capítulo (10/12/1990): *Eu entrei dois dias antes do recorde histórico do 41 a 21. Isso é lendário, foi o final de Pantanal. Deu um pau na Globo que está registrado em tudo quanto é canto. Eu trabalhava no turno da manhã e tarde, mas lembro que todo mundo no dia seguinte comentava do 41 a 21. A Globo tentou segurar o máximo possível para entregar a novela da seqüência e não conseguiu.*

A Equipe

Pantanal teve direção-geral de Jayme Monjardim e roteiro de Benedito Ruy Barbosa. Junto com Jayme, estavam na direção Marcelo Barreto (falecido), Roberto Naar e Carlos Magalhães. Em outras áreas, destacam-se os nomes como os de Manoel Jorge (editor), Chico Bóia (iluminador), Lula (câmera, que gravou todos os *stock-shots* de *Pantanal*) e do núcleo de apoio, em São Paulo. O cinegrafista de produção, Eduardo Ramos,

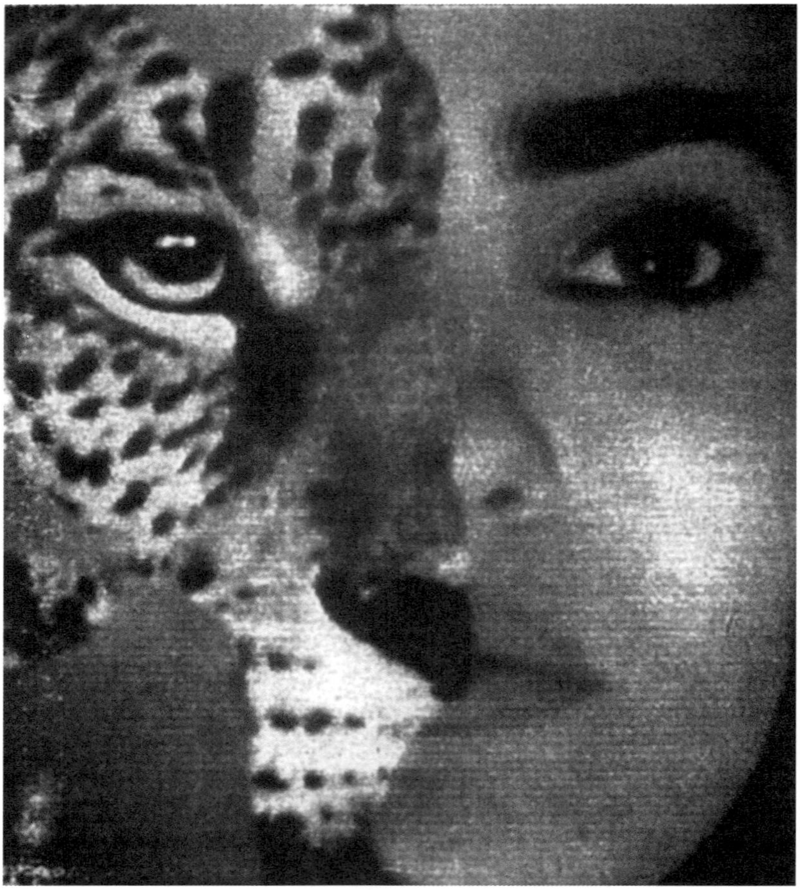

Nani Venâncio na histórica abertura de Pantanal *(acima), e Ângelo Antonio e Antonio Petrin na cena de morte de Tibério (abaixo)*

Cristiana Oliveira em Pantanal

Cristiana Oliveira como Juma, em Pantanal

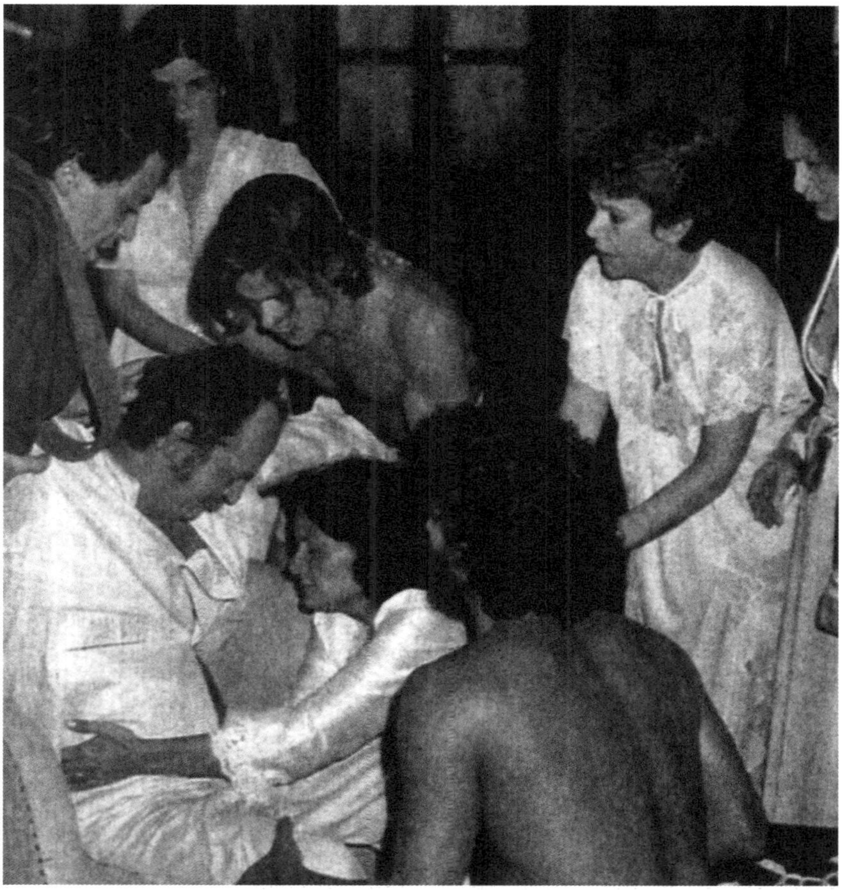

A morte de Zé Leôncio (Cláudio Marzo), a última cena gravada em estúdio (acima), e elenco e equipe depois da gravação do último capítulo de Pantanal *(abaixo)*

fala de seu trabalho: *Eu cheguei a fazer cenas em São Paulo para o* Pantanal, *eram cenas de rua. Lembro de ter gravado uma cena numa casa de pesca, que o Zé Leôncio vinha fazer compras na cidade.*

Abertura

Você se lembra de Nani Venâncio virando onça e aparecendo nua todos os dias? Essa premiada abertura foi realizada pela mesma equipe que fez a de *Kananga do Japão*.

Marcelo Muniz (editor de chamadas de promoções): *Eu gostava muito das aberturas das novelas, de uma maneira geral, porque elas eram muito criativas, sem muitos efeitos, sem muitas armações tecnológicas. Enquanto o Hans Donner ia pra Alemanha fazer vinheta de abertura das novelas, eu me lembro que o Adolfo Rosenthal e a equipe da arte botava a Nani Venâncio na piscina, com pipocas nos galhos de árvores e imagens subaquáticas dela. Foi um trabalho belíssimo. A parte do efeito era uma idéia muito mais simples, muito mais palpável. Ela fazia as poses na árvore e depois na trucagem do computador, aparecia a onça e depois ela de novo, tudo recortado.*

Mônica Mesquita (operadora de caracteres): *A abertura foi feita na piscina da TV Manchete, com poucos recursos, mas muito bonita.Tudo era produzido pelo Jayme Monjardim. Foi o grande acontecimento da época, essa abertura.*

Nani Venâncio, após *Pantanal*, lançou-se na carreira de atriz e fez na Manchete *O Canto das Sereias*, como Parthenope, e *O Guarani*. Em 1993, foi contratada pela Globo, onde participou de *Olho no Olho* e da minissérie *Incidente em Antares*. Em 1997, voltou para a Manchete, onde fez a personagem Bem Me Quer, de *Mandacaru*, seu último trabalho como atriz. Mas antes, desde 1990, já vinha se empenhando na carreira de repórter e apresentadora. Tinha um quadro no programa *VT Show* chamado *Xeretando com a Nani*, no qual visitava a casa dos artistas, e quando mudou para a Globo, virou repórter do *Você Decide*. Seus programas mais recentes foram os vespertinos *Altos Papos* (na RedeTV!) e *Bela da Tarde* (Rede Mulher). A música de abertura era de Marcus Viana.

A novela *Pantanal* conseguiu a proeza de reunir boa trama, imagens surpreendentes e sonoplastia realizada com muito capricho pelo produtor musical Guti Carvalho e seu colega José Milton, que fez a pesquisa de repertório.

A Continuação

Na última cena de *Pantanal*, Filó está numa cadeira de balanço, na varanda da casa de José Leôncio. Um menino e uma menina, filhos dos casais Juma e Jove e Irma e Trindade, conversam com Filó e ela olha para

o céu lembrando de Zé Leôncio. Os dois saem dali, na direção do Sol, e ao se encaminharem para uma outra parte da fazenda, encontram o novo Velho do Rio, agora José Leôncio, que dá a mão às crianças e vão embora. Esta cena tem como trilha o final da música de abertura: *A terra é tão verde e azul, / dos filhos dos filhos dos filhos dos nossos filhos, serão.. / O futuro é tão verde e azul.../ Os filhos dos filhos dos filhos dos nossos filhos, verão!*
Ficou a impressão de que *Pantanal* teria uma continuação com as duas crianças, talvez a novela *Amazônia*, que deveria ser a próxima trama da Manchete. Antes, no entanto, veio *A História de Ana Raio e Zé Trovão* e quando *Amazônia* chegou, quem apostava na continuação se decepcionou.
No decorrer de Ana Raio e Zé Trovão, começavam os comentários sobre uma possível ida de Monjardim para a Globo, que só seria acertada se a emissora se comprometesse a produzir *Flor de Cera*, que era tida como continuação de *Pantanal*. O projeto não vingou e está engavetado até hoje. Jayme Monjardim também sonhou em fazer *Contestado*, sobre a Guerra do Contestado, e minisséries sobre Carmem Miranda, o Marechal Rondon e Santos Dumont. Fica a curiosidade de quem era a filha de Juma e Jove: a pequena atriz Leandra Leal, em seu primeiro trabalho na TV.

Reprises

Pantanal foi reprisada mais de uma vez. A primeira foi antes de completar um ano de sua exibição original: entrou no ar às 19h30 do dia 17 de junho de 1991, para que a Manchete pudesse valorizar aquela faixa de horário que já exibia reprises. Valorizou, mas não deixou nem que o público ficasse com saudade. Já mergulhada na crise, na fase final da Rede Manchete, *Pantanal* entrou no lugar de *Brida* em 26 de outubro de 1998, às 21 horas. Nesse meio tempo, a Igreja Renascer assumiu a emissora que depois voltou ao comando da Bloch que a vendeu para a TV Ômega. A programação já estava totalmente sucateada, a maioria dos programas saiu do ar e não se sabia nem ao certo o horário em que *Pantanal* era exibida. A novela, com vários cortes na edição, chegou ao fim em 14 de julho.

Lourenço Carvano, que era gerente de manutenção da Manchete na época do grande sucesso de *Pantanal*, faz a seguinte reflexão: *A Manchete chegou ao apogeu na época do* Pantanal*. E talvez a novela tenha sido um grande problema da Manchete. Foi um sucesso inesperado que a emissora não soube administrar.*
De fato, muitos ex-funcionários da Manchete compartilham desse pensamento, de que *Pantanal*, apesar do sucesso grandioso, com méritos, foi uma faca de dois gumes para a Manchete. A emissora vinha numa linha de crescimento gradativa e a novela foi produzida sem que a Manchete

tivesse atingido uma maturidade que a tornasse totalmente estável, principalmente no lado comercial. Enigmática. Magnética. Histórica. Os versos finais da canção de abertura resumem o que foi *Pantanal*: *Tesouro perdido de nós / Distante do bem e do mal / Vindo do Pantanal...*

Histórias Extraordinárias

A Manchete, desde *A Rainha da Vida* (1987), havia deixado as minisséries de lado, dedicando-se apenas às novelas. Mas com o sucesso de *Pantanal* (1990) e o crescimento de audiência, a emissora pensou na possibilidade de criar um segundo horário de teledramaturgia. Aliás, um terceiro, pois existia um horário destinado a reprises de suas novelas e minisséries antigas.

Para não perder a oportunidade, colocaram as minisséries no horário posterior a *Pantanal*. Assim, a novela já entregava a boa audiência diretamente para a minissérie.

A Escrava Anastácia – A primeira produção dessa nova fase de minisséries foi *A Escrava Anastácia*, uma sensual e exótica escrava de olhos azuis que graças ao seu poder de cura, impressionava os habitantes da região da fazenda de seu feitor. A atriz Ângela Corrêa interpretou Anastácia. Foi grande a divulgação da minissérie, anunciada como a primeira grande produção da série *Fronteiras do Desconhecido*, que

havia aberto um novo horário de teledramaturgia da Manchete. Nas semanas que antecederam seu lançamento (em 15 de maio de 1990), *A Escrava Anastácia* era anunciada em todos os intervalos de *Pantanal*. Seria impossível não emplacar.

O Canto das Sereias – Estreou em 16 de julho de 1990, com direção de Jayme Monjardim e roteiro de Paulo César Coutinho. Essa minissérie de oito capítulos encheu os olhos dos telespectadores ao mostrar a beleza da ilha de Fernando de Noronha, com a mesma estética utilizada por Monjardim em *Pantanal*. *O Canto das Sereias* contava a história de Ulisses (José de Abreu), que vai para um paraíso tropical combater o estresse e lá descobre três sereias: Teoxíope (Ingra Liberato), Aglaupe (Andréia Fetter) e Parthenope (Nani Venâncio). Ulisses se apaixona por Teoxíope, enquanto as outras duas se envolvem com o pescador Orpheu e o faroleiro Hélios. A minissérie venceu *Boca do Lixo* (Globo), chegando a fazer 22 pontos contra 14 da concorrente. A imprensa criticou a pouca duração da minissérie e o difícil entendimento dos nomes e os estudiosos de mitologia grega afirmavam que a trama havia deturpado totalmente a história do herói grego Ulisses.

Fronteiras do Desconhecido era um programa especialista em colher histórias fantásticas e pitorescas, sendo algumas adaptadas de contos, livros e de lendas regionais, como foi o caso de *A Escrava Anastácia* e da história de Frei Galvão em um dos episódios. A idéia original e a direção geral eram de Augusto César Vanucci e a direção de Monjardim, Atílio

Ângela Corrêa em
A Escrava Anastácia

Ingra Liberato, Andréa Fetter e Nani Venâncio em
O Canto das Sereias

Cenas de Mãe-de-santo *(acima), e* A Ilha das Bruxas (abaixo)

Riccó e Henrique Martins. Sete autores e quatro diretores também faziam parte da equipe. Quando o programa se transformou em ***Histórias Populares*** em 1992, Álvaro Fugulin também assumiu a direção-geral das novas histórias que seriam apresentadas junto com as reprises.

Em 1993, a série foi reprisada novamente com o nome de ***Enigma*** e mais tarde, em 1996, como ***Mistério*** (com Walter Avancini), quando modificaria alguns detalhes na produção e na edição, reapresentando os casos curiosos mais uma vez.

Mãe de Santo – dirigida por Henrique Martins e escrita por Paulo César Coutinho, entrou no lugar de *O Canto das Sereias* mas não obteve o mesmo sucesso. Nos papéis principais estavam Zezé Motta e Ângela Corrêa. A minissérie falava sobre a vida de um terreiro na Bahia.

Rosa dos Rumos – com direção de Del Rangel e roteiro de Rita Buzzar e Walcyr Carrasco, venceu *Araponga* da Globo nos seus oito dias de exibição. Era uma história intrigante por falar de uma espécie de maldição familiar: avó, mãe e filha, todas de nome Rosa, dão a luz a uma mulher e vivem solteiras para o resto da vida.

No ano de 1991, a Manchete investiu mais em minisséries do que em novelas. Sete delas foram ao ar consecutivamente, se sucedendo no horário das 22h30.

Filhos do Sol falava da influência de extraterrestres na vida de Machu Pichu no Peru e mostrava um grande túnel ligando São Tomé das Letras, em Minas Gerais, a Machu Pichu.

A Ilha das Bruxas, com Miriam Pires, se passava em Florianópolis e falava da Bruxa dos Açores. A abertura, com lua cheia, gritos de bruxas e nuvens era tão realista que deixava as crianças com medo.

O Farol – se passava mesmo em um farol, detalhe curioso, já que é um lugar que nunca foi explorado em outras produções em teledramaturgia no Brasil. *O Farol* era cuidado por Clemêncio (Sérgio Britto) que morava com a filha Sula (Vanessa Barum) e com Bá (Vanja Orico), até que recebem a visita inesperada de dois detentos. A minissérie era baseada em um conto homônimo do livro *Marabaixo*, de Oswaldo Orico.

Na Rede de Intrigas – de Geraldo Vietri, conta a história de um milagreiro (Leonardo Brício) que mora em uma aldeia de pescadores e cura a leucemia do filho de Thereza (Júlia Lemmertz) – casada com Arthur (José de Abreu) – e quer em troca, a moça como amante.

Floradas na Serra – trazia Nilton Travesso, ao lado de Roberto Naar, na direção da história, mais uma adaptação do romance de Dinah Silveira de Queiroz. Geraldo Vietri, que já havia adaptado a história para a TV Cultura em 1981, voltava a essa em que Tarcísio Filho, como Dr. Celso, interpretava o médico que cuidava dos tuberculosos de Campos do Jordão.

O Guarani – a trama de José de Alencar dispensa apresentações e trata do amor proibido do índio Peri (Leonardo Brício) pela branca Ceci (Angélica). Direção de Jayme Monjardim e roteiro de Walcyr Carrasco.

Miriam Rios em
Floradas na Serra

Leonardo Brício e
Angélica em
O Guarani

Foi talvez a minissérie mais anunciada da rede, até nos horários da manhã, dos programas infantis e desenhos, para chamar a atenção do público infanto-juvenil, já que a trama tinha a presença de Angélica como protagonista.

O Fantasma da Ópera, entrou no lugar de *A História de Ana Raio e Zé Trovão*, pois *Amazônia* não estava pronta para começar. Geraldo Vietri então foi convocado às pressas para escrever a toque de caixa a minissérie, que teve direito a um fantasma (Cláudio Marzo) bem brasileiro e que morava nos porões do Teatro Municipal do Rio de Janeiro e que se escondia também numa parte desativada do Metrô do Largo da Carioca, que curiosamente tinha uma ligação subterrânea com o Teatro. Com a audiência em baixa, a estréia de *Amazônia* não teve o resultado esperado. E o que se viu depois foi uma sucessão de fatos que acabaram por decretar o fim de uma fase de ouro da Manchete, enterrada na crise que já batia a porta.

Apesar das reprises e da criação da série ***Família Brasil***, que durou pouco, nunca mais a Manchete investiu em minisséries, apenas em novelas, uma por ano. O gênero que inaugurou a teledramaturgia da emissora foi enterrado junto com *O Fantasma da Ópera*, minissérie que ficaria marcada também por ser a última dirigida por Álvaro Fugulin no Brasil. Ângela Corrêa conta sobre essa fase:

Uma mulher e três minisséries

Em 88, fiz Abolição na Globo e logo em seguida fui convidada pelo Atílio Riccó para fazer A Escrava Anastácia. Trabalhei na Manchete de 90 a 92. Lá estava o Henrique Martins – trabalhei muito com ele.

Quando me chamaram pra Anastácia, fui provar uma lente de contato pra ver se eu podia fazer a personagem Então fui estudar, pesquisar, ver se ela tinha história. Aí eu fui bem no teste e fiquei super feliz com o papel porque eu já tinha feito a Inaiá-irerã, que era luz. Então, eu já estava nesse caminho, era uma passagem minha. Eu podia ter feito Anastácia e mais nada, porque estava tão à vontade no personagem, tão feliz, iluminada, era como se eu tivesse uma luz, uma pirâmide. Foi uma coisa diferente, gostosa, um presente.Trabalhei muito em casa, na história da Anastácia, procurei em livros, pesquisei, mas isso pra mim não era um trabalho. Lembro como se fosse uma elevação, porque a personagem era uma santa... É diferente de fazer uma vilã e ter que dormir com a chata daquela vilã, estudar aquilo e aquela coisa fica te incomodando. Anastácia não me incomodava em absoluto, muito pelo contrário, eu saía falando que ia benzer as pessoas. Eu gosto disso, sou uma pessoa muito da paz, do amor, gostava daquela coisa da tranqüilidade da Anastácia. As pessoas ficaram apaixonadas por ela, na Bahia queriam vídeos, as pessoas queriam ter em DVD porque é como se aquela escrava Anastácia tivesse passado por aqui.

Em Mãe de Santo, eu já estava escolada, era só botar a roupa que eu virava santa. A Iemanjá era mais sedutora, outra coisa. E nem precisei fazer laboratório porque conheço todas as crenças, você não pode sair fazendo coisas que você não respeita.

Fazer uma personagem é um trabalho sério. Com Filhos do Sol começou a complicar, mas também era muito engraçado. Tinha o Othon Bastos, Zilda Maio, Raul Gazola, um grupo enorme! A gente se divertia muito. Mas era muito complicado você passar três meses fora do seu país, num país como o Peru. Você tem que ter extremos cuidados com alimentação, com água, com enfermidades. As meninas que vendem aqueles agasalhos gostavam de mim, como não tem muito negro lá, na hora de eu vir embora, elas ficavam chorando assim: Señorita Barbie, no se va ja, señorita Barbie! Na época não existia Barbie negrinha, nem sei se isso era bom ou ruim. Passamos o Natal lá, todos na cozinha preparando a ceia de Natal, da confraternização.

Eu sempre fui respeitada. Essa história de cultura negra num país como o nosso, onde todos nós temos influências, acho que é até falta de assunto. É um país que desrespeita muita gente, crianças, essas pessoas jogadas na rua... Respeito nesse país você tem que impor. Minha vida é de luta e eu só tenho o que eu conquisto. Na época, o grupo de negros fazendo televisão era pequeno: Zezé Motta, Ruth de Souza, Grande Otelo... Depois a história foi abrindo mais.

Ângela Corrêa

Ana Raio e Zé Trovão

Uma viagem sem destino. Sem caminho certo, só com o vento e um olhar clínico direcionando a rota. Uma aventura em busca de belas paisagens, de grandes histórias. Duzentos homens, animais por toda parte. Não eram bandeirantes, mas desbravadores da era moderna. Foi assim que Jayme Monjardim e equipe se envolveram numa das mais audaciosas produções da teledramaturgia brasileira, a criação da Manchete que entrou no lugar de *Pantanal*: *A História de Ana Raio e Zé Trovão.*

Pela primeira vez no mundo, uma novela se deslocava por todo o país. E sem efeitos, sem truques de simulação de ambiente. Foram 14 mil quilômetros mostrando para os telespectadores um Brasil que muitos nem teriam chance de ver de perto. E quem melhor do que os peões de boiadeiros para pano de fundo dessa façanha? As companhias de rodeios, com suas caravanas que percorrem as estradas?

Quando *Pantanal* terminou, Tizuka Yamasaki ficou com o projeto de *Amazônia*, uma superprodução, e a Manchete designou para Manaus uma equipe que ficou encarregada de montar uma base por lá. Os profissionais já estavam até vacinados contra malária e febre amarela quando, para poder se reestruturar, a emissora adiou a produção programando, para entrar no lugar de *Amazônia*, uma novela pequena que não precisaria de estúdio, uma vez que viajaria por todo o país: *A História de Ana Raio e Zé Trovão*, com direção de Jayme Monjardim. Foi a primeira novela a abordar o mundo do rodeio, antes mesmo de *América* (Rede Globo, 2005). Quem começa a contar a aventura é o produtor Gilvan Guimarães:

Uma loucura de novela

O Jayme me chamou e foi logo avisando: Amanhã e depois de amanhã a gente vai gravar um rodeio lá em Mococa, em São Paulo. Produz tudo.... Na verdade, eu não tinha noção do que ia ser a novela, nem ninguém. Até então só tinha a Ingra Liberato no elenco. Mas aí fomos, começamos a gravar stock-shots *e quando vi, não era uma novela de tapar buraco, de 90 capítulos, mas uma coisa muito grandiosa, com todos aqueles caminhões... E acabou todo mundo embarcando mesmo, era muito instigante fazer uma novela itinerante, andar pelo país, que essa era a idéia, andar com caminhões, cenários que abriam, bois, cavalos, dublê de boi, dublê de cavalo. Era meio assustador, mas ao mesmo tempo, muito tentador. Pra mim foi uma grande experiência. Eu tinha um pouco de medo do Jayme, porque ele era um cara muito exigente e tal e eu, como coordenador, ficava meio tímido de lidar com todos aqueles nomes. Mas nós começamos a viajar e viajamos 30 dias para gravar o primeiro capítulo. Eu não queria continuar, não queria viajar muito, queria ficar no Rio, estava recém-casado, mas fui indo e quando vi, já estava envolvido, não conseguia mais parar. A equipe era mínima: o Jayme, eu, um assistente de produção,o Júlio Pimenta, a Maria José, Zezé, diretora de arte, que hoje é assistente do Jayme, a Ingra que logo no primeiro capítulo era estuprada e a irmã dela, a Flor Violeta o Chico Bóia, um diretor de fotografia maravilhoso e o câmera Lizâneas Azevedo, que depois virou diretor da Manchete e a mulher dele, Ester, que era figurinista. E a gente ia ver locação em São Miguel, Santa Rosa, aí pegava uma ponte-aérea no Rio, descia em São Paulo, pegava um mono-motor, descia em São Miguel e dizia: Ah, que lindo. Eu, o Jayme e o Beto Leão, diretor de arte, viajávamos pelo Brasil. A gente fez uma pesquisa pra poder chegar na época da colheita do trigo amarelando, pra ter aquele efeito todo e ficou lindo.*

O primeiro capítulo é um filme. Começamos em Santa Rosa, fizemos toda história da Ana Raio, stock-shots, *cenas... A gente fez Navegantes, Blumenau, depois terminamos em Foz do Iguaçu com a cena do estupro dela embaixo das cataratas, o Jayme queria aquilo tudo bem grandioso. Quando voltamos para o Rio estava o primeiro capítulo pronto só com a menina que fazia a Ana Raio, depois é que foram entrando a Yara Lins, a Valéria Alencar, o Canjerê, o Roberto Costa, o Xandó Batista, o Sérgio Britto (que fazia o dono da fazenda)... Aliás, a cena que Ana Raio joga o óleo na cara de Canjerê foi gravada em Santa Rosa.*

Era tudo mambembe, mas não mambembe de mal organizado – era mambembe por opção. A gente acordava às cinco da manhã, esperava o Sol nascer, pegava o carro, o Chico Bóia trabalhava com espelhos e isopor, toda iluminação era feita assim, e todo mundo carregava tudo, era um comboio. Então, ficávamos dois dias num lugar, três dias no outro. O Jayme é um diretor que faz produção também, então, a gente passava a noite juntos fazendo roteiro, ele cuida de tudo... Ana Raio teve todo aquele aparato, então, em cada lugar que chegávamos, tínhamos que montar uma arena gigantesca, um acampamento do Zé Trovão, o da Dolores Estrada, aí a Ana Raio conseguia o caminhão dela e tinha mais uma caravana... Nós montávamos estruturas que hoje vendo as dificuldades para sair para uma externa, nem sei como fazíamos aquilo, era uma estrutura absurda, muito mais que um circo. E cada cidade era uma história. Você tinha um elenco também que vinha, gravava aquela história e voltava.

A idéia era fazer tudo – Sul, Centro-Oeste, Nordeste – mas não deu. O dinheiro foi acabando, passamos situações muito difíceis e aí a gente voltou, os caminhões ficaram prontos e começaram a gravar em Embu, em Itaipava, não fui para essas gravações. Quando o Jayme foi para a Chapada dos Guimarães, onde realmente começou a viagem, eu fui e segui com eles até o fim: da Chapada a gente foi a Piratini, depois pra Treze Tílias, que é uma cidade de Santa Catarina, Joinville, gravamos em Campo Grande algumas coisas, e em Jaguariúna é que acabou tudo.

No meio do caminho, já em Piratini, vários produtores executivos saíram por problemas de grana, de organização. E eu que era o coordenador de produção, acabei sendo o produtor executivo mesmo e vivi todos os problemas possíveis e imagináveis, crise, depressão, era complicado. A cada dois meses, eu dava uma passada pelo Rio, onde ficava um, dois dias pra dar uma respirada, mas era complicado porque as pessoas vão ficando muito carentes: saudade de filho, de mulher, de mãe. E tinha brigas na equipe, de pessoas que começaram a namorar durante a viagem. E coordenar aquela equipe toda? Você tinha uma variedade de pessoas e ainda lidava com peão de boi, de cavalo, com produtor, com artista, uma loucura porque havia umas 200 pessoas, eventualmente, na medida que tinha rodeio, dependendo da cidade. De animais, nós tínhamos os fixos, que eram os cavalos Raio e Trovão, tinha os dublês deles também pra fazer corrida, tinha o tratador dos cavalos, a alimentação dos cavalos, a hospedagem dos cavalos porque aquele aquele tipo de cavalo não fica numa baia qualquer, não come qualquer coisa. Então, em cada cidade que a gente chegava, a gente fechava tudo, desde a hospedagem e a alimentação da equipe, até médicos e veterinários. E tinha o Circo Bartolo que era da equipe também e era responsável pela montagem das lonas, pelos animais. Cada cidade que a gente chegava tinha que ter apoio da prefeitura local e quando o dinheiro foi acabando e a coisa foi apertando, a gente tinha que permutar bastante coisa, fazer muita troca.

No Rio, em termos de média, do início ao fim, a novela foi melhor que Pantanal. *E saindo do eixo Rio-São Paulo, a gente não conseguia andar com nenhum ator na rua, em nenhuma cidade do Brasil. Era uma loucura, as pessoas ensandecidas. Lá em Piratini eu aluguei casas, fiquei desalojando as pessoas, que saíam de casa para ficar no vizinho. E tinha um hotelzinho pequenininho onde ficava a estrutura de produção, pra ficar todo mundo junto. E aí tinham excursões que vinham do Sul inteiro, o povo vinha como pelotão de choque na rua. Era um sucesso absoluto, impressionante, parecia coisa de Beatles. Em Curitiba, onde devíamos ter uma corrida de cavalo no Jockey, eu fiz a bobagem de pedir pra anunciar na rádio que a gente queria figuração. Nunca pensei que ia virar uma superlotação, com 100, 200 pessoas, foi uma loucura para tirar o elenco de lá. Houve um caso em que duas meninas entraram no carro e embarcaram na caravana. As pessoas piravam.*

Para mim foi um grande sucesso e profissionalmente, foi com o Jayme que eu aprendi muito. Ele tem um jeito de trabalhar, de chegar no set e impor uma tranqüilidade, sem bravura, sem grito. E era muito legal porque aí eu vi que eu podia ser um produtor bacana, sem ser aqueles histéricos. Com ele aprendi que eu podia ser como eu era, tranqüilo e ponderado para fazer um bom trabalho. Aprendi a roteirizar, a lidar com as pessoas. Foi um grande mestre. Foi emocionante.

O final não foi trágico, mas foi triste porque a gente tava caminhando pra terminar a novela um pouco antes do previsto por causa de custo e desgaste. A Manchete já estava entrando num final trágico. E aí o Jayme recebeu uma ordem do Rio de Janeiro que tinha que acabar a novela naquele final de semana mesmo. A gente estava com a produção toda encaminhada para um grande final que o Jayme tinha imaginado, que já estava escrito, com vários cantores sertanejos famosos, um monte de gente, a gente ia gravar o último capítulo naquele final de semana. E aí, quando veio a ordem que tinha que acabar por acabar, foi uma tristeza, o pessoal chorando e a gente sem saber o que fazer. O Jayme naquela noite reescreveu o último capítulo, a gente de madrugada distribuiu para o elenco que estava lá no hotel e passamos o dia seguinte gravando o último capítulo. Tivemos que abortar a história, mas o final ficou bacana. O Jayme deu um jeito, muito criativo, que fechou bem todos os personagens. Mas a gente acabou assim, abruptamente. Ficou uma certa frustração pra todo mundo e muito mais para o Jayme que era basicamente o criador. O Caruso escrevia, a Rita Buzzar, na verdade todos escreviam. Esse fim foi triste, mas não apagou tudo de bom que a gente passou. Eu tenho certeza que todo mundo que fez a novela, viveu uma experiência de vida e profissional naquela novela. Nunca fizeram nada igual.

Gilvan Guimarães

Ingra Liberato e *Almir Sater:* Ana Raio e Zé Trovão

A equipe era toda do Rio de Janeiro, afinal, o núcleo de produção ficava nessa cidade, e apenas Eduardo Ramos pertencia à sucursal de São Paulo. Eduardo era cinegrafista de jornalismo e já tinha dado apoio ao núcleo de teledramaturgia em São Paulo na novela *Pantanal*. Ele próprio conta como Ana Raio influenciou sua carreira: *Fui fazer* Ana Raio e Zé Trovão *no Rio e fiquei praticamente um ano fora, só viajando com a novela. Eu era o cara que ia na frente. Eu ia um mês antes para a próxima locação e fazia o mapeamento, ajudava a equipe a escolher as locações, gravava os* stock-shots *da novela, aquelas cenas para fazer os clipes. Meu trabalho era esse e eu adorava, porque fazia só a parte lúdica da novela, parte de visuais. Aí quando a equipe chegava na cidade em que eu estava, eu já pulava pra outra. Foi uma experiência muito boa e tenho certeza que todas as pessoas que participaram desse projeto vão ter a mesma sensação. Foi um dos maiores projetos já feitos neste País, em televisão, porque era uma coisa grandiosa demais. Foi exatamente nessa novela que deixei de ser câmera e passei a diretor, comecei a ascender na minha carreira. Eu entrei na Manchete como uma opção momentânea, pra ganhar um dinheiro – sou arquiteto de formação, não tinha nada a ver com televisão – e estou há mais de vinte anos nesta carreira por causa da Manchete.*

A Trama

No Sul do País, o casal Jesus (Xandó Batista) e Candinha (Yara Lins) cuida de sua família. Destaca-se entre suas filhas Ana de Nazaré, que é estuprada por Canjerê/Leopoldo (Nelson Xavier). Ana (Ingra Liberato) dá à luz Maria Lua que é sequestrada por Canjerê. Treze anos se passam e a respeitada Ana Raio trabalha como peoa para procurar pela filha, agora na caravana de João Riso (Giuseppe Oristânio) que resolve ajudá-la a encontrar Maria Lua (Micaela Góes). Dolores Estrada (Tamara Taxman) também tem uma luxuosa caravana e seu principal peão é Zé Trovão (Almir Sater), que resolve rivalizar com Ana Raio. Dolores convida Ana Raio para se integrar à sua caravana e no meio do caminho, Ana Raio e Maria Lua se cruzam diversas vezes, mas sem uma saber quem é a outra. E além disso, começa o namoro entre Ana e Zé Trovão, um sujeito misterioso que pouco se sabe de seu passado. Entre rodeios e diversos eventos, a caravana recebe como convidados, cantores, artistas e personalidades. No final, Ana Raio reencontra Maria Lua, Canjerê tem um triste fim e Ana Raio e Zé Trovão montam uma companhia própria e seguem viagem.

Os Personagens

A História de Ana Raio e Zé Trovão tinha personagens curiosos, como a desdentada Velha Biga (Ângela Leal), que sempre andava com uma caneca na mão, pedindo dinheiro e dando conselhos inesperados aos personagens.

O mais curioso é que a caravana mudava de cidade e ela, que dizia não ter dinheiro algum, sempre aparecia de repente.
Dolores Estrada, vivida por Tamara Taxman, também se destacava por ser uma mega-empresária do ramo de rodeios, rodeada de conforto e luxo – tinha em seu caminhão uma banheira de hidromassagem e garçons servindo champanhe.
Outra personagem que marcou por seu jeito engraçado de ser era Vitória Imperial (Jandira Martini), uma portuguesa excêntrica que gesticulava muito e que era uma empresária de rodeios. Seu carro tinha um grande par de chifres sobre o capô.
A dupla Luminosa e Luminada era vivida pelas cantoras gêmeas Célia e Celma, que acabaram seguindo com a caravana. No meio da trama, surgiram outros gêmeos, Orelhinha (Demian Feldman) e Cotonete (Dênis Feldman), por quem elas se apaixonam. No final da história, acontece um casamento duplo entre os gêmeos.
A atriz Lu Grimaldi, que fazia Clarice, uma vendedora de doces, tem boas recordações dos tempos da produção:

Da maternidade para a estrada

Quando o Roberto Naar me convidou para fazer Ana Raio, *meu filho tinha quatro meses e eu disse que só faria a novela se ele pudesse ir junto. Então, foi incrível, porque meu filho Gabriel viajou um ano junto, começou com cinco meses, foi crescendo com a novela e contava com 200 tios, além da babá. Foi maravilhoso, porque na Chapada dos Guimarães ele começou a rolar, aí em Santa Rosa começou a engatinhar, em Piratini começou a tentar se levantar, em Treze Tílias ficou em pé, em Joinville fez um ano e quase pegou uma pneumonia... Na Chapada tinha aquele medo de picada de bicho, de febre amarela, mas não aconteceu nada com o meu filho.*
Assim como eu, outras pessoas levaram as famílias, como o Giuseppe Oristânio que levou a filha pequena, da idade do Gabriel. Então, quando nós chegamos em Piratini, não tinha hotel suficiente pras pessoas, pois a cidade é muito pequenininha, então colocaram o Giuseppe com a família e eu numa casa, que era bem bacana, ficamos na rua principal. No final de semana, chegavam uns 40 ônibus lotados de gente pra ver os atores, ai você estava na cozinha e as pessoas ficavam nas janelas com o rosto grudado no vidro.
Eu vim do teatro e Ana Raio e Zé Trovão *foi meu primeiro personagem em TV. Eu aprendi muito ali, ainda mais viajando um ano, eu acho que é uma coisa única que aconteceu no Brasil, deu pra ter uma idéia do que seria Hollywood, porque íamos pra um lugar, ficávamos 40 e tantos dias na cidade, e depois íamos embora... Pra mim a lembrança de* Ana Raio *é muito forte, primeiro porque foi a primeira novela, e porque foi o primeiro ano do meu filho.*

Ingra Liberato e Almir Sater: Ana Raio e Zé Trovão

E marcou muito essa minha primeira personagem, a Clarice, que segue aquela caravana vendendo doces. O Jayme curtiu o meu trabalho tanto que ela acabou a novela como grande amiga da Ana Raio.
Quando acaba um trabalho é muito doloroso e esse em especial, porque nós ficamos praticamente um ano viajando e convivíamos o tempo inteiro, ficamos todos muito unidos. Quero agradecer aquelas pessoas que nos acolheram em cada cidade tão maravilhosamente bem, aqueles que assistiram e acompanharam a novela. E agradecer também o Jayme, que foi uma pessoa de muita importância na minha vida, tanto que dez anos depois ele me chamou pra fazer outra novela.
Só posso deixar um recado de amor. Para os colegas que fizeram a novela comigo, o amor é uma coisa que não acaba, a gente pode não se encontrar mais, mas foram pessoas muito marcantes. Uma delas foi o Luis Maçãs, ficamos muito amigos, inclusive, ele foi meu padrinho de casamento, convivemos muito. Uma outra pessoa que foi embora, é uma pena, o Luis Armando. Acho que foi um presente, obrigada a todo mundo. Pra mim, houve um antes e depois de Ana Raio, *porque eu vim do teatro e de repente estava ali fazendo uma personagem, e recém-mãe com o meu filho junto, sendo superacolhida, aprendendo muito, com todas aquelas pessoas, então foi uma das maiores lições que eu pude ter.*

Quero deixar aqui a minha convivência, admiração e agradecimento ao Caruso com a Jandira, que escreveram a novela, foi um presente maravilhoso que eles me deram, pude estar ali com o Jayme e todos os outros também. E o Gilvan que virou um irmão meu, posso considerá-lo meu melhor amigo.

Lu Grimaldi

A Novela

A História de Ana Raio e Zé Trovão foi exibida de 12 de dezembro de 1990 a 13 de outubro de 1991, às 21h30 e sua estréia foi prejudicado pela época. A novela foi escrita por Marcos Caruso, que também narrava os rodeios da trama, e por Rita Buzzar que, em 2004, escreveu o roteiro do filme *Olga*, de Jayme Monjardim. O argumento da história era do próprio Jayme, que ajudava a escrever a novela, e era o diretor-geral, com apoio de Marcos Schetman, Marcelo Travesso (pela primeira vez como diretor), Roberto Naar e Henrique Martins. A novela tinha 251 capítulos, embora houvesse previsão de mais, e um compacto, com 80 capítulos, foi exibido na metade de 1991. A trama fez muito sucesso também com as crianças, sendo vendidas réplicas dos caminhões de Dolores Estrada e de Zé Trovão. Durante a crise de 93, a novela foi reexibida às 18 horas, de 29 de março a 31 de maio, mas os telespectadores estranharam a qualidade das imagens, originariamente em fitas VHS e que foram decodificadas para o formato beta para exibição na rede.

A novela não teve o mesmo êxito de *Pantanal*, sua antecessora, que marcava uma média de 40 pontos de audiência por dia. *A História de Ana Raio e Zé Trovão* começou com a mesma marca, mas acabou por manter uma média bem abaixo. Sua melhor marca foi de 16 pontos no Ibope, mas para isso há uma explicação. É que o Ibope mede a audiência dos principais centros, sendo que a novela atingiu popularidade nas cidades pequenas. À moda antiga, o principal medidor de audiência foi a reação do público à caravana da novela.

Projetos Paralelos

A Manchete, quando tomava para si um projeto, mergulhava totalmente nele. Fez isso com Carnaval, quando se tornava a emissora da folia, e repetiu no período em que *A História de Ana Raio e Zé Trovão* esteve no ar. Toda aquela atmosfera, aquele ambiente de rodeios, um ambiente regionalista invadiu a tela da Manchete, seja em slogans ou programas. Nessa fase, foi feito um Especial sobre Beto Carrero, com texto de Marcelo Barbosa, filho de Benedito Ruy Barbosa, e direção de Wilson Sólon, que hoje está em Portugal. Denise Dourado e Beto Herriot fizeram a produção de arte. Outro Especial foi sobre rodeios, chamado *Fivela de Ouro*, com produção de Gina Masello.

Rodrigo Cid

Fica aqui registrado para a história da televisão brasileira o nome do cenógrafo Rodrigo Cid. Homem de grande experiência, pioneiro da televisão, começou na carreira de cenógrafo na TV Paulista no início da década de 50 e foi para a TV Tupi em 1956. Trabalhou depois na Rede Excelsior e Rede Globo, onde fez cenários para oito novelas. Na Manchete fez inúmeros trabalhos, tendo supervisionado a construção da cidade cenográfica de *Kananga do Japão*. Seu último trabalho na emissora foi a novela *Ana Raio e Zé Trovão* e Rodrigo Cid se empenhou junto à sua equipe para confeccionar os caminhões de Dolores Estrada e Zé Trovão, que ficaram prontos antes da estréia da novela. Cid saiu na mesma noite para comemorar e durante a comemoração, sofreu um enfarte. No dia seguinte, o cenário não poderia ser outro, senão a tristeza dos colegas. A cenógrafa Moema Jambeiro, hoje figurinista do SBT, que participou de *A História de Ana Raio e Zé Trovão*, fala um pouco de Rodrigo Cid e de toda essa história.

A grande realização

As montagens dos caminhões foram de Maria Odile e Danilo Gomes, o Rodrigo dividiu os trabalhos e, um cuidava do caminhão da Ana Raio, outro do Zé Trovão, o outro da Dolores Estrada. Eu fiz o dressing, *isto é, escolhia os móveis. Existia uma certa tensão dentro do departamento de criação porque a gente tinha pouquíssimo tempo pra viabilizar os*

caminhões e o Rodrigo estava muito nervoso, tenso. Ele já tinha feito duas ou três angioplastias, não podia mais fumar e nem beber, então, estava enlouquecido e enlouquecendo todo mundo.
Foram um ou dois meses de trabalho intenso e quando a caravana ficou pronta ele saiu, foi até a cidade de Itatiaia com eles prontos. O sonho de uma novela itinerante era dele e do Jayme, ele me ligava de lá para me contar as coisas.
Soube que o Rodrigo morreu nos braços da Virginia, que ficou no meu lugar, porque eu estava de licença maternidade. Disseram que morreu dançando. Ataque fulminante. O Jayme colocou no primeiro capitulo da novela a imagem dele todo de branco olhando a caravana saindo.
Todos os caminhões foram feitos ao mesmo tempo, saíram prontos e adereçados, tinham de tudo, eram como se fossem casas. Quando começamos a pesquisa, eu fui pros circos e fotografei os trailers desse pessoal, como funcionavam, o que eles tinham, e a partir desse material é que os cenógrafos começaram a desenvolver o interior de cada caminhão de acordo com o perfil de cada personagem. Cada caminhão tinha cozinha, sala, cama, era como se fosse um pequeno loft, *tanto é que se viajava de verdade naqueles caminhões, foram seis meses de viagem. A seqüência de luzes, as luzes neon, foi tudo o Odilon Cid que cuidou dessa parte de elétrica dos caminhões, creio que tinha geradores nos caminhões.*

Moema Jambeiro

A vinheta de abertura de *A História de Ana Raio e Zé Trovão* era das mais chamativas, apesar de uma idéia simples. Era um plano contínuo com várias paisagens do País, recriadas como cenários, em estúdio, pela equipe de Toni Cid Guimarães e Adolfo Rosenthal. Ocupavam um estúdio inteiro do complexo de Água Grande, em diversas montagens, contavam com a presença de diversos atores que não faziam parte do elenco e terminavam com os cavalos Raio e Trovão, fundindo-se no logo da novela. A música tema era *Raio e Trovão*, de Marcus Viana (que também assinava a trilha sonora), interpretada por Paula Santoro. A abertura ainda possuía um *merchandising* dos postos Ipiranga.
A História de Ana Raio e Zé Trovão foi sem dúvida a maior experiência em teledramaturgia do mundo. A maior e a mais arriscada. Uma história construída a cada novo momento que surgia, numa época em que nem se falava de *reality-shows*. Não teve a audiência de tantas outras novelas e não ficou na história como deveria ter ficado. Infelizmente, no mundo da televisão tudo parece mágico e quando a ousadia supera a mágica, parece efeito. O que podia ter sido feito na cidade vizinha ou numa cidade cenográfica, com diversos ambientes diferentes, foi feita *in loco*, viajando pelo País. Com *Ana Raio e Zé Trovão*, a Manchete mostrou verdadeiramente o *Brasil que o Brasil não conhece*.

Caminhão de Dolores Estrada (acima), e de Zé Trovão (abaixo) em Ana Raio e Zé Trovão

Ingra Liberato, a Ana Raio

Raio-X: Jayme Monjardim

O diretor e cineasta Jayme Monjardim é, sem dúvida, um dos maiores nomes na história da Rede Manchete de Televisão. Colaborando com o livro, concedeu uma entrevista à jornalista Rosângela Marques, na tarde do dia 29 de setembro de 2004.

Eu era muito feliz. E sabia

Todos os dias eram desafios novos e eu vivo para isso, para enfrentar desafios. A Manchete foi a grande janela para enxergar desafios diários. Digo sem pestanejar que nunca fui tão feliz na minha vida como na época em que trabalhei na Manchete. Se pudesse voltar no tempo, assim como todos que por lá passaram, viveria toda minha vida lá dentro.

Jayme Monjardim trabalhou na emissora da família Bloch de 1988 a 1991/1992, na sede carioca da Manchete. Chamado pelo também diretor Nilton Travesso, assumiu a direção artística da rede, que compreendia cerca de 120 afiliadas em todo o Brasil, respondendo pela reestruturação de todos os programas da linha de shows e por toda a modificação do padrão visual da emissora.

Foi nessa época que nasceram programas como Shock, Sem Limite, Nas Ondas do Rádio, Milk Shake, Cinemania, Ela e Ele, entre tantos outros. Também lançamos figuras que estão até hoje fazendo sucesso no cenário musical da MPB, como Marisa Monte, Barão Vermelho, Ed Motta, o Nouvelle Cuisine. Foram mais de 45 especiais musicais de uma hora de duração, com todos esses nomes.

A reestruturação do jornalismo da Manchete também aconteceu durante o período em que o diretor esteve à frente da emissora. Para Monjardim, o grande mérito da Manchete foi ter se tornado o segundo lugar em audiência, numa época em que apenas a Rede Globo era considerada única.

Nós disputávamos com o SBT e durante a exibição de Pantanal *e depois, com* O Canto das Sereias, *a Globo ficava em segundo lugar das 22 horas até à meia-noite. A Manchete sempre foi considerada uma emissora de muita qualidade e, até hoje, foi a única que poderia pensar em tocar na TV Globo em relação a esse padrão. Esse foi o grande mérito na época, mas isso só foi possível porque contava com a ousadia do seu Adolpho Bloch. E digo isso não me referindo apenas à área de telecomunicações, mas também no restante do País. A TV brasileira deve ao seu Adolpho Bloch a ousadia de ter sido o único a ter condições de brigar de igual para igual com a Globo.*

A linha de dramaturgia da Manchete é outro xodó de Jayme Monjardim, que faz questão de lembrar que trabalhava com uma equipe de outros talentosos diretores, como Carlos Magalhães, Roberto Naar e Marcelo Barreto: *As novelas tinham uma supervisão geral, mas eram tocadas por um grupo de trabalho; em* Pantanal, *por exemplo, dirigi os 30 primeiros capítulos, depois ela foi dirigida pela equipe de diretores.*

A primeira novela a iniciar o processo de reimplantação do núcleo de dramaturgia do canal foi *Kananga do Japão*. Animado com os bons índices de audiência, não demorou muito para Monjardim convidar o autor Benedito Ruy Barbosa para integrar o time da ousadia. Dessa bela parceria nasceu *Pantanal*, a novela considerada um marco nas telenovelas brasileiras e responsável pela mudança do padrão de qualidade das tramas, em especial, as do chamado horário nobre.

Entre tantos bons momentos que viveu dentro da Manchete, Jayme Monjardim elege como melhor o motivo que o fez optar por trocar a segurança que tinha na Globo pela emissora dos Bloch.

Acho que o desafio de praticamente recomeçar uma TV foi a parte mais agradável de tudo o que vivi lá. Contar com o apoio do Bloch, que era o grande mentor dessa loucura de tentar fazer uma grande TV, mas que ao mesmo tempo já havia nascido grande... A Manchete fazia o melhor Carnaval, tinha o melhor áudio. A Rede Globo tinha muita inveja do Carnaval da Manchete, que também contava com um prestígio muito grande no mercado publicitário.

Se, por um lado, Monjardim foi feliz por ter participado de todo esse processo que colaborou para a evolução da emissora, também viu de perto a derrocada do grupo. Ele recorda que acabou se desligando da emissora naquela época por se sentir comprometido com muitos colegas.

Acho que o grande momento desfavorável da Manchete foi o dia em que o seu Adolpho resolveu vender a emissora no auge dela. Isso acabou desanimando os profissionais que haviam sido contratados, muitos dos quais, eu mesmo levei da Globo. As pessoas chegaram com muita garra pra trabalhar, mas a venda do grupo gerou instabilidade e a insegurança tornou-se generalizada.

Longe da Manchete, Monjardim atuou no mercado publicitário durante dois anos e depois desse período foi convidado a voltar à emissora por parte da nova direção – Hamilton Lucas de Oliveira, lembrando que considera esse o pior período enfrentado lá dentro.

Cheguei a trabalhar lá por seis meses. Quando o Hamilton Lucas de Oliveira perdeu uma ação na Justiça, eu que estava em São Paulo tive a infelicidade de entregar a emissora de volta para a família Bloch. Até cheguei a ser convidado para retornar para a mesma função, mas seria muito angustiante e não aceitei.

Mas se uma volta no tempo para poder curtir cada segundo do que chamou de uma época em que era feliz e sabia é algo improvável, Jayme Monjardim acalenta um sonho que não chega a ser impossível: recuperar o acervo musical da Manchete que está completamente perdido.

A história da música brasileira dos anos 80 está toda lá. Grandes cantores começaram com a gente, a partir de programas especiais que não existiam em nenhuma outra emissora. Gostaria muito de poder recuperar tudo isso um dia. É um patrimônio da MPB.

Campo de Batalha (1991 / 1993)

O período mais conturbado da história da Rede Manchete aconteceria entre 1991 e 1993. A emissora, que chegara ao topo do sucesso com Pantanal, *cai como uma estrela cadente – ou decadente.*

1991

• A Manchete deu continuidade às minisséries, que garantiram boa audiência, e produziu *Filhos do Sol*, *Ilha das Bruxas*, *O Farol*, *Na Rede de Intrigas*, *Floradas na Serra*, *O Guarani* e *O Fantasma da Ópera*.
• **Junho** – O deputado Paulo Octávio de Oliveira (PRN-DF) foi ao Russel para conversar com Adolpho Bloch em nome de um grupo de empresários interessados na compra da Rede Manchete, entre eles, João Carlos Di Gênio, dono do Cursinho Objetivo. Bloch, já endividado, começou a pensar na idéia e dois meses depois falou à imprensa: *Eu vendo a Manchete na mesma hora para o primeiro que colocar na minha mão um cheque de US$ 200 milhões.* Paulo Octávio voltou a conversar com Adolpho e ofereceu US$ 157 milhões.
• Para o pagamento de dívidas, Adolpho Bloch vendeu a luxuosa Casa da Manchete, na esquina da Avenida Europa com a Rua Groenlândia, em São Paulo, para o empresário Jorge Yunes.
• Terminou o programa *Cometa Alegria* e em seu lugar entrou no ar Duda Little, rebatizado de *Dudalegria*.
• **Setembro** – O deputado federal José Luis Clerot (PMDB-PB) foi ao plenário e alegou que o atraso de Adolpho Bloch no pagamento das dívidas com o Banco do Brasil – junto com o Bradesco somavam cerca de US$ 50 milhões – foi uma forma para pressionar a venda da emissora. Mas o grupo de Paulo Octávio desistiu da compra, as dívidas aumentaram e a Bloch continuou com os problemas – muitos funcionários acreditaram que Bloch desejava vender a emissora por não ter conseguido apoio do presidente Fernando Collor para renegociação das dívidas.
• **10 de dezembro** – Estreou *Amazônia*, uma trama que se passava ao mesmo no tempo no passado e no futuro e não foi bem recebida pelos telespectadores.

1992

• **Janeiro** – Bloch começou a renegociar sua dívida permutando 10% dela em troca de espaço comercial para o Banco do Brasil entre os blocos da novela *Amazônia*. Por causa dos altos gastos da produção e sua baixa audiência, começaram os cortes de pessoal – os primeiros a perder o emprego foram os figurantes. Começarem as greves na emissora e os funcionários se reuniram na frente do Edifício Manchete – no mesmo dia, funcionários da gráfica Bloch, no bairro de Parada de Lucas, também cruzaram os braços durante algumas horas. No Russel, Adolpho Bloch entrou em desespero vendo as manifestações que contavam com o apoio de um carro de som do Sindicato dos Radialistas. Tentou chamar a atenção dos grevistas, mas não foi notado, então, subiu no pequeno jardim, apoiando-se numa escultura, e, aos prantos, começou pedir que voltassem ao trabalho. Narrou mais uma vez sua história de vida e os funcionários se solidarizaram com o patrão. Adolpho, na porta da TV Manchete, recepcionou um a um.

• **Maio** – Nelson Hoineff recebeu a proposta de levar para o SBT o programa *Documento Especial*. No lugar da atração entrou no ar um programa similar, o *Documento Verdade*, com direção de Aldir Ribeiro. Simultaneamente, o empresário Hamilton Lucas de Oliveira (que tinha 40% da Jovem Pan TV), estudou a compra da Rede Manchete. Curiosamente, a equipe do jornalismo da Jovem Pan TV (canal 16) viera quase toda da TV Manchete paulistana.

• **Maio** – Pedro Collor detonou o irmão, presidente Fernando Collor de Mello. Como parte da denúncia, acusou o Grupo IBF (Indústria Brasileira de Formulários), presidida por Hamilton Lucas de Oliveira, de ganhar uma licitação fraudulenta para a impressão das raspadinhas da Caixa Econômica Federal, oferecendo propina a PC Farias. Adolpho Bloch, então, exigiu mais segurança na compra da emissora por parte da IBF.

• **9 de junho** – Mesmo atrasando a negociação, passaram para as mãos de Hamilton Lucas de Oliveira a TV Manchete do Rio de Janeiro, a TV Manchete de São Paulo, a TV Manchete de Belo Horizonte, a TV Manchete de Fortaleza, a TV Manchete de Recife, a Rádio Manchete AM do Rio de Janeiro, a Rádio Manchete FM do Rio de Janeiro, a Rádio Manchete FM de São Paulo, a Rádio Manchete FM de Brasília, a Rádio Manchete FM de Salvador e a Rádio Manchete FM de Recife. Isso representou 49% do controle administrativo da Manchete que se transferiram para a IBF. Os outros 51% seriam repassados pela Bloch após a quitação de todas as parcelas estipuladas no acordo da venda. O valor da compra foi o mesmo da dívida: US$ 125 milhões. Antes mesmo da IBF assumir, as greves recomeçaram e David Raw, ao assumir a direção-geral da Rede Manchete, pediu um voto de confiança aos funcionários de São Paulo e do Rio de Janeiro, que lotaram a platéia do teatro do Russel.

Apesar de alguns se motivarem com a venda, a notícia de uma possível transferência da cabeça-de-rede (geradora central) para São Paulo desagradou aos radialistas da Manchete carioca. Alguns departamentos se transferiram para capital paulista, outros vinham em parte e os muitos funcionários do Rio que chegaram a São Paulo, voltaram depois de pouco tempo.

• O trabalho do núcleo de teledramaturgia foi dramaticamente reduzido e foram transferidos para São Paulo alguns programas como O *Clube da Criança* com Angélica.

• **29 junho** – *Amazônia* terminou e em seu lugar exibiram o telerromance *Seu Quequé*, produzido pela TV Cultura em 1982, seguido de *O Fiel e a Pedra*, também da TV Cultura, de 1981.

• Começaram as mudanças e para evitar gastos no Russel, principalmente energia elétrica, alguns departamentos deixaram suas salas e se comprimiram em outras.

• Em São Paulo, a Bloch Editores desocupou sua área na sede do Limão e as revistas se transferiram para a Rua Frei Caneca, no bairro de Cerqueira César. O espaço onde ficava o estúdio fotográfico da *Revista Manchete*, no primeiro andar do prédio da televisão, se transformou em um terceiro estúdio da emissora.

• Um dos planos da IBF foi transferir os funcionários da Manchete carioca para uma nova sede, uma vez que como o prédio do Russel não fez parte da negociação entre Bloch e Hamilton, os funcionários continuavam convivendo com o ex-patrão. Foi como se existissem dois comandos: um oficial e outro não.

• **Julho** – A crise piorou com a demissão, por parte da IBF, de 670 funcionários que trabalhavam na sede do Rio de Janeiro. Uma renegociação previu que alguns voltariam de imediato como prestadores de serviço, sem obrigações trabalhistas. Os cariocas se desesperaram pois temiam que a decisão da IBF de transferir a cabeça-de-rede para São Paulo reduzisse o mercado televisivo no Rio.

• Um grande jogo de forças foi armado, entre donos e funcionários, numa disputa mais indireta do que declarada, na medida em que a Manchete paulistana temia que funcionários do Rio retirassem do ar a emissora da rede e os cariocas defendiam seus empregos.

• Mesmo em crise, a Manchete estreou o programa *Clodovil Abre o Jogo*, que simboliza o retorno do apresentador à emissora. A nova atração aumentou a audiência da Manchete mas não fica de fora da crise: não existem fitas para gravar o programa.

• **25 de julho** – As emissoras transmitiram, direto da Avenida Paulista, uma das maiores manifestações em São Paulo pelo *impeachment* do presidente Collor. Dia 30, exibem a passeata da Avenida Rio Branco, no Rio de Janeiro. Nesse mesmo dia, abriu-se o processo de *impeachment* com 76 votos contra Collor.

• **29 de julho** – A atriz Daniela Perez foi encontrada morta no meio de um matagal na Barra da Tijuca. No dia seguinte, além do *impeachment* de Collor, o *Jornal da Manchete* noticiou o assassinato da atriz que havia trabalhado em *Kananga do Japão*.

• Quando a IBF tentou tirar equipamentos da sede do Russel para levar para São Paulo, Adolpho Bloch fechou a rua com caminhões.

• Em São Paulo, saiu do ar o programa *Almanaque*, apresentado por Rosana Hermann. A programação da Rede Manchete passou a exibir cada vez mais produções independentes, séries e desenhos estrangeiros.

• **Setembro** – Uma bomba caseira explodiu no banheiro do 6° andar do Russel. Não houve feridos, mas o andar foi esvaziado rapidamente por ordem da direção, temendo novos atentados.

• **Novembro** – Os funcionários do Rio deixaram de receber salários. Alguns ficaram em casa, outros fizeram greve e alguns poucos furaram a manifestação e trabalham. Na mesma época, David Raw se desentendeu com Hamilton Lucas de Oliveira e se demitiu. Xerxes Gusmão assumiu o comando, acumulando a direção-geral e a comercial. Pouco tempo depois, para evitar o acúmulo de funções, César Castanho assumiu o cargo.
• **Dezembro** – Foi lançada a campanha: *93: o ano azul,* que prevê um ano de fé e esperança em um novo Brasil. Nessa altura, começaram os boatos de uma possível volta da Bloch ao comando da Manchete uma vez que Hamilton Lucas de Oliveira se negou a pagar a última parcela da negociação para abater as dívidas herdadas e não declaradas no processo de venda. Eliakim Araújo e Leila Cordeiro foram para o SBT.

1993
• A co-produção *Cupido Eletrônico* (com Tônia Carreiro e José de Abreu), realizada pela Rede Manchete e a RTP-1 de Portugal, foi paralisada pelos técnicos por causa da falta de salário, faltando cinco capítulos para terminar a produção, que teria ao todo 25 capítulos. A diretoria da Manchete culpou a produtora portuguesa e o elenco disse que os portugueses pagaram a parte deles, transferindo a responsabilidade para a Manchete.

• A IBF, se preparando para o pior, colocou seguranças para guardar as torres de São Paulo e Rio de Janeiro, como também os *masters* das duas emissoras. Começaram as demissões também em São Paulo.
• Em outro momento, os técnicos da torre da Manchete carioca tiraram a emissora do ar por pouco mais de um minuto, em três horários diferentes da programação, em protesto pelos salários atrasados. Com a crise, a grade de programação começou a ser aberta para produções independentes, sendo a maioria programas religiosos e de televendas.
• Um grupo de jornalistas do DCI e do Shopping News, veículos pertencentes à IBF, entraram em greve. A crise se agravou estendendo-se para o resto do grupo. No Rio, Alberto Léo, Osmar Santos e a estagiária Carla Cavalcanti foram os únicos que apareceram em reportagens e ancorando programas jornalísticos em diversas horas do dia.
• Falou-se da a possível compra da Manchete pelo empresário italiano Sílvio Berlusconi (Grupo Fininvest), ex-sócio de Roberto Marinho na Telemontecarlo. Na Itália o grupo negou o interesse.
• A Rede Manchete sofreu diversas baixas com a retirada de muitas afiliadas da rede.
• **Fevereiro** – Hamilton Lucas de Oliveira, em entrevista à Folha de São Paulo, negou ter relações com o esquema PC Farias e afirmou à imprensa que em três meses sairia do vermelho. No mesmo mês, os funcionários da TV Brasília, afiliada da Manchete no Distrito Federal,

interromperam as atividades e foram até a Câmara pedir apoio. O Ministro do Trabalho, Walter Barelli, convocou Hamilton para uma audiência e foi decidido que até 18 de março, a IBF deveria pagar 30% dos salários atrasados de fevereiro.

• **2 de fevereiro** – Jayme Monjardim voltou para a Manchete, agora como diretor artístico, e anunciou o fim dos programas: "*Cinemania II –não estava dentro dos critérios que o colegiado da direção da rede fixou para essa Manchete que queremos voltar a ter* – e *Documento Verdade – à época em que esse programa foi criado, as pessoas queriam ver esse tipo de produção e os índices de audiência comprovam isso. Nesse momento que o País atravessa, o público quer entretenimento, coisas mais leves*".

• **10 de fevereiro** – A rede saiu do ar por segundos em três ocasiões. Foi um aviso dos técnicos à diretoria para que fossem pagos seus salários ou adeririam à greve. No Russel, praticamente não havia ninguém trabalhando. Na frente da sede do Limão, em São Paulo, os funcionários organizaram pedágios para arrecadar dinheiro e alimentos não perecíveis para seu sustento. Na portaria havia uma lista com o nome dos funcionários que continuavam contratados. No dia 15 de fevereiro, as greves por falta de pagamento de 700 funcionários paralisaram as gravações.

• **Março** – A Manchete contratou o escritor Alcione Araújo para supervisionar o novo núcleo de teledramaturgia. Ele ficou responsável pelos projetos das novelas *Contestado* e *Marajó* que não foram realizadas.

• **15 de março** – Funcionários da Manchete participaram, na frente do prédio do Russel, de assembléia do Sindicato dos Jornalistas e Radialistas. Quando a decisão estava sendo votada, 30 funcionários invadiram o *hall* de entrada da Manchete, subiram pelas escadas até o 4° andar, arrombaram a porta do setor de exibição, arrancaram os cabos do *patch,* na engenharia, e colocaram no ar o sinal do gerador de caracteres. Um dos funcionários sentou-se ao *Chyron* e digitou uma mensagem sobre o logotipo da Manchete que foi ao ar para toda a rede: *Estamos fora do ar, por motivos falta de pagamento dos meses de dezembro, janeiro, fevereiro e parte do décimo terceiro de 1992.* Cinco minutos depois, a geração de sinal para toda a rede passou a ser feita por São Paulo. A Manchete Rio tomou providências e a emissora saiu do ar às 15h15 e só retornou às 19h40. A Rede Globo aproveitou a invasão e entrou com uma câmera escondida para gravar tudo que aconteceu e na manhã seguinte, diversos jornais estampavam a notícia na página principal.

• Por vários dias, os profissionais organizaram *blitzes* e tomaram conta da emissora, impedindo que pessoas de fora entrassem na Manchete. Era a primeira vez na história da televisão que os funcionários tomavam conta totalmente de uma emissora, desesperados. Muitos não tinham o que comer e outros nem remédios podiam comprar. Xerxes Gusmão acabou saindo da emissora.

• O Banco do Brasil cobrou da emissora US$ 30 milhões não recebidos e o INSS foi à Justiça fazer cobrança: a Manchete devia para Previdência US$ 1,6 milhão.

• Em Brasília foram abertas duas CPIs (Comissão Parlamentar de Inquérito) contra Hamilton Lucas de Oliveira. A Justiça insistiu na alegação de que a IBF participou do esquema PC e levantou a possibilidade do grupo ter comprado irregularmente 40% da Jovem Pan TV.

• **19 de março** – Uma caravana de 50 profissionais em greve saiu do Rio de Janeiro em direção a São Paulo para tirar a rede totalmente do ar. Não conseguiram entrar na emissora mas motivaram outros profissionais a aderirem à greve geral pelo não pagamento dos 30% do salário de fevereiro, cujo prazo havia vencido no dia anterior. Somavam-se ao movimento grevista os 118 profissionais da Manchete de Brasília. No Distrito Federal, até o diretor da televisão, Carlos Chagas, aderiu à greve. Por conta do movimento, não havia mais quem fizesse trabalhos de externa e estúdio. Apenas a técnica funcionava, por ser operada por diretores e supervisores.

Com a proposta de recatalogação de acervo, São Paulo pediu fitas ao Rio e começou a estocá-las dentro do Limão – foi a medida que encontraram para se preparar para uma possível queda na rede por parte dos cariocas. Conseguiram de um colecionador todos os capítulos de *A História de Ana Raio e Zé Trovão* em VHS. Passaram as fitas para outro formato e exibiram a novela de novo, ao mesmo tempo em que começaram a negociar enlatados. Alguns funcionários chegaram a invandir a emissora paulistana em 28 de março para seqüestrar as fitas, mas a segurança conseguiu retirá-los, sem deixar que saíssem com elas.

A Manchete anunciou a exibição do filme *Mahabharata*, de Peter Brook, para o dia 29 de março – dividindo-o em oito capítulos. Adiou o filme para o dia 5 de maio, mas não o apresentou.

O Sindicato dos Radialistas denunciou a Manchete pelo uso de imagens cedidas pela TV Cultura.

Até aquele momento, 250 funcionários da Manchete paulistana estavam em greve e lotaram a frente da sede do Limão. Organizaram uma assembléia para a tarde do dia 19, na sede do Sindicato dos Radialistas. O apresentador Florestan Fernandes Jr. é o representante dos funcionários nas negociações com a direção da casa.

• **25 de março** – Em carta aberta à imprensa, Adolpho Bloch fez um grande desabafo. Contou ao leitor sua carreira, o que fez pelo crescimento da Manchete. Falou do jornalismo, da qualidade de suas novelas e dos prêmios que a emissora ganhou. Disse que mesmo em crise, mantinha em dia os pagamentos da rede, *Trabalho há 70 anos no Brasil e para mim é questão de honra pagar salários em dia*. Explicitou que os planos econômicos

Cruzado e Collor contribuíram negativamente, forçando a venda. Passou a falar da IBF, que acreditava que era a melhor saída para suas redes de rádio e televisão. E que vendeu cotas à IBF em 9 de junho de 1992. *Duas semanas depois, pela primeira vez, a imprensa, através da revista* Veja, *publicou uma fotografia do Sr. Hamilton Lucas de Oliveira vinculando-o à reportagem com Pedro Collor que culminou na renúncia e no* impeachment *do Presidente Collor.* Diz que aí começou seu martírio, pelo seu bem e pelos funcionários. Recorreu à Justiça para rescindir o contrato de cessão de cotas com Hamilton, *única forma capaz de recolocar as emissoras em funcionamento pleno.* Falou com a Justiça e clamou pelo apoio do presidente Itamar Franco e de Hugo Napoleão, Ministro das Comunicações. E completou: *Preciso apenas de um pouco de tempo e compreensão por parte do público, das agências de publicidade e anunciantes...*

• **Abril** – Itamar Franco cancelou a venda da Manchete e recebeu a proposta da CUT (Central Única dos Trabalhadores) de transformar a rede numa fundação. Leonel Brizola entrou nas negociações aprovando a idéia que Gilmar Carneiro, secretário-geral da CUT, submeteu à apreciação de Roberto Marinho – o presidente das Organizações Globo desaprovou a intenção, falando da dificuldade de administrar de uma TV e dos riscos inerentes a essa decisão. Itamar Franco descartou as propostas.

• Nilton Travesso se desligou da emissora por não concordar com as linhas tomadas pela direção.

• **23 de abril** – Itamar Franco devolveu o controle da Manchete a Adolpho Bloch e ele declarou que a IBF pagou apenas US$ 8,7 milhões dos US$ 110 milhões combinados. Hamilton discordou da afirmação e no início de maio entrou com recurso na Justiça contra a Bloch.

• Oscar Bloch foi a São Paulo onde recebeu a emissora de volta das mãos da IBF – todos os registros, papéis, tudo que era preciso para retomar o comando – e prometeu aos funcionários que em 30 dias, no máximo, seriam pagos os salários atrasados – o que só ocorreu dois meses depois. No Rio de Janeiro, boa parte dos funcionários continuou em casa, sem trabalhar, aguardando os salários atrasados.

• A marca Bloch voltou a aparecer nas vinhetas, abaixo do logotipo, e Adolfo Bloch entrou em rede para noticiar que a Manchete voltava ao comando da família.

• **Início de maio** – além do recurso apresentado por Hamilton Lucas de Oliveira à Justiça, para reaver a emissora, foi publicado na imprensa um dossiê da antiga direção da Manchete (dos contratados da IBF, que foram demitidos com a saída do grupo) com denúncias relacionadas a Jaquito, Oscar e Adolpho Bloch. No dossiê alegavam falcatruas, o envolvimento das Empresas Bloch com Esquema PC Farias, a emissão de 28 mil cheques sem fundos, o saque de equipamentos da sede paulistana e a alteração do contrato. Apesar do dossiê e do recurso, cinco meses depois a Justiça deu perda de causa a Hamilton.

• **30 de maio** – Adolpho Bloch escreveu nova carta à imprensa, agora acusando a revista *Veja* de ter sido parcial e a favor de Hamilton Lucas de Oliveira em matéria publicada pela editora Abril.

No mesmo mês, a Bloch começou a fazer investimentos, num sinal de que o Russel voltou a comandar totalmente a rede. Mylla Christie foi contratada para assumir o *Clube da Criança* e criou-se o programa de videoclipes *Raio Laser*. Entrou também na grade o programa de entrevistas *Bate Boca*, com Solange Bastos, Márcia Peltier assumiu o *Jornal da Manchete* – 1ª Edição (no dia sete de junho), foi criado o *Show da Manchete* e teve início a produção de *O Marajá* e *Família Brasil*.

Adolpho Bloch chamou Fernando Barbosa Lima para assumir a direção-geral da Rede Manchete e esse sugeriu investimentos no telejornalismo para saírem da crise. Ele e Bloch pediram aos manifestantes em frente ao Russel para que voltassem ao trabalho. Ao mesmo tempo, três empresas – uma distribuidora, uma fornecedora de fitas de vídeos e uma de material de limpeza – entraram na Justiça pedindo o fechamento da Manchete.

Ainda em junho, os funcionários começaram a receber os salários atrasados, de forma parcelada – a primeira parcela liberada foi referente a dezembro de 1992.

• **2 de julho**, Oscar Bloch foi à sede do Limão para desativar o núcleo paulistano da Rede Manchete que garantia o emprego de 300 profissionais, de todos os setores, e que não recebiam seus salários desde que a Bloch havia retomado a emissora, em abril. Apenas dois técnicos (um cuidava da torre e o outro da veiculação dos comerciais locais) e a diretoria do departamento comercial continuavam trabalhando. Com a desativação, continuaria funcionando o departamento de jornalismo (que estava totalmente em greve), o comercial (com Osmar Gonçalves retornando ao comando) e o de operações.

A equipe que veio com Oscar Bloch retirou de São Paulo os cenários de *Almanaque*, *Clube da Criança* e *Show da Manchete*, levando-os para o Rio de Janeiro.

A CUT e os funcionários da Manchete paulistana fizeram uma primeira tentativa de invasão ao prédio da torre de São Paulo – os funcionários lembraram que a CUT queria colocar no ar o vídeo *Muito Além do Cidadão Kane* (*Beyond Citizen Kane*), um documentário anti-Globo, produzido por Simon Hartog em 1991. Um Oficial de Justiça surgiu com uma liminar impedindo a invasão – há rumores entre os funcionários de que a Globo teria agilizado o processo.

O clima ferveu mais ainda em São Paulo e entre as últimas horas do dia 16 de julho e as primeiras do dia 17, 40 pessoas, entre funcionários e sindicalistas, tiraram a emissora paulistana do ar ao invadirem o prédio da torre no Sumaré e divulgaram mensagens, datilografadas em folhas de papel, reclamando salários e dizendo que passavam fome. Essas mensagens foram ao ar com a utilização de câmeras de segurança que produziram imagens com pouquíssima nitidez e totalmente em preto-e-branco. Quando o dia amanheceu, os grevistas continuaram a dar depoimentos na frente do prédio e a direção da Manchete enviou à imprensa nova nota: *Na madrugada de ontem, dia 16, os nossos transmissores de São Paulo foram vítimas de uma violência, com a invasão de um grupo de 25 baderneiros, acompanhados por políticos ligados à CUT, estranhos aos quadros de funcionários da Manchete. O motivo alegado foi o atraso no pagamento dos salários. (...) o Grupo Bloch conseguiu reduzir esse atraso para menos de dois meses, com a promessa de saldar o mês de maio até a próxima quinta-feira. (...) Na verdade, a principal razão dessa violência é a decisão da Rede Manchete de concentrar no Rio de Janeiro a sua base de geração, porque nenhuma Rede mantém duas fontes de produção. (...) Seus 2.500 trabalhadores não podem ser prejudicados por 25 baderneiros.*

O canal 9 ficou fora do ar o dia todo e somente depois de 15 horas de manifestação os donos conseguiram pela Justiça a reintegração de posse. Os funcionários deixaram o prédio, acompanhados de políticos do PT – Partido dos Trabalhadores, entre eles, Aloizio Mercadante e Eduardo Suplicy.

• **26 de julho** – O ex-presidente Fernando Collor de Melo conseguiu uma liminar proibindo a exibição da novela *O Marajá* na Manchete. Essa notícia foi transmitida aos atores no dia 26 de julho, na festa de lançamento, e Adolpho Bloch passou mal, sendo socorrido pelos convidados. Os profissionais ficaram enfurecidos com a decisão da justiça e criticaram a liminar, no ar. Dias depois do adiamento de *O Marajá*, o elenco e a equipe foram às ruas da Cinelândia, no Rio de Janeiro, protestar por esse ato de censura, como muitos definiram.

Assim que a novela foi proibida, a Manchete começou a buscar uma nova produção para substituí-la e, às pressas, com o mesmo elenco, foi improvisada a novela *Guerra Sem Fim*, sobre o crime organizado nos morros cariocas. Foi nessa novela que Alexandre Borges conheceu Júlia Lemmertz.

• **Agosto** – Anunciou-se a demissão de 500 funcionários das cinco emissoras próprias da rede em função da reestruturação interna. Esses foram os capítulos da pior crise da história da Manchete, que em alguns aspectos chegou a ser mais grave que os seus momentos finais. Enquanto isso, com o *impeachment* de Collor, o vice Itamar Franco tornou-se presidente em exercício até 7 de setembro de 1993. Só assumiu a presidência após plebiscito, que estabeleceu o Presidencialismo novamente como regime político. Itamar Franco ficou no poder até 1994.

No SBT, a crise da concorrente serviu para seu crescimento. Com a desativação quase total do núcleo carioca, o SBT chamou Nilton Travesso e David Grinberg para montar um núcleo de teledramaturgia em São Paulo. Ambos começaram a trazer para o SBT profissionais da Manchete, como Paulo Lóes, João Nascimento, Beto Leão, Carmen Busana, Denise Dourado, Henrique Martins e outros. Com essa equipe, o SBT atingiu a vice-liderança com *Éramos Seis*. O núcleo do SBT foi desativado em 1998, só retornando em 2001. Agora é capitaneado por David Grinberg, que afirma: *Com os profissionais que trouxemos da Manchete conseguimos criar escola e mão-de-obra qualificada em teledramaturgia, aqui em São Paulo. Desde a década de 80, o mercado de novelas havia se transferido totalmente para o Rio.*

Amazônia

Amazônia era uma adaptação do livro de Márcio de Souza, *Galvez, o Imperador do Acre*, e sua trama se passou entre os séculos 19 e 20. Tratava-se de uma produção complicadíssima, com altos custos, que voltou a ser cogitada quando terminou *A História de Ana Raio e Zé Trovão* para tentar recuperar a audiência do horário e repetir a performance de *Pantanal*. Na verdade, não foi vista por quase ninguém e transformou-se em um dos maiores fiascos da televisão brasileira. A média de Ibope patinava próxima a míseros dois pontos.

Na pré-produção, algumas curiosidades. Foram projetadas duas cidades cenográficas, uma para o futuro e uma para o passado, esta última, a maior já construída na América Latina, com oito mil metros quadrados. Para a cidade do futuro, até mesmo automóveis, modelo ano 2050, foram criados, apesar de não terem sido realizados.

A abertura da novela era uma animação em computação gráfica com diversos elementos típicos da Amazônia. As seqüências projetadas por Toni Cid Guimarães e Adolfo Rosenthal necessitavam de um efeito em que um objeto praticamente virava do avesso, transformando-se em outro. Como a Manchete não dispunha desse recurso, eles passaram a buscar em diversas produtoras do Rio e São Paulo, e mesmo nos Estados Unidos, sem sucesso. A surpresa é que foram encontrar o equipamento necessário numa emissora afiliada da rede, a TV Clube de Ribeirão Preto (SP). Toni Cid foi a Ribeirão Preto algumas vezes para fazer esse trabalho e os resultados foram tão bons que ele e Adolfo Rosenthal foram convidados para participar do *Imagina,* um festival de imagens sintéticas realizado em Monte Carlo, Mônaco. *Amazônia* estreou em 10 de dezembro de 1991, tendo no elenco nomes como Cristiana Oliveira, Marcos Palmeira, Jussara Freire, Antonio Petrin, Raul Gazola, José de Abreu e Júlia Lemmertz. No meio do caminho, chamada para salvar a novela, Tizuka Yamasaki mudou tudo: a abertura, a trilha sonora e principalmente a trama, que se concentraria no passado. O esforço foi em vão porque no final da novela, a Rede Manchete seria vendida para o Grupo IBF. A produtora Carmen Busana, que esteve lá e que anos depois se tornaria produtora executiva do departamento de teledramaturgia do SBT, relata:

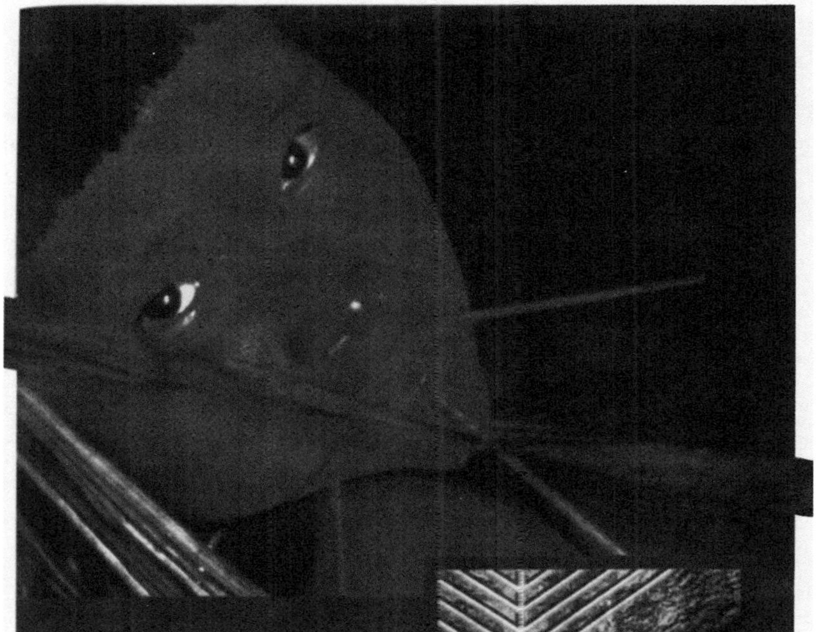

PELA DEMARCAÇÃO DOS ESPAÇOS DE MÍDIA.

Dentro de mais alguns dias, as antenas de todo o Brasil vão se tornar metais preciosos para os profissionais de mídia. Vem aí AMAZÔNIA, a nova novela da Manchete. Uma aventura inesquecível para o público e um espaço de mídia sólido para o anunciante que não entra em qualquer aventura. Se você pretende conquistar uma fatia do mais novo território da televisão brasileira, pense como um ecologista: faça uma reserva.

REDE MANCHETE
O BRASIL PASSA NA MANCHETE

AMAZÔNIA, a maior extensão de terra do Brasil, está se transformando na maior reserva visual da televisão brasileira. 100 anos de aventura, numa novela que percorre o passado e o futuro de uma das regiões mais bonitas e inexploradas do planeta. No coração da floresta equatorial, uma produção milionária com Cristiana de Oliveira, Marcos Palmeira, Jussara Freire, Antônio Pe José de Abreu, Júlia Lemmertz, José Dum Marcelia Cartaxo, Antônio Abujamra, Raul Ga Roberto Bonfim, Rubens Corrêa, Leonardo Vi grande elenco.

AMAZÔNIA. A nova novela da Manchet segundo a sábado, nove e meia da noite.

SEGUNDA A SÁBADO
9 E MEIA DA NOITE.

REDE MANCHETE
O BRASIL PASSA NA MANCHETE

Uma produção muito louca

Fui pedir um emprego pro David Grinberg na Manchete do Rio porque eu já tinha feito novelas aqui em São Paulo e fui direto pra Amazônia. *Fiquei por lá uns dois meses e quando voltei, fui trabalhar em Água Grande e no Russel. Tinha havido uma demissão em massa, porque seu Adolpho brigou com o Jayme Monjardim e mandou embora quase toda a equipe que fez* Ana Raio e Zé Trovão.

Amazônia *foi uma novela atípica, porque se passava no passado e no futuro. Era dirigida por três diretores – Roberto Naar, Carlos Magalhães e Marcelo Barreto – mas na véspera de Natal, Seu Adolpho entrou no estúdio com a Tizuka Yamasaki e informou aos diretores, em pleno set de gravação, que ela estava assumindo a direção geral da novela.*

A primeira idéia de fazer a novela tinha sido dela, já na época da Kananga do Japão. *Daí a Tizuka saiu do mesmo jeito que o Jayme, execrado. Depois ele assumiu, fez* Pantanal, Ana Raio, *e retomaram a idéia de fazer* Amazônia, *que já havia a sinopse. Enfim, depois ele foi demitido, daquela maneira passional do seu Adolpho Bloch que ou amava ou odiava as pessoas.*

A novela era muito maluca e os mesmos atores tinham cenas no passado e no futuro. Marcos Palmeira, Cristiana Oliveira e Júlia Lemmertz formavam o triângulo amoroso e reencarnavam, por assim dizer, no futuro. Isso confundia muito o público, a novela era ininteligível, nem minha mãe que queria muito entender não conseguia, e olha que ela se esforçava porque é minha fã número zero, fazia muita questão de me dar Ibope.

Foi uma produção muito louca porque nós ficamos 60 dias na Amazônia, o João Nascimento construiu um cenário no meio da selva amazônica, tinha coisas incríveis. Ele construiu uma aldeia indígena no igarapé e quando chegamos pra gravar, o rio tinha subido, o igarapé tinha tomado conta das ocas dos índios, enfim, voltamos da Amazônia sem gravar um monte de coisas, precisamos gravar na floresta da Tijuca.

Quando a Tizuka assumiu, eu era uma das poucas pessoas que tinha noção geral, noção exata de onde a gente estava, que cenas já tinham sido gravadas e o que estava para ser gravado. Em função disso, eu fui transferida para o Russel, saí do set de gravação e fui trabalhar diretamente com ela, como assistente. Nisso, o Naar, o Magalhães e o Marcelo Barreto pediram demissão e a Tizuka assumiu a novela com Marcos Schetman e a Tânia Lamarca e decidiu terminar com a trama do futuro. Então, explodiu uma bomba no futuro e matou todos os personagens e concentrou a novela no passado. Só que o barco já estava naufragando e, num determinado momento, uma das minhas funções era ficar na frente do monitor controlando minuto a minuto o que se passava no Ibope em relação à novela.

Eram coisas incríveis, a personagem da Cristiana Oliveira era totalmente esquizofrênica, porque numa semana era boazinha, na outra semana era a prostituta, na outra era lésbica, na outra era a vilã. A Tizuka foi testando no ar e nesse ponto, trabalhar com ela foi uma grande escola, a gente conseguiu segurar o rojão até o final.

Mais ou menos um mês antes de terminar a novela, começaram os buxixos que a Manchete estava sendo vendida, seria vendida, tinha sido vendida pro Hamilton Lucas de Oliveira e ele então resolveu que não ia fazer imediatamente uma programação própria, por um período pretendia comprar programas de outras emissoras.

Carmen Busana

A minissérie da Globo, *Amazônia: de Galvez a Chico Mendes*, de 2007, contou com diversos profissionais que fizeram essa novela da Manchete. Entre eles, Marcos Schetman, como diretor. Ao contrário da novela, na Globo a minissérie teve sucesso.

O Marajá

Em 1993, no que seria mais um capítulo importante na história da Rede Manchete, a emissora ousou criar uma novela que parodiava a vida de Fernando Collor de Mello, que tinha sido deposto. No dia 26 de julho, no entanto, dia da estréia, uma liminar proibiu a exibição de *O Marajá* e os 50 capítulos gravados sumiram da Manchete. Os protagonistas eram os sósias de Collor, Elle (Hélcio Magalhães) e Rosane, Ella (Vânia Belazzi). Estavam também no elenco, Rubens Corrêa, Antonio Petrin, Jussara Freire, Lúcia Alves, Ângela Leal, Júlia Lemmertz e outros. Hélcio Magalhães conta essa história:

Não me deixem só!

Eu fazia o Elle, com dois **Ls**, *que também era chamado de Alteza, em* O Marajá, *uma novela que dentro da historiografia da televisão brasileira, foi um marco, sem dúvida. Infelizmente não foi ao ar por causa de uma intervenção do Collor, que suspendeu a novela no dia da estréia. Mas ela foi completamente gravada e compactada em 50 capítulos, embora o plano do José Louzeiro fosse chegar aos 250 ou talvez 280 capítulos.*

Mesmo assim, essa novela cumpriu uma função importante para a Manchete naquele momento, na retomada de uma audiência significativa. Só na expectativa da novela entrar ou não no ar, o jornalismo da Manchete naquele período aumentou a audiência significativamente, chegando a picos de oito pontos. Às vezes eu ou outros atores entrávamos no jornalismo pra dar notícias da novela, tudo ao vivo. A expectativa veio também nas chamadas, que causaram um frisson na audiência. No dia da estréia foi uma audiência muito alta, muito forte. Eu saí de São Paulo e fui para a festa de lançamento na cobertura do Russel, onde havia um salão de festas muito bonito. Foi lá que recebi um telefonema de uma moça que se identificou como uma prima do Collor e que, indignada, me disse: Você é tão bonito, parece tanto com ele, como faz isso conosco? *E eu falei:* Estou aqui representando, fazendo o meu trabalho.

***Responsabilidade** – Quando chegou a liminar, todo mundo ficou extremamente revoltado, ninguém acreditava. Era uma sensação de perda muito grande, de repúdio ao sistema judiciário. Essa novela ia revolucionar tudo. Era a salvação da TV Manchete. Foi uma intervenção da censura, porque não haveria motivo para essa suspensão. Era um trabalho de expressão cultural. Existe uma responsabilidade e se você rompe com esses limites de responsabilidade aí sim você pode ser processado e responder civil e criminalmente por isso. Mas não ocorreu essa questão. Tudo que era tratado naquela novela eram coisas que estavam amplamente divulgadas, publicadas e comentadas pela imprensa. E porque ele também não entrou com liminar para suspender todas as outras televisões e os jornais que publicaram matérias sobre ele?*

O Marajá *era uma brincadeira e, ao mesmo tempo, um trabalho jornalístico que documentava o momento político-social que o Brasil vivia no período Collor. Entravam documentários da época com locução e também uma representação dramática, ficcional, criada pelo Louzeiro, dirigida pelo Marcos Schetman e interpretada por esse elenco maravilhoso que trabalhou com uma garra incrível. Porque a televisão estava passando por uma crise histórica e todos estavam empenhados numa luta política e artística. O Marcos Schetman, quando me convenceu, disse:* Essa novela, inclusive, é uma luta de resistência para a televisão. São não sei quantos mil empregos e tudo mais.

***A sósia** – A Rosane, personagem Ella, não era uma atriz, era uma sósia, a Vânia Belazzi, e não tinha fala na novela, aparecia como uma alegoria. E aconteceu uma coisa muito engraçada com a Vânia Belazzi durante a novela porque havia uma cena na cama do casal Collor e o marido dela ficou extremamente enciumado, bravíssimo com aquilo e não deixou mais ela gravar. Então, no meio da novela, ela sumiu, não tinha mais a Rosane.*

A Jussara Freire tinha um papel importantíssimo de alcoviteira da corte, mas ela simbolizava também o poder que manipula, que está por trás, como também o Petrin. Era uma espécie de uma secretária que preparava tudo, que vigiava o que ele falava e que verificava a maneira dele se comportar. Sempre tinha essa questão da manipulação, do poder, de algo que não é visto. As forças ocultas, como diria o Jânio. Essas forças eram esses personagens.

Tinha também o Rubens Corrêa, um dos melhores atores na nossa história, que fazia uma dupla com o Antonio Petrin, que fazia uma espécie de PC Farias e os dois também manipulavam completamente o Collor (o Elle). Elle tinha uma força também, mas atrás dele existia um outro poder, outras forças que se organizavam e que eram representadas pelos dois.

Na novela falou-se do Pedro (Collor), mas ele não apareceu. E existiu uma cena engraçadíssima que aconteceu sobre os negócios da família, a gente fez a briga do casal num ringue que era a cama deles, eles com luvas de boxe mesmo. Era pura representação da farsa e de criação artística, divertidíssimo. E numa outra cena, a família vem toda com roupas de cangaceiro, aquele batalhão de gente com espingarda. Eles fazem um acordo por escrito e no final dizem: Então vamos colocar uma pedra. *E colocaram literalmente uma pedra em cima da cama e resolveram a situação. Eram coisas muito divertidas, muito hilárias! Tinha o jet-ski, moto, lancha... Inclusive, nós tivemos um problema por causa da questão econômica da TV Manchete. Os dublês não queriam fazer a novela sem cachê e aí o Marcos Shetman me mandava fazer. Me envolvi em dois acidentes lá por não ser dublê, um deles em uma supermoto, enorme. Ela estava parada e eu já tinha gravado a cena, mas quando fui descer, caí com a moto que era muito pesada. E o outro acidente foi um pouco mais grave, mas a cena também era hilária! Eu, o Rubens Corrêa e o Petrin estávamos numa pedra lá no Parque Lage, uma pedra alta com uns três metros e eu usava uma roupa de Super Homem, com todos aqueles enchimentos de espuma, e tinha que dar um salto da pedra. O dublê não apareceu e topei fazer. E machuquei o joelho e o tornozelo.*

A Júlia Lemmertz fazia uma jornalista que começava a descobrir o objetivo de Elle, que era de se perpetuar no poder por 30 anos. Para que isso ocorresse, era preciso montar uma grande rede de comunicação, que já estava em curso.

Seu Adolpho era uma pessoa extremamente presente, participativa, queria saber de tudo, estava lá o tempo todo. Uma pessoa assim que se tem muita admiração.

Nós gravávamos as cenas do quarto lá na Manchete, no Russel, no 8°, 9° andares. As salas do Collor eram as próprias salas usadas pelo Seu Adolpho. Algumas outras cenas eram gravadas na cidade cenográfica de Água Grande que era uma maravilha. E como não tinha dinheiro, tudo era reaproveitado para os cenários. Tinha entre os cenários uma cadeia porque no final o Elle era preso e dizia: Não me deixem só! *Uma alegoria enorme. Tinha um terreiro de Umbanda que ele freqüentava, que ele ia fazer macumba lá pra conseguir se resolver, e muitas cenas do terreiro eram feitas ali no aterro do Flamengo, com o Elle correndo com o pessoal.*

Com PC Farias – *Eu já tinha feito esse personagem do Collor no Carnaval de 92, quando fui contratado pela Brahma a fazer uma animação lá no camarote deles. Naquela ocasião eu conheci o PC Farias, que estava lá festa. Me apresentaram e tirei foto com ele!*

Meu papel foi um presente. No início, o próprio Louzeiro pensou em colocar o Elle também como uma alegoria, sem falas. Mas mudou de idéia logo que eu fui para o Rio e mostrei o meu trabalho – fiz teatro com a Bibi Ferreira, passei pela Cultura, fiz Telecurso na Globo, estava com uma carreira formada em cinema publicitário, tinha feito O Analista de Bagé na Casa da Dinda.

Na época do impeachment, alguns estudantes da UNE e da UBES me convidaram para participar de uma passeata aqui em São Paulo interpretando o personagem Collor. Foi uma performance maravilhosa, acho que a mais importante que realizei em toda minha vida, para uma platéia que não acabava mais! Fiz um discurso interpretando o Collor, e foi a maior vaia que eu já recebi (e que alguém na história já tenha recebido!). Porque eu fui brincando, de improviso, e falando: Minha gente, não me deixem só! Querem me tirar do poder! Eles tão querendo me dar um golpe!

Essa passeata foi histórica, várias matérias foram publicadas, inclusive em veículos internacionais, e dei entrevista pra televisão do Japão, da França, da Espanha...

Após O Marajá, *num primeiro momento, eu tive muita dificuldade com a carreira de ator principalmente porque a exposição a esse personagem e ao que ele significava fez com que minha imagem ficasse muito associada a ele. Parei de fazer também cinema publicitário artístico, pois a minha cara era ligada a tudo que era ruim. Então eu sofri bastante com isso em um primeiro momento e tive que me afastar. Hoje estou um pouco afastado de representação, mas continuo trabalhando na área de cultura, arte e em várias atividades acadêmicas. Sou mestre e doutorando pela ECA (Escola de Comunicações e Artes) da USP.*

A mensagem que eu daria se eu pudesse voltar no tempo, seria a de que todos aqueles que saíram às ruas com caras-pintadas para colocar o Collor para fora, fizessem o mesmo movimento para levantar um julgamento aos que aprovaram aquela liminar. E que implantaram a censura no Brasil, naquele momento.

Guerra Sem Fim *– Terminadas as gravações de* O Marajá, *imediatamente começamos a trabalhar em* Guerra Sem Fim. *Nessa novela, pensou-se em criar um personagem que lembrava levemente o Collor, assim fisicamente e com algumas coisas que estavam no caráter. Um caráter imaginário que ali representava o que estava na cabeça das pessoas. Mas quando a novela começou, tivemos que regravar os dez primeiros capítulos, em todas as cenas que eu estava. É que mudou meu visual: eu fiquei ruivo, com o cabelo todo espetado, deixei a barba crescer.*

A novela mostrava uma associação com drogas e a questão da corrupção. Meu personagem era o Monarca, *chefe de uma máfia de drogas no Rio de Janeiro. Então, existiam dois comandos, o Comando Patrulha, que era heróico, com uma visão saudosista, libertária, que tinha como*

chefe o Rubens Corrêa, um ex-terrorista, e o Comando Pirata que era eu quem comandava e que corrompia, seqüestrava, mandava matar. Guerra Sem Fim *foi uma repetição do padrão de* O Marajá, *a novela verdade, em que entravam as narrativas e documentários. Luiz Armando Queiroz, que também era diretor, fazia as narrações tanto em* O Marajá *quanto em* Guerra Sem Fim, *comentando essas questões da violência. Nós da TV Manchete conseguimos ter muitas conversas com os donos lá do Morro da Mangueira pra gravar com traficantes. A novela também tinha a questão da homossexualidade, porque o Monarca tinha um caso com um cara chamado Capitão K (João Signorelli). O José Dumont fazia o assassino nosso, todo trabalho sujo... A Carmem Figueira era a esposa do José Dumont e no decorrer da novela, tinha um caso com o Capitão K. Tinha um outro personagem que era o Paulão Barbosa que fazia, chamava Viúva Negra, fazia um empregado da Lúcia Alves na novela. Era uma bichona.*
O último capítulo da novela foi o primeiro casamento gay que teve na televisão brasileira. Tá na história! Eu entro com o Viúva Negra vestido de noiva, os dois recém-casados. Peguei Paulão no colo, joguei na cama.

Hélcio Magalhães

Identidade visual da emissora neste período

Raio-X: César Castanho

Para descrever esta fase da IBF – Indústria Brasileira de Formulários, que foi de 9 de junho de 1992 a 23 de abril de 1993, fui consultar quem estava à frente da rede. O primeiro homem, abaixo do dono, foi sempre o diretor-geral. O já falecido David Raw ficou a maior parte do tempo no cargo, sendo sucedido por César Castanho que é quem nos dá a versão do que presenciou, quando na direção da Manchete, no período em que trabalhou com a IBF.

No meio do caos

Fui convidado, no começo de 92, para tomar conta da rede de rádios da Manchete, que era formada pela rádio AM do Rio de Janeiro e as FMs que havia em São Paulo, Rio, Brasília, Salvador e Recife. Fiquei quase que um ano e dois meses na direção das rádios, como diretor-geral. Vamos falar das FMs, porque a AM era muito segmentada, o perfil dela quase sempre foi igual; sempre baseado em notícias, programas populares, não teve grandes mudanças, nem na nossa época também não se mudou muito. A AM estava voltada para um público B e C, nós fizemos o inverso: nós trouxemos as rádios FM para um público AB. Com um pouquinho mais de padrão, se é que público AB é padrão, mas se tentou fazer algo não popularesco, mas sim com qualidade musical. Isso se imprimiu em todas as rádios. Todas as rádios tinham o nome Manchete.

Como diretor-geral eu ficava mais em São Paulo porque era onde se tomavam as decisões, a parte financeira e administrativa todinha era aqui, mas se viajava muito. Tinha que cobrir todas as capitais, todo mês, não podia deixar de visitar as rádios. Eu ficava três, quatro dias em cada uma das cidades. Como eram mais quatro cidades, então rodava o Brasil uma vez por mês, pelo menos.

Apagando incêndios *– Na televisão, eu fui cobrir um buraco. O David Raw teve uma discussão com Hamilton Lucas de Oliveira, da IBF, e resolveu sair. Na época, ele deu um golpe branco, pediu demissão e o Hamilton aceitou. Aí não tinha quem colocar e como eu vinha com um certo sucesso na rede de rádios... Eu tirei a rádio de um prejuízo grande que ela vinha tendo mês a mês – quando eu entrei, a faixa de prejuízo dela era de 25 a 30 mil dólares e depois de quatro meses nós conseguimos equilibrar e passar a dar lucro; fechamos o primeiro ano de administração nossa com US$ 125 mil de lucro, estávamos quase conseguindo fazer uma faixa de US$ 20 mil mês/lucro. Isso com enxugamento de pessoal, com redirecionamento de marketing (como eu disse antes, a gente passou para classe AB), então conseguimos novos anunciantes com* target *melhor pra quem trabalha. Pudemos pontuar a rádio – ela vinha numa classificação muito ruim no Ibope, era a 28ª em São Paulo e nós conseguimos trazê-la para 14ª. Era a segunda classificada no segmento AB e conseguimos classificar a rádio em todas as capitais. Conseguimos equilibrar as finanças. Zezé Azevedo foi o grande responsável pela parte artística da Rádio Manchete,* *ele conseguiu fazer com a nossa ajuda a escolha de sair da classe BC e passar para classe AB.*

A saída do David Raw *– Na verdade, não que eu fosse o candidato natural, foi uma solução caseira dentro do conglomerado pra se colocar uma pessoa para dirigir a rede de televisão, enquanto se dava uma base administrativa pra ela. Eu não fui como diretor artístico, fui mais como diretor administrativo, ou seja, um superintendente para cuidar da base administrativa e financeira da rádio e televisão e conseguir equilibrar o orçamento da TV. A TV sempre foi uma emissora que deu muito prejuízo, era muito caótico tocar aquilo. Enfim, o período nosso foi muito conturbado com greves, sem caixa pra pagar salários. Conseguimos alguma coisa ao longo dos seis, sete meses que ficamos na administração. Mas conseguimos não tirar a TV do ar, primeiro passo, e segundo, colocar alguns programas novos, alguma coisa que se fez administrativamente para diminuir um pouquinho os problemas financeiros que ocorriam na época.*

A gente cuidava de tudo. Só que desde o primeiro momento eu tinha dito ao Hamilton que não poderia cuidar efetivamente da parte artística, porque não era a minha especialidade. Principalmente a parte de televisão, eu não era homem de televisão – eu sempre fui homem de produção e música, basicamente. A gente tem um pouquinho de noção geral das coisas, mas a televisão precisa ter um homem de TV. Um diretor artístico, especificamente, isso é fundamental. Na época da nossa saída nós estávamos justamente escolhendo o diretor artístico que ia cuidar da emissora porque eu ia continuar como diretor-geral. Era tudo no bairro do Limão (quatro meses após o Hamilton ter comprado as emissoras, logo após isso a sede já foi feita aqui). Nós já tínhamos transmissão via São Paulo.

Meu trabalho foi primeiro apaziguar o pessoal em greve. Eu sempre disse a eles, nós conseguimos realmente fazer isso, a TV vinha com nove, dez meses de atrasos de salários. A gente conseguiu recuperar, paramos a greve logo no início nosso, porque sempre que eu disse – inclusive um dos meus grandes interlocutores era o Florestan Fernandes Jr. – que eles tinham que dar um voto de confiança no nosso trabalho primeiro e segundo que todo dinheiro que entrasse líquido ia para o pagamento de salários. E foi justamente o que a gente conseguiu. Os nove meses nós trouxemos para seis, pra cinco meses de atraso, pra quatro... até com o desfecho do Bloch retomando a emissora.

A base era totalmente São Paulo. Deixamos no Rio a base carioca. Ou seja, tinha o jornal carioca, como tinha o jornal paulista, mas toda geração nacional era São Paulo. O Jornal da Manchete *(com o Florestan Fernandes Jr.) na época era gerido por São Paulo. Os jornais, todas as decisões. Eu lembro muito do Florestan, tivemos muitos diálogos, conversamos muito nós dois, ele por parte dos funcionários da Manchete e eu por parte da direção. Ele me marcou muito porque é uma pessoa digna, que tinha postura e visão do que ia acontecer.*

Todo mundo achava que o Hamilton ia tirar a Rede Manchete de onde ela estava, porque quando ele comprou já estava numa situação financeira caótica. E mesmo o Hamilton não sabia do tamanho do rombo financeiro que existia, tanto que essa foi a grande discussão e briga entre o comprador e o vendedor. Os Bloch não tinham dito quanto que era a dívida total, por isso que deu todo o embrulho jurídico, que ainda está em discussão até hoje. Essa briga jurídica ainda não acabou.

O Manuel Carlos era o diretor financeiro da rede, eu me reportava financeiramente a ele quando estava na rádio. Inclusive na rádio, depois de quatro meses, passei a ser tratado muito bem porque mandava dinheiro pra lá, pra televisão. O dinheirinho que a rádio conseguia ganhar era remetido à televisão. O período de seis meses que eu fiquei lá dentro foi mais apagando incêndio, diariamente. Eu chegava na televisão às sete da manhã e saía às dez horas da noite, todo santo dia. E basicamente era pra apagar incêndio.

De colegas, nós tínhamos o Manuel Carlos no financeiro, o Agostinho Amato que foi pra lá cuidar do comercial (passou da rádio para a TV junto comigo). O Tiquinho (José Carlos de Moraes Filho, que é filho do repórter Tico-Tico) também estava lá dentro, não tinha um cargo definido, mas era homem de confiança do Hamilton. Nós tínhamos também uma pessoa muito importante, o Demerval Gonçalves, que foi depois para a TV Record quando o Bispo comprou. Ele entendia muito de rede, de emissoras, de tudo e trabalhou muito em prol da Rede Manchete em si, sem ser Hamilton, Bloch... Ele já estava, continuou com o David Raw e continuou conosco, se não me engano, estava desde o início da TV Manchete. Ele trabalhava para a televisão, não trabalhava com bandeira de nada, isso é muito importante quando se é um profissional.

Sobre as crises, a gente precisava estar faturando na ordem de US$ 3 milhões e não se chegava a esse faturamento, chegava em US$ 2.4 milhões. Chegamos até a bater os U$ 3 milhões mas não era todo mês. Então, a TV gerava um prejuízo mensal de US$ 400 a US$ 500 mil dólares por mês e não se conseguia fazer um centavo de investimento, apesar da emissora contar com parte eletrônica dela, transmissão e tudo, câmeras de televisão, em um parque novo (na época não era desgastado ainda), mas televisão você sempre tem que fazer um investimento diário. Você não pode deixar sem investimento. Até pra colocar uma programação digna no ar.

Na época, nós tivemos que abrir mão de alguns artistas. A maior artista da Manchete na época, que vinha desde a Bloch, a Angélica, nós tivemos que abrir mão do contrato porque não se conseguia sequer fazer um cenário digno para que ela pudesse apresentar. Eu decidi abri mão do contrato dela porque não se pode manter um artista que já era do porte da Angélica (na época ela estava em alta) sem condições técnicas de trabalho. Então, rescindimos numa decisão amigável. Ela já tinha propostas de um lado e de outro e não achei justo ficar segurando uma moça com a qualidade e com o profissionalismo dela, só porque ela tinha um contrato com a Manchete. E a gente sabia claramente que nós íamos demorar mais ou menos uns dois anos para colocar a rede nos eixos e funcionando como deveria ser. Então, resolvi dar liberdade de trabalho a ela, porque eu acho que um profissional não pode fazer isso com outro só porque tem um contrato.

A experiência *– A rádio me deu muita satisfação. Ela mostrou que eu posso dirigir uma cadeia de rádio – nunca tinha tido um posto de rádio até então, não tinha feito sequer um programa (como muitos começam). E mostrou que eu como um produtor executivo de alguns eventos eu consigo dirigir uma rede. A televisão infelizmente não me deu tempo. Deu tempo de saber que eu tenho uma capacidade administrativa grande, porque a rede já estava com os funcionários em greve há algum tempo, a gente conseguiu parar a greve e voltar a trabalhar. O pessoal do Rio de Janeiro ainda continuou em greve por algum tempo, mas como a gente estava gerindo tudo por São Paulo não tínhamos grandes perdas por eles estarem parados. Porque a cabeça-de-rede veio para São Paulo e aqui começou a gerir todos os programas que tinha ao vivo, gravado, jornais e tudo mais. Então o pessoal do Rio sofreu um pouco mais por isso. Eles se afastaram da emissora e não se conseguiu fazer o acordo.*

Mas foi se pagando o salário pra todo mundo, quando saía para o pessoal de rede saía como um todo, não se fazia distinção entre São Paulo, Rio, Brasília, Salvador. E me mostrou que eu tenho capacidade pra gerir. Obviamente eu não sou, reconheço que claramente eu nunca poderia ter o cargo de um diretor-geral de uma rede de televisão, mas a de rádio plenamente. Em televisão talvez eu pudesse exercer outro tipo de cargo, mas não de diretor-geral. E depois, ficar seis meses no cargo é muito pouco tempo. Só deu o gosto, mas realmente consegui fazer a parte administrativa inteira. Nós colocamos a emissora administrativamente em ordem, com o trabalho de nossos funcionários todos, colocamos a parte financeira delineada. A Manchete sempre foi um caos administrativo, desde a época dos Bloch, e eu posso dizer isso claramente, porque não é segredo pra ninguém. Tanto que quando ele vendeu a emissora tinha, declarado, um valor de aproximadamente US$ 120 milhões em dívida, e quando se fez a primeira finalização, a brincadeira toda já estava mais de US$ 890 milhões. Na minha época foi o que eu estava contabilizando.

A mudança para São Paulo *– A equipe de São Paulo foi altamente profissional. Pouquíssima coisa falta para ser cabeça-de-rede, muito pouco. Departamentos foram desmontados do Rio e trazidos para São Paulo. O comercial foi colocado mais aqui, foram dispensados algumas pessoas no Rio, foram trocados diretores que moravam no Rio de Janeiro.*

Quando o Hamilton comprou a emissora, ele veio com uma herança Bloch dentro dela. Ele tinha até um diretor (Carlos Sigelmann), que era sobrinho do Bloch, na rádio do Rio de Janeiro e que só saiu depois de quase seis meses de trabalho nosso aqui. E na televisão a gente tinha muita gente que continuou, de Manchete – Bloch para Manchete –

Hamilton. Não se fez uma limpeza, de tirar todo mundo, muito pelo contrário, todos que eram profissionais continuaram trabalhando normalmente. O próprio Florestan era da época Bloch e continuou.
O dono era de São Paulo. O Hamilton sempre morou aqui e quando ele comprou a emissora, no primeiro minuto já se tinha essa idéia de trazer tudo para São Paulo, 100% São Paulo. Inclusive o prédio que eles tinham aqui era muito mais adequado pra se trazer a televisão pra cá, como cabeça-de-rede do que o Rio de Janeiro.
Nós tínhamos como diretor de programação o Nilton Travesso. Quando eu entrei, o Nilton também pediu demissão, porque ele não concordava com algumas linhas do que a gente estava fazendo. E era só o Nilton em São Paulo, fazendo a rede. Os programas eram todos armados aqui.
***Hamilton e Collor** – Não tinha contato algum, pelo que eu saiba. Nenhum através de mim. Teve muito falatório. Primeiro era com o Quércia, de que o Hamilton tinha comprado com o dinheiro dele, depois diziam que o dono da emissora na verdade não era o Hamilton, era o Collor. E que tinha o PC e não sei o que. Mas eu posso dizer que por seis meses como diretor da rádio e televisão eu nunca sequer vi uma pessoal do Collor ou do PC lá dentro. O que pode ter existido eram negócios, de tentar se vender programas para o Governo (o que sempre se fez, não só na Rede Manchete; até hoje isso é feito, de montar e vender programas para governo), então o que existia era muito isso. O que existia eram negociações que o Hamilton poderia estar fazendo com o Collor ou com o Quércia, não se via dinheiro em lugar nenhum não. Tanto que se houvesse isso, ele não teria perdido juridicamente a emissora e nós teríamos tido suporte financeiro, coisa que não existiu. Nunca tivemos um empréstimo sequer, nem de Banco do Brasil, nem de Banco Central, nem de coisa alguma. Nunca houve dinheiro fácil na televisão ou na rádio pra se trabalhar.*
***O retorno dos Bloch** – Mediante a decisão de um juiz do Rio de Janeiro, que forneceu uma liminar, eles deram entrada e conseguiram retomar a emissora. O que aconteceu foi o seguinte: existiam seis pagamentos de parcelas que o Hamilton, como IBF, tinha que fazer, tinha que cumprir. E das seis, ele tinha pago cinco parcelas e a última (que era de US$ 1 milhão) ele resolveu não pagar por conta da dívida, que saiu de US$ 120 pra US$ 892 milhões. E eu sempre discuti com ele sobre isso. Quando ele tomou a decisão eu falei: Hamilton, eu acho que você tem que pagar. Porque quem deve US$ 892, deve US$ 893. Não faz a menor diferença. Então você deve pagar, tirar o Bloch da frente. Vamos acioná-lo pela dívida, porque eu acho que tem que ser acionado. Mas não deixar de pagar, porque você vai deixar uma porta aberta pra ele tomar uma decisão, uma medida jurídica em cima. Mas com o dono, você pode aconselhar, mas não pode obrigar. Ele não fez o último pagamento e o juiz deu a decisão para os Bloch, apesar de a emissora estar 99% paga com uma dívida declarada de mais de US$ 770 milhões. E o juiz resolveu que o último milhão que faltava pagar era decisivo para o Bloch.*

Essa briga continua, mesmo depois de terem passado o canal. Inclusive, eu não sou advogado e não tenho conhecimento jurídico, mas entendo que os Bloch não poderiam ter vendido uma emissora sub-júdice, o Governo não devia ter autorizado a transferência pra ninguém. Primeiro a decisão jurídica e depois vender ou não.

Quando o Hamilton comprou, eu recebi as rádios dos Bloch. Fui o primeiro diretor. Foi comprado o sistema completo: seis rádios e cinco emissoras de televisão em todo o Brasil. E como já tinha pago as rádios – isso também foi um outro ponto que eu tinha dito, de separar as rádios da televisão. Tudo bem, pode manter o nome Manchete, mantém um conglomerado, mas ter todo um corpo administrativo, artístico e funcional totalmente separado da televisão. A TV sempre foi um sorvedouro de dinheiro. Quando se precisava de um equipamento pra comprar pra rádio, esse equipamento era duramente conseguido depois de muito tempo dentro da televisão. A gente tinha que fazer o pedido. Na época estavam se colocando os aparelhos de DAT (que era a grande novidade) e eu precisava comprar no mínimo dez aparelhos para colocar dois em cada emissora. Nós compramos dois em São Paulo, dois no Rio... Não conseguimos dez aparelhos nunca, depois de quase oito meses de briga. Porque a rádio, com o pequeno lucro que tinha, de US$ 20 mil por mês, conseguiria comprar isso e fazer investimentos dentro da rádio pra material, pra comprar disco, comprar programas fora. Mas estávamos sem dinheiro pra investir, porque o nosso lucro ia todo pra televisão, pra ajudar no rombo. Por isso que eu brigava muito para fazer a separação, porque eu sempre achei que televisão é uma coisa e rádio é outra, completamente diferente. O Hamilton nunca foi partidário dessa opinião, porque ele achava que tinha que ter um grande conglomerado para ter força de negócio e ninguém ia tirar esse conglomerado dele, era só questão administrativa. E que na verdade nós não conseguimos. E quando ele perdeu a rede de televisão por tabela, ele perdeu o sistema de rádio também junto e o rádio estava totalmente pago, não se devia nada. Esse é um dos pontos altos de toda questão jurídica.

***O fim da fase IBF** – Minha saída foi mediante um mandato judicial, a liminar que o Bloch ganhou. Tínhamos que entregar a rádio e a televisão imediatamente, então, toda a diretoria saiu. Ao que eu me lembre, nós entregamos a emissora e saíram o Hamilton, o diretor financeiro, o administrativo, o geral, o comercial. Nem tinha porque continuar na emissora.*

Eu voltei à minha vida de produção. Sou um produtor de eventos desde 1978. Foi um dos poucos empregos que eu tive, pois sou normalmente autônomo, faço teatro, dança, mas basicamente produção musical. Eu já fiz tanta coisa... Os primeiros festivais de jazz do Brasil pela TV Cultura, fizemos o Free Jazz, fiz dois Rock'n Rio (em 2001 e em 2004, em Lisboa). E fiz especiais para a TV Cultura, principalmente, e também para a Globo.

César Castanho

Um Novo Tempo (1994 / 1997)

A Rede Manchete – após passar por uma difícil fase de greves – começou a se reestruturar no final de 1993, início de 1994. Os que restaram na emissora estavam esperançosos aguardando de um novo tempo.

1994

• **Janeiro** – A emissora começou a negociar uma co-produção da novela *Carrancas,* escrita por Regina Braga, com uma produtora de cinema da Europa, que acabou não se realizando. Caso os europeus resolvessem aplicar dinheiro no projeto, as gravações começariam em março, no Nordeste, com a participação de atores franceses e espanhóis – estava cogitado, para um dos papéis principais, o ator francês Tcheky Karyo, que trabalhou no filme *A Grande Arte*, de Walter Salles Jr. A trama de *Carrancas* se passava na década de 70, em Minas Gerais, Alagoas, Bahia e Sergipe e envolvia conflitos de latifundiários e um bebê marcado para morrer que é salvo por uma mulher, que o lança em um cesto no rio São Francisco.

• **12 de fevereiro** – Começou a transmissão do Carnaval da Manchete com uma novidade: a emissora transmitiu inicialmente o Carnaval de Manaus e só no sábado voltou sua atenção para o do Rio de Janeiro, que desde 1992 não transmitia.

• Na mesma época, Marcos Schetman suspendeu as gravações de *Guerra Sem Fim* no Morro da Mangueira, por causa de uma disputa das bocas-de-fumo entre os traficantes. A favela foi improvisada dentro dos estúdios de Água Grande.

• **Março** – Pedro Jack Kapeller e Oscar Bloch têm prisão administrativa, após serem acusados de não repassarem o Fundo de Garantia.

• **14 de março** – Estréia o telejornal *Edição Nacional* que marcou a volta de Ronaldo Rosas à emissora depois da fase de greves. Criado por Fernando Barbosa Lima, foi ao ar de segunda a sexta, às 23h45, no antigo horário do *Segunda Edição.*

• Marcos Schetman conseguiu que o Governo de Mato Grosso patrocine a minissérie *Os Caminhos de Rondon*, com roteiro de Eloy Santos e Alexandre Lydia, direção do próprio Schetman e de Adolfo Rosenthal. A minissérie, de 20 capítulos, seria protagonizada por José Dumont. Marcos Schetman correu atrás de patrocínio também para as novelas *Terra Bruta,* sobre o Rio São Francisco, e *A Saga do Tietê,* escritas por Regina Braga. Nenhum dos três projetos teve continuidade.

• **11 de abril** – A Manchete exibiu a novela *74.5 – Uma Onda no Ar,* produzida pela TV Plus, com Letícia Sabatella e Ângelo Antônio. Boa parte do elenco já havia sido da Manchete, mas a produção foi independente justamente porque a emissora ainda não estava estruturada para retomar sua produção em teledramaturgia.

• **29 de maio** – Às 19h30, a emissora exibiu um desenho criado especialmente para combater as drogas no mundo: *Astros dos Desenhos Animados Contra as Drogas,* com Pernalonga, Patolino, Alf, Alvin e os Esquilos, Garfield e outros personagens de desenhos diferentes.
• Durante a Copa do Mundo, por não poder exibir os jogos, a Manchete reprisou – em forma de compactos – os capítulos da novela *74.5 – Uma Onda no Ar.* Dois dias após o término da Copa de 1994, em 14 de julho, voltou a apresentar capítulos inéditos da novela que passou por uma grande reformulação: Chico de Assis assumiu a autoria de *74.5* e uma nova safra de atores entrou na novela, enquanto outros saíram dentro das mais famosas soluções em dramaturgia: viagens sem volta e mortes. A novela terminou no dia 22 de outubro.
• **4 de julho** – Após a saída de Mylla Christie, Patrícia Nogueira (Pat Beijo) apresentou o *Clube da Criança.*
• **Final de agosto** – A Manchete marcou um debate entre Fernando Henrique Cardoso e Luís Inácio Lula da Silva, candidatos à presidência e que ficaram no 2° turno das Eleições 1994. Na primeira data marcada, o debate foi cancelado porque Lula não poderia comparecer. Na segunda data, quem não poderia estar presente era Fernando Henrique. O debate foi cancelado de vez.
• **1° de setembro** – Começaram exibir o desenho japonês *Os Cavaleiros do Zodíaco*, que se tornou a coqueluche do ano entre as crianças.

• **3 de setembro** – Estreou o *Canal 100* com os melhores jogos do antigo cinejornal, com edição especial aos domingos. O comando foi do então locutor de rádio Milton Neves, que estreava na televisão. Para completar, surgiu o jornalístico *Câmera Manchete*, com Ronaldo Rosas.
• **Outubro** – Falava-se da contratação de Régis Cardoso para encabeçar o novo núcleo de teledramaturgia da emissora. Mas foi comunicado à imprensa que ele ficaria apenas com a parte de produção e que Marcos Schetman continuaria cuidando das novelas. Continuou a debandada de atores da Manchete para o SBT.
• **24 de outubro** – Estreou o programa de entrevistas *João Kleber Show*. Essa mesa redonda (com ares de *talk-show*), comandada pelo antigo apresentador do *FM TV* ficou no ar por pouco tempo.
• Ainda em outubro, a Manchete tem que pagar de ISS (Imposto sobre Serviço) a quantia de US$ 10 milhões.
• **23 de novembro** – Começou o programa *Incrível, Fantástico, Extraordinário* com casos de suspense e sobrenaturais, direção de Marcos Schetman. O programa estreou com o episódio *A Garra do Macaco*, com Rubens Corrêa, Suzana Faini e Rogério Fróes.
• Passaram a ser feitas as gravações da novela *Tocaia Grande*, inspirada em livro homônimo de Jorge Amado. No restante da grade, continuava a gama de programas de televendas, religiosos e a exibição constante

de séries estrangeiras. *Os Médicos* (com Anna Bentes Bloch) e *Telemanhã* eram os únicos programas próprios nas manhãs da Manchete.

1995

• **Janeiro** – A Manchete afirmou que devia ao Governo Federal US$ 100 milhões. A Bloch criou nesse mês a produtora independente Bloch Som & Imagem para produzir novelas – era seu interesse proteger sua novas produções caso existisse algum perigo de a Manchete voltar para as mãos da IBF. O Complexo de Água Grande também foi para a nova empresa. A primeira produção da Bloch Som & Imagem foi a novela *Tocaia Grande*, de R$ 9 milhões.

• **10 de fevereiro** – A sansei Mytsue Ikeda, de dez anos, foi contratada para apresentar *Os Cavaleiros do Zodíaco* às 18h30, com direção de Adenir José. Mytsue aparecia no início e no fim de cada bloco comentando o episódio, mas logo foi afastada porque o desenho continuava com a mesma audiência, que já era alta, sem a presença da apresentadora.

• **18 de fevereiro** – A Manchete entrou na Marquês de Sapucaí para transmitir o Carnaval. Dessa vez, mostrou o Grupo de Acesso 1, tendo como concorrente na categoria a CNT. E depois, em *pool* com a Globo, transmitiu o Grupo Especial.

• **21 de fevereiro** – Morreu de enfarte, no Rio, aos 71 anos, o vice-presidente da Manchete e da Bloch Editores, Oscar Bloch Sigelmann, sobrinho de Adolpho Bloch. Pedro Jack Kapeller assumiu o cargo do primo.

• A rede comprou terreno em Maricá, no estado do Rio de Janeiro, para a construção da cidade cenográfica de *Tocaia Grande*. Ecologistas fomam à Justiça na tentativa de proibir a construção da cidade. Depois de meses, a Manchete ganhou a causa, podendo construir a cidade cenográfica em Maricá sob orientação do Ibama (Instituto Brasileiro do Meio Ambiente).

• Lolita Rodrigues, que havia abandonado a carreira de apresentadora, voltou a apresentar programas. *Papo Sério* nada mais era que uma venda e sorteio de produtos pela televisão com ares de programa de auditório. Era uma produção da Telemil, assim como *Momento Mulher*, com Amália Rocha, também presente na grade da emissora.

• Lug de Paula foi contratado em abril para apresentar dois programas: *Clube do Seu Boneco* (de segunda a sexta, com quinze minutos de duração) e *Seu Boneco nas Paradas* (aos sábados). Sem audiência satisfatória, os programas saíram do ar.

• **Maio** – Foi o mês da Justiça para a Manchete. Enquanto o Banco do Brasil conseguiu que a Justiça proibisse a venda de bens das Empresas Bloch por causa de uma dívida de R$ 80 milhões, a emissora entrou com recurso para que fosse cancelada a liminar que não permitia a exibição da novela *O Marajá*. Conclusão: a dívida continuou aumentando e a liminar vigorando.

• Com o atraso nas produções de *Tocaia Grande*, foi ao ar no horário das sete a novela ítalo-argentina *Além do Horizonte,* produzida pelo grupo italiano Berluscone, com atores e locações argentinas. Grecia Colmenares (a protagonista Topázio, que teve sucesso no SBT) era a personagem principal. Teve estréia simultânea no Brasil e na Argentina e foi ao ar em 200 capítulos, tempo certo de *Tocaia Grande* ficar pronta.
• **Junho** – A Manchete completou 12 anos mostrando que estava voltando para o processo de crescimento. Apesar das boas notícias, Régis Cardoso falou à imprensa que a novela *Tocaia Grande* atrasaria e só será exibida em agosto por causa dos problemas que ainda surgiam em decorrência das severas normas do Ibama e pelo custo orçamentário da superprodução, acima do faturamento da Manchete.
• A audiência da Rede aumentava com diversas atrações: *Revista Banco Nacional de Cinema* (sobre filmes, com Júlia Lemmertz), *Supercatch* (de luta livre), *Além do Horizonte* e o jornalístico *24 Horas* (com Solange Bastos, no ar desde 18 de setembro), que seguiu o mesmo estilo do antigo *Documento Especial.*
• **20 de julho** – Começou a cobertura da Olimpíada 96. A Manchete exibiu boletins que relembram as competições de Los Angeles, Seul e Barcelona, e mostrou os preparativos das seleções brasileiras para a Olimpíada de Atlanta, que começou exatamente um ano depois.

• **Agosto** – A Manchete, para descobrir quem era verdadeiramente seu público, colocou no ar o *Disque Pesquisa*, oferecendo prêmios ao telespectador. O *Disque Pesquisa* era anunciado no início de *Além do Horizonte* por Aidê Miranda, a primeira garota-propaganda do Rio de Janeiro, que na época estava com 68 anos. Aidê comentava o capítulo anterior de *Além do Horizonte* e perguntava a opinião dos telespectadores sobre a programação.
• O prefeito Paulo Maluf tornou-se estrela da Manchete ao falar de seus projetos para o *Estado de São Paulo*, no *São Paulo On Line*, apresentado por Jece Valadão. Participou também do *Programa de Domingo*, transmitido para toda a rede. Adolpho Bloch disse que a presença de Maluf na emissora era uma dívida de gratidão com o político que, em tempos de crise – quando Bloch retomou a emissora em 1993 – o havia ajudado pedindo a seus amigos empresários que patrocinassem a programação da Rede Manchete.
• **28 de agosto** – Jorge Amado visitou as cidades cenográficas de Tocaia Grande e Itabuna, em Maricá, locais em que se passava a história de seu livro, que agora virava novela. O escritor ficou maravilhado com a reconstituição e conheceu o elenco, ao lado da mulher Zélia Gattai, de Josué Montello (na época presidente da Academia Brasileira de Letras), Adolpho Bloch, Anna Bentes e Fernando Barbosa Lima.
• **16 de outubro** – Finalmente foi ao ar *Tocaia Grande*, às 21h30, a primeira produção da nova fase da teledramaturgia da Manchete.

Cidade cenográfica de Tocaia Grande *construída em Maricá, 1995*

Surgiram na televisão novos nomes como Dalton Vigh, Taís Araújo, Victor Wagner. Giovanna Antonelli, que começou como ex-assistente de Angélica no *Clube da Criança,* tinha em *Tocaia Grande* seu primeiro papel de destaque após ter feito *Tropicaliente* na Globo.

• Paula Saldanha lançou em outubro *Expedições* na Manchete, onde viajou por todo país mostrando as belezas naturais, a fauna, a cultura regional e a vida das pessoas.
• Para as crianças, surgiu o infantil *Turma do Arrepio*, produção independente realizada em São Paulo.
• **Novembro** – Estreou *Márcia Peltier Pesquisa,* o primeiro programa de pesquisas da televisão brasileira, com bons índices para a emissora.
• Como a novela *Tocaia Grande* ficou com apenas três pontos de audiência. Adolpho Bloch decidiu demitir Régis Cardoso e colocar em seu lugar Walter Avancini, que trouxe a proposta de fazer novelas de qualidade, com boa audiência e baixo custo. Com ele assumiram Walter George Durst como autor e na direção, Jacques Lagoa, J. Alcântara e João Camargo. Em novembro mesmo, a audiência da novela cresceu, mesmo com as mudanças de rumo que Avancini impôs à produção. A novela saiu do ar no dia 30 de dezembro.
• **Novembro** – Adolpho Bloch assinou contrato com o Banco Rural, que viabilizou a entrada da Manchete na Internet. Uma semana depois, no entanto, foi submetido a uma cirurgia cardíaca em São Paulo mas não resistiu. O presidente das Empresas Bloch morreu na madrugada do dia 19 de novembro, aos 87 anos. Em seguida, começaram as decisões sobre o futuro do grupo, uma vez que Adolpho Bloch era a alma da empresa. A emissora continuou em atividade, mesmo com o velório de seu criador acontecendo no saguão do Russel. Dias depois, Pedro Jack Kapeller assumiu o lugar do tio deixando seu cargo para o primo Carlos Sigelmann (filho de Oscar, que foi o vice-presidente até seu falecimento). A filha de Jaquito, Jaqueline Kapeller, assumiu a superintendência das empresas.
• **Novembro** – Na última semana, o diretor-geral Fernando Barbosa Lima faz um balanço sobre a Manchete à imprensa, através do boletim de divulgação: *A Rede Manchete volta a criar uma linha direta com você. O retorno de nosso informativo vem marcar a recuperação econômica da Manchete, comandada por Adolpho Bloch. Foi uma grande batalha. Vivemos hoje a nossa verdade empresarial: abrimos espaço para a boa produção independente, adquirimos equipamentos de última geração e estamos construindo uma programação de qualidade Manchete. Nessa reta de chegada, perdemos o grande amigo Adolpho Bloch. Mas a luta continua, sem interrupção, já com Pedro Jack Kapeller, o Jaquito, na nossa frente de batalha, e seguindo todos os ideais de Adolpho: fazer sempre o melhor. Tanto nosso jornalismo como a nossa dramaturgia estão entrando numa fase de grande dinamismo. Jornal da Manchete, Programa de Domingo, 24 Horas, Câmera Manchete, Márcia Peltier Pesquisa já estão no ar. Novos projetos, novos programas estão sendo planejados. Carnaval 96 e Olimpíadas estão com suas chamadas no ar. Junto com jornalismo, nossa base de programação, a Manchete já*

começa a estruturar sua linha infantil. O incrível sucesso dos Cavaleiros do Zodíaco continuará junto com a Turma do Arrepio, Dudalegria, Seu Boneco e novas e grandes atrações. Na verdade, a Manchete sempre soube se comunicar com as nossas crianças. Na dramaturgia, ganhamos a participação do Walter Avancini e Walter George Durst, dois monstros sagrados. Tanto a nossa cidade cenográfica de Maricá como os nossos gigantescos estúdios de Água Grande vão ser palco de grandes espetáculos, além de Tocaia Grande, de Jorge Amado. Por isso tudo, é da maior importância manter essa linha direta com você. Afinal, estamos juntos. A velha Manchete, com vontade de crescer, estava de volta.

1996

• **Janeiro** – Tiveram início os projetos sobre que novela iria substituir *Tocaia Grande*. Walter Avancini fala ao jornal O Estado de São Paulo sobre a possível criação de uma novela passada em São Paulo, cuja protagonista poderia ser Bruna Lombardi, embora não confirmasse o convite à atriz.

• Entre 92 garotas, Isa Machado foi escolhida Garota Carnaval da Manchete 96. Numa versão loira da Globeleza para as vinhetas da Manchete, todo o corpo de Isa foi pintado pelo artista plástico Albery para as chamadas de Carnaval, criadas por Michel Frey.

• Márcia Peltier tirou férias mas deixou gravados todos os programas *Márcia Peltier Pesquisa.* Durante esse período, o comando do *Jornal da Manchete – 1ª Edição* voltou a ser de Carlos Bianchini.

• Walter Avancini começou a projetar um segundo horário para teledramaturgia com um seriado. É aí que surgiram três idéias: *Menino Maluquinho* (que daria vida ao personagem de Ziraldo, com estréia em 1997), a série adolescente *Garotas da Praia* (uma espécie de *Malhação,* só que com um foco mais aberto e também ambientada no Rio de Janeiro; com previsão para setembro) e o infantil *Turma da Hora*, com roteiro de Márcio Tavolari, Nara Franco e Ingrid Zavarezzi. Apesar das três idéias não terem decolado, *A Turma da Hora* foi a que mais avançou, sendo divulgado pela Manchete em seu boletim no mês de abril como o novo infantil da Manchete. Na publicação, o programa estrearia em junho, de segunda a sexta, a partir das 17h30min, e os apresentadores já estavam escolhidos: dez crianças, com idades entre 6 e 12 anos. Em formato de mininovela, o programa teria como cenário quatro ambientes: salão de festas, quadra, *playgraund* e salão de jogos.

• Sylvan Paezzo começou a escrever a novela que ficaria no lugar de *Tocaia Grande*, cujo tema seria a história de uma mulher louca que vivia no século 19 e que no primeiro capítulo iria envenenar o marido. O projeto foi abandonado quando surgiu a proposta de *Chica da Silva* (que inicialmente não era com X). Existia também o projeto da novela *Paixão,* com personagens de contos de Machado de Assis, também arquivado.

• A emissora mudou de cara com o lançamento de novas vinhetas e um novo slogan: *Rede Manchete: Você em Primeiro Lugar*. Estava de volta o visual espacial da emissora, sua marca em 1983.
• Os jornalísticos *Câmera Manchete* e *24 Horas* (com direção de Aldir Ribeiro) cresceram na audiência graças à presença de temas polêmicos – *24 Horas* chegava a receber mais de 500 ligações após a exibição de matérias polêmicas.
• **Novidades** – A Manchete colocou Geórgia Wortman, que já respondia pelo quadro sobre moda, na apresentação do *Programa de Domingo* ao lado de Ronaldo Rosas. Na novela *Tocaia Grande* surgiram Ana Cecília, Núbia de Oliveira e Joana Lima Verde.
• A Manchete tornou sua programação mais popular com a estréia do *Programa Raul Gil* em 30 de março que aos poucos fez a audiência nas tardes de sábado crescer.
• **Março** – Carlos Amorim voltou à Manchete – era da equipe original do *Jornal da Manchete* – para dirigir os programas jornalísticos e elevar mais ainda a audiência das atrações. Amorim chegou planejando a criação de um programa policial para estrear no mês seguinte.
• **19 de abril** – Marcos Hummel entrou na emissora como grande contratado, já aparecendo na estréia de *Na Rota do Crime*, em que câmeras e repórteres acompanharam a ação da polícia. Apresentado sempre às sextas-feiras, 22h45, o programa, que tinha um núcleo no Rio de Janeiro e outro em São Paulo, tornou-se um dos líderes em audiência no horário, com média de 16 pontos.

• No esporte, a Manchete trouxe de volta à programação *Toque de Bola,* aos domingos, 21h30. O programa de debates esportivos não tinha mais a mesma produção que a antiga versão mas conseguia boa audiência. Washington Rodrigues era um dos comentaristas dessa nova edição.
• A rede conquistou consecutivamente o segundo lugar em audiência com a faixa de programas noturnos: *24 Horas* (segundas-feiras), *Câmera Manchete* (às terças), *Márcia Peltier Pesquisa* (quartas) e *Na Rota do Crime* (sextas).
• **28 de abril** – Carlos Amorim disse à Folha de São Paulo, que a escolha por uma programação mais popular era fruto das modificações que ocorreram com o tempo. Para ele, a classe A (público original da Manchete) estava agora voltada para a TV a cabo ou para o computador, embora a Internet ainda não houvesse se popularizado no Brasil. No mesmo dia, junto com os programas populares surgiu também *Século 20*, série de documentários da rede americana CBS sobre os fatos que marcaram o século. Todo domingo, às 20h30, Sérgio Viotti introduzia o tema do documentário.
• Para as crianças, estrearam novos desenhos e séries japonesas: *Shurato, Sailor Moon, Ultraman, Super Human Samurai*, entre outros.

• **Abril** – A emissora já exibia *Deuses do Olimpo*, sobre a história da competição e de atletas que marcaram época. E desde janeiro já transmitia as partidas do Circuito Mundial de Tênis, com destaque para a grande final em Roland Garros e a contratação de Ruy Viotti.

• Foram esboçados dois novos programas: um que misturaria jornalismo e mistério e outro que tinha o título provisório de *Primeiro Time*, um tipo de telejornal a ser exibido nas noites de domingo. Este é engavetado, mas a idéia anterior aparece com o nome de *Mistério,* apresentado por Walter Avancini.

• Com o sucesso de *Sai de Baixo* na Globo, as emissoras resolvem criar projetos parecidos. É o caso da Manchete que esboçou em maio um programa para as tardes de domingo com humor próximo dos filmes de Mazzaropi. O projeto foi engavetado.

• **Maio** – Na segunda semana, *Paixão* foi descartada e *Xica da Silva* tornou-se a novela oficial que ficaria no lugar de *Tocaia Grande*. São destinados R$ 7 milhões para os 150 capítulos que foram previstos inicialmente.

• **3 de junho** – *Os Médicos* mudou de formato e transformou-se em *Gente Importante*, ainda sob o comando de Anna Bentes Bloch. O programa tinha agora a possibilidade de se estender para diversos temas e de falar com o telespectador pelo telefone ao vivo.

• **22 e 23 de junho** – Em comemoração aos 13 anos da emissora, foram promovidos dois shows no Aterro do Flamengo, onde fica o Edifício Manchete. O primeiro – no sábado, 22 (das 21h25 às 23h45) – foi de Daniela Mercury. E o segundo – no domingo, 23 (das 16h30 às 19h30) – teve uma série de atrações como os grupos *Só Pra Contrariar*, *Roupa Nova* (autores de diversas trilhas para a Manchete) e *Os Morenos.* Participaram todos os apresentadores da casa e quem comandou os shows foi Eloy Decarlo, locutor oficial da emissora (que nenhum telespectador conhecia a cara).

• **23 de junho** – A Folha de São Paulo publicou matéria sobre o interesse da Manchete em Agildo Ribeiro que seria contratado para fazer um quadro no *Programa de Domingo*, parecido com o antigo *Cabaré do Barata*. Mas a emissora encontrou dificuldades financeiras para trazer o artista e seus bonecos especiais.

• **24 de junho** – Às 23h45, estreou o telejornal *Manchete Verdade*, criado para competir em audiência com o *talk-show Jô Onze e Meia* no SBT, com apresentação de Marcos Hummel e participação de Dora Bria (esportes), Carlos Chagas (política), Ique (caricaturas e crônica), Tamara Leftel (entretenimento e economia). Em formato de revista eletrônica, o telejornal que inicialmente se chamaria *É Verdade* tinha diversos quadros, como *Os Dois Lados da Verdade*, *Queimou a Língua*, *Crônica de um Dia Inteiro, CNN via Satélite*. Inovando, Marcos Hummel podia consultar a Internet para saber das últimas notícias no final da noite. Manchete Verdade foi sucesso, mesmo sendo bem diferente.

• **Julho** – A Manchete mudou-se para Atlanta e toda sua programação voltou-se para a Olimpíada. Foram exibidos os programas *Boletim Olímpico, Movimento Olímpico, Deuses do Olimpo, A Caminho de Atlanta* e os jogos. A Manchete passou então a transmitir as *Olimpíadas de Ouro* ou *Olimpíada Total*, como batizaram a competição.
• **Julho** – No início do mês, Márcia Peltier embarcou para Atlanta, onde passou a apresentar o *Jornal da Manchete* via satélite. A Manchete utiliza o slogan: *Olimpíada Total, só na Rede Manchete*.
• **14 de julho** – O nome de Luzia Avelar, de 27 anos, apareceu como possível protagonista de *Xica da Silva.* Dias depois, Taís Araújo (a Bernarda de *Tocaia Grande*) ficou com o papel principal encabeçando um elenco formado por Drica Moraes, a modelo Adriane Galisteu, o cantor Eduardo Dusek e dez atores de *Tocaia Grande*. Zezé Motta, a *Xica da Silva* do cinema, foi escolhida para fazer a mãe da personagem. Taís se tornaria a primeira protagonista negra da história da teledramaturgia brasileira.
• **Agosto** – Na primeira semana, a Manchete contratou a empresa de telecomunicações TeleTV (de Amílcare Dallevo) para a execução de um concurso onde telespectadores concorriam a prêmios (de carros a eletrodomésticos) se respondessem qual seria o melhor final para a novela *Tocaia Grande.* A novela da Manchete não teria seu final escolhido pelos telespectadores, pois tratava-se de uma estratégia para chamar a atenção para o final da trama. A TeleTV foi escolhida pela Manchete, pela primeira vez, justamente por ser a empresa que computa os votos da sessão de filmes *Intercine*, na Globo.
• **1º de setembro** – Estreou, às 22 horas, o dominical *O Grande Júri,* com José Carlos Cataldi, em que assuntos polêmicos eram debatidos por um júri formado por especialistas. Havia a participação do telespectador. O primeiro programa falou do casamento gay. Com o tempo, por causa do dia e do gênero, o programa não teve o sucesso esperado e saiu do ar.
• **17 de setembro** – *Xica da Silva* começou, às 21h30, e duas semanas depois já era vista como um novo sucesso da Rede Manchete, com média de quatorze pontos (os melhores índices de *Tocaia Grande*, conseguidos apenas em sua fase final). A novela tornou-se o símbolo da consolidação do novo núcleo de teledramaturgia da Manchete e, para a imprensa, poderia ter a mesma audiência de *Pantanal* em 1990. Com o sucesso da novela, a Manchete não só cresceu em faturamento, como também tornou-se oficialmente a terceira rede em audiência do país, chegando ao segundo lugar em alguns horários e até ao primeiro lugar. *Xica da Silva* teve média de 17 pontos, com picos de 22.
• **12 de outubro** – *Uma História de Sucesso* foi outra das novidades. Os telespectadores poderiam ver os artistas contando sobre sua carreira e vida pessoal, além de assistirem trechos de shows. A primeira edição

foi com Chitãozinho e Xororó. Os programas seguintes foram com o cantor Falcão, Barão Vermelho e Fernanda Abreu.

• A estréia de *Mistério* com Walter Avancini, foi anunciada para o dia 19, mas só foi ao ar no dia 7 de dezembro. O programa era para ser chamado *Enigma* e seria apresentado de segunda a sexta, às 19 horas, com uma hora de duração e apresentação da astróloga Mônica Bonfiglio. Mas, voltando a *Mistério* (que passava aos sábados, 22h45), um dos primeiros casos que chamaram a atenção do telespectador foi sobre o ET de Varginha.

• **14 de outubro** – *Câmera Manchete* exibiu especial sobre a vida e carreira de Renato Russo, integrante do conjunto Legião Urbana que tinha falecido dias antes. Com direção de Luiz Toledo, essa edição foi uma das grandes audiências do programa.

• Começou uma grande polêmica em torno de *Xica da Silva.* Quem era o tal autor Adamo Angel que criou uma trama que surpreendeu a todos pela qualidade (e audiência)? Avancini guardava o segredo a sete chaves tanto que no dia 19, em vez de falar da estréia de *Mistério*, Adamo Angel era o assunto da edição do Jornal do Brasil. Pela qualidade da trama, acreditava-se que Adamo poderia ser o pseudônimo de Manoel Carlos, Walter George Durst, Gilberto Braga e até Walter Avancini. Na verdade, tratava-se de Walcyr *Carrasco,* que não havia assinado o roteiro de *Xica da Silva* por ser contratado do SBT na mesma época.

• Ainda em outubro, Hamilton Lucas de Oliveira era afastado, pelo Ministério das Comunicações, da sociedade que controlava a CBI (Canal Brasileiro da Informação, ex-Jovem Pan TV). O Ministério considerava na Justiça ilegal a compra da emissora pela IBF.

• **10 de novembro** – Às 22h30, marcou o retorno de Roberto D'Ávilla à programação da Manchete após nove anos. Seu antigo *Conexão Internacional* transformava-se em *Conexão Roberto D'Ávilla* que, em sua primeira edição, trouxe a entrevista de Carlos Menem, presidente da Argentina.

• **10 de novembro** – O Jornal *O Globo* publicou uma das mais cômicas entrevistas da história da televisão brasileira – cômica por causa do mistério que existia sobre Adamo Angel. A jornalista Renata Reis conseguiu uma entrevista exclusiva com o autor fantasma, via fax, através do diretor Walter Avancini, e mostrou aos leitores traços da personalidade do autor: um ser irônico, espiritualizado, debochado e até grosseiro. Ela tentou de todas as maneiras descobrir quem era Adamo Angel mas Walcyr driblou a jornalista. Um furo de reportagem, mas ao mesmo tempo um episódio cômico.

• Mais uma polêmica em torno de *Xica da Silva:* as cenas de nudez de Taís Araújo não poderiam ser mostradas porque a atriz ainda não havia completado 18 anos. A Manchete esperou até 25 de novembro, aniversário de Taís, para exibir as imagens, mas o juiz Ciro Darlan, titular da 14ª Vara da Infância e da Juventude, pediu uma semana a mais para que as imagens aparecessem. A proibição teve repercussão e a Bloch, usando seu principal veículo de divulgação – a *Revista Manchete* – estampou na primeira capa uma foto de Taís Araújo, com dizeres referentes à espera da sua maioridade. No dia 2 de dezembro as imagens de nudez foram ao ar.

• **Dezembro** – Surgiram duas idéias: a criação de um horário de novela às 18 horas e um programa de nome *Hospital,* que seguiria o mesmo padrão de *Na Rota do Crime*, uma vez que a câmera estaria embutida dentro de uma ambulância para acompanhar o trabalho de médicos.

• A Manchete terminou bem o ano, com boa audiência e faturamento de R$ 250 milhões. E para fechar 1996 em festa, às 23h10 da véspera de Natal, exibiu o show especial *Pavarotti and Friends*, espetáculo em benefício das crianças da Bósnia.

1997

• **Janeiro** – Seguindo a idéia de criar uma novela das 18 horas, Walter Avancini convidou o escritor Paulo Coelho, cujos livros eram recordistas de vendas, a criar um argumento original de teor esotérico.

• Ao mesmo tempo, Carlos Alberto Ratton (irmão do cineasta Helvécio Ratton) e Tyroni Feitosa aceitaram o convite para escrever a novela que sucederia *Xica da Silva*, que teria como tema a vida de mulheres cangaceiras.

• Começaram as vinhetas de Carnaval da Manchete. A novidade era que o telespectador poderia escolher a Garota Carnaval da Manchete 97 pelo telefone. Julie Alves, Marcela Milk ou Kelly Cristina, uma negra, uma loira e outra morena são as candidatas. Com essa votação, começou a onda dos Disque 0900 na Manchete, valendo R$ 3,00 a ligação.

• Avancini e a Manchete se interessaram pela compra dos direitos do livro *Viva o Povo Brasileiro*, de João Ubaldo Ribeiro, para produzir uma novela. As duas partes não chegaram a um acordo.

• **Fevereiro** – No início do mês, a Manchete decidiu gravar, fora do Rio de Janeiro, no estúdio principal de São Paulo, uma versão em estúdio de *Esquentando os Tamborins* e *Feras do Carnaval,* apresentado agora por Raul Gil. Os carnavalescos entrevistados eram todos de Escolas de Samba da cidade.

• **Março** – Ficou definido um novo horário de novelas: 19h30. Para testar a opção, a Manchete reprisou a novela *Kananga do Japão* (1989). Ficou também certo de que a próxima novela teria o título de *Mandacaru* ou *Estrela Guia* (nada a ver com a novela produzida posteriormente pela Globo), teria cangaceiros como tema e estavam no elenco Victor Wagner, Carla Regina, Murilo Rosa e Guilherme Piva. Jayme Periard foi contratado pela Manchete e a participação de Taís Araújo, do meio da novela em diante, ficava em aberto enquanto não se definia a renovação de contrato da atriz.

• A idéia original do programa *Hospital* foi reformulada, transformando-se na base de *Resgate* (ou *Operação Resgate*), dirigido por Hermes Leal, também responsável por *Na Rota do Crime*, com locução de Marcos Hummel. Além dos médicos e enfermeiros, *Resgate* abordava o dia-a-dia do Corpo de Bombeiros, em São Paulo e no Rio de Janeiro.

• **Março** – Começou uma reformulação na Manchete de São Paulo para fortalecer o departamento de jornalismo na rede. Marcos Wilson tornou-se o novo diretor de jornalismo de São Paulo, a edição foi feita por Paulo Patarra e a coordenação de produção por Laerte Magini. Florestan Fernandes Jr. começou a realizar reportagens, não ficando apenas na apresentação de programas.

• **20 de março** – A TFP – Tradição, Família e Pátria, por meio da campanha *O Amanhã dos Nossos Filhos*, entrou com representação no Ministério Público do Rio de Janeiro pedindo que fossem censuradas as cenas de nudez de *Xica da Silva*. O que mais irritava a TFP era justamente a história de sete noviças dominadas pelo demônio que atacavam sexualmente os homens do Arraial do Tijuco. A Manchete não se pronunciou quanto à manifestação que recebeu o apoio, no dia 26, da Comissão das Entidades e Movimentos Leigos da Arquidiocese do Rio. Dois dias depois, a Justiça informou à Manchete que a multa seria de até US$ 100 mil se as cenas de sexo fossem ao ar. A Manchete reeditou o capítulo, sem as cenas.

• Começaram os projetos para que a novela *A Queridinha* (a história de uma menina órfã), escrita por Rita Buzzar, entrasse no lugar da reprise de *Kananga do Japão* no início da noite. Para a novela, foi escolhida a menina Debby Lagranha, de cinco anos, que também estrearia um novo programa infantil na emissora, na verdade, uma versão simplificada do antigo *Clube da Criança*, a ser exibido pelas manhãs. Debby tornou-se a nova revelação da emissora com o *Clube*, enquanto o projeto da novela foi adiado.

• **Final de março** – Adolpho Rosenthal (ex-funcionário da Manchete e diretor da Noar Filmes) dirigiu uma série de vinhetas onde artistas plásticos pintavam o logotipo da emissora, com o M em alto relevo, em telas brancas de 2 x 3m. Manabu Mabe foi o primeiro e Romanelli o segundo a pintar o logo. As vinhetas, de dez segundos, com trilha de Alexandre Ágara, foram exibidas em média 20 vezes ao dia. Os quadros foram doados ao acervo do Museu de Arte da Manchete.

• **17 de abril** – Vazou a informação de que Adamo Angel era Walcyr Carrasco, consultor de teledramaturgia do SBT. No mesmo dia, o escritor deu uma entrevista coletiva à imprensa para falar de seu contrato com o SBT e projetos na Manchete.

• **15 de maio** – O site da Bloch foi reformulado e se transformou na *Bloch Planet*. Com ele surgiu o site do *Jornal da Manchete*, que tornou-se o primeiro telejornal brasileiro na Internet, e teve Eliane Azevedo como editora responsável. Apesar de não ter vídeos e imagens, o site do telejornal tinha colunas exclusivas com seus comentaristas e as notícias do dia, colocadas no ar diariamente após às 23 horas.

• Diretores do grupo mexicano Televisa vieram ao Brasil negociar com a Manchete uma possível parceria para a co-produção de novelas no País e intercâmbio de atores – textos mexicanos e atores brasileiros. No dia 23 de maio, o departamento de divulgação da Manchete confirmou à Folha de São Paulo as negociações. Com o final da parceria do SBT com a argentina Telefe e o fim da Manchete, foi o SBT que acabou fechando contrato com a Televisa em 2001.

• **24 de maio** – Pela manhã, a equipe de Walter Avancini recebeu a notícia da morte de Alexandre Lippiani, o padre Eurico de *Xica da Silva*, em um acidente de carro na Lagoa, Rio de Janeiro.

• **8 de junho** – A emissora transmitiu a final do torneio do Grand Slam, mostrando a vitória de um brasileiro, Gustavo Kuerten, o Guga, em Roland Garros. A apresentação do novo herói nacional atingiu 13 pontos no Ibope, passando as demais emissoras em audiência. No Rio de Janeiro, por exemplo, a Manchete manteve a média de 13 pontos contra 11 do SBT e 6 da Globo. Em São Paulo, os torcedores acompanharam a partida em um grande telão instalado no Parque do Ibirapuera. Guga tornava-se a última grande revelação da Manchete, uma vez que a emissora transmitia os jogos há onze anos.

• **10 de junho** – Márcia Peltier comemorou cinco anos à frente do *Jornal da Manchete* e tornou-se a mulher brasileira a estar a mais tempo no ar apresentando um único telejornal.

• **30 de junho** – A Manchete colocou no ar o programa *Mulher de Hoje*, às 15 horas, com apresentação de Beth Russo. Era realizado nos estúdios do Limão, sob a direção de João Henrique Schiller.

• Taís Araújo se desentendeu com a direção da novela por se recusar a fazer cenas de sexo. Ao mesmo tempo, recebeu convite da Globo para atuar na próxima novela das 18 horas, *Anjo Mau*. Enquanto isso, em *Xica da Silva* houve participações especiais de Cicciolina e Roberta Close.

• Marcos Hummel deixa o *Manchete Verdade* e passa a apresentar o *Jornal da Manchete* ao lado de Márcia Peltier. Ronaldo Rosas entrou em seu lugar no programa. Com a ida de Hummel para a Bandeirantes, Florestan Fernandes assumiu o *Na Rota do Crime*, agora com edições diárias, e Márcia Peltier voltou a apresentar sozinha o *Jornal da Manchete*.

• **Junho** – No final do mês, Florestan passou a fazer também reportagens para o *Câmera Manchete*. Na mesma época, a equipe de Walter Avancini foi a Lisboa gravar o último capítulo de *Xica da Silva*, a cena do casamento da vilã Violante (Drica Moraes) com o contratador de escravos João Fernandes (Victor Wagner). A Manchete contratou 20 figurantes portugueses com o apoio da TVI.

• **11 de agosto** – Terminadas as gravações de *Xica da Silva*, boa parte dos atores já começaram a gravar *Mandacaru,* que entrou no ar no dia 12 de agosto estacionando nos oito pontos de audiência. No primeiro capítulo, Alceu Valença e Daniela Mercury fizeram participação especial interpretando o casal de cangaceiros Lampião e Maria Bonita.
• **Agosto** – A direção contratou Homero Salles, ex-diretor do *Domingo Legal* (programa de Gugu Libertato no SBT e campeão em audiência), para criar uma faixa de programas dominicais.
• **23 de agosto** – Estreou o programa *Sula Miranda Show.* Aos sábados também, dois meses depois, surgiu o programa musical *Mexe Brasil,* com Marcelo Augusto.
• **31 de agosto** – Ao mesmo tempo em que a emissora investiu em programas populares, colocou no ar *Clássicos em Manchete*, à noite, uma série de 12 programas com apresentação de Salomão Schwartzman e concertos do Maestro Hebert von Karajan.
• **1º de setembro** – Cláudia Barthel assumiu o comando de *Manchete Verdade* e foi batizada pelos colegas de *a Bela da Noite.* O telejornal em pouco tempo se transformou em *Edição da Noite*, tendo como cenário a redação do departamento de jornalismo. Barthel entrou no lugar de Ronaldo Rosas.
• **13 de setembro** – Começou o programa *Sandy & Júnior Show*. Quatro dias depois, *Sérgio Reis do Tamanho do Brasil.*
• **19 de setembro** – O *Clube da Criança* ganhou mais um apresentador, o Coelho Dentuço, uma grande marionete que conversava com Debby. Já nos primeiros dias foi lançada a promoção para a escolha do nome do coelho, interpretado pelo ator Isaías José.
• Surgem rumores de que Gugu Liberato estaria interessado em comprar a Manchete. Outra notícia que circulava era a de que a cabeça-de-rede retornaria a São Paulo.
• **13 de outubro** – O cantor Tiririca tornou-se protagonista de *A Vila do Tiririca*, programa infantil exibido de segunda a sexta, no início da noite, tendo no elenco dez parentes seus e participações especiais. O programa pareceu ser uma versão de Chaves passada nas favelas dos morros cariocas mas, ao contrário do mexicano, não fez sucesso.
• **Outubro** – Paulo Coelho cedeu os direitos de adaptação de *Brida* para novela, que seria apresentada às 20 horas, o novo horário de teledramaturgia da emissora havia sido novamente modificado. *Brida* iria ao ar a partir de 1998, conforme a Manchete. Paulo Coelho só autorizou a cessão dos direitos pela antiga amizade e confiança em Walter Avancini. Nessa época, Drica Moraes foi a opção para viver a protagonista Brida O' Fern.
• **Outubro** – *Mandacaru* sofreu uma transformação na primeira semana. O bando de Tirana (Victor Wagner) foi morto pelo do cangaceiro Zebedeu (Bemvindo Sequeira) – personagem que acabou ganhando grande

destaque na trama com seu jeito cômico. Entraram na novela Marília Pêra, Elba Ramalho e Agildo Ribeiro. E a novela foi se estendendo.

- **19 de outubro** – Estreou *Domingo Milionário*, dirigido por Homero Salles e com apresentação de J. Silvestre, as crianças Luís Fernando Bacci e Isabela Veiga, Thunderbird e Marcelo Augusto. Debby fez parte da primeira edição do programa que era gravado nos estúdios de São Paulo, que cada vez mais produzia programas para a rede.
- **2 de novembro** – Pedro Bismark, o *Nerso da Capitinga*, começou a apresentar um quadro com seu personagem no *Programa de Domingo.*
- *Perdidos na Tarde*, programa de Thunderbird e Marcelo Augusto no *Domingo Milionário,* despertou a crítica do público. Depois de 14 anos exibindo uma programação elitista ou com classe, a Manchete mostrava belas garotas lambuzadas de gel lutando em um ringue, um anão como juiz e outras atrações pitorescas como o sushi erótico.
- **05 de dezembro** – O técnico Zagallo ancorou o esportivo *Bate Bola com Zagallo*, respondendo a perguntas sobre futebol a Paulo Stein e aos telespectadores, que concorreram a prêmios através do Disque 0900.
- **24 de dezembro** – A Manchete encerrou o ano com o especial *Surpresa de Natal*, com apresentação de Tiririca e a participação de 340 crianças carentes da Fundação Romão Duarte, do bairro do Flamengo. Foi ao ar às 22h40, antes da Missa do Galo. No ar também estava a campanha *Natal Feliz*, com todos os apresentadores da emissora, e que tinha como intuito arrecadar dinheiro também para as crianças carentes. A Manchete tinha o apoio da Fundação Renascer em Cristo, que até então só comprava espaços para seus programas na grade de programação da Manchete.
- Avancini gravou os capítulos iniciais de *A Queridinha*, com Debby com a idéia de estrear a novela em março de 1998.
- A emissora se preparou para exibir os Jogos Olímpicos de Verão em janeiro e para comprar os direitos da Copa do Mundo de 98.

Com um faturamento de R$ 120 milhões, pouco menos que a metade do que havia sido arrecadado no ano anterior, a emissora entrava numa nova fase mas já não conseguia se segurar na posição que havia alcançado.

Meteoro de Pégasus!

Em setembro de 1994, estreava na Manchete o desenho animado *Os Cavaleiros do Zodíaco*, grande sucesso de audiência e público. A atração foi descoberta por Eduardo Miranda, diretor da divisão de cinema (responsável pelos desenhos).

As aventuras dos jovens cavaleiros de bronze Seiya de Pegasus, Shiryu de Dragão, Hyoga de Cisne, Shun de Andrômeda e Ikki de Fênix misturavam às lutas, fundamentos de mitologia grega, astronomia, astrologia e de tudo o mais que se possa imaginar. Eram impagáveis personagens como o Cavaleiro de Ouro Afrodite de Peixes. Se na mitologia grega Afrodite é a deusa da beleza, já no desenho o cavaleiro era um homem, com jeito um tanto afeminado que se utilizava de rosas para afetar seus opositores. O desenho teve várias temporadas, o que para a Manchete era uma dádiva, já que permitia sua recuperação em audiência e em retorno comercial.

A abertura do seriado tinha uma música inspirada na trilha original feita no Japão – a versão em português foi composta especialmente por Mário Lúcio de Freitas (da Gota Mágica), para a Manchete. O nome da canção era *Os Guardiões do Universo*, que não foi reutilizada nas exibições mais recentes de *Os Cavaleiros do Zodíaco*. Dizia: *Os Guardiões do Universo hão de vencer o mal, / O seu destino é combater, por um mundo ideal. / Cavaleiros do Zodíaco, lutadores com poder astral,/ Se o inimigo é demoníaco, sua luta é mortal./ Cavaleiros do Zodíaco, trazem dentro do seu coração,/ A coragem de um vencedor e a vitória na canção.*

Uma onda dos Cavaleiros invadiria o mercado em forma de quebra-cabeças, discos, fantasias, álbuns de figurinhas, estampas no verso de cartas de tarô (!), estojos, camisetas, ovos de Páscoa, enfeites para festa infantil, cartões telefônicos, *mousepads*, jogos, balas, tazos (outra febre da época) e capas de cadernos. Em menos de um mês, as principais lojas e supermercados do País entupiram suas prateleiras de brinquedos com bonecos dos cavaleiros, confeccionados pela empresa Bandai, muito embora já circulassem cópias piratas dos bonecos – a metade dos intervalos comerciais da Manchete, entre um bloco e outro do seriado, era ocupada por propagandas da empresa.

Havia várias revistinhas também. Uma se deu muito bem com a onda: a Revista Herói. A publicação chegou a vender 1 milhão de exemplares por semana. Foram publicadas 33 capas e três pôsteres sobre *Os Cavaleiros do Zodíaco*, disputadas a tapas.

O desenho ficou no ar de 1994 a 1999 e suas temporadas foram reprisadas exaustivamente, exibidas em dois horários, no meio da manhã e nos finais de tarde. A consolidação de *Os Cavaleiros do Zodíaco* fez com que os animes ganhassem espaço na televisão brasileira, sendo a Manchete responsável por uma grande leva, que veio em decorrência desse sucesso. Foram exibidos, por exemplo, *Sailor Moon*, *Shurato*, *Samurai Warriors*, *Yuyu Hakusho*, entre outros. A emissora foi ainda a primeira a investir na exibição de animes no Brasil, na década de 80, quando levou ao ar *Patrulha Estelar* e *O Pirata do Espaço*, dentro do *Clube da Criança*. O anime foi o último grande sucesso da Manchete em sua faixa infanto-juvenil. Os que o sucederam tiveram certo sucesso, mas não a mesma repercussão que *Os Cavaleiros do Zodíaco*.

Silêncio

• **Rio de Janeiro, 12.11.1995** – Adolpho Bloch sentiu um mal-estar e foi para São Paulo realizar um *check-up* geral no Hospital da Beneficiência Portuguesa. Foi internado assim que chegou.

• **São Paulo, 19.11.1995** – Após uma semana de internação, Adolpho foi submetido a uma cirurgia para corrigir problemas na válvula mitral. Durante a operação, às 3h10 da madrugada, ocorreu uma disfunção na válvula, seguida de embolia pulmonar. Morria Seu Adolpho aos 87 anos.

Osmar Gonçalves falou sobre o que aconteceu, após receberem a notícia do falecimento do patrão: *Eu e Mauro Costa nos reunimos no 4º andar para tomar as providências e definir como seria a programação do dia seguinte. Disse que não iríamos parar a emissora, ficar de luto totalmente. O Adolpho não ia querer que fizéssemos isso se fosse vivo.*

Ficou combinado, então, que só os noticiários iriam falar sobre a morte de Adolpho Bloch e que teriam *links* do velório.Também foi acertado que o velório seria feito no grande *hall* do Edifício Manchete, na Rua do Russel, 804. O caixão seria colocado próximo à imensa escultura de Krajcberg. De São Paulo, o corpo seguiu para o Rio de Janeiro de avião, com acompanhamento de amigos e personalidades, entre eles o

então prefeito da cidade, Paulo Maluf. No Rio, Osmar Gonçalves e Alan Caruso receberam o corpo no aeroporto e providenciaram o traslado até o saguão do Russel.
A nota de falecimento de Adolpho Bloch, registrada nos principais jornais do País, dizia:

ADOLPHO BLOCH 1908-1995

A FAMÍLIA MANCHETE, seus diretores, jornalistas e funcionários comunicam o falecimento do inesquecível Diretor-Presidente ADOLPHO BLOCH, e convidam para o seu sepultamento hoje, segunda-feira, às 14 horas, no Cemitério Israelita (Velho), em Vila Rosaly. O féretro do Edifício-Sede da MANCHETE, à Rua do Russel, 804, na Glória, Rio de Janeiro, às 13 horas. (Pede-se não enviar flores).

Aos poucos, começaram a aparecer no Russel muitas pessoas, conhecidas e não, que se amontoaram como um grande formigueiro junto ao caixão. O velório se estendeu por todo o dia e passaram por lá os donos das demais redes, como João Jorge Saad (Bandeirantes) e Roberto Marinho (Globo), além de todas as grandes revelações da Manchete: Xuxa, Angélica, Cristiana Oliveira, Maitê Proença e tantos outros. Bloch sempre foi um homem de muitos amigos e estavam todos lá, no lugar que mais gostava, a sua casa, a casa da Manchete: familiares, políticos, companheiros da comunidade judaica, jornalistas, intelectuais, artistas, personalidades.
A Manchete não parou. Seu Adolpho estava morto e ao mesmo tempo vivo naquele saguão. Vivo nos jornalistas da *Revista Manchete* e nos câmeras e repórteres da Rede Manchete que, de cabeça erguida, continuaram trabalhando normalmente, mostrando para todo Brasil aquela união em sua volta. Como um coro, nos depoimentos, muitos disseram: *A Rede Manchete morreu aquele dia e nunca mais foi a mesma*. Aquela empresa era a vida de Adolpho Bloch e faltaria sua presença dali para frente, a presença de um sujeito que aliava o sonho a seus empreendimentos, que conseguia com esforço em equipe concretizar suas metas.
No dia 20, o carro do Corpo de Bombeiros saiu do Russel levando o caixão de Adolpho Bloch que seguiu para o Cemitério Israelita de Vila Rosaly. Lá, os rabinos Eliezer Stauber e Gabriel Abdtoul entoaram o Salmo 16 da Bíblia. Zevi Ghivelder, Salomão Schvartzman, Abraão Bentes (do Conselhor Israelita), o empresário Israel Klabin, Yakov Kenon (embaixador de Israel) e o escritor Pedro Bloch discursaram no enterro. Klabin durante sua homenagem, misturou à terra brasileira pedras que trouxe de Jerusalém.
Na Rede Manchete, a morte de Adolpho Bloch foi mostrada assim:

19.11.1995 – 20 horas – TV Manchete – Programa de Domingo – Ronaldo Rosas: *O Programa de Domingo está começando. Infelizmente, começando sem um espectador fiel e ilustre. Adolpho Bloch já não está entre nós. Ele nos disse adeus esta madrugada. E hoje, o Programa de Domingo não pode oferecer alegria (...) só aquele vento frio, frio e cortante que varre passarelas e todas as casas de espetáculo do mundo. Só tristeza e uma saudade difícil de contar. Saudade que chega a doer. Obrigado por tudo, Seu Adolpho. E o programa desta noite, é mais do que nunca, dedicado ao senhor. Descanse em paz, Adolpho Bloch. Acreditar na força do trabalho. Transformar desafios em realizações. A trajetória de Adolpho Bloch, é com certeza, uma grande lição de vida.*
20.11. 1995 – 12h30 – Edição da Tarde – Carlos Bianchini: *Rio de Janeiro, São Paulo, Belo Horizonte, Fortaleza e Recife. Desde o início* (Adolpho Bloch) *fez questão de produzir uma programação de alto nível artístico e técnico. (...)Marcado pela tradição da Revista Manchete, que sempre deu ao Carnaval uma cobertura de repercussão internacional, Adolpho se preocupou em que a Rede Manchete se destacasse pelas transmissões da grande festa popular.Ao inaugurar a teledramaturgia,*

Adolpho Bloch pensou grande. Sempre sugeriu temas históricos, do porte da Marquesa de Santos e de Dona Beija, dois sucessos de época, e pessoalmente, criou a novela Kananga do Japão, da qual foi autor da idéia e colaborador da sinopse e do roteiro, sendo esse o maior sucesso da rede, só superado por Pantanal.Dois lemas marcaram sua trajetória pessoal e profissional. Sempre disse: o importante não é ser, ter ou parecer; o importante é fazer, construir, desenvolver. *Uma plaquinha em sua mesa lembrava outro de seus lemas favoritos:* a vida só é digna de ser vivida, quando se faz algo pela vida, em vida. *Em vida, Adolpho Bloch fez muito pela vida. Foi um fanático da vida, e com ela, escreveu a história do menino de Kiev, que se tornou brasileiro e carioca. E soube marcar o seu tempo com o exemplo do trabalho e do otimismo. Escreveu a biografia de um sucesso.*

Cenas dos Últimos Capítulos

Após a sua reestruturação, a Manchete voltou a investir na produção de novelas em 1995.

Tocaia Grande – Em 16 de outubro, às 21h45, *Tocaia Grande* surgiu com ares de superprodução. A emissora gastou mais de US$ 6 milhões para recriar o sertão da década de 1920 com a construção das cidades de Tocaia Grande e Itabuna em Maricá, além de produzir 80 cenários diferentes e contar com 70 artistas contratados e mais de 200 figurantes.
A história acompanhava o surgimento de um vilarejo no Sul da Bahia que logo passou a ameaçar a cidade vizinha, Itabuna dos coronéis. A história era cheia de personagens fortes, como Natário (Roberto Bonfim), o jagunço que quer ser coronel; Boaventura Amaral (Carlos Alberto), um coronel poderoso e ao mesmo tempo frágil, por estar sempre apaixonado por suas quengas; Elias Daltro (Leonardo Villar), o grande coronel rival de Boaventura na política; Aurélio, o ex-seminarista que, contra a sua vontade, deve se transformar em jagunço; Júlia Saruê (Tânia Alves), a prostituta andarilha jurada de morte – assim como suas filhas, Ressú (Giovanna Antonelli), a filha do padre, Bernarda (Taís Araújo), a paixão proibida de Natário, e Sacramento (Gabriela Alves), nascida para ser quenga de coronel; ou ainda o jovem coronel Felipe Sampaio (Victor Wagner), atormentado por seu compromisso de matar a mulher que ama.
A Manchete, que já era conhecida por ter revelado novos talentos da teledramaturgia, trazia com a novela os jovens: Alexandre Zácchia, Dalton Vigh, Gabriela Alves, Jackson Costa, Giovanna Antonelli, Tiê Alves, Taís Araújo e Victor Wagner. Alguns já tinham passado por uma ou duas novelas, outros por campanhas publicitárias. Entre os nomes, uma velha conhecida da Manchete: Cinthya Rachel, do infantil *Cometa Alegria,* agora adolescente, que dizia à imprensa que não faria cenas de

REDE MANCHETE APRESENTA

de Jorge Amado

Tocaia Grande

Na Itabuna dos anos 20, os Coronéis Daltro e Boaventura travam uma sangrenta guerra, em que morrem quase cem homens. A prostituta andarilha Júlia Saruê salva a vida do braço-direito de Boaventura, o Capitão Natário, e em troca exige que ele cuide de suas quatro crianças. Dez anos depois a prostituta Saruê volta para ver os filhos: Aurélio, seminarista que vai virar jagunço; Bernarda, que desperta paixões; Sacramento, cunhã do Coronel Robustiano; e Ressu, que vive com o padre. Começa, então, a vingança dos coronéis, numa das mais emocionantes tramas já criadas .

nudez. Outro nome em *Tocaia Grande* era o de Carla Regina, estreando na televisão e que aos poucos ganharia espaço na teledramaturgia da emissora. Ana Cecília e Joana Limaverde também foram reveladas nessa novela.

No final de 1995 os índices de audiência estavam longe do esperado. Adolpho Bloch, ainda vivo, resolveu demitir Régis Cardoso que cuidava da reimplantação do núcleo e contratou Walter Avancini para substituí-lo e que provocou uma revolução na trama: reescreveu 80 capítulos, tirou personagens, criou outros, mexeu na luz, no som e nos cenários. Resultado: a partir do 36° capítulo, *Tocaia* adquiria a composição de planos acuradíssima, um repertório variado de climas emocionais e sugestões significativas. E logo a audiência subiu. A fama de temperamental e exigente de Avancini vinha de longa data e ele concordava: *Exijo disciplina, colaboração e criatividade de todos os que trabalham comigo. Dos atores, quero mais ainda. Não gosto de discursos, procuro não ser redundante. O ator tem que dominar o personagem lá dentro.*

Nessa nova fase, a história foi centralizada em Felipe Sampaio (Victor Wagner), um dos personagens mais malvados e sem caráter da história que, com a ajuda da cegueira (e das mãos de Avancini) tornou-se mais flexível por causa do público. O personagem começou a chamar mais a atenção ao usar uma faixa preta sobre o olho cego.

Não foi um sucesso, mas *Tocaia Grande* atingiu uma média de 10 pontos no Ibope e ajudou significativamente na reestruturação da Manchete, que agora se sentia pronta para vôos maiores e novas superproduções.

Xica da Silva – As candidatas ao papel da escrava eram inúmeras mas foi Taís Araújo, que tinha trabalhado em *Tocaia Grande*, quem ficou com o papel. Praticamente a mesma equipe continuava na direção da novela, com exceção dos autores. No lugar de Walter George Durst, Marcos Lazarini, Duca Rachid e Mário Teixeira que foram para o SBT, entrou Adamo Angel, que a Manchete apresentava como historiador e que tinha feito curso de roteiro em Berkeley, nos Estados Unidos. Como ninguém o conhecia, nem mesmo os profissionais da Manchete, o mistério despertou a atenção da imprensa e do público sobre a novela. Só em 1997 foi revelado o verdadeiro nome de Adamo Angel: Walcyr Carrasco, até então funcionário do SBT.

A novela estreou em 17 de setembro de 1996, às 21h30, e logo garantiu boa audiência no horário, com média de 17 pontos. No elenco estavam também Carlos Alberto, Giovanna Antonelli, Victor Wagner, Ângela Leal, Dalton Vigh, Carla Regina, Bemvindo Sequeira, entre outros. Victor Wagner, pelo bom desempenho em *Tocaia Grande*, foi chamado para fazer o contratador de escravos João Fernandes, que se apaixonou por Xica. Drica Moraes faria Violante, a noiva do contratador e antagonista da história e Zezé Motta (a Chica da Silva do cinema) seria Maria, a mãe de Xica.

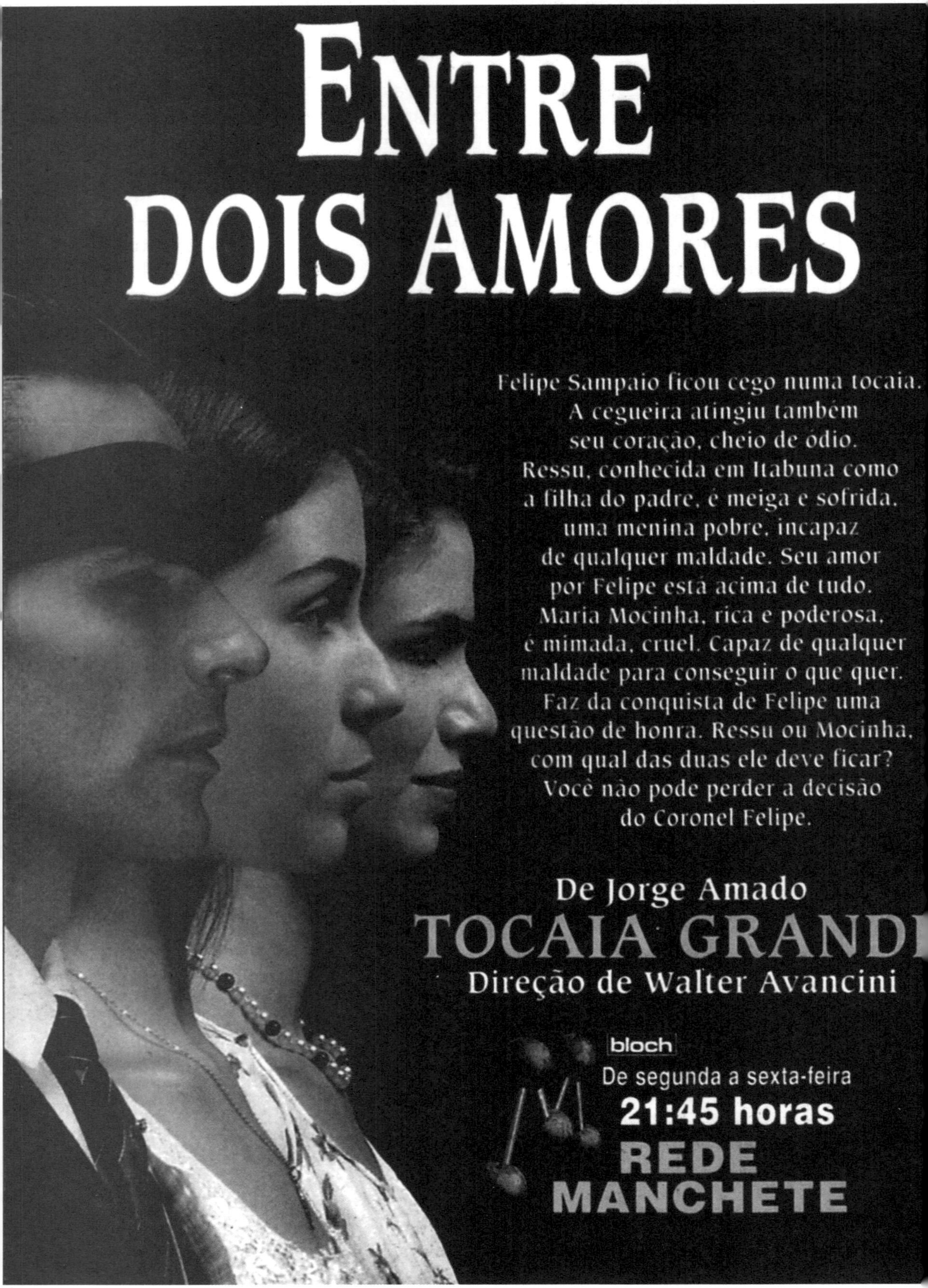
ENTRE
DOIS AMORES
Felipe Sampaio ficou cego numa tocaia.
A cegueira atingiu também
seu coração, cheio de ódio.
Ressu, conhecida em Itabuna como
a filha do padre, é meiga e sofrida,
uma menina pobre, incapaz
de qualquer maldade. Seu amor
por Felipe está acima de tudo.
Maria Mocinha, rica e poderosa,
é mimada, cruel. Capaz de qualquer
maldade para conseguir o que quer.
Faz da conquista de Felipe uma
questão de honra. Ressu ou Mocinha,
com qual das duas ele deve ficar?
Você não pode perder a decisão
do Coronel Felipe.
De Jorge Amado
TOCAIA GRANDI
Direção de Walter Avancini
bloch
De segunda a sexta-feira
21:45 horas
REDE
MANCHETE

Ângela Leal (acima), Victor Wagner e Giovanna Antonelli (abaixo), em Tocaia Grande

Carlos Alberto (acima) e Taís Araújo (abaixo), em Tocaia Grande

Edwin Luisi e *Leonardo Villar (acima), e uma tomada da cidade cenográfica (abaixo), de* Tocaia Grande

A história tinha personagens curiosos, como Zé Maria (ou Zé Mulher), interpretado por Guilherme Piva, o primeiro homossexual *de época* da teledramaturgia brasileira e, quem sabe, mundial. Clara (Adriane Galisteu) era outro personagem chamativo por causa das cenas sensuais e de nudez.

A novela se passava no Arraial do Tijuco (nome antigo de Diamantina, MG) do século 18 e mostrava a vida de Xica e da mãe, escravas do Comendador Felisberto Caldeira (Reynaldo Gonzaga), que as vende para um bordel. A garota era esperta e acaba sendo vendida para o Sargento-Mór Tomaz Cabral (Carlos Alberto), pai de Violante. João Fernandes, noivo da patroa de Xica, apaixona-se pela escrava e a transforma em uma dama da sociedade, mas acaba se casando com Violante, mesmo depois de ter espalhado sua relação com Xica para todo Arraial do Tijuco. Ele então leva Violante para Portugal e a deixa na Europa, voltando ao Brasil para morar com Xica.

Xica da Silva teve gravações em Maricá, Água Grande, na cidade mineira de Diamantina e em Portugal, nos capítulos finais.

Mandacaru – A novela estreou em 12 de agosto de 1997, às 21h30, e girava no universo do cangaço. No elenco, quase todos que estavam em Xica: Victor Wagner (Tirana), protagonista pela terceira vez, Carla Regina (Juliana), Murilo Rosa (Tenente Aquiles), Bemvindo Sequeira (Zebedeu), Guilherme Piva (Frei Dodô), Teresa Sequerra (Dinda), Carlos Alberto (Padre Waldeck), etc. Daniela Mercury e Alceu Valença fizeram participação especial como Maria Bonita e Lampião no primeiro capítulo, quando foram mortos.

A novela contava a história de Tirana (Victor Wagner), afilhado de Lampião, que tem como missão não deixar morrer o sonho do cangaço. Em represália ao todo-poderoso Coronel Honorato (Jonas Mello) seqüestra sua filha Juliana (Carla Regina), por quem acaba se apaixonando. Em busca de sua noiva Juliana está o Tenente Aquiles (Murilo Rosa). Do outro lado da história, surge o bando de cangaceiros de Zebedeu (Bemvindo Sequeira), que quer ser o verdadeiro líder do povoado.

Voltando aos bastidores, o desempenho de Carla Regina na novela chamou a atenção da imprensa, principalmente pelo realismo com que interpretava Juliana, tanto que era considerada a sucessora de Taís Araújo na emissora. Na cena do rapto de Juliana, a atriz ficou por diversos capítulos presa no alto de uma tora, onde seria queimada viva. No terceiro capítulo, a atriz aparecia com um novo visual, o cabelo cortado à faca: *Para me preparar, o Avancini dizia que iriam raspar minha cabeça. Imagina quando a cena acabou e vi aquele monte de cabelo no chão, tive medo de me olhar no espelho. (...) Este visual é mais agressivo, o que me deu mais força. Agora só corto os cabelos com o Victor Wagner!*

Taís Araújo em Xica da Silva

Esse mesmo realismo da atriz poderia ser visto nos colegas. A caracterização do sertão, as caras de cansaço, a sujeira nas roupas e aquela pele oleosa demonstravam o cuidado de todo núcleo de teledramaturgia em dar vida à novela. *Mandacaru* conseguia fazer com que o telespectador sentisse calor com aquele visual.

Nas gravações, o ator Déo Garcês (Godê) quebrou o braço e Victor Wagner e Carla Regina caíram do cavalo.

Para infelicidade da Manchete, a novela depois do primeiro mês foi perdendo a audiência e Avancini, uma vez mais, resolveu modificar os rumos da história. Honorato sofreu um derrame, o bando de Tirana foi praticamente extinto e com um coadjuvante surpreendeu o público, a novela começou a rodar em torno dele: o cangaceiro Zebedeu (Bemvindo Sequeira). Quando seu bando toma a cidade de Jatobá e faz Tirana de refém, Victor Wagner ficou enterrado na areia, apenas com a cabeça para fora. Benvindo ganhou a simpatia do público graças a seu lado cômico. Na hora de matar as pessoas, usava o bordão: *Não me queira mal, porque eu só sei lhe querer bem*. Outro personagem cômico era o Frei Dodô (Guilherme Piva), claramente inspirado na figura de Frei Damião.

Nessa mudança da trama, além de cenas de nudez que ajudaram a aumentar o Ibope, outros artistas começaram a fazer participações especiais. Foi caso de Marília Pêra que contracenou com a filha Esperança Motta e com a irmã Sandra Pêra, de Agildo Ribeiro, Tânia Alves e até Roberta Close e Elba Ramalho. O autor era Carlos Alberto Ratton – com apoio de com Zeno Wilde, Yoya Wursh, Clóvis Levy e Leila Miccolis – e do elenco faziam parte algumas modelos como Melissa Mel e Gisele Fraga. Alexia Dechamps conseguiu livrar-se do posto de eterna coadjuvante e ganhou um papel mais consistente, onde mostrou talento.

Mandacaru foi a novela mais longa dos últimos tempos – 259 capítulos – e teve um extenso elenco. O esforço, porém, não foi em vão. Na reta final, a Manchete – que não passava dos sete pontos de audiência – abocanhou oito, com picos de dez. Um feito que a emissora comemorou e que creditou ao diretor Walter Avancini.

Brida – Inspirada no *best-seller* de Paulo Coelho, acreditava-se que *Brida* iria salvar a Manchete de uma nova crise que já dava seus primeiros sintomas. Como o primeiro capítulo da novela teria gravações na Irlanda, *Mandacaru* teve que se alongar. Outro problema era achar uma protagonista. Drica Moraes, cogitada, tinha assinado com a Globo; Christine Fernandes, outra opção, em junho de 1998 se desentendeu com a direção da novela. Teresa Seiblitz chegou a ser convidada mas o papel acabou ficando mesmo com Carolina Kasting, que havia se destacado em *Hilda Furacão*, na Globo. Outros nomes conhecidos do grande público foram contratados, como Rubens de Falco (Bruxo Vargas), Leonardo Vieira (Lorens), Othon Bastos (Fradique), Nádia Lippi

Uma história de paixão e sangue no sertão.
Amor e ódio, injustiça e camaradagem
na cidade de Jatobá o que não falta é coragem.
Para os oprimidos fé na igreja e enxada na mão
em Mandacaru, a história do Brasil sertão.
Mandacaru
A nova novela da Rede Manchete.
De segunda a sexta, 21h30.
Direção: Walter Avancini

Daniela Mercury a Alceu Valença como Maria Bonita e Lampião, em Mandacaru

(Leonor), Guilhermina Guinle (Priscila e Eileen), Edney Giovenazzi (Patrick), Bete Mendes (Diva) e outros.

Em São Paulo e Rio de Janeiro, *Brida* teve grande divulgação em *outdoors* e campanhas impressas. Kasting teve seu rosto estampado em todos os veículos possíveis. O slogan da campanha da DPZ era: *Brida. Talvez um dia você seja igual a ela: Diferente*.

Os investimentos por capítulo eram da ordem de US$ 45 mil e com os anunciantes existia um contrato de risco: só haveria patrocínio se o Ibope de *Brida* chegasse a cinco pontos. A Manchete prometeu ao mercado dez pontos e como não atingiu a meta, tiveram que veicular anúncios a mais do que o valor pago, sem ganhar nada.

A história começa na Irlanda do século 17, onde *Brida* e suas amigas bruxas exercitavam seus dons. É quando um poderoso bruxo,Vargas, se aproxima do grupo e *Brida* passa a fugir dele. Trezentos anos depois, a trama passa dos tempos medievais na Irlanda para as praias do Rio de Janeiro. Vargas, ao contrário de *Brida*, é imortal e pressente que *Brida*, a única que poderia destruí-lo, reencarnou na pele de uma moça com o mesmo nome. Vargas vem ao Brasil e torna-se sócio da empresa do pai de *Brida*. Mística, a nova *Brida* descobre que possui dons especiais, inclusive o da vidência, e salva o namorado que queria se atirar de um penhasco.

Brida estreou em 11 de agosto, às 19 horas e por causa da falta de audiência, mudou para às 22h20 um mês depois. O horário eleitoral prejudicou a novela e em setembro começaram os cortes de pessoal na emissora. Victor Wagner, Carla Regina, Tânia Alves e até mesmo o apresentador do *Jornal da Manchete*, Augusto Xavier, entraram na trama para tentar alavancar a audiência, mas em vão. Nem cenas de convenções de bruxos em um campo aberto e de sexo grupal seguravam a audiência. Sem saber para onde mirar, o núcleo de teledramaturgia atirava para qualquer lado e as gravações foram interrompidas com freqüência. Paulo Coelho, que estava feliz por ver sua obra adaptada, mostrava-se descontente com o que via no ar.

Em outubro começaram as greves e 30 atores de *Brida* foram até a Justiça do Trabalho pedir salários atrasados. No dia 15, os estúdios de Água Grande foram desativados e quatro dias depois o elenco organizou uma manifestação na frente do Sindicato dos Artistas e Técnicos do Rio de Janeiro (SATED).

Na programação da Rede Manchete começaram a ser exibidas chamadas da reprise de *Pantanal.* O telespectador, que garantia três pontos de *Brida* no Ibope, ficou totalmente perdido. Então, em um fim de semana, foi ao ar um capítulo com um resumo de cenas antigas editadas e poucas cenas gravadas. Imagens congeladas e até mesmo repetidas. Toda seqüência foi narrada por Eloy Decarlo, locutor oficial da Rede Manchete. O desfecho de *Brida,* baseado no que foi passado à imprensa, foi o seguinte: *a morte de Vargas termina em festa. Lorens e Mariano estão lá. Brida tem que decidir qual dos dois é sua verdadeira metade. Ela escolhe Lorens e diz a Mariano que é uma pena, mas quem sabe numa outra encarnação eles ficarão juntos. FIM.*

Sexta-feira, 23 de outubro de 1998. Quinze anos, um mês, dois dias e quarenta e cinco minutos. Esse foi o período exato entre a estréia de *Marquesa dos Santos* (1984), primeira produção em teledramaturgia da emissora, e o último capítulo de *Brida.* No dia 26 de outubro, entrou no ar a reprise do maior sucesso da emissora, *Pantanal.* E a teledramaturgia da Manchete morreu junto com a emissora exibindo o seu maior troféu.

Carla Regina, a última grande revelação da teledramaturgia da Rede Manchete, fala dessa fase:

Senhorita Juliana

Eu gravei muito em Água Grande e Maricá, que era a cidade cenográfica da Manchete. Trabalhei quatro anos, de 97 a 99, fiz uma novela seguida da outra, foi onde comecei. Fui fazer um teste com o Avancini pra novela Tocaia Grande, justamente na época em que ele estava entrando na Manchete. Não o conhecia. Ele gostou do meu trabalho e fiz Tocaia Grande, Xica da Silva, Mandacaru e Brida.

O Avancini é aquela pessoa extremamente séria e foi superquerido comigo. Tenho ótimas recordações da Manchete, é um lugar que gostei muito de trabalhar. A estrutura, as pessoas, o lugar onde eu comecei, então eu tinha esse carinho muito grande por lá, pela Manchete.
Tive momentos muito marcantes na época da Manchete. Fui enterrada viva em Xica da Silva, quase fui queimada como Joana D´Arc em Mandacaru. Foi uma loucura porque foi fogo de verdade mesmo e fiquei presa realmente lá em cima e com o fogo a minha frente.
A Juliana de Mandacaru foi a minha primeira protagonista. Um universo muito rico, muito bacana de se trabalhar porque tratava justamente do cangaço. Minha personagem era uma mocinha que acabava virando uma cangaceira, então foi uma transformação brutal. Quando eu comecei, o Victor Wagner já estava na novela Tocaia Grande, era o protagonista. Todas as novelas que fiz na Manchete eu fiz com o ele.
No início de Mandacaru, a gente estava gravando no interior da Bahia. E era uma cena que eu tinha que estar no cavalo com o Victor. Lá não era chão compacto de terra, era areia fofa, e levamos vários tombos. Então, a gente criava um galo na cabeça e aí vinha uma pessoa que colocava uma faca pra abaixá-lo pra continuar a gravar. Foram momentos marcantes desse episódio, de cair do cavalo, de ter várias escoriações.

Até porque a minha personagem pedia isso. Como ela era uma cangaceira, saía estropiada das cenas.
Com o público, foi um relacionamento excelente. O que marcou logo no início foi a Das Dores, de Xica da Silva, minha segunda novela profissionalmente e na Manchete. Muita gente comenta até hoje a Das Dores e a Juliana de Mandacaru. As pessoas tinham muita pena da Das Dores, porque ela chorava muito, sofria muito, passava por muitos perrengues. Acho que por isso que marcou tão bem.
O Bemvindo Sequeira, amo de paixão, é uma figuraça, adoro trabalhar com ele. E acho que foi muito bacana a fase dele na Manchete, em que ele fez o Zebedeu, o lado cômico de Mandacaru. Ele fazia a gente rir. Na vida, ele já é uma pessoa cômica, então, a gente tinha que estar muito ligada na cena, senão desconcentrava, ria. Nos bastidores era uma loucura.
Diva, de Tocaia Grande, foi a minha primeira personagem. Era uma menina retirante que vinha do interior da Bahia com a família do Bemvindo, ele fazia meu pai. Nós entramos no capítulo trinta, e ficamos até o finalzinho.
Brida tinha tudo pra ser muito bacana. A história era muito boa, todo mundo conhece. Mas foi uma época que a Manchete não estava legal, quebrou e infelizmente a novela terminou no meio. Elisa era uma personagem deliciosa, toda mística. Eu tenho isso. Sou mística, esotérica e tal. Então tinha tudo a ver. Pena que a novela não vingou.

O fim foi péssimo, profissionalmente e financeiramente também, foi um momento muito chato. Tinham reuniões sobre o que estava acontecendo com a empresa.Eu acho até que se a Manchete não tivesse quebrado naquela época, eu teria continuado por lá um bom tempo. Meus últimos dias na Manchete foram os de manifestações, de parar, de não gravar, mas engraçado é que esses momentos ruins não são muito importantes para mim. Eu só lembro dos momentos bons que eu tive, meu trabalho inteiro, o Avancini.
Eu só tenho recordações boas da Manchete. Avancini era queridíssimo, uma pessoa que acreditou no meu talento, acreditou no meu trabalho e tinha projetos até pra depois de Brida. Eu ia ficar contratada. Terminei Mandacaru, ia ficar parada na época de Brida para voltar depois como protagonista numa próxima novela. Eu, o Murilo Rosa, o Victor Wagner e o Guilherme Piva éramos os contratados da casa.
Onde eu mais conquistei amizades foi na Manchete. São amizades que tenho até hoje, porque é tudo muito descartável em novela, quando termina, vai cada um para um lado para outro trabalho. Mas na Manchete não, era muito família. Por isso, eu falo que se a Manchete não tivesse quebrado ia continuar lá por um bom tempo. Eu adorava trabalhar lá. Tem várias pessoas guardadas dentro do meu coração.
Para mim, a Manchete foi muito importante em todos os sentidos. As pessoas que conheci, os trabalhos que fiz, os diretores com quem trabalhei, tudo foi extremamente importante na minha vida. Saudades daquele tempo. Quando reencontro um colega daquela fase, é inevitável não comentar da Manchete.
Aos fãs daquele tempo, que guardem com muito carinho os personagens que eu fiz.

Carla Regina

Para quem você tira o chapéu?

Em 1996, com certeza teríamos que tirar o chapéu para a própria Manchete que acreditava na popularização de sua programação, mas de forma que não descesse o nível. Foi assim que escolheram, para administrar essa nova fase, Raul Gil que faz sucesso em qualquer emissora em que esteja.
O *Programa Raul Gil,* uma parceria da Manchete com a Luar Produções, empresa do apresentador e de seu filho, Rauzito, era gravado no auditório do Limão, em São Paulo, e tinha estes quadros: *O que é o que é?, Você é o Show, Pra quem você tira o Chapéu?* e *Cartas e Cartazes,* que já haviam sido feitos pelo apresentador anteriormente. O cenário foi confeccionado pela artista plástica Sandra Noronha.
Dois meses depois da estréia, o *Programa Raul Gil* já ocupava o terceiro lugar nas tardes de sábado, das 14 às 18h30, e havia conseguido conquistar o público de São Paulo e do Rio de Janeiro, onde os picos

de audiência ultrapassavam os dez pontos. O sucesso era tanto que havia filas, na sede do Limão, de gente querendo entrar no auditório que ficava lotado. A atração ajudou a aumentar o faturamento da emissora, ficando comercialmente na terceira posição entre as redes. Seu corpo de jurados fixos, na época, era composto por Jorge Mascarenhas, Maria Alcina, Marly Marley e Wilza Carla, que quando recebeu o convite, ainda estava internada por causa de diabetes.

Em 1998, quando a Manchete já estava a caminho de uma grande crise, começou o assédio da Rede Record, que queria Raul Gil de volta. A proposta da Record era milionária e em junho Raul deixou a Manchete sem seu último grande sucesso em audiência.

O apresentador – Uma das figuras mais conhecidas no meio televisivo, casado com a escritora Carmen Sanches, Raul iniciou sua carreira na Rádio Record, cantando nos programas *Clube Abre às Cinco* e *Alegria dos Bairros*. Anos depois, apresentava, na extinta TV Excelsior, seu primeiro programa de variedades, um talk show intercalado com números musicais.

Em 1968, na Rede Bandeirantes, comandava o *Raul Gil Show*. Dois anos depois, transferia-se para a TV Tupi para se apresentar, vestido dos super-heróis Batman e Superman, ao lado de Rogério Cardoso, Sílvia Massari, Lúcia Lambertini, Wilson Vaz e Dirce Migliaccio. Voltou à Excelsior para substituir o apresentador Edson Bolinha Cury no programa de calouros *A Bronca do Telefone* e, em 1971, era contratado pela TV Globo para cantar paródias e contar piadas no *Programa Sílvio Santos*. Dois anos depois estreava na TV Record, passando, em seguida por outras emissoras (como a TVS, por exemplo). Raul Gil é considerado também um dos melhores imitadores do país, sendo o único que, com perfeição, consegue parodiar Ronald Golias. *O Programa Raul Gil* é conhecido também por ter revelado inúmeros talentos no campo musical. Hoje Raul voltou à Rede Bandeirantes.

Outros programas de auditório – Na Manchete, a partir de 1996, surgiram diversos programas populares, como *Sula Miranda Show, Mexe Brasil*, *Domingo Milionário*, *Domingo Total* e outros.

Na Manchete, programa popular não era sinônimo de programa vagabundo, muito menos de baixaria. Por essa razão, apesar de nos momentos finais chegar a baixar o nível em seus programas populares por audiência, a emissora sempre manteve um padrão de qualidade e respeito com o telespectador.

A Criança do Clube

Uma pequena que se fez notável na história da Manchete foi a menina Debby Lagranha, a última grande descoberta da Rede Manchete de Televisão e que, com apenas cinco anos, ia com a mãe gravar nos estúdios do Limão o *Clube da Criança,* três dias por semana. Em julho de 1998, assumiu o comando da atração. Nesses dias, ela acordava às 8h30, tomava um copo de leite, ia para a Manchete, voltava para casa para almoçar, seguia para a escola, voltava para casa, jantava, assistia novela, dormia, acordava às 8h30, tomava um copo de leite...

Lu Caldeira era assistente de direção e produtor do programa e Zazá (Isaías José), que fazia a voz do Coelho Dentuço, ajudava Debby na apresentação, conversando com ela e dando um ritmo mais ágil ao programa.

Débora Cristina Lagranha começou a carreira com um ano e oito meses, quando sua irmã, Priscila, foi participar de um concurso de caça talentos no Guarujá. A organizadora do concurso se encantou com Debby, pediu que a mãe, Therese, a inscrevesse e Debby venceu 1.600 crianças, tornando-se a Click Model 93. Depois se transformou em garota propaganda da Malory. Quando foi convidada para trabalhar na Manchete, a emissora já estava em contenção de custos, o que fez com que o *Clube da Criança* não tivesse mais auditório. A atração ficou com apenas meia hora e se limitou a desenhos e brincadeiras de Debby com os telespectadores. Debby, no entanto, tornou-se o novo destaque da emissora, sendo convidada depois para fazer o filme *Simão, o Fantasma Trapalhão*, de Renato Aragão, com quem mais tarde trabalharia na Globo, no humorístico *A Turma do Didi.* Com a crise, o *Clube da Criança* saiu do ar em 1998.

Abracadabra! – Antes de Debby e depois de Angélica, o *Clube da Criança* passou por outras duas fases, mas sem grande sucesso.

A primeira, em 1993, com Mylla Christie, serviu de tapa-buraco para a saída de Angélica, que já havia assinado com o SBT. Mylla criou uma espécie de fada ou feiticeira e misturou o ambiente de magia ao mundo circense. Entre um desenho e outro, havia a participação de mágicos, de desenhistas e de tudo que pudesse fascinar as crianças que assistiam. Muitas vezes, a atriz começava ou terminava um bloco sentada em um galho de árvore, sempre com um chapéu cônico de fada. Em 1994, Mylla assinou com a Globo e deixou a Manchete.

Pat Beijo – Patrícia Nogueira, a Pat, estreou no *Clube da Criança* em 4 de julho de 1994, às 17 horas. Pat havia sido Miss Brasil e ao fazer uma sessão de fotos na *Revista Manchete*, soube que estava acontecendo uma seleção para apresentadora do programa. Disputou a vaga com mais 20 garotas e venceu.

O novo programa, com duas horas de duração, se assemelhava ao formato antigo da fase de Angélica e de Xuxa. Cenários, brincadeiras com as crianças do auditório e até mesmo os enquadramentos de câmera.

O *Clube da Criança* ganhou um novo pacote de desenhos, ainda que muitos já tivessem sido mostrados pela Manchete uma década antes, e as brincadeiras do programa eram: *Pat que Pat é o Frade: Gorila, Pé Grande (*as crianças calçavam chuteiras enormes e tentavam acertar um gol na rede) e *Cama de Gato,* em que as crianças tinham que passar por um labirinto cheio de fios com guizos, sem tocá-los. Pat Beijo chegou a ter uma boneca própria, que vinha com vestido de gala, coroa e faixa de Miss Brasil. A vendagem foi lucrativa: mais de 23 mil bonecas.

A atração passava de segunda a sexta-feira, tendo sempre Alcino Diniz como diretor, Wilson Rocha, Fernando Bacana e Eduardo Miranda na divisão de cinema (responsável pelos desenhos). Em 1995, saiu do ar por falta de recursos e Patrícia Nogueira então foi escalada para o programa de videoclipes *Raio Laser*, onde ficou por três anos. Passou depois para a TV Gazeta, participando do *Giro Maluco*, e de apresentadora tornou-se escritora, publicando pela Editora Vozes o livro *Como Ser Sexy Demais*.

Match Point!

O tênis é um esporte que nunca teve grande popularidade na televisão, na medida em que poucos acreditavam no seu potencial em termos de audiência. Um desses poucos era justamente a Rede Manchete que, a partir de 1989, começou a transmitir o *Boletim do Tênis,* em parceria com a empresa de promoções esportivas Koch Tavares – após a venda da Manchete, ela ainda continuou transmitindo os jogos pela RedeTV! e depois pela Rede Record.

O programa era apresentado por Paulo Stein e transmitia os principais campeonatos: Copa Davis, Roland Garros, Brasil Open, Austrália Open, Wimbledon e demais torneios do circuito da ATP (Associação dos Tenistas Profissionais). Mudava regularmente de posição na grade de programação, pois vivia em função das partidas. Passava quase sempre na faixa de horário entre às 18 horas e uma da madrugada. E foi graças ao *Boletim de Tênis* que surgiu pela primeira vez na televisão o nome de Gustavo Kuerten, em 1997.

Uma das curiosidades sobre a Koch Tavares na história da Manchete é que durante uma partida de tênis, em junho de 1999, a emissora, que vinha operando sem nenhum nome, desde a transferência para o grupo TeleTV, recebeu um novo nome, ainda no meio da partida. O próprio narrador, durante uma partida de Gustavo Kuerten, foi o pri-

meiro a dizer: *A partir de agora, nossa emissora passa a ter um novo nome: RedeTV!* O resto é história.

Gustavo Kuerten apareceu pela primeira vez na televisão em 1996, quando disputava o ATP Tour de Santiago, que já era exibido pela Manchete, em dupla com Fernando Melligeni, outro grande nome do tênis brasileiro. Ambos venceram a competição.

Nascido em Florianópolis, em dez de setembro de 1976, Guga foi incentivado pelos pais, Aldo e Alice Kuerten – Aldo arbitrava uma partida infantil de tênis quando morreu, em 1985. Dez anos depois, o filho começou a praticar tênis profissionalmente e um ano depois ganhava seu primeiro campeonato.

Em 1997, Guga foi participar do maior torneio de tênis do mundo, o Grand Slam, em Roland Garros, e graças a ele, a audiência da Manchete nas partidas crescia. Guga foi ganhando de todos com quem jogava – Dosedel, Bjorkman, Muster, Medvedev, Kafelnikov, Dewulf – até chegar na final, com o espanhol Sergi Bruguera, em 08 de junho de 1997. Espetacularmente, Guga venceu os três sets da partida e foi o 3° tenista do mundo a conquistar o título de Roland Garros sem ser cabeça-de-chave. Subiu do 66° lugar para o 1° no ranking da ATP. Pela Manchete, o telespectador via a alegria de Guga Kuerten por ter ganho a competição. Paulo Stein e Ruy Viotti narravam a vitória como se fosse um campeonato de futebol. Guga e Manchete marcaram presença no ano de 1997. Muitos pontos, com direito a vários *set point*, sem *tie-break* na audiência. Foi a última grande revelação da emissora, em destaque e Ibope.

Hoje, Guga é tricampeão de Roland Garros e venceu diversos torneios pelo mundo. O ATP Tour de Adelaide e o Torneio de Roma foram os últimos exibidos pela Manchete, em 1999.

Raio-X: Fernando Barbosa Lima

Fernando Barbosa Lima foi não apenas diretor geral da Rede Manchete, como também criador de programas históricos como a série *Xingu* e *Conexão Internacional* junto com os parceiros da Intervídeo. Programas que fazem parte dos mais de cem que criou ao longo da carreira. E dos que ainda irá criar. Eis seu diagnóstico sobre a emissora.

Meu amigo Adolpho, ou melhor, seu Adolpho

A Rede Manchete foi importante na minha vida principalmente por ter tido a oportunidade de conviver com uma pessoa muito especial: Adolpho Bloch.

Logo que a televisão foi inaugurada, Roberto D´Ávilla, Walter Salles e eu estávamos começando com a produtora Intervídeo. Cláudio Pereira ainda não tinha vindo para ser o nosso grande executivo.

O diretor geral da TV Manchete era o Rubens Furtado, que vinha dos Diários Associados e que nos convidou para produzir programas jornalísticos. Para a Intervídeo foi uma fase excelente. A primeira série que produzimos foi Os Brasileiros *com o slogan* Retrato falado de um povo. *Apresentada por Roberto da Matta, direção de Maurice Capovilla e patrocinada pela Internacional de Seguros, de Celso da Rocha Miranda. Embora a série de dez programas tenha sido um sucesso, Seu Adolpho não se conformou. Ele achou que tinha ganho pouco dinheiro. Me puxou para um canto e quase chorando implorou: – Fernando, vê se arranja um pouco mais de dinheiro. Esse homem (o Celso) é muito rico, tem até Rolls Royce.*

Eu abracei o seu Adolpho, carinhosamente, e disse: – Ele tem um Rolls Royce, mas está doente.

E seu Adolpho: – Então esquece. Afinal o programa foi bom.

Daí por diante a Intervídeo produziu muitos programas para a Manchete: Xingu, Japão, Conexão Internacional, Persona, Diálogo, Aventura, Terra Mágica, etc.

Um dia, Roberto D´Ávilla me liga de Cuba e diz: – Vou entrevistar o Fidel. Era um furo internacional. Possivelmente, foi a primeira entrevista de Fidel para um outro país. Procurei o seu Adolpho e contei do telefonema do Roberto. Seu Adolpho foi categórico. Foi logo dizendo: – Esse comunista não fala na minha televison. *O meu argumento foi simples: – Seu Adolpho, o Roberto Marinho mandou o Joelmir Beting para Havana com a finalidade de fazer a primeira entrevista com Fidel. Mas quem vai ganhar essa parada é o senhor. E ele: – Então está bem. Afinal não é todo dia que eu ganho do Roberto.*

Esse era o seu Adolpho. Um russo que tinha de tudo, capacidade de luta, humildade e um enorme coração.

A Manchete ficava na Rua do Russel no Rio. Eu costumava brincar com ele chamando-o de Imperador do Russel. Ele tinha nascido na Rússia, em Kiev, chegou no Brasil e construiu um verdadeiro império. O prédio da Manchete tinha um incrível museu, piscina, teatro, quatro restaurantes, salas e salões de luxo, além dos escritórios, das redações, dos laboratórios de fotografia, das rádios e da televisão. Ainda tinha a gráfica e os estúdios de Água Grande, um verdadeiro Projac. Ainda tinha São Paulo. Um império.

Ele era fã do Conexão Internacional*. Um dia, me pegou no corredor e perguntou:- Por que vocês não entrevistam o Chagall? Como? Ele me levou para a sala dele, telefonou para o Chagall, em Saint Paul de Vence, e conversou com ele em russo. Na verdade, o Chagall, com 96 anos, não dava mais entrevistas. Mas para o seu Adolpho, que tinha nascido no mesmo lugar do Chagall, em Kiev, era diferente. Ele aceitou. Foi a última entrevista dele.*

Quando o Rubens Furtado deixou a TV Manchete, o seu Adolpho me convidou para ser o diretor geral. Não aceitei. Estava assumindo a direção geral de jornalismo da Bandeirantes. Tinha me comprometido com João Saad de colocar oito horas de jornalismo por dia na Bandeirantes. E realizei as oito horas de jornalismo por dia.

Três anos depois, voltei para me encontrar com seu Adolpho. Muita coisa tinha acontecido nesse tempo. A Manchete, depois do grande sucesso de Benedito Ruy Barbosa com Pantanal, tinha sido negociada, mergulhada em dívidas, e vendida para o grupo IBF. Foi um desastre. Por total incapacidade administrativa, a Manchete estava começando a ser esquartejada pelo grupo IBF. A emissora, tanto no Rio como em São Paulo, estava em greve, os funcionários à beira do desespero total. Gente passando fome. O equipamento técnico destruído. O coração russo de seu Adolpho bateu mais forte. Ele entrou na justiça e resgatou a televison. Afinal, ela não podia morrer. Começou dando comida para os grevistas que estavam acampados diante do prédio.

Ele me chamou de novo. Foi um momento difícil na minha vida. Não estava nos meus planos. Fui conversar com meu pai, Barbosa Lima Sobrinho, presidente da ABI. Ele me disse: – Fernando, muitos jornalistas trabalham na Manchete. Você já recusou esse convite várias vezes. Agora, se recusar, é covardia.

Junto com seu Adolpho, compramos o desafio. Os funcionários, em greve, ficavam diante do edifício da Manchete com carros de som. Só eu e o seu Adolpho íamos para a rua conversar com eles, para mostrar que havia uma pequena luz do outro lado do túnel. Que tínhamos de caminhar juntos para salvar a Manchete. Aos poucos, a Manchete foi ganhando vida, os funcionários começaram a voltar ao trabalho.

O seu Adolpho me deu o título de diretor geral, mas, na verdade, essa função era dele. Eu era uma espécie de assessor especial para dar idéias e

fazer o jornalismo voltar a ter o seu prestígio de antes. Eu tinha uma vantagem: a confiança dos funcionários. Comecei a trazer a Márcia Peltier, o Villas Boas Côrrea e o Ronaldo Rosas para o Jornal da Manchete. Em São Paulo, consegui o apoio dos jornalistas que estavam em greve.
Dei para o escritor José Louzeiro e o diretor Marcos Schetman a idéia de fazermos uma novela jornalística documentando o desastroso governo Collor. Eles fizeram mágica. A novela O Marajá *se tivesse ido ao ar seria um grande sucesso. Foram gravados mais de 50 capítulos dentro do prédio da Manchete que, projeto de Oscar Niemeyer, era o cenário perfeito de Brasília. A dramaturgia se confundia com o jornalismo. Conseguimos um sósia do Collor. No dia da sua estréia, já com dez pontos de audiência na espera do primeiro capítulo, Collor conseguiu, na justiça, embargar a novela. Ele alegava que a novela o colocava como viciado em cocaína. Isso não era verdade. A grande denúncia da novela era mostrar o plano dele de ficar mais de 30 anos no poder. E isso era verdade. Várias entrevistas com políticos e jornalistas provavam isso. Mas nenhum juiz desejou ver um capítulo, pelo menos, da novela. Foi uma pena. A dramaturgia junto com o jornalismo seria um novo caminho para a nossa televisão.*
Uma outra ótima idéia, também realizada pelos dois, foi Guerra Sem Fim. *Nada mais atual do que essa novela verdade. Hoje seria um grande sucesso.*
Essa idéia da dramaturgia verdade, entretanto, não foi abandonada. Foi criada a Família Brasil. Todo dia tinha um jantar, onde os atores, uma família, comentavam os fatos do dia. Entrava o porteiro do prédio e contava uma notícia, a empregada falava do que aconteceu no ônibus, etc. Mas não teve longa vida porque não foi bem executada. Uma pena. Também não era fácil fazer uma televisão sem dinheiro e sem equipamento técnico.
Eu sempre achei que o grande caminho da Manchete era o jornalismo. Seu Adolpho vivia preocupado em repetir o sucesso do Pantanal, de Benedito Ruy Barbosa. Consegui convencer o Walter Avancini a ir para Manchete, onde ele realizou com sucesso a novela Xica da Silva.
Acompanhando o Seu Adolpho, a minha cabeça estava no jornalismo. Criei um programa chamado 24 Horas. *A idéia era passar 24 horas dentro de uma delegacia, dentro de um grande hospital ou hotel, um aeroporto, etc. Funcionou razoavelmente. Poderia ter sido melhor. Faltava equipamento.* O Câmera Manchete *foi um ótimo programa jornalístico apresentado por Ronaldo Rosas e Felipe Pena.*
Em São Paulo, com o jornalista Hermes Leal, foi criado o programa Na Rota do Crime. *Esse programa foi o pai de todos esses que fazem agora no final de tarde, tanto na Record como na Bandeirantes. Para falar a verdade, apesar da grande audiência, passava dos 30 pontos no Ibope, nunca tive muito orgulho desse programa. Nem o Hermes era apaixonado. Mas dava audiência.*

Seu Adolpho, um grande guerreiro, estava doente, fraco. Morreu em São Paulo durante uma complicada operação no coração. O seu velório e o seu enterro arrastaram milhares de pessoas. Eu acho que o Seu Adolpho nunca imaginou que gostassem tanto dele. A partir daí eu senti que o meu compromisso com a Manchete estava acabando. Já era tempo de ir embora.

Jaquito assumiu o poder total e abriu espaço para os pastores. Acho que foi aí que a Manchete começou a morrer. Não havia Jesus que salvasse a Manchete.

Muitas vezes eu penso e me lembro com saudades do Seu Adolpho. Me lembro do dia, depois do programa Persona, *quando alguém chamou o Roberto Campos de Bob Field, e o Campos deve ter reclamado para o Seu Adolpho, ele me ligou no dia seguinte, sete horas da manhã e, pela primeira vez foi rude comigo. E eu disse: – Seu Adolpho, não vamos brigar por causa de um programa. O* Persona *vai sair do ar. O Seu Adolpho fez uns 15 segundos de silêncio e depois falou: – Fernando, eu não estou reclamando como diretor. Estou falando apenas como telespectador.*

Esse era o Seu Adolpho, imperador do Russel.

Fernando Barbosa Lima

Últimos Passos (1998 / 1999)

Um tiro no meio do mato espantou todos os tuiuiús do Pantanal. Não sobrou um. Sem rodeios, magias, baixinhos ou sereias, a Rede Manchete encontrou seu destino.

1998

• **Janeiro** – Começaram os *Jogos Olímpicos de Verão*, que se estenderam por todo mês. As provas foram realizadas na praia de Copacabana, no Rio de Janeiro. A Manchete transmitiu toda a competição.

• **4 de janeiro** – Por problemas com a direção, saíram os personagens de Marília Pêra, Agildo Ribeiro, Esperança Motta e Christiane Esteves de *Mandacaru* e entraram os de Alexia Dechamps, Tânia Alves e Antônio Grassi. Mais uma reviravolta na novela.

• Avancini aguardava a aprovação da novela *A Queridinha* (com Debby) pela direção da Manchete para ocupar o novo horário das 20 horas. Enquanto isso, recebeu o sinal verde para a produção de *Brida*, que sucederia *Mandacaru.*

• **4 de janeiro** – Estrearam os programas *Feras da Copa* e *Bate Bola*. Junto com o *Bate Bola, com Zagallo,* as duas novas atrações prepararam o telespectador para a chegada da Copa do Mundo de 1998. O primeiro *Feras da Copa*, às 19h55, contou a carreira do jogador Ronaldinho. No mês seguinte, estreou o quadro do *Programa de Domingo* de nome *A seleção é Manchete*. Os programas ficaram no ar até junho, quando se iniciaram as competições na Europa. Os projetos tinham supervisão de Mauro Costa, diretor da cobertura da Copa.

• **11 de janeiro** – O comediante Pedro Bismark (o Nerso da Capitinga) estreou seu quadro no *Programa de Domingo*, que também mostrou com exclusividade o making-of de *Titanic*, um dos maiores sucessos em bilheteria do mundo.

• Em férias em Buenos Aires, Debby Lagranha recebeu convite do SBT para participar da novela *Chiquititas*, mas não aceitou, continuando na Manchete.

• **26 de janeiro** – A apresentadora Claudete Troiano trocou a TV Gazeta de São Paulo, após 17 anos na emissora, pela Rede Manchete, e passou a apresentar, às 13h30, o programa *Mulher de Hoje*. Em dezembro de 1997, o programa havia perdido sua apresentadora original, Beth Russo, e conseguido às pressas Cátia Fonseca para substituí-la. No comando do programa, Claudete passou a competir, no horário, com Ana Maria Braga (Record) e Ione Borges (Gazeta).

• **Início de fevereiro** – Estrearam as chamadas do *Carnaval 98*, com a loira Simara Marques e a mulata Franci Mourão que dançavam ao som do samba *Aconteceu, virou Manchete* de Neguinho da Beija-Flor. Enquanto isso, Martinho da Vila apresentava *Botequim do Samba Especial*, antes ancorado por Oswaldo Sargentelli. O programa contou com a presença de Dona Yvone Lara, Lecy Brandão e o grupo Molejo, entre outros.

• **Carnaval** – Na segunda-feira de Carnaval, a Manchete alcançou 13 pontos no Ibope em São Paulo e, 12 no Rio, conquistando o segundo lugar em audiência. O início do desfile foi transmitido apenas pela Manchete, já que a Globo ainda exibia sua novela. O desfile da Mangueira, por exemplo, apenas a Manchete transmitiu integralmente. A apoteose, na quarta-feira de Carnaval, realizada na transmissão do Gala Gay, levou a Manchete ao primeiro lugar das 23 às 2 horas da madrugada, ficando 13 contra 8 pontos da Globo em São Paulo (no Rio a concorrente ganhou por 11 a 10).

• **13 de fevereiro** – Augusto Xavier foi contratado e passou a apresentar *Na Rota do Crime.*

• **14 de fevereiro** – Augusto Xavier apresentou *Operação Resgate*, além de revezar com Ronaldo Rosas a apresentação do *Jornal da Manchete* aos sábados.

• Walter Avancini foi procurado por Alexandre Hanszmann, da produtora paulista Chroma Filmes, com a idéia de uma co-produção, assim como foi feito com a TV Plus em *74.5 – Uma Onda no Ar*. A novela *O Amante*, escrita por Sandra Hanszmann, esposa de Alexandre, tinha como cenário Ilhéus e Salvador e contava a história de um imigrante libanês que se envolvia com duas mulheres. A direção, conforme a Chroma, seria de Del Rangel e direção-geral de Walter Avancini. Esse pediu que a produtora desse mais embasamento ao projeto e começasse a captação de recursos para produzi-lo, mas a novela independente não saiu do papel.

• Homero Salles, diretor do *Domingo Milionário,* rescindiu o contrato com a Manchete e Hélio Vargas assumiu seu lugar, transformando o programa em *Domingo Total*. Pensou-se na contratação de Otávio Mesquita, Adriane Galisteu e Sérgio Mallandro para se juntarem a Marcelo Augusto e Thunderbird. Otávio Mesquita foi o primeiro contratado e anunciava sua presença nas telas da Manchete em breve, já na transmissão do Carnaval.

• **15 de fevereiro** – Preocupado com a imagem da emissora, começaram a remodelar sua cara. O diretor-geral Fernando Barbosa Lima falou ao jornal O Globo sobre os novos projetos de transformar a Manchete em uma espécie de TV a cabo aberta. A busca pela segmentação e pela qualidade chegaria não só nos telejornais, como nas novelas e programas da linha de shows. Uma agência de publicidade ficaria responsável pela mudança do visual da Manchete.

• Uma das idéias era tirar *Operação Resgate* da programação para dar lugar a *Cinevisão*, também nas noites de sábado, um programa dedicado ao cinema, com entrevistas e *making-of* de filmes. Eduardo Miranda, chefe da divisão de cinema da rede, e que já apresentava no *Programa de Domingo* o quadro *Making-of*, seria o apresentador principal. Outro programa sugerido é a revista eletrônica *Impacto*, com reportagens co-produzidas com a *Revista Manchete*. Mas os programas não saíram do papel.

• **15 de março** – Estréia *A Magazine,* com A de Audi, programa independente produzido por Leonardo Senna. A atração dominical se iniciou com uma entrevista do ator Antonio Banderas. *A Magazine* não falava só de automobilismo, mas também de gastronomia, dicas de moda, beleza e variedades.

• **16 de março** – às 19h30, começou o polêmico *Magdalena Manchete Verdade*, com Magdalena Bonfigliolli, produzido em São Paulo e gravado no final da semana no Complexo de Água Grande, no Rio. A atração tinha o mesmo público e enfoque do programa de Márcia Goldschimith no SBT e debatia temas comportamentais. Magdalena dizia à imprensa que a fórmula de *Márcia* fôra copiada de um projeto original seu e que sua versão era mais jornalística.

• **16 de março** – Foi relançado o antigo *FM TV*, agora com o nome de *Manchete Clip Show*, com Cláudia Cavalcanti, que ocupou a meia hora que antecedia o *Magdalena Manchete Verdade.*

• **27 de março** – Como parte da reformulação, os telejornais ganharam uma padronização geral com três edições diárias e seguindo a mesma filosofia do jornalismo marcante da emissora de seus primeiros anos. A redação voltava a incorporar o cenário dos telejornais. *Momento Econômico*, de Salomão Swartzman, ganhou novo formato e nome: *Frente a Frente.*

• Ainda em março, começaram os rumores sobre a possível contratação de Lilian Witte Fibe para o lugar de Florestan Fernandes Jr. na parte paulista do *Jornal da Manchete*. A apresentadora e a emissora não fecharam o contrato.

• Um acordo vingou nesse mês: a Associação Comercial do Rio entra em parceria na organização do debate dos presidenciáveis, como fizera em 1994.

• A contratação de Sérgio Mallandro foi confirmada para o *Domingo Total*. Já a possível ida de Galisteu para a emissora não vingou e ficou em seu lugar Virgínia Nowick. Thunderbird e Marcelo Augusto saem do projeto do novo programa.

• *Vila do Tiririca* saiu do ar por causa da baixa audiência e dos altos custos.

• **5 de abril** – Estreou *Domingo Total*, dividido em quatro partes: *Festa do Mallandro* (12h30 às 15h) com Sérgio Mallandro, *Encontro Marcado* (15h às 16h) com Virgínia Nowick, *Otávio Mesquita Invade* (16h às 19h) com Otávio Mesquita e *Chance de Ouro* (19h às 20h) com Fabiana Mattar e Vanessa Machado ajudando Otávio Mesquita nos sorteios (em sua maioria por meio do Disque 0900) e jogos, sempre concorrendo a prêmios. O programa foi feito pela produtora TV Ômega, nos estúdios da Manchete em São Paulo. *Otávio Mesquita Invade* trazia o quadro em que o apresentador acordava os famosos, criado para o *Domingo Legal* no SBT. Na estréia de *Festa do Mallandro*, Sérgio Mallandro brinca com um anão fantasiado e levantou seu vestido, mostrando o ator nu. A promessa de elevar a qualidade dos programas mais uma vez afundava nessa co-produção.

• **Abril** – Na segunda semana, um grupo de 15 atores de *Mandacaru* foi à Justiça reclamar o atraso de salários. A diretora-superintendente da Bloch, Jacqueline Kapeller, disse ao advogado do Sindicato dos Artistas que o atraso no pagamento da rescisão aconteceu em decorrência ao extravio da documentação dos contratos que venciam no dia 31 de março. Avancini falou à imprensa que essa questão não tinha relação com uma possível crise.

• **Maio** – A Associação Brasileira dos Editores de Música (Abem) entrou com ação contra a Rede Manchete por causa da falta de pagamento de direitos aos autores de músicas e trilhas utilizadas em toda sua programação.

• **Fim de maio** – *Mandacaru* foi alongada por causa do atraso na produção da novela que a sucederia. Após dez meses no ar, tinha 200 capítulos e 130 personagens diferentes.

• **5 de junho** – A Rede Manchete comemorou seus 15 anos apenas com vinhetas comemorativas. A programação estava voltada para a transmissão da Copa 98.

• **10 de junho** – O *Jornal da Manchete* passou a ser transmitido de Paris, com reportagens especiais de Márcia Peltier e crônicas de Carlos Heitor Cony. Os jogos tinham como comentaristas da emissora os técnicos Valdir Espinoza e Paulo Autuori, os jogadores Edinho e Renato Gaúcho, como também os apresentadores Armando Marques, Washington Rodrigues e Milton Neves. Eram exibidos, durante a programação, programas especiais, como *Show de Gols*, *Copa Total*, *Feras da Copa*, *Bate Bola* (com Paulo Stein), *Bate Bola com Zagallo*, *A Caminho do Penta*, *Debate* (após cada um dos jogos) e o boletim *Seleção em Manchete*. Foram 64 jogos, 56 transmitidos ao vivo e 32 dias no ar, sem interrupções. Inicialmente foram para Paris 80 profissionais, que no final somavam 140. A falta de retorno em audiência transformou a grande transmissão da Copa e os altos gastos em aceleradores da crise. Foi mais prejuízo do que lucro.

• Estava planejada a estréia de *Manchete em Primeira Mão*, de segunda a sexta-feira, às 18h30, com a possível apresentação de Domingos Meirelles ou de Berto Filho, que voltaria para a emissora. O telejornal começaria logo após a Copa, o que não aconteceu. A estréia, com Berto Filho, foi programada para 16 de agosto, no mesmo horário.

• A atriz Carolina Kasting aceitou o papel de *Brida* e o elenco começou as gravações no Rio.

• **4 de julho** – A emissora exibiu às 22h40, no *Câmera Manchete,* o primeiro dos quatro episódios da série *China – Ponto de Mutação,* apresentada e produzida por Lucélia Santos, com narração de Ronaldo Rosas. O programa foi transmitido anteriormente pela emissora de TV a cabo Bravo Brasil (da TVA) em cinco episódios e com narração de Ney Matogrosso. Lucélia Santos não aparecia na tela da Manchete desde a novela *Carmem.*

• Equipe foi para a Irlanda gravar o capítulo inicial de *Brida.*

• **8 de agosto** – *Mandacaru* acabou. Dia 11, às 19 horas, estreou *Brida,* inspirada no best-seller de Paulo Coelho. O fracasso da novela trouxe à tona outros problemas como o atraso no pagamento da rescisão de contrato de atores de *Mandacaru* e o atraso nos salários de outros funcionários. Walter Avancini desmentiu o boato de que tinha se demitido da emissora.

• **Meados de agosto** – Saiu do ar *Domingo Total* e em seu lugar entrou o *Festival Manchete de Cinema,* transformando a grade dominical da emissora em um canal de filmes. Hélio Vargas, diretor do *Domingo Total,* passou a se responsabilizar pela direção artística de *Na Rota do Crime, Mulher de Hoje* e *Programa Raul Gil.*

• A emissora prometeu que em 1999 investiria mais no núcleo paulista.

• O Edifício Manchete, nesse mês, é tombado, pelo seu valor arquitetônico, histórico e cultural. Valorizou-se principalmente por ser um dos projetos mais conhecidos de Oscar Niemeyer no Rio de Janeiro.

• **26 de agosto** – A Manchete promoveu o único debate entre os presidenciáveis das Eleições 1998, em parceria com a ABI (Associação Brasileira de Imprensa), presidida pelo jornalista Barbosa Lima Sobrinho. Fernando Henrique Cardoso, concorrendo à reeleição, e Orestes Quércia, pelo PMDB, não puderam comparecer ao debate que teve como ponto alto o bate-boca entre Enéas Carneiro, do Prona, e Lula, do PT.

• **11 de setembro** – A Manchete pagou apenas metade do salário de quem ganhava mais de R$ 750 mensais.

• **17 de setembro** – Os funcionários realizaram assembléia em vários estados e decidiram entrar em greve se os salários atrasados não fossem acertados. Eles reclamaram que, além do não-pagamento dos salários, a Manchete não depositava o FGTS (Fundo de Garantia por Tempo de Serviço) e o INSS (contribuição da Previdência Social).

• Surgiu ainda a história que o prédio do Russel seria leiloado para saldar uma dívida de R$ 1,3 milhão com o banco alemão Kreditanstalt Für Wiederaufbau. Os funcionários foram à Justiça tentando impedir o leilão.

• **21 de setembro** – Em São Paulo, pararam 110 dos 380 funcionários da Manchete, prejudicando, principalmente, o departamento de jornalismo que não tinha como gravar as reportagens externas. O novo formato de *Magdalena Manchete Verdade* não pôde estrear.

• **25 de setembro** – A Manchete pagou a parcela que faltava dos salários de agosto. Em São Paulo, após assembléia na frente da emissora, ficou decidido que a greve continuaria pelo não pagamento de horas extras e do adicional noturno. Exigiu-se ainda o depósito imediato do FGTS e estabilidade salarial em 90 dias. No Rio os funcionários voltaram ao trabalho.

• **25 de setembro** – Na 5ª Vara Cível do Rio de Janeiro, as Empresas Bloch ganharam ação movida por Hamilton Lucas de Oliveira, que alegava na Justiça que era dono da emissora desde 1992. A Bloch também conseguiu no mesmo dia fazer um acordo com o banco Kreditanstalt Für Wiederaufbau, evitando que o Edifício Manchete fosse leiloado no dia 15 de outubro.

• **27 de setembro** – Depois da vitória na Justiça, a Bloch publicou nos principais jornais do País comunicado sobre a decisão negando as especulações de que estariam sendo decididos os destinos da Rede Manchete, no que se referia à titularidade do controle acionário da Empresa, que pertencia integralmente ao Grupo Bloch.

• **28 de setembro** – O diretor-geral da Rede Manchete, Fernando Barbosa Lima, se demitiu sob a alegação de que não demitiria colegas. Márcia Peltier e Raul Gil também deixaram a emissora.

• Em São Paulo, a crise já afetava os funcionários que chegavam até mesmo a passar fome. Claudete Troiano, após o programa *Mulher de Hoje*, ia com alguns funcionários ao bar Canal 10, em frente à Manchete, e pagava aproximadamente 80% da conta de todos. Já o cozinheiro Gaúcho, que fazia o quadro de culinária do programa, levava até cem quilos de carne de sua churrascaria para os funcionários e seus familiares.

• **29 de setembro** – Hamilton Lucas de Oliveira, por meio de seu advogado Roberto Leonessa, entrou com recurso contra a decisão da Justiça e publicou na imprensa resposta à Bloch dizendo que, de fato, o destino da Rede Manchete estava para ser decidido nos autos da ação ordinária que tramitava no Rio de Janeiro. Nesse mesmo dia começaram as demissões na Manchete carioca que atingiam 540 dos mais de 1.500 funcionários da rede (nas emissoras do Rio, São Paulo, Fortaleza, Belo Horizonte, Recife e Brasília), o que equivalia a 36% do pessoal. A previsão do Sindicato dos Radialistas (RJ) era que até o final da semana seriam demitidos cerca de 600 a 800 funcionários. 80% do departamento de jornalismo foi demitido no Rio, sendo que apenas 20 pessoas dariam conta das diversas edições do *Jornal da Manchete* e do *Programa de Domingo*. No ar, só sobraram 10 dos 17 programas próprios da Manchete, os independentes e a novela *Brida*, que seria encurtada o máximo possível – Walter Avancini teve que demitir 175 dos 350 integrantes, preservando apenas o elenco principal, com 38 atores. A crise começou a atingir outros setores. Na Bloch Editores foram demitidos cerca de 240 dos 1.200 funcionários, 20% da empresa.

O Sindicato dos Radialistas do Rio de Janeiro confirmou a falta de depósito do FGTS desde 1990 e anunciou que contra a empresa existiam em processo na Justiça mais de 50 ações sobre dívidas rescisórias. O Sindicato, através de seu presidente Márcio Leal, calculava que 80% da dívida da emissora era com o Governo Federal (Banco do Brasil, Caixa Econômica Federal e INSS), só os outros 20% seriam dívidas trabalhistas. A direção negava todos os números divulgados pela imprensa, defendendo-se, e para contornar a crise, anunciavam a volta da novela *Pantanal.*

• **5 de outubro** – Márcia Peltier apresentou pela última vez o *Jornal da Manchete*, Raul Gil acertou sua volta para a Rede Record e Magdalena Bonfigliolli aguardou o desdobramento da crise. Walter Avancini continuava firme, acreditando que a emissora podia voltar ao patamar anterior, e seguiu tocando projetos de novelas que substituiriam *Brida: A Queridinha* e *Sinhá Braba* (inspirada em texto de Agripa Vasconcelos, responsável pelo livro que inspirou a novela *Xica da Silva*).

• *Jogo do Poder*, com Carlos Chagas, se transformou em *Se Liga Brasil* e passou a ser transmitido às 23h30.

• **Outubro** – Na primeira semana, o Tribunal Regional do Trabalho (TRT) de São Paulo, após manifestação da central sindical, resolveu intervir na relação entre emissoras e funcionários, pedindo à Bloch que suspendesse as 700 demissões que ocorreram no grupo (televisão, rádio e editora). O pedido foi negado.

• Surgiram diversos boatos sobre a Manchete: a possível venda para o Grupo Abril, depois para o banco Bozzano Simonsen e até a volta de Hamilton Lucas de Oliveira (a única que teria fundamento por causa dos processos movidos pelo dono da IBF contra a Bloch).

• **9 de outubro** – José do Matto, responsável pelo Museu Adolpho Bloch, declarou ao jornal O Estado de São Paulo que o Grupo Bloch estava avaliando seu patrimônio para uma possível venda de seus bens. O juiz titular da 35ª Vara Cível do Rio, Marco Aurélio Fróes, disse que uma possível venda não poderia ser realizada porque a administração da emissora continuava *sub judice*, entre IBF e Bloch. E o presidente da IBF, Hamilton Lucas de Oliveira, esclareceu à imprensa que não concordava com os meios pelos quais as empresas vinham sendo geridas e que não assumiria quaisquer responsabilidades futuras sobre danos provocados a terceiros por essa administração.

• **9 de outubro** – A Embratel cortou o sinal da rede por falta de pagamento no horário das 23 às 6 horas da manhã. E ainda reduziu o número de canais de satélite que havia disponibilizado para a Rede Manchete.

• **13 de outubro** – O Tribunal Regional do Trabalho de São Paulo considerou dentro da lei a greve realizada pelos funcionários no final de setembro. Os juizes anularam as 96 demissões no Estado de São Paulo, garantindo estabilidade de 70 dias aos empregados a partir do dia 25 de setembro. A Bloch ficou devendo aos radialistas os dias parados. Foi acertado no Rio de Janeiro, que *Brida* terminaria no dia 26 de outubro e que até lá seria feita negociação com os atores que não queriam gravar os últimos capítulos antes do pagamento.

• **14 de outubro** – No Russel, foi feita assembléia entre funcionários e os sindicatos dos radialistas e jornalistas. Os funcionários queriam que o Governo afastasse a Manchete do controle da família Bloch e foram contra também a possível volta de Hamilton Lucas de Oliveira.

• **15 de outubro** – O Sindicato dos Radialistas (SP) realizou reunião na frente da sede do Limão, às 14 horas, para falar das decisões tomadas pelo TRT. No Rio, Jacqueline Kapeller pediu trégua de 90 dias aos funcionários, prometendo não fazer demissões nessa fase e acertar períodos. A proposta foi rejeitada. Nesse dia, parte da programação deixou de ir ao ar. *Edição da Tarde* foi substituído por desenhos animados e os funcionários das rádios Manchete AM e FM também entraram em greve, permanecendo praticamente nas empresas apenas os funcionários com cargo de chefia e técnicos para que as emissoras não saíssem do ar. Somente as revistas funcionavam normalmente. Em Água Grande, as manifestações não pararam e constantes reuniões aconteceram com o elenco de *Brida*. As negociações foram feitas com o apoio do Sindicato dos Artistas e Técnicos (RJ). Por fim, o Complexo de Água Grande foi desativado. Ninguém sabia ao certo o que iria ao ar no dia 26, já que muitos atores se negaram a gravar as últimas cenas.

Os produtores independentes tem am que os boatos de funcionários querendo tirar a emissora do ar a qualquer momento fossem verdadeiros. Isso também afastou possíveis produtores. Magdalena Bonfigliolli reincidiu o contrato com a Manchete. Antes mesmo do último capítulo ir ao ar, os atores de *Brida* processaram a emissora.

• **19 de outubro** – Trinta atores da novela faziam caminhada até a Justiça do Trabalho em solidariedade aos outros funcionários da Bloch.

• **20 de outubro** – Os Sindicatos dos Jornalistas e Radialistas de São Paulo decretaram em nova assembléia-geral, outra greve na Manchete. No Rio, a Bloch pagou 10% do salário de setembro dos funcionários do Parque Gráfico de Parada de Lucas, não deixando que as revistas da Bloch parassem de ser feitas. E no Russel, à tarde, os funcionários tentaram fechar uma das pistas da Avenida Beira-Mar, mas foram impedidos pela polícia, que permitiu apenas a distribuição de panfletos relativos à greve.

• **25 de outubro** – A emissora deixou de realizar a cobertura das eleições presidenciais. A Manchete encerrou a novela *Brida* com um resumo de cenas congeladas, contando o desfecho da novela em narração. Com o fim repentino de *Brida*, a crise veio a público com a informação da possibilidade de não serem renovadas as concessões das 5 emissoras próprias da rede – as concessões expiraram em 1996, mas o pedido de renovação encontrava-se emperrado na Consultoria Jurídica do Ministério das Comunicações. Um dos agravantes era o Decreto 2.108 (de 24 de dezembro de 1996) que estabelece que as novas concessões e permissões deixariam de ser outorgadas, sem qualquer regra, pela Presidência da República, e entrariam em disputa pública levando em conta propostas técnicas e melhor oferta de preço pelas concessões. Caso o Congresso Nacional decidisse, as 5 emissoras seriam consideradas peremptas, e a Rede Manchete seria automaticamente extinta, sem a possibilidade de transferência para uma nova empresa. **Liga-se a bomba-relógio: a Bloch só poderia renovar as concessões até 18 de maio de 1999.**

Chegou à imprensa e ao mercado, a informação que a dívida da Bloch era de aproximadamente R$ 500 milhões.

• **26 de outubro** – Em entrevista à Folha de S.Paulo, Pedro Jack Kapeller disse que a Manchete não estava à venda, porque a questão administrativa continuava em *sub judice*. Apesar de toda crise, no entanto, a volta de *Pantanal* tirou a emissora da casa de um ponto na audiência, subindo para sete já na estréia. A Manchete, então, exibia praticamente uma programação composta de reprises e de produções independentes.

• **29 de outubro** – Os empregados das revistas da Bloch entraram em greve e paralisaram as publicações. Na mesma semana, os funcionários da Rede Manchete conversaram com o Ministro das Comunicações, Luiz Carlos Mendonça de Barros, que pensou na possibilidade de se criar uma comissão que reunisse seu ministério, a Previdência Social, a Justiça, o Banco do Brasil e mais três entidades para tomar conta da TV, afastando os Bloch.

• **2 de novembro** – As Empresas Bloch pretendiam dividir com um parceiro os 51% que possuíam do comando da Rede Manchete. E ainda receberem a proposta da Igreja Universal do Reino de Deus para a compra de uma hora por dia, no período da manhã, na base de R$ 500 mil por mês – a direção recusou a proposta.

• **3 de novembro** – O Ministro das Comunicações afirmou que havia três saídas para a Manchete: a transferência direta do controle acionário da empresa para um novo proprietário; a pulverização do controle acionário da emissora (dando preferência a acionistas minoritários); ou a não renovação das 5 concessões. A última opção era a que o Ministério pretendia descartar para que não gerasse desemprego em massa nas 5 capitais. Isso ficou claro após reunião com Jaquito e Luiz César Fernandes, diretor do Banco Pactual, a quem o ministro Mendonça de Barros pediu que encontrasse uma solução para a Rede Manchete. O Governo queria o pagamento dos funcionários e a não extinção do mercado de trabalho.

• A Manchete paulistana – que havia voltado a funcionar regularmente dias antes, quando a Bloch garantiu ao Sindicato dos Radialistas que no dia 6 seria pago o salário atrasado de setembro – paralisou suas atividades novamente nessa data, deixando de exibir o programa *Mulher de Hoje* – somente reportagens pré-gravadas pelo departamento de jornalismo foram ao ar.

• **9 de novembro** – Mais uma assembléia foi realizada junto à sede do Limão. Os radialistas decidiram organizar uma manifestação para pedir a intervenção federal na emissora, o que aconteceu em 12 de novembro, na frente de todas as sedes da emissora próprias da rede (e da afiliada em Brasília), como também junto às delegacias estaduais do Ministério das Comunicações. Foi a forma que os funcionários encontraram para pressionar também o Governo. O que atrasou as negociações foi também a briga judicial entre Jaquito e Hamilton Lucas de Oliveira.

• **9 de novembro** – O Banco Pactual do Rio de Janeiro recebeu o fax de um grupo anônimo intitulado *Grupo de Defesa dos Direitos dos Empregados da Bloch*, alertando sobre os riscos que a transação envolvia.

• **18 de novembro** – Na madrugada, outra novidade para a Bloch: mil funcionários do Parque Gráfico de Parada de Lucas paralisavam totalmente suas atividades durante a impressão da revista *Amiga*. *Manchete* seria então a última a circular, mesmo com atraso (só no dia 21 conseguiriam que *Amiga* fosse às bancas), uma vez que todos os demais títulos já estavam parados. Na Manchete, havia rumores de que a mexicana Televisa estava interessada novamente em comprar a emissora, agora por intermédio do Banco Pactual. Pela manhã, mais uma proposta foi feita por Hamilton Lucas de Oliveira à 35ª Vara Cível do Rio: a Justiça cassaria a liminar que dava aos Bloch o comando da Manchete e das rádios, e ele pagaria todos os salários atrasados por meio de um grupo interessado em ser co-gestor da emissora com a IBF.

• **19 de novembro** – O jornal *O Globo* afirmou, no dia seguinte, que, segundo analistas do mercado, o passivo (as dívidas) da Bloch estava em torno de R$ 550 milhões e os ativos (imóveis, concessões e revistas) em R$ 320 milhões. **A negociação era uma questão de vida ou morte.**

• Agora, o Pactual lançava nova proposta: Bloch e IBF suspenderiam por um ano o questionamento jurídico pela posse das cinco emissoras da TV e das estações de rádio. Em troca, seria criada uma nova empresa para gerenciar todas as emissoras nesse período e buscar recursos para o pagamento dos salários e fim das dívidas.

• **20 de novembro** – O jornal *O Estado de São Paulo* disse que a Televisa, após ter procurado supostamente Pedro Jack Kapeller para investir na Rede Manchete, agora havia se encontrado com Hamilton Lucas de Oliveira para demonstrar seu interesse pela empresa brasileira.

• **20 de novembro** – Os prédios da Rádio Manchete e da TV Manchete em São Paulo tiveram a energia cortada, respectivamente, às 9h45 e 13h10, de 26 de novembro – a energia seria restabelecida à noite, após o pagamento da conta de novembro. Segundo a Eletropaulo, a última conta paga pela TV tinha sido em fevereiro de 1996 e a da rádio, em janeiro de 1998. O superintendente da Manchete, Osmar Gonçalves, disse ào jornal *Folha de São Paulo* no dia seguinte que o corte foi para manutenção e não por inadimplência – como os geradores da emissora foram acionados automaticamente, as emissoras não saíram do ar.

• **21 de novembro** – No Rio, a Justiça proibiu a exibição da reprise de *Pantanal* pelo não pagamento dos direitos autorais dos atores. Em seu lugar entraram reprises do programa *Uma História de Sucesso*. Depois de um tempo, a novela retornou.

O Pactual convida o ex-diretor-geral da Rede Cultura, Roberto Muylaert, para dirigir a emissora na fase de reestruturação planejada pelo banco. Controlando a programação, ele tornaria a Manchete novamente competitiva, como fez com a Cultura na primeira metade da década de 1990. Mas ainda não havia nada assinado entre Bloch e IBF.

• **07 de dezembro** – Às 20 horas, o presidente do Banco Pactual, Luiz César Fernandes, se reuniu no Rio de Janeiro com os representantes da Rede Manchete de Rádio e Televisão, expondo a eles as idéias do banco com relação às emissoras.

• **10 de dezembro** – Pedro Jack Kapeller se reuniu com o Ministro Interino das Comunicações, Juarez Quadros do Nascimento, para falar sobre a renovação das concessões. Ao jornal *Folha de São Paulo*, ele disse que aceitava a transferência do controle da Rede Manchete à empresa, que se comprometeria a assumir o passivo contábil e os funcionários da rede e informou que já haviam grupos interessados na compra da emissora, mas só poderia iniciar uma negociação após auditoria que viria a ser realizada, dizendo qual seria o valor real da dívida.

• **11 de dezembro** – Os funcionários da Rede Manchete em São Paulo tiraram a emissora do ar às 17 horas após invadirem a torre de transmissão no bairro do Sumaré, repetindo o mesmo episódio que foi o auge da greve em 1993. A polícia recebeu ordem de cercar o prédio da torre e de lá saíram cerca de 25 funcionários que a invadiram, depois de veicular para todo o Estado de São Paulo uma imagem trêmula e amadorística produzida em VHS e sem som, mostrando cartazes com frases escritas à mão: *ESTAMOS PASSANDO FOME, QUEREMOS NOSSOS SALÁRIOS ATRASADOS, ESTAMOS SEM SALÁRIOS HÁ TRÊS MESES, KAPELLER TEM DINHEIRO E NÃO PAGA.* Outro cartaz anunciava o show do cantor Zé Geraldo para a arrecadação de fundos. No ar, a Manchete registrava o Ibope de 0,8 pontos, ou seja, cem mil telespectadores assistiam ao protesto em São Paulo. Foram 8 horas fora do ar. Carla Kapeller, também filha do presidente, o senador Eduardo Suplicy e o deputado Celso Russomano negociaram com os invasores um acordo para pagamento de parte dos salários após dois dias.

• **11 de dezembro** – No Rio, 50 funcionários tentaram entrar no Edifício Manchete com a intenção de invadir o centro de produção, onde colocariam em rede nacional um texto sobre a dívida trabalhista da emissora (da mesma forma como fizeram em 1993). A polícia conseguiu evitar a tempo a invasão e Jacqueline Kapeller desceu para negociar com os manifestantes, dizendo que a Bloch iria apresentar uma contraproposta ao Banco Pactual na semana seguinte. Jacqueline chegou a mostrar aos funcionários a minuta do contrato com o Pactual, que foi rejeitada.

A revolta dos funcionários quanto ao Pactual vinha da proposta de que o banco pagaria a eles dois salários atrasados e o restante seria distribuído em forma de ações da emissora, totalmente desvalorizadas no mercado. Eles ainda acreditavam que o Pactual não compraria a dívida, apenas colocaria os salários em dia com R$ 60 milhões e um ano depois se tornaria apenas gestor da empresa.

Nas cinco emissoras próprias e em Brasília, os radialistas fizeram rodízio para a emissora não sair do ar, já que conforme a legislação, após 48 horas fora do ar as concessões eram revogadas.

Em São Paulo, por exemplo, dos 450 funcionários, apenas 80 trabalhavam diariamente – a maioria não tinha nem mesmo dinheiro para condução, uma vez que a emissora repassava aos funcionários, toda sexta-feira, apenas cerca de R$ 10,00 para ajudar na alimentação, no ônibus ou na gasolina. Alguns chegaram a morar em apartamentos que a Manchete mantinha para artistas e convidados de programas que moravam fora da cidade. A situação chegou a tal ponto que foi montado um acampamento na frente da emissora. Toda semana, um representante da Bloch fazia reuniões com os funcionários para explicar quais eram as medidas que estavam sendo tomadas, incentivando-os a trabalhar. Em São Paulo, por exemplo, o representante era o superintendente-comercial Osmar Gonçalves, que conforme os funcionários, chegou até a tirar dinheiro do próprio bolso para ajudá-los. Além disso, os sindicatos e os funcionários realizavam pedágios nas ruas próximas à sede para arrecadar dinheiro ou comida.

• **15 de dezembro** – Jacqueline Kapeller participou de assembléia com sindicalistas na sede carioca, adiantando que as negociações com o Banco Pactual estavam adiantadas.

• **17 de dezembro** – Às 15 horas, foi organizada uma fila na frente da TV Manchete (SP), onde os funcionários receberam 20% do salário de setembro. Na mesma data, a Bloch ganhou ação que rescindiu o contrato de venda da rede para Hamilton Lucas de Oliveira em 1992. Na decisão do juiz Marco Aurélio Santos Fróes, da 35ª Vara Cível do Rio, Hamilton teria que pagar uma indenização de 50 mil salários-mínimos (equivalente na época a R$ 6,5 milhões), além dos custos e honorários advocatícios. Ele poderia recorrer da decisão em 15 dias.

• **18 de dezembro** – Jacqueline Kapeller mandou carta aos grevistas, para que eles decidissem o acordo com o Banco Pactual na parte onde estavam envolvidos. Deixou claro que a proposta já era do conhecimento dos funcionários e que aqueles que concordassem deveriam firmar sua adesão, comentou ainda que a Manchete poderia procurar novos interessados além do Pactual. Em São Paulo, aqueles que ainda mantinham um expediente mínimo decidiram parar de trabalhar no dia 21 por causa da carta de Jacqueline e da proximidade do Natal. Foi realizada na frente da emissora nova assembléia, às 14 horas. Conforme o portal Blue Bus, a idéia era transferir ao pessoal a aprovação ou não da cláusula proposta pelo banco, que não assumiria os salários atrasados e dívidas e só repassaria a responsabilidade, após a assinatura da Bloch, para uma nova empresa de nome *SuperTV1*, que iria gerir o espólio da Manchete.

• Na frente do Russel, 200 funcionários ouviram discursos dos presentes e tentaram impedir que colegas do turno da noite entrassem para trabalhar. Houve uma grande manifestação e chegou reforço policial. Jacqueline desceu, não garantindo o pagamento dos salários antes do Natal, mas prometeu que até o final do ano seria tomada uma decisão definitiva em relação ao acordo ou venda. Enquanto isso, o Sindicato marcou reunião com o presidente do Pactual, Luiz César Fernandes, por telefone, mas ele logo adiantou que sua proposta só seria divulgada após o acordo. Os funcionários, alguns deles do Rio, decidiram permanecer na porta do prédio até a empresa ter uma definição.

• **21 de dezembro** – O Pactual comunicou aos representantes que se a Bloch fecharia o acordo, pagaria os salários que estivessem na média salarial da empresa. Os funcionários que tivessem salários acima, receberiam 50% em dinheiro e o resto em ações, como os funcionários suspeitavam anteriormente.

• **22 de dezembro** – A emissora saiu do ar em pleno horário nobre, das 19h às 19h40, e o *Jornal da Manchete* deixou de ser apresentado. Os funcionários cruzaram os braços porque os técnicos da torre foram pagos, mas os da televisão não – apenas quatro gerentes trabalhavam e mantinham o restante da transmissão. A programação foi reduzida, funcionando apenas das 11 às 23 horas. Na editora, mesmo depois da recente volta dos gráficos ao trabalho, era quase certo que a tudo pararia novamente.

• **24 de dezembro** – A emissora colocou das 6h30 às 11 horas um slide com seu logotipo. Mais uma vez, estava fora do ar.

O Sindicato dos Jornalistas do Rio de Janeiro pediu aos organizadores da campanha *Natal Sem Fome* que destinassem parte dos alimentos arrecadados à ceia de Natal dos funcionários da Manchete carioca.

• **28 de dezembro** – O Banco Pactual, misteriosamente, deixou as negociações com a Bloch, fato comunicado à imprensa e aos funcionários por Jaquito. A explicação oficial foi que dois investidores do Pactual tinham perdido o interesse pelo negócio.

Atitude inédita na história da televisão: a novela Tocaia Grande (1995) foi dada pela Bloch como forma de pagamento aos funcionários, após ação movida por eles na Justiça do Trabalho. Nenhuma novela, nem produção televisiva haviam sido dadas como forma de pagamento. Avaliada em R$ 5 milhões, *Tocaia* pagaria apenas parte do valor exigido, pois os trabalhadores deveriam receber R$ 200 milhões. Além disso, no auge da crise, a rede venezuelana Venevisión Internacional negociou com a Bloch a aquisição de boa parte de suas telenovelas para comercialização apenas no exterior. Tornou-se um grande negócio para Venevisión.

1999

• **4 de janeiro** – A Bloch informou que fechou acordo em 31 de dezembro com a RGC – Rede Gospel de Comunicação, pertencente à Igreja Renascer em Cristo, do Apóstolo Estevan Hernandez, sua esposa Bispa Sônia Hernandez e do publicitário Antonio Carlos Abbud. No comunicado informaram que a RGC ficaria responsável pela *produção, operacionalização e comercialização* da emissora. Prometendo pagar os salários vencidos em 90 dias. Ainda esclareceram, *não se trata de venda nem de arrendamento, mas sim de uma reestruturação econômico-financeira, que engloba todo o Grupo Bloch.*

• Mal saiu o acordo e no mercado já começaram novos rumores: de que a programação ia se tornar totalmente religiosa ou de que Jaquito estava sim arrendando a emissora para ganhar tempo, até que fosse aprovado pelo Governo Federal a medida que abriria o capital das empresas de comunicação a grupos estrangeiros (na época, o grupo mais citado pela imprensa, como possível comprador, era outra vez a mexicana Televisa). Falava-se também que a RGC investiria cerca de R$ 4,5 milhões por mês para ocupação de espaços fixos com sua programação.

• No ar, a Manchete apresentava nova vinheta e slogan: *Nova Manchete. Tudo novo no verão 99.* Logo abaixo do logo da emissora, a assinatura RGC ao invés de Bloch, como se via normalmente. O M da emissora se formava a partir de um sol, que fazia alusão ao verão e também ao símbolo da Igreja Renascer.

• **5 de janeiro** – Osmar Gonçalves e Antonio Carlos Abbud se reuniram para falar da nova programação da emissora – a prioridade não era transformar a Manchete em um canal evangélico. Osmar se transformou em diretor-superintendente da emissora e se responsabilizou pela grade que seria concluída até o dia 20. Nesse dia, os dois falaram com os representantes dos Sindicatos dos Radialistas e Jornalistas de São Paulo e Rio de Janeiro para explicar os termos do acordo. Abbud disse que a RGC reafirmava o que foi dito sobre o acordo no comunicado do dia 4, mas falou que não pagaria os quatros meses de salários atrasados.

• Juarez Quadros, do Ministério das Comunicações, disse que o acordo entre os grupos não era ilegal. E a Manchete conseguiu que fosse prorrogado por mais 120 dias o prazo para entrega do certificado de regularização do INSS.

• A presidente do Sindicato dos Jornalistas do Rio de Janeiro, Janice Caetano, conversou pelo telefone com o Ministro das Comunicações, Pimenta da Veiga (que assumiu o lugar de Mendonça de Barros), para comentar da questão dos empregados e pedir uma audiência oficial com ele.

• **6 de dezembro** – Os funcionários cariocas organizaram assembléia para decidir se retornariam ou não ao trabalho e a greve continuou por tempo indeterminado. No Rio, eles seguiram em passeata até o Palácio Guanabara para falar com o Governador Anthony Garotinho, pois temiam que a cabeça-de-rede da Manchete fosse levada para São Paulo, o que significaria um corte de cerca de 150 profissionais na emissora carioca. Garotinho aderiu à manifestação e cedeu dois ônibus para que a comissão de funcionários da TV viajasse a Brasília para conversar com Pimenta da Veiga. Junto com eles, para ajudar nas negociações, foi o secretário de Estado do Trabalho, Gilberto Palmares. O Governador se comprometeu a pedir ao Banco Pactual que voltasse a um acordo para a venda da emissora.

• **9 de dezembro** – Jaquito informou que seriam pagos na segunda-feira, dia 11, os salários de cerca de 4.200 funcionários das emissoras de todas as empresas da Bloch, mas que nem todos receberiam tudo de uma vez só (quem ganhava mais de R$ 5 mil receberia apenas o mês de agosto). Após assembléia, os funcionários da Manchete cobraram em ofício o contrato e sobre como seriam pagos os atrasados. Conforme fontes que informaram o jornal *O Globo* na época, Jaquito teria conseguido o dinheiro ao descontar duplicatas junto ao Banco Rural, que já havia emprestado dinheiro para pagamento de parte dos salários de agosto.

A imprensa começou a perseguir a RGC para provar que o dinheiro não estava saindo apenas da comercialização dos programas da rede. Alguns repórteres chegaram a se infiltrar em cultos da Igreja Renascer. O jornalista Henrique Martins, da *Folha de São Paulo*, (em artigo do dia 9), descobriu a existência de um folheto intitulado *Desafio de Josué – A Conquista da Terra Prometida*, em que o logotipo da Manchete aparecia junto da expressão *Agora Gospel*. Abaixo, o pedido para que cada fiel escrevesse seus dados pessoais para contribuir por 12 meses com o quanto pudesse à igreja. Ao lado do folheto, um envelope pedindo o dízimo.

• **12 de janeiro** – O diretor-superintendente Osmar Gonçalves e o diretor da RGC, Marco Antônio Alves, apresentaram à imprensa a nova programação, anunciando que dentro de uma semana os programas *Mulher de Hoje*, *Frente a Frente* e os dois jornalísticos voltariam ao ar. Marco Antônio Alves afirmou que seriam necessários ajustes na folha de pagamento.

• **13 de janeiro** – O Ministro Pimenta da Veiga falou à comissão de funcionários da Manchete, além dos sindicalistas, que pretendia transferir o comando das 5 concessões da Bloch para outra empresa. Os grupos interessados deveriam entrar na negociação diretamente com o Ministério ou com um dos Sindicatos. Caso não encontrassem uma solução, iria cassar as licenças da Rede Manchete.

• **15 de janeiro** – Jaquito foi a Brasília dizer a Pimenta da Veiga que se esforçaria para pagar em 90 dias todas as dívidas, sendo que também pretendia oferecer uma proposta para manter a concessão em funcionamento antes de maio. Disse ainda que a interrupção do acordo com a Renascer seria voltar à estaca zero. No Russel, os funcionários receberam um comunicado sobre a possível transferência da redação das revistas para o mesmo prédio da gráfica em Parada de Lucas. Em assembléia, os funcionários, no mesmo dia, se encontraram com o ministro do Trabalho, Francisco Dornelles.

As emissoras afiliadas cada vez mais se desligavam da Rede Manchete – de 1998 para 1999, foram seis, sendo que permaneceram apenas doze. A maior beneficiada foi a Rede Record, que absorveu a maioria delas para seu quadro de emissoras.

• **18 de janeiro** – Acabou a greve e cem jornalistas e técnicos voltaram ao trabalho nas cinco emissoras próprias e em Brasília após receberem um dos cinco salários atrasados. O *Jornal da Manchete*, agora com Carlos Chagas, retornou ao ar, às 20h30, e políticos diariamente apareceram no ar cumprimentando a volta do noticiário que contou apenas com diretores – a maioria dos repórteres e editores já havia sido demitida. A volta desse e de outros programas só era possível com o pagamento mensal de R$ 4,8 milhões, que seria realizado pela RCG até 2014 (15 anos depois), quando se encerraria a parceria.

• **20 de janeiro** – O apóstolo Estevam Hernandez se reuniu com o Ministro Pimenta da Veiga para explicar a parceria, dizendo que os funcionários receberiam um adiantamento do salário de janeiro e a outra parte seria paga no dia 5 de fevereiro. Foi à Brasília também para negociar às dívidas referentes à Previdência Social, FGTS e Imposto de Renda. Conforme opiniões demonstradas na época, o ministro não se mostrou aberto a uma possível proposta de compra da Manchete pela RGC.

• **21 de janeiro** – Funcionários falaram ao jornal *O Estado de São Paulo* que a RGC não pagou o adiantamento do salário e que possivelmente poderiam voltar as greves. No Rio, Jaquito prometeu que todos salários seriam pagos até o final de março, a partir do quinto dia útil de fevereiro. Até o fim do pagamento, os funcionários receberiam de 15 em 15 dias.

• **22 de janeiro** – Um dia depois, os funcionários (as 5 emissoras próprias e Brasília) tentaram impedir que o *Jornal da Manchete* fosse ao ar pela falta de pagamento e pediram penhora do Edifício Manchete para pagamento das dívidas trabalhistas.

• **25 de janeiro** – Luiz César Fernandes, presidente do Banco Pactual, procurou o Ministro Pimenta da Veiga para saber se poderia retomar as conversas com novos investidores – o Banco Pactual voltou às negociações.

• **28 de janeiro** – Após análise jurídica da pasta das Comunicações, o acordo entre Renascer e Bloch foi considerado ilegal, por se tratar de um *arrendamento integral*, proibido pelos decretos 52.795/63 e 2.108/96. O Ministro das Comunicações, como já havia prometido, só iria se manifestar definitivamente após o final do prazo de 180 dias.

• Para ajudar no pagamento do contrato, foram criados três números de telefone para os fiéis da Renascer contribuírem com a parceria da RGC com a Rede Manchete. Eles podiam doar R$ 10 (0800-7010-10), R$ 25 (0800-7010-25) ou R$ 50 (0800-7010-50). Era uma versão telefônica do *Desafio de Josué – A Conquista da Terra Prometida*. O telefone era divulgado nos programas da Renascer na emissora. Ainda havia o *Desafio Gideões* para ajudar a manter a Fundação Renascer.

• **29 de janeiro** – Jaquito respondeu, por meio da imprensa, aos ataques que vinha sofrendo: *Cumpre-nos esclarecer que há seis meses a mídia vem martelando, diariamente, sobre a situação econômico-financeira do Grupo Bloch, em especial da Rede Manchete, apresentando cifras e fatos que não correspondem à realidade, sem que tenhamos conseguido, até o momento, identificar a finalidade suspeita desse procedimento.* Deixa claro que a Manchete tentava buscar parcerias societárias e que teve a intermediação do banco Pactual para ajudar no saneamento das finanças, dizendo que o Ministro Mendonça de Barros tinha conhecimento do que se passava e que por três meses foram feitas diversas tratativas para uma parceria entre Pactual e Bloch, mas que foi desfeito em cima da hora. Explicou que a RGC apareceu a seguir, sem a interferência do banco, e que foi celebrado com essa um contrato de prestação de serviços e não um arrendamento. Assim não estaria furando a constituição, ainda dizendo que a TV Manchete Ltda. continuava a pertencer a Bloch. *Interromper este Acordo será voltar à estaca zero, com o agravamento do atraso salarial e de outros compromissos fiscais e bancários. Como já foi dito, continuamos responsáveis legais pela Rede Manchete, assumimos a liquidação de nosso passivo, pagando aos funcionários dentro do prazo previsto e renegociando as demais dívidas de acordo com as leis do mercado.* Para concluir reproduziu carta destinada ao diretor de redação da *Folha de São Paulo*, Otávio Frias Filho, na qual deixou claro que o jornal estava equivocado ao falar que existiu um *arrendamento integral* e explicita tudo aquilo que para imprensa soava como ilegalidade no acordo.

• **30 de janeiro** – A greve voltou novamente, contando agora com um protesto programado para o dia 3 de fevereiro, na Cinelândia, com apoio dos membros do movimento *Viva Rio*.

• A situação foi se agravando a cada dia e a Rede Manchete alcançou um patamar nunca visto na história da TV brasileira: tornava-se literalmente uma igreja eletrônica, dentro e fora do ar. O mesmo auditório onde foram gravados no passado programas como *Raul Gil, Almanaque* e *Milk Shake* (na fase IBF), agora se tornava palco para os cultos da Renascer, uma vez que a RGC deixava de gravar os cultos na sede principal da igreja e levava os fiéis para os estúdios do Limão, em São Paulo.

• **5 de fevereiro** – Foi realizado no imponente restaurante da diretoria da TV Manchete (SP), no último andar do prédio administrativo, o primeiro de uma série de jantares para os Gideões (empresários que colaboravam com a Renascer) para arrecadar fundos para a Renascer, como divulgou a bispa Sônia Hernandes ao vivo, em seu programa *De Bem com a Vida*, na quinta-feira, dia 4 de fevereiro. Naquele mesmo dia, um grupo de dez pessoas ligadas à igreja exorcizou, ao vivo, as instalações da emissora, mas sem interromper o serviço dos funcionários, alguns indignados com a cena. Na semana anterior, o restaurante já havia sido utilizado para um café da manhã com os fiéis para arrecadação de fundos para o pagamento da primeira parcela da Bloch e adiantamento de salários. Para entrar no programa *De Bem com a Vida*, os fiéis teriam que pagar R$ 5 para a Renascer, na entrada da sede do Limão. Eles também podiam sentar em cadeiras *abençoadas* no auditório (diariamente, recebiam pinceladas de óleo e eram ungidas por membros da Renascer). Depois do programa, os fiéis evacuavam o estúdio rapidamente para que fosse montado o cenário de *Mulher de Hoje,* recebendo, na saída, um sanduíche de queijo e um refrigerante. Antes disso, no sábado, 30 de janeiro, foi realizado o *Movimento de Corpo*, uma grande campanha com shows de música gospel, orações, anúncios do *Desafio de Josué* (0800 e boleto bancário). Todos esses dados, além das entrevistas realizadas com os funcionários, foram reunidos pelos jornalistas Ivan Finotti e Erika Sallum e publicados pela *Folha de São Paulo* no dia 6 de fevereiro. Representaram o estopim para diversos fatos que dariam fim ao acordo, entre eles, o anúncio feito pelo apóstolo Estevam Hernandez de que depois do Carnaval, a programação receberia mais programas da Renascer no horário da madrugada – isso faria com que a Manchete ficasse 24 horas no ar.

• **5 de fevereiro** – Em frente ao Russel, em forma de protesto, cerca de 30 funcionários que participavam da greve, realizaram o enterro simbólico de Jaquito.

• **9 de fevereiro** – Kapeller notificou a Fundação Renascer que se não fosse paga a primeira parcela no acordo em 72 horas, a Bloch romperia o contrato com a RGC. O apóstolo Hernandez disse à *Folha de São Paulo*, no dia seguinte, que já havia pago o contrato, o que os funcionários alegavam não ser verdade.

• **12 de fevereiro** – O prazo dado por Pedro Jack Kapeller se esgotou e terminou o acordo. Comunicado a respeito é lido parcialmente no ar durante o *Jornal da Manchete*, por volta das 21 horas, e o apóstolo Hernandez disse à imprensa que só sairia da emissora com ordem judicial.

• **17 de fevereiro** – A RGC conseguiu retomar o controle da Rede Manchete por meio de liminar, ao mesmo tempo em que começou briga judicial entre a Bloch e o IBF. O Banco Rural entrou no meio da discussão, na prestação de contas e levantamento de dados, boletos e outros documentos relativos ao acordo, e reforçou a cobrança de R$ 5 milhões repassados à Bloch para pagamento de salários e dívidas.

• **18 de fevereiro** – Os funcionários da Manchete protestaram pela falta de salários utilizando três *outdoors* na cidade do Rio, com a mensagem: *Sabe para onde vai o dinheiro que você paga anunciando na Manchete? Nem a gente*.

• **25 de fevereiro** – Uma liminar na Justiça do Rio de Janeiro impediu que os dirigentes do Grupo Renascer ocupassem a sede do Russel, pondo um fim à questão.

• **30 de fevereiro** – A Bloch reassumiu a sede de São Paulo, após a RGC abandonar as instalações da emissora e levar todos os seus equipamentos, que já vinham sendo retirados desde 19 de fevereiro. Junto com o equipamento saíram os programas que veiculavam na rede há oito anos: *Clip Gospel*, *De Bem com a Vida*, *Espaço Renascer* e *Tribo Gospel*, o mais recente deles. Mesmo precariamente, a emissora manteve no ar os programas *Mulher de Hoje*, *Se Liga Brasil*, *Jornal da Manchete*, as reprises e produções independentes. Nem chegaram a ser produzidas os programas *Garganta e Torcicolo* (que continuaria na MTV Brasil), *Sol Lá Simony* e *Sula e Você*.

Novos boatos aparecem no mercado. Ary de Carvalho, dono do jornal *O Dia*, do Rio de Janeiro, poderia estar interessado na Manchete, como também os Diários Associados (antigos donos de quatro dos cinco canais próprios que formaram a Rede Manchete em 83), mas o presidente do grupo, Paulo Cabral de Araújo, negou. Os Associados eram detentores da TV Brasília, afiliada da Manchete no Distrito Federal e única emissora da extinta Rede Tupi que continuou sob o comando do conglomerado. O grupo TeleTV, responsável por sorteios 0900, também estaria interessado na rede.

Para descanso dos Bloch, do fim de fevereiro ao início de maio, eles deixaram de ser notícia e se empenharam no processo de venda da emissora. Ainda corriam contra o tempo.

• **5 de maio** – A 5ª Câmara Cível do Tribunal da Justiça do Rio de Janeiro decidiu que a Rede Manchete pertencia definitivamente às Empresas Bloch, afastando a possibilidade da volta para o Grupo IBF. Mas Roberto Leonessa, advogado de Hamilton Lucas de Oliveira, prometeu entrar com novo recurso. Era quase certa a notícia de que o grupo TeleTV, de Amílcare Dallevo Júnior e Marcelo de Carvalho, iria comprar a Manchete dos Bloch.

• **7 de maio** – Sem receber havia oito meses, quase cem funcionários invadiram o saguão do prédio da Manchete no Rio de Janeiro, durante assembléia, protestando pela lentidão da Bloch em assinar a venda para a TeleTV. No confronto, um dos vidros da fachada do Edifício Manchete foi quebrado e a polícia foi chamada. Pedro Jack Kapeller acalmou os ânimos com a garantia de que a Manchete seria vendida para TeleTV e que só faltava a aprovação do contrato. Os funcionários temiam que Hamilton Lucas de Oliveira consiguisse parar mais uma vez a venda da emissora com novo recurso na Justiça, uma vez que em 11 dias a Bloch perderia as concessões das cinco emissoras próprias, saindo todas definitivamente do ar.

• **9 de maio** – Às 14 horas, Pedro Jack Kapeller e Amílcare Dallevo assinaram contrato de venda da Rede Manchete para a TeleTV e no dia seguinte foram à Brasília, onde se reuniram com o Ministro das Comunicações Pimenta da Veiga para aprovação da transferência pelo Governo Federal. A Manchete foi vendida por R$ 608 milhões, valor do passivo da emissora. A venda não incluía os bens e empregados da empresa Bloch Som & Imagem, a produtora de programas e novelas da Manchete, que continuaria com a Bloch. O restante faria parte dos novos compradores: *TV Ômega*, de Amílcare Dallevo e Marcelo de Carvalho, e *Hesed Participações* (de Fábio Saboya, que antes representava no Brasil o banco Lehmann Brothers), que ficou com a empresa *TV Manchete Ltda.*

• **11 de maio** – Hamilton Lucas de Oliveira, após saber da venda da Rede Manchete, comunicou à imprensa que ainda processava a Bloch, considerando ilegal o acordo com a TeleTV, informando ainda que este grupo não deveria alegar ignorância *quanto aos fatos e direitos pertinentes aos subscritores destas ações.*

• **12 de maio** – Bloch e TeleTV responderam também pela imprensa à carta: *O Grupo Bloch e a TV Ômega Ltda, do Grupo TeleTV, comunicam que na segunda-feira, dia 10, formalizaram a entrega ao Excelentíssimo Senhor Ministro das Comunicações de toda a documentação relacionada com a transferência e prorrogação das concessões de canais da antiga Rede Manchete de Televisão.De acordo com os contratos firmados e dentro do compromisso assumido com os Sindicatos, a TV Ômega, homologada a transferência dos canais e prorrogada a concessão, o que deverá ocorrer nos próximos dias, assume a integral responsabilidade pelos quase 1.500 funcionários das emissoras, assim como pelo pagamento das chamadas dívidas privilegiadas, incluindo, especialmente, salários e obrigações sociais, como o passivo relacionado com a Previdência Social, representando montante superior a 200 milhões de reais. A TV Ômega, durante as negociações, que foram acompanhadas pelo Ministério das Comunicações, adotou providências que asseguram a rápida reinstalação da Rede de Televisão com a utilização de sofisticada tecnologia, o que propiciará à nova rede padrão de programação com qualidade internacional, contando, para tanto, com o apoio e a colaboração de todos os técnicos, artistas, jornalistas, radialistas e demais funcionários da antiga Rede Manchete para a criação de uma opção de excelência em televisão, comprometendo-se, no momento oportuno, a divulgar a linha de programação da nova rede, tudo dentro dos princípios constitucionais que regem a exploração dos canais de televisão no País.*

• **Começava a transição para a futura RedeTV!**. Conrado Nobili se tornaria diretor-geral interino da emissora.

• **17 de junho** – O Diário Oficial da União publicou a aprovação da transferência para os novos donos, um dia antes das concessões se tornarem peremptas. Os funcionários da Manchete, aliviados, enxergam uma esperança no ar.

Por ironia, a Rede Manchete – *a televisão do ano 2000* – encerrava suas atividades ainda em 1999, deixando saudades nos telespectadores e nos que ali trabalharam.

Agonia

Acompanhe os momentos finais de uma rede chamada Manchete.

• **9 de maio** – O Grupo TeleTV e a Hesed Participações assinaram contrato de compra da emissora.

• **10 de maio** – No SBT, Hebe Camargo comentou em seu programa, que a Manchete havia sido vendida e que isso representava a salvação para a emissora e seus funcionários.

• **15 de maio** – A emissora saiu do ar pela segunda vez – a primeira foi entre os dias 10 e 14 – também às 19h30 e ficou fora boa parte da noite.

• **16 de maio** – A programação foi exibida regularmente.

• **17 de maio** – Foram ao ar as últimas vinhetas da Manchete, como também o logo, o nome e a assinatura da Bloch durante a programação. Ao término do capítulo de *Pantanal*, não apareceu mais a assinatura *Realização Rede Manchete*. A emissora de xava de ter nome. Deixava de ter cara. Deixava de ser Manchete. Faltou dizer: *acabou*. O que se vê daí para a frente é a evolução de um novo canal, rebatizado de Rede TV!. Como dizem os espíritas, não houve agonia ou morte. Houve a *passagem*.

• **18 de maio** – *Primeira Edição* substituiu o *Jornal da Manchete*. A primeira mudança da nova fase.

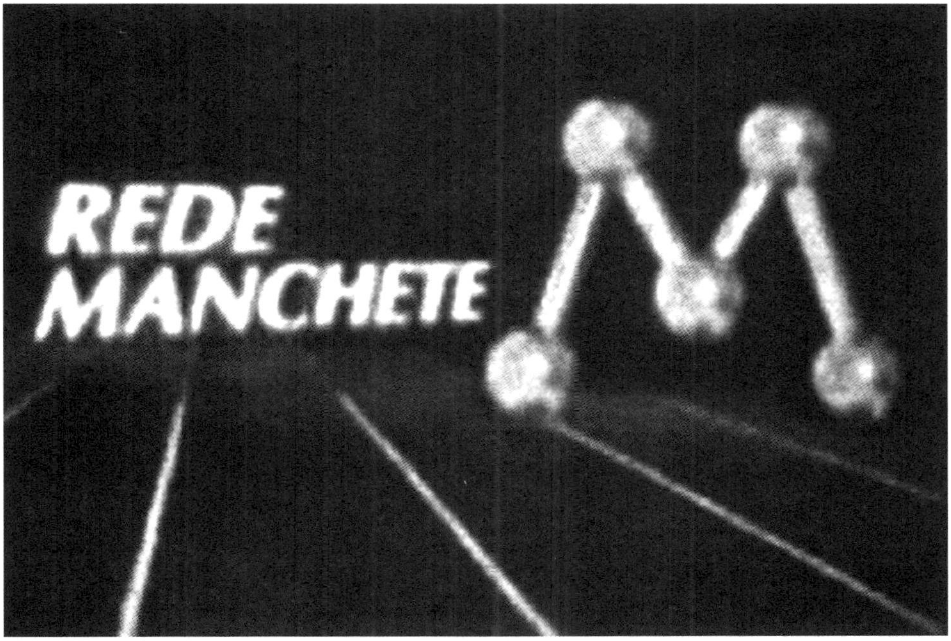

Slide para eventualidades, uma das últimas imagens da Rede Manchete

A Queda do Império

O fim da Rede Manchete se transformou em um grande efeito dominó para as Empresas Bloch.

• **1999** – As FMs do grupo foram vendidas para a Rede Central de Comunicação, que as transforma na Rede Nova FM, com exceção da emissora paulistana (91,3 MHz) que, apesar da venda, continuava arrendada à Igreja Renascer desde 1996, sob o nome de Rádio Manchete Gospel.

• **12 de abril de 2000** – Um grupo de ex-funcionários da Manchete desembarcou na frente da sede da RedeTV! em Alphaville (SP) em sinal de protesto por salários atrasados. Cerca de 30 ex-funcionários vindos do Rio de Janeiro juntaram-se à manifestação.

• **2 de junho de 2000** – Ex-funcionários da Manchete em São Paulo tiraram a RedeTV! do ar por 22 minutos, no horário nobre. Cinqüenta

radialistas invadiram a torre no bairro do Sumaré, expulsaram os seguranças, alteraram o sinal e colocaram recados de protesto contra Amílcare Dallevo, presidente da emissora:
SOS Manchete / Rede TV!; TRABALHADORES, RADIALISTAS E JORNALISTAS PASSANDO FOME, AMÍLCARE DALLEVO, PAGUE SUAS DÍVIDAS TRABALHISTAS. Foram quatro cartazes pregados na parede e gravados com equipamento amador. A polícia chegou ao local, mas os funcionários saíram antes.

• **1 de agosto de 2000** – As Empresas Bloch, já mergulhadas em dívidas, enviaram à Justiça pedido de autofalência. Com essa atitude, foram lacradas as seguintes sedes das Empresas Bloch: Edifício Manchete (Rua do Russel, 766 / 804), Casa da Manchete (Avenida Profa. Ida Kolb, 551 – São Paulo), Parque Gráfico (em Parada de Lucas), Complexo de Água Grande (em Irajá, propriedade da Bloch Som & Imagem). Outras sedes são fechadas, mas não lacradas. Nessa mesma noite, ao chegar ao Teatro Adolpho Bloch para encenar a peça *Joana Dark, a Re-volta,* a atriz Christiane Torloni se deparou com o lacre. Dentro do edifício ficaram presos cenários, objetos pessoais, equipamentos de som e figurinos. No mesmo instante, entrou em contato com seu advogado, Sílvio Guerra, para que exigisse da justiça a reabertura do espaço, o que se daria de 4 de agosto a 4 de setembro. Com a lacração do prédio, o acervo começou a se deteriorar.

• **28 de novembro de 2000** – A Comissão de Educação do Senado aprovou requerimento do Senador Roberto Saturnino (PSB-Rio) e de outros senadores, pedindo a presença em audiência dos diretores da Rede TV! e da Hesed Participações. Iriam debater a renovação ou não das concessões da rede, já que as dívidas trabalhistas não foram solucionadas. Em nota enviada à *Folha On Line*, a RedeTV! dizia que tinha acatado a audiência e comunicou que seus 1.200 funcionários diretos receberam seus salários em dia. Da audiência participaram o Ministro das Comunicações Pimenta da Veiga, o procurador da República André de Carvalho Ramos, Amílcare Dallevo Jr. e Fábio Saboya, além de Nilton Martins (representante dos ex-funcionários). Mesmo tendo conseguido a renovação das concessões, a Rede TV! começava ali uma grande disputa judicial com a Bloch, com os ex-funcionários da TV Manchete e com os sindicatos dos Radialistas e Jornalistas.

• **2001** – Hercílio de Lourenzi, dono da Editora Escala, arrematou em leilão a sede do bairro do Limão, em São Paulo e aos poucos transferiu sua empresa para o local. Ao mesmo tempo, a Massa Falida da Bloch Editores, representada pelo juiz Walter Soares, pediu ao Superior Tribunal de Justiça que permitisse a republicação dos títulos para evitar o desemprego em massa e o pagamento dos atrasados. Era a primeira vez na história da imprensa brasileira (e talvez mundial) que os funcionários tomaram conta da própria empresa.

• **19 de março de 2001** – A Justiça encontrou um livro com o paradeiro das obras de arte do Russel e começou as apreensões: 400 peças, entre elas obras de Di Cavalcanti, Alfredo Volpi, Manabu Mabe, Cândido Portinari e Djanira, foram encontradas na casa de Lucy Bloch (ex-mulher de Adolpho), de Danielle (filha de Oscar Bloch) e na Casa da Manchete em Teresópolis (RJ). Na época, essas obras valiam em torno de US$ 80 milhões e estudava-se um leilão por parte da Massa Falida para pagar as dívidas trabalhistas (R$ 30 milhões) e os fornecedores da Bloch (R$ 42 milhões).

• **13 de junho de 2001** – O Tribunal de Justiça do Rio de Janeiro condenou em primeira instância a TV Ômega (Rede TV!) a arcar com as dívidas trabalhistas e impostos da Manchete, avaliados em cerca R$ 300 milhões – a juíza Rosana Navega Chagas (14ª Vara Cível) determinou que a TV Ômega era sucessora da Manchete, portanto, detentora do passivo da rede. O não pagamento acrescentaria uma multa diária de R$ 50 mil. O processo continuou a ser movido também por Alfredo Bumachar, advogado da Bloch. Celso Gioia, diretor jurídico da Rede TV! providenciou novo recurso.

• **Setembro de 2001** – A Comissão de Educação do Senado convocou o Ministro Pimenta da Veiga e Amílcare Dallevo para nova audiência, em que se debateu a renovação das concessões da Manchete e a transferência para a RedeTV!. A oposição defendeu a não renovação das concessões pela falta de pagamento dos ex-funcionários da Manchete. E a história continua...

• **2002** – Nesse ano, todas as FMs (inclusive a de São Paulo) seriam arrendadas ao Missionário R. R. Soares, que criou a Rede Nossa Rádio. No entanto, a Igreja Renascer, mesmo utilizando outras freqüências, continuou a usar o nome *Manchete Gospel*. Em janeiro, a carioca Rádio Manchete AM (760 MHz) foi arrendada pelo Grupo Dial, que tinha entre os sócios, Marlene Mattos e Luciano Huck. A emissora havia sido arrendada anteriormente para o empresário Jair Marquesini que, por não concordar com o preço do aluguel estipulado pela Bloch, desfez o negócio.

• **11 de janeiro de 2002** – A 20ª Vara Cível Federal de São Paulo obrigou diversas emissoras de televisão a pagarem multa diária de R$ 1 milhão pelo uso indevido dos sorteios 0900, que arrecadavam dinheiro a cada ligação. Uma das multadas foi a empresa TV Manchete Ltda. Também em janeiro, um oficial de Justiça apreendeu na Rede TV! do Distrito Federal (TV Brasília) quatro computadores, oito televisores, duas câmeras digitais e uma ilha de edição em ação movida pelo funcionário Francisco Clóvis Pinto Souza que alegava ser credor de atrasados equivalentes a R$ 100 mil. A Rede TV! entrou com recurso para recuperar o equipamento e o funcionário tornou-se depositário dos bens até que tivesse nova decisão da Justiça.

• **30 de julho de 2002** – O Grupo Dial deixou o controle da Rádio Manchete AM por não conseguir pagar os US$ 25 mil mensais a Bloch.

• **4 de agosto de 2002** – Marcelo Bortoloti, da Folha de São Paulo, reativou a discussão sobre a falta de preservação do acervo da Manchete em artigo que conta com depoimentos de Fábio Saboya (que chegou a mencionar uma possível doação das 98 mil fitas da Manchete, informando que essa atitude seria mais lucrativa para Hesed do que a manutenção do acervo) e Ana Olivero, ex-chefe de arquivo da TV Manchete e responsável, em 1983, pela implantação do sistema de conservação de fitas. Até o lacre, as fitas eram mantidas a 18 graus, com quatro desumificadores ligados 24 horas por dia.

• **Outubro de 2002** – O Governo do Mato Grosso do Sul, por meio do secretário da Casa Civil, Marcos Alex, tomou conhecimento do estado do acervo e enviou dois ofícios ao síndico da Massa Falida da Bloch, o juiz Walter Soares, pedindo que o Governo do Mato Grosso do Sul se torne depositário das fitas da novela *Pantanal* até a data do leilão, considerando ter sido, a trama, essencial para a transformação do turismo na região. Walter Soares não se pronunciou mas a advogada da Massa Falida, Luciana Trindade, disse à *Folha de São Paulo* que o acervo não sairia do Russel por não ter sido totalmente catalogado, embora o ar-condicionado do arquivo tenha sido religado.

• **19 de dezembro de 2002** – A Massa Falida realizou um novo leilão, agora para decidir o futuro dos títulos da Bloch, até então publicados por eles, assegurando o emprego dos funcionários. O empresário e jornalista Marcos Dvoskin adquiriu 18 títulos da Bloch.

• Nesse mesmo mês, o antigo prédio da Bloch na Rua Frei Caneca, no Rio de Janeiro, primeira sede da *Revista Manchete* e utilizado também pelo departamento de cenografia da televisão, foi invadido por famílias sem-teto, que chegaram a fundar a AMAM – Associação dos Moradores da Antiga Manchete. O prédio foi dado como forma de pagamento de dívidas ao Banco do Brasil, fator que não impediu a invasão.

• **1 de abril de 2003** – O apóstolo David Miranda, da Igreja Pentecostal Deus é Amor, arrendou a Rádio Manchete AM do Rio. E, apesar de arrendada, essa rádio é a única que ainda pertence à família Bloch – não foram confirmados boatos de que David Miranda havia comprado a rádio.

• **Maio de 2003** – O Ministério da Previdência Social colocou a Massa Falida da Bloch Editores como uma das empresas que não cumpriram as obrigações com a Previdência e com o INSS.

• **Junho de 2003** – A Rede TV! perdeu mais uma causa quando nova sentença foi definida em favor dos funcionários e o Tribunal Superior do Trabalho (TST) ameaçou bloquear 30% das receitas publicitárias da emissora – menos de R$ 80 milhões no orçamento da emissora. Em 20 de agosto, o Ministro João Batista Ferreira (do TST) suspendeu o bloqueio mediante argumento da Rede TV! de que comprometeria suas operações caso tivesse que pagar os salários atrasados. No dia 11 daquele mês, o ministro publicava despacho no Diário Oficial da Justiça dizendo que o que foi sacado pelos ex-funcionários antes do desbloqueio não voltaria para a Rede TV!.

• **30 de setembro de 2003** – A Rede TV! ganhou a ação movida pela Bloch Editores e por Pedro Jack Kapeller e se eximiu da responsabilidade pelas dívidas trabalhistas da Manchete, não sendo, portanto, sua sucessora. Surgiu a possibilidade de acordo entre a Rede TV! e os ex-funcionários da Manchete. Hamilton Lucas de Oliveira continuava a alegar que a Manchete ainda pertencia a ele e que nunca poderia ter voltado para os Bloch de 93 a 99.

• **4 de março de 2004** – A Editora Escala, não encontrando função para o enorme M de aço que se encontrava no alto da antiga sede do Limão, em São Paulo, fatiou o objeto e o levou para uma siderúrgica. Morria assim o último dos símbolos da Rede Manchete. No final desse mês, o artista e escultor Franz Krajcberg protestou contra a venda e possível fatiamento de sua escultura, feita a partir de troncos de árvores queimadas pintados de branco e símbolo do saguão do Edifício Manchete, que seria encaminhada ao acervo do Banco Rural como quitação de dívidas, a exemplo de todas as outras obras do Museu de Arte Adolpho Bloch ou Museu Manchete. Além de não concordar com a venda, uma vez que as obras haviam sido doadas pelos artistas à Adolpho Bloch a título de divulgação, Krajcberg temeu que sua peça fosse danificada ao ser retirada. Alfredo Bumachar, advogado da Massa Falida, disse que o artista foi consultado mas se negava a ajudar. Fato é que até o momento, essa obra gigantesca continua a ocupar a parede do saguão.

• **julho de 2003** – O jornalista Ancelmo Góis publicou nota em *O Globo* informando sobre a compra da sede do Russel pela Universo – Universidade Salgado de Oliveira e acordo da instituição com a Secretaria de Cultura do Rio de Janeiro para reabertura do Teatro Adolpho Bloch. A iniciativa partiu também do secretário da Cultura Arnaldo Niskier, ex-funcionário das Empresas Bloch e da Rede Manchete.

• **Outubro de 2003** – As letras em metal das palavras *Manchete* e *Bloch Editores* foram arrancadas dos dois toldos existentes no edifício.

• **2004** – O jornal *O Globo* divulgou, em setembro, que um grupo de profissionais da TV Manchete carioca planejava acampar na frente do Banco Rural, no centro do Rio de Janeiro, para pressionar a TV Ômega (Rede TV!). Em São Paulo, a Escala, a Gráfica Oceano, a Editora Manchete e a NDC Comunicação e Publicidade (de Celso Russomano, que ocupa o prédio da TV) reativaram a sede do Limão. No dia 19 de setembro, 6 mil ex-funcionários da Manchete pediram ao Ministro do Trabalho, Ricardo Berzoini, que agilizasse o processo que moveram há quatro anos e que estava emperrado no Tribunal Regional do Trabalho do Rio de Janeiro. Eles reivindicavam seguro-desemprego, FGTS e baixa na carteira de trabalho.

• **2005** – Reapareceu, causando surpresa, a empresa Bloch Som & Imagem, quando o SBT misteriosamente anunciou a reprise da novela *Xica da Silva*, abrindo um novo horário de teledramaturgia em sua grade. E o canal atingiu o segundo lugar em audiência, com a presença de atores que em 1996 estavam em início de carreira, mas que nesse ano já eram consagrados, como Taís Araújo, Murilo Rosa, Drica Moraes, Giovanna Antonelli e Carla Regina. A novela foi exibida de 28 de março a 9 de dezembro. O SBT também adquiriu os direitos sobre *Dona Beija*. Ainda em São Paulo, a Rede 21, do Grupo Bandeirantes, alugou da NDC os estúdios do Limão para a produção de programas, como Blog 21 e Saca Rolha. No mês de abril, o Procurador do Ministério Público do Trabalho Cássio Casagrande, disse ao jornal *RadioAtivo* (do Sindicato dos Radialistas, RJ), que 1.500 ex-funcionários da Manchete teriam seus direitos trabalhistas garantidos pelo Tribunal Regional do Trabalho, cobrados da RedeTV! que assumiu as dívidas da emissora. Em novembro, Netinho de Paula alugou integralmente as instalações do Limão para criação da TV da Gente. No Rio, a Orquestra Sinfônica Brasileira fechou acordo com a Universo para ocupar o Teatro Adolpho Bloch. Em dezembro, a Globo adquiriu com Benedito Ruy Barbosa os direitos sobre o texto de *Pantanal*, cogitando um futuro remake (para alguns isso foi visto como a colocação da novela na *geladeira*, ao temer a exibição da reprise em alguma concorrente). A TV Cultura notificou à imprensa que recebeu doação de fitas da Manchete, encontradas nas gavetas de mobiliário doado a terceiro. Cerca de 200 fitas foram restauradas pelo canal e utilizadas em programas como *Grandes Momentos do Esporte*.

• **2006** – Após negociar com o SBT, Jaquito fechou com a Band a exibição de *Mandacaru*. A reprise da novela passou a ser exibida no dia 9 de janeiro, às 22 horas. Felizmente as negociações da Bloch Som & Imagem contribuem positivamente não só para a **preservação** da história da Rede Manchete, como da história da televisão brasileira. Para concluir, Adolpho Bloch virou personagem, na minissérie *JK* (Globo), sobre seu melhor amigo. Foi interpretado por Sérgio Viotti, que trabalhou na Manchete.

• **2007** – A Rádio Manchete AM, do Rio, voltou a ser controlada por Jaquito. Com perfil popular, ganhou transmissão *on line* pelo site www.radiomanchete.com.br. Em 27 de junho o prédio do Russel e outros bens foram novamente a leilão. Em 27 de junho o prédio do Russel e outros bens foram novamente a leilão.Em 24 de setembro, a RedeTV! conseguiu liminar com o STJ, isentando-se do pagamento das dívidas trabalhistas dos ex-funcionários da Manchete e da Bloch. As ações foram suspensas.

• **2008** – A novela global *Beleza Pura* utilizou como cenário o prédio da Manchete, escritório de Guilherme (Edson Celulari).

Editora Manchete

Apesar da falência de todas as empresas do grupo, decretada em meados de 2000, muitas revistas da Bloch continuam firmes e presentes no mercado, sustentados agora por uma nova editora, cujo nome não poderia ser outro senão *Editora Manchete*.

O gaúcho Marcos Dvoskin, seu presidente, arrematou 18 títulos da Bloch em leilão realizado em 19 de dezembro de 2002. Junto foi também comprado o acervo da Bloch, que conta com uma vasta quantidade de fotos e se destaca como registro vivo da memória de nosso País. Podemos, por exemplo, observar mais de meio século de história apenas com as fotos da *Revista Manchete*.

Nas palavras de Dvoskin, *a ligação entre os títulos da Bloch Editores e os leitores ainda é muito forte*. E é acreditando nessa idéia que já fez com que algumas das revistas voltassem ao mercado. Pais&Filhos voltou a circular normalmente desde julho de 2003. Ele Ela também retornou. E Manchete voltou apenas em caráter experimental. Dessa revista, foram lançadas duas edições especiais: a primeira, de Carnaval, em fevereiro de 2004, com a atriz Débora Secco na capa, que esgotou rapidamente 150 mil exemplares (as edições carnavalescas sempre foram as mais vendidas de Manchete). Em março, a Editora e o Instituto Ayrton Senna fizeram uma parceria que resultou na edição histórica dos *10 Anos sem Ayrton Senna.* Depois disso, em todos os anos seguintes, Dvoskin publicou as edições de carnaval da Revista Manchete, em parceria com a empresa de Lincoln Martins (ex-funcionário da Bloch). Quando perguntei sobre a relação entre a marca e o mercado, o jornalista disse: *A marca* Manchete *rejuvenesceu com a TV, que trouxe inovações tecnológicas para sua época. Esse rejuvenescimento é muito importante para nós.*

É importante ressaltar esse seu ponto de vista, uma vez que muitas revistas e jornais se tornaram mais *jovens* ao mercado ao serem associadas a emissoras de rádio e televisão. Foi o caso de Globo, Gazeta e Manchete. O que também é curioso é que a maioria das emissoras de rádio pertencentes a esses grupos não só rejuvenesceu suas marcas, como acabou atingindo um público mais jovem. A Rádio Manchete FM (São Paulo e Rio) era uma das mais ouvidas pela juventude dos anos 1980. Marcos Dvoskin acredita na tradição aliada à modernidade, tanto que Pais & Filhos e Ele Ela já estão na Internet. Está convicto da responsabilidade de dar prosseguimento ao trabalho de Adolpho Bloch, a quem define : *Adolpho Bloch não foi, mas é ainda um baluarte da comunicação brasileira.*

A trajetória desse *sucessor* prova que ele não está trazendo as revistas novamente ao mercado por acaso. A competência de Dvoskin é reconhecida dentro do meio. Afinal, foi um dos responsáveis pela estruturação da rede de jornais do Grupo RBS (*Rede Brasil Sul*), de Porto Alegre, e ex-diretor geral da Editora Globo. Seus projetos não envolvem a criação de emissoras de rádio e televisão: *Nosso negócio é papel, o que entendemos melhor.*

Memória Virtual

Hoje, a memória da Rede Manchete está longe de ser preservada pela própria televisão. Já na Internet, a história é outra. É nessa mídia que ela está cada vez mais presente, o que reflete sua importância para o público. Poderíamos dizer que toda essa preservação *on line* partiu de um mesmo grupo, reunido no antigo TVD (Television Domain – www.tvdnet.com), que conforme o Guia de Internet Folha de São Paulo, foi o primeiro site de notícias sobre televisão brasileira. Marcel Britto de Freitas, criador do TVD em 1997, tinha em sua equipe profissionais como Eduardo Ferreira e Arthur Ankerkrone que, respectivamente, criaram os sites TV Point e TV Já. A maior dificuldade de explicar toda essa cronologia é que os profissionais foram criando novos sites e ampliando na Internet o número de portais voltados à notícia e história da TV brasileira.

A TVD ainda priorizava dar as notícias, mas por viver no período agonizante da Rede Manchete, acabou por ser tornar um documento histórico *on line*. Seu principal concorrente era o site TV Crítica, que

também teve papel importante. Mas, mesmo com o sucesso, Marcel Britto de Freitas precisou fechar a TVD e deixou para o colunista Arthur Ankerkrone a tarefa de continuar o trabalho, com a criação do site TV Já. A importância desse – que mais tarde receberia o nome de Revista Telecentro – para a preservação da memória da Manchete foi ter reunido uma equipe de colunistas como Eduardo Ferreira, Diogo Montano e outros. Fiz parte dessa equipe também, fato que me deu a oportunidade de criar em setembro de 2000 o Canal 1 – Memorial da TV Brasileira, primeiro portal com a história das emissoras (incluindo a da Manchete). O Canal 1, mais tarde, seria englobado pelo Museu da Televisão Brasileira, numa parceria com a Pró-TV. Aos poucos, a essa equipe foram se juntando mais colegas com seus sites que nos ajudavam. É o caso de Maurício Viel Hitchcock, do RetrôTV (www.retrotv.com.br), especializado em séries e desenhos, e de Nilson Xavier, do Teledramaturgia (www.teledramaturgia.com.br), um acervo virtual de novelas diárias. Maurício fez um especial sobre a emissora e Nilson tinha uma sessão inteira só de novelas da Manchete. Tudo isso continua no ar.

Falando especificamente de sites voltados apenas à Rede Manchete, devemos lembrar de três casos:

Rede Manchete: Qualidade em Primeiro Lugar – Foi uma extensão do TV Point, de Eduardo Ferreira e Fabiano Suassuna. O TV Point começou em meados de 1998 e já continha história, afiliadas e vários detalhes sobre a Rede Manchete. Com o fim da emissora, decidiram criar um portal específico para ela: Rede Manchete: Qualidade em Primeiro Lugar, no endereço www.redemanchete.cjb.net. Hospedado no provedor gratuito Fortunecity, entrou no ar em 1° de janeiro de 2000. O nome veio de um dos slogans da Manchete. Tinha imagens, vídeos e áudios da emissora. Eduardo Ferreira diz: – *Fizemos o site porque achamos que o final da Manchete não poderia ser semelhante ao da Tupi. Quando a Tupi faliu não existia a Internet e ela não teve a lembrança merecida.*

Rede Manchete: Uma História de Sucesso – Criado pelo carioca Diogo Montano como parte de seu site pessoal, teve como embrião uma página sobre o fechamento da emissora que entrou no ar em 26 de setembro de 1999. Foi só em 6 de fevereiro de 2000 que se transformou em um site específico sobre a Manchete, no endereço www.geocities.com/redemanchete, ao qual foram anexados textos do TV Point, de Eduardo Ferreira, com um novo conteúdo. Contou com apoio de outros colaboradores, como Arthur Ankerkrone (ex-funcionário da Manchete). Com vários vídeos e imagens, foi criada em 5 de junho de 2003 uma sessão comemorativa dos 20 anos do nascimento da Rede Manchete, com entrevistas de ex-funcionários como Eloy Decarlo e Renato Chapout. Hoje, o site se encontra no endereço www.redemanchete.net. Nesse caso, o nome Uma História de Sucesso foi retirado de programa homônimo que existiu no final da emissora.

Comunidade Rede Manchete – Com a criação do Orkut, a maior e mais popular rede social de comunidades, a memória da Manchete também ganhou seu espaço. Por iniciativa do colega Alessandre Brum Marques, foi criada em 5 de maio de 2004 a Comunidade Rede Manchete, que hoje já conta com mais de 6 mil integrantes, de telespectadores a ex-funcionários, e no endereço http://www.orkut.com/Community.aspx?cmm=54109 recebe a cada dia mais adeptos. O Orkut virou um grande instrumento na preservação da memória dos desenhos, séries, novelas e tudo que se possa imaginar da Manchete. Somam-se, reunindo as comunidades que têm relação com a sua história, mais de 30 mil. Essa, de Alessandre, é a mais numerosa de todas.

Para concluir, uma curiosidade. Este livro fez uso da Internet para descobrir o que mais interessava aos telespectadores da Rede Manchete. Criei em 22 de setembro de 2004, com o teaser *Vem aí a maior superprodução da Rede Manchete. Aguarde*, o site www.redemanchete.com.br. Por meio dele e dos mais de 500 e-mails que me foram enviados, pude descobrir o que os telespectadores mais gostavam na Manchete e qual a importância da emissora para cada um. Meu agradecimento a todos.

Raio-X: Jacques Lagoa

O ator Jacques Lagoa é pioneiro da televisão e foi na Manchete que começou sua carreira de diretor, pelas mãos de Walter Avancini. É um representante desta última fase da emissora. Não chegou a ficar até o final, pois foi convidado para dirigir novelas no SBT, onde está até hoje. Aqui, ele destaca a importância da Rede Manchete em sua carreira.

Uma saudade imensa

Trabalhei na Manchete no período do Walter Avancini – me parece que depois de Pantanal, foi um dos períodos mais férteis – e posso dizer que comecei praticamente como diretor. Durante muitos anos trabalhei com o Avancini como ator em outras emissoras e na Manchete entrei como diretor no meio de Tocaia Grande sem saber praticamente coisa alguma. Participei mais efetivamente quando Avancini me deu a direção de Xica da Silva e fiquei com toda a preparação do elenco. Sou um diretor vindo do teatro, é a minha origem, então, a minha contribuição para direção de intérpretes é muito grande em novela hoje por causa dessa bagagem com o teatro. E foi graças ao Avancini, a esse gênio, às vezes irrascível, mas um gênio perfeccionista, que dei os primeiros passos em direção.

A Manchete me acolheu de uma maneira magnífica. Eu sei que ela hoje tem 500 problemas, mas a mim eles não devem coisa alguma. A Jacqueline foi simplesmente magnífica comigo. Então, o que eu guardo da Manchete são muitas saudades, porque eu sei o que aconteceu em Dona Beija e também em Pantanal.

Em Tocaia Grande eu não sabia coisa alguma, achava tudo ruim mas não sabia como fazer melhor, e aos poucos o Avancini foi dando a cara dele e a novela chegou a dar 7 ou 8 pontos no Ibope. Pegar uma novela começada pra mim, na época, era a mesma coisa que pegar do início, porque eu não sabia das coisas, eu não cortava, eu não sabia nada, e aos poucos o Avancini foi me introduzindo, foi acreditando em mim, eu mesmo acreditando em mim. Tinha um elenco magnífico de técnicos na Manchete. De todas as casas que passei, as saudades que eu levo são dos técnicos da Manchete, por que todos torciam a favor. Era uma equipe muito coesa e muito forte porque o Avancini nos levava em rédea curta, então, quem ficava é porque queria fazer o seu melhor, queria se superar. E o que era fascinante é que um ajudava o outro e, especialmente, eles ajudavam a mim, porque eu queria acertar. Eu sabia sim dirigir ator, mas isso de eixo, de câmera, nunca inverti um eixo, era tudo um pouco novidade pra mim. Eu tinha uma continuísta fantástica, a Tetê, que me ajudou muito. Então, a Manchete foi o meu berço, foi meu começo, foi uma casa que nós tivemos muita alegria em trabalhar, apesar de termos um Avancini vigilante, mas um vigilante que queria o bem de todo mundo, queria o bem da Manchete, queria o bem dele, o bem do produto dele. E quando mexiam no produto dele, ele virava uma fúria, porque queria que nós nos empenhássemos e fizéssemos o nosso melhor.

Tristeza foi quando eu fui embora. A Eliana Guttman, a Marilia Pêra, alguns técnicos fizeram uma surpresa pra mim, uma festa com todo mundo. Eu tive uma festa também de despedida dos figurantes, que me parece que nem sempre são muito bem tratados, e eu faço questão de tratar todo mundo muito bem. Eu acho que o diretor tem que conduzir tudo com muita paz, com muita harmonia. A Marília Pêra gosta de gravar comigo e chegou aos meus ouvidos que eu tinha que sempre que dirigir as cenas dela. Então foi um período feliz. Só não era mais fácil porque eu sou casado e era duro ficar afastado da minha mulher lá no Rio. Mas até isso a Manchete fazia por mim: quando eu não vinha pra São Paulo, porque eu gravava no sábado ou no feriado, eles mandavam a passagem pra minha mulher que ia pro Rio e ficava hospedada comigo sem qualquer ônus pra nós. Eu de uma certa forma sofria no Rio de Janeiro, comecei a ficar um pouco traumatizado de tanto viajar, e aí surgiu o convite do Silvio Santos pra vir dirigir em São Paulo os teleteatros, e eu fiquei muito lisonjeado. Eu sempre fui um cara de desafios, porque o contrato com a SBT na época era de apenas três meses, mas eu topei e larguei a Manchete. Foi uma tristeza, eu abraçava o Avancini, dizia até logo e obrigado, porque ele me ensinou tudo. Na Manchete eu fiz Tocaia Grande, Xica da Silva, Mandacaru e no início da Brida eu saí.

Recentemente, eu e David Grinberg fomos dar um curso no Rio de Janeiro e passamos os dois em frente à Manchete no Russel. Não conseguimos falar, só olhamos o prédio e olhamos um pro outro. Puxa, que pena. *Aí eu perguntei pra ele:* David, você acha que existe a possibilidade de a Manchete voltar um dia? *Ele disse:* Eu acho que não. *E está lá o prédio parado, um teatro magnífico parado, eu não sei a quantas andam as instalações onde nós gravávamos. Dá uma saudade imensa, fora o lado de mercado imenso de trabalho fechado.*

Jacques Lagoa

Capítulo II
O Imperador do Russel

Ucrânia, primavera de 1908. Nascia na pequena cidade de Jitomir (a 120 Km da capital Kiev) em 8 de outubro, o filho mais novo de Joseph e Ginda Bloch. Adolpho era irmão de Boris, Arnaldo, Mina, Sabina, Zenaide, Fanny e Bella. Seu pai era tipógrafo e possuía uma pequena gráfica na Cidade, para a qual encaminhou toda a família. Em sua casa foi improvisada também uma fábrica de gelo.

Em 1917, a Ucrânia (que só um ano depois se tornaria independente da Rússia) vivia um clima de intranqüilidade. Os russos tinham saído da I Guerra Mundial naquele ano porque internamente já havia começado a Revolução Russa. Dez milhões de soldados voltaram da guerra após o tratado de Brest-Litovsk, pela paz entre Alemanha e Rússia. Ao mesmo tempo, os judeus russos começaram a ser perseguidos pelos cossacos e como toda a família Bloch era de origem judaica, temia, como todos os judeus, os *progroms* organizados pelo General Peltiúra que resultavam em saques ou chacinas. A casa de Joseph Bloch em Jitomir foi invadida e para evitar o massacre, Ginda deu seu porta-jóias aos cossacos e a família foi para Kiev.

Adolpho Bloch viveu de perto, em Kiev, todos os desdobramentos da revolução e em pouco tempo viu nascer uma nação comunista – em 1921, o país se tornaria a República Socialista Soviética da Ucrânia. Como a situação piorava, os Bloch foram expulsos do apartamento em que moravam e foram viver em um quarto do Bibikovsky Búlvar, próximo da escola de Adolpho. Foi nessa ocasião que souberam que um amigo da família tinha emigrado da Ucrânia para o Brasil e morava na Bahia. Fizeram o mesmo.

Foram sete dias de viagem de trem até Odessa, onde foram chantageados pelos guardas que estavam dentro do vagão. Acamparam perto do rio Dniester para poder atingir a Bessarábia, na outra margem. Muitos eram fuzilados na tentativa de realizar a travessia mas, felizmente, os Bloch saíram ilesos e foram recebidos por ucranianos com carroças de palha de milho. Foi sob toda essa palha que cruzaram a fronteira. Dias depois foram para o porto de Galátz, onde ficaram por semanas até atravessaram o rio Constança, o Mar Negro e o Mar de Mármara. Adolpho tinha 13 anos e foi no meio da viagem que fizeram seu *Bar Mitzvah*, culto judeu que é a passagem da infância para a juventude. Adolpho cruzou o Bósforo atrás de uma sinagoga mas acabou recebendo a benção de um turco e voltou para o navio onde os judeus comemoraram seu aniversário.

O navio se dirigia a Nápoles, Itália. De trem, foram de Nápoles para Roma, de Roma para Gênova e chegaram ao Brasil viajando na terceira classe do navio *Red'Italia*. Aqui chegaram em 1922 e desceram no Rio de

Janeiro, instalando-se no bairro do Andaraí. Graças à hospitalidade com que o povo da cidade os recebeu, os Bloch nunca mais abandonaram o Rio, com sua realidade tão diferente daquela da Ucrânia.

O jovem Adolpho entrou para Escola Francisco Cabrita, próximo da Praça Saenz Pena, e foi lá que completou o Curso Ginasial e aprendeu a falar o português. A família começou a trabalhar com máquinas manuais de pequeno porte e quando chegou à Rua Vieira Fazenda, 24, criou a gráfica *Joseph Bloch & Filhos*, com duas máquinas. É sobre essa época que Adolpho fala em seu livro, *O Pilão* (Ed. Bloch, pág. 275): *Em frente era uma quitanda. Dona Maria e um papagaio. Naquele tempo todas as quitandas tinham papagaios. Quando tocava o telefone, a ave gritava:* Joseph Bloch & Filhos, telefone!

Adolpho começou a gostar do jornalismo e tornou-se amigo de Mazzini e Ozéas Serôa, donos do jornal *A Vanguarda*. Certa vez um português, de nome Oliveira, levou a Mazzini um papel de seda para ensacar laranjas. O dono do jornal perguntou então a Adolpho se na sua gráfica (de duas máquinas, apenas) teria como imprimir naquilo. Ao encontrar uma solução, Adolpho terceirizava a fabricação em São Paulo e nesse tecido começou a imprimir mapas do Brasil. Comprou máquinas e aumentou a freguesia de exportadores de laranjas. Conseguiu dinheiro e fez crescer o negócio a ponto de dar à família uma casa própria na Rua 5 de Julho, 32, em Copacabana.

Foram muitos endereços em decorrência do crescimento da gráfica: Rua Mem de Sá, 285; Rua Constituição, 38; Rua Visconde da Gávea, 26. E Rua Frei Caneca, 511, a primeira sede própria da Bloch Editores, com seis andares. Na mesma época, Bloch adquiriu os terrenos do editor José Olympio em Parada de Lucas, no subúrbio carioca, e começou a montar ali seu parque gráfico que passou a imprimir revistas infantis para a RGE (Rio Gráfica Editora, futura Editora Globo, de Roberto Marinho) e para Brasil-América (de Adolfo Aizen). Conseguia imprimir 200 mil exemplares. Em 1952, criou a *Revista Manchete*, que desbancaria a liderança de O Cruzeiro nas bancas, publicação de sucesso dos Diários Associados. Nessa mesma década conheceu Juscelino Kubitschek, seu grande e fiel amigo. E, em pouco tempo, a Manchete virou um fenômeno de vendas. Na metade da década de 50, ficou pronto o Parque Gráfico de Parada de Lucas, considerado um dos maiores do mundo.

Em 1961, Bloch teve endocardite e foi internado numa clínica. Quando saiu, envolve-se em um novo projeto: erguer na Rua do Russel, 804, o Edifício Manchete, com projeto de Oscar Niemeyer, que só ficaria pronto em 1968, junto com o Museu de Arte Moderna (mais tarde, Museu Adolpho Bloch), com obras dos principais pintores e escultores do País. Em 15 de janeiro de 1973, no local, abriu o Teatro Adolpho Bloch com a estréia da peça *O Homem de La Mancha*, com Bibi Ferreira, Grande Otelo e Paulo Autran, sob a direção de Flávio Rangel.

Nesse dia, os atores entregaram a Procópio Ferreira e a Carlos Magno a escultura *Evolução*. Na inauguração do teatro, acompanhado da cadela Manchetinha, falou ao público: *O maior sonho da minha vida sempre foi construir um teatro. Há meio século que eu esperava por esta noite*. Na época, seu teatro era considerado um dos melhores do Rio em acústica, acomodação e número de cadeiras – 425 lugares. Adolpho freqüentava as matinês todas as quintas-feiras.
Em 1980, com uma nova rotativa, suas revistas foram impressas em quatro cores numa tiragem de 42 mil exemplares por hora. Mais de dez títulos próprios já estavam no mercado. Nesse mesmo ano, ingressou no rádio e na televisão e comandou onze emissoras (seis de rádio e cinco de TV).
Em 1983, o Grupo Bloch Editores era comandado pela *troika,* como dizia: ele e os sobrinhos Oscar Bloch Sigelmann (vice-presidente) e Jaquito (Pedro Jack Kapeller). Adolpho Bloch foi casado duas vezes: com Lucy Mendes Bloch e depois com Anna Bentes Bloch. Não teve filhos.

Aconteceu, virou Manchete

Em 1951, Adolpho recebeu o primo e escritor Pedro Bloch na gráfica da Rua Frei Caneca e pediu a ele uma sugestão para batizar sua revista:
- *A revista vai ser de reportagens, não é? Reportagens nacionais e internacionais. De que tipo?*
- *Tipo* Match.
Adolpho escreveu em um papel o nome *Match* e não discutiu mais. Nascia ali a revista Manchette, a princípio com dois ***t***, a primeira revista da Bloch Editores. A data era 26 de abril de 1952 e a publicação semanal seria vendida a Cr$ 5,00. As primeiras manchetes da revista foram:
• DESTAQUE – *Inês Litowski queria viver nesse tempo* – A foto principal era da bailarina do Theatro Municipal, de vestido, com o pé apoiado em uma carruagem imperial.
• EXCLUSIVIDADE – *Uma grande reportagem de Jean Manzon* – O fotógrafo francês, um dos fundadores da Paris Match, havia se desligado de O Cruzeiro para tornar-se repórter da nova revista.
• *A verdadeira vida amorosa de Ingrid Bergman*
Em três dias, a primeira edição da revista se esgotou e aos poucos cairia no gosto dos leitores, desbancando o sucesso de *O Cruzeiro*. *Aconteceu, virou Manchete* era o slogan da revista que noticiou a morte de Carmem Miranda, o suicídio de Vargas, a eleição de JK, a construção de Brasília, a conquista da Copa de 58, a Revolução Cubana, o gigantesco cortejo de Francisco Alves, a coroação de Elizabeth II, o Golpe Militar de 64, a chegada do Homem à Lua, a Guerra do Vietnã, o casamento do Príncipe Charles e Diana, as *Diretas Já*... Manchete contava com correspondentes no Exterior: Arnaldo Dines em Nova York, Gisela

Heymann em Paris, Anna Muggiati, em Londres, Daisy Benvenutti em Roma e Vadim Polyakovsky, em Moscou.
Manchete teve edições especiais em outras línguas: francês, inglês e russo. E só deixou de ser a principal revista com a chegada de *Veja e Leia* (mais tarde só *Veja*) da Editora Abril, em 1968. Assumiu então o segundo lugar, mas sempre foi referência e contou com um público fiel.
Muitos profissionais passaram pela revista – Ronaldo Bôscoli, Paulo Coelho, Carlinhos de Jesus, Rubem Braga, Leo Gandelman, Ibrahim Sued, Paulo Leminski, Júlio Barroso, Fernando Sabino, Gilberto Tumscitz (o Gilberto Braga, autor de novelas), Nelson Rodrigues, Jáder Neves, Pedro Bloch, Benedito Ruy Barbosa, Roberto Muggiati, Sérgio Porto, Ruy Castro, Ziraldo, Renato Sérgio Nogueira – e alguns permaneceram na casa por décadas. Foi o caso de Murilo Melo Filho, Arnaldo Niskier, Carlos Heitor Cony, Zevi Ghivelder, Expedito Grossi, Salomão Schwartzman e Carlos Chagas.
A revista publicou fotos históricas. Uma delas, a do ambientalista Augusto Ruschi beijando um Beija-Flor na boca, tirada por Ricardo Azoury. A foto ficou tão famosa que a transformaram em desenho, que seria utilizado na cédula de 500 cruzeiros novos, de 1990.

Manchete foi a mãe de todas as revistas Bloch, que aproveitaram seu sucesso e seguiram a tradição: Pais & Filhos, Fatos e Fotos, Ele Ela, Desfile, Geográfica Universal, Manchete Rural, Amiga, entre tantas outras. Chegou um momento em que Manchete já não era mais sinônimo de Bloch, mas a Bloch é que passou a ser sinônimo de Manchete: o prédio, os casarões, a cadela (no diminutivo), a agência de notícias e as emissoras de rádio e televisão, além de outras empresas da Bloch, receberam o nome *Manchete*.
Com o nascimento da Rede Manchete, a revista se modernizou e junto com Amiga passou a divulgadora do canal de TV. As duas revistas chegavam a imprimir na última página a programação da emissora, com o logo. E nessa última página, por muito tempo, era comum a coluna de Adolpho Bloch, que escrevia como se estivesse conversando com o leitor.

Dois Amigos

Dois homens passeiam na calçada da praia de Copacabana de sandália, bermuda e camisa aberta. Um é grisalho e o outro muito alto, de chapéu na mão. Percebe-se que são amigos pelo entrosamento. Olhando de frente, é possível reconhecer pelo menos o mais alto: Juscelino Kubitschek, ex-presidente do Brasil e fundador de Brasília. O outro é Adolpho Bloch. Dois amigos inseparáveis, que não só passeavam juntos, como viajavam e se encontravam no horário de trabalho. Adolpho chegava a sair de casa pela manhã para tomar café com o amigo.
Bloch conheceu o amigo na época em que JK era governador de Minas Gerais mas não havia intimidade entre eles. Em 1955, antes mesmo da inauguração de Brasília, Bloch comprou vários lotes e inaugurou a sucursal da Bloch na nova capital, fundando o primeiro escritório jornalístico do Distrito Federal. Graças às matérias sobre a criação de Brasília, a *Revista Manchete* aumentou consideravelmente suas vendas. Na campanha de Juscelino à Presidência da República, Bloch havia prometido imprimir 20 mil cartazes gigantescos com o slogan *50 anos em 5* para serem espalhados nas principais cidades do País – criado por Juscelino em um discurso, o slogan ficou popular através da iniciativa de Bloch mas revoltou a imprensa, que achava impossível um político fazer tanto em tão pouco tempo. Bloch foi até o Palácio do Catete encontrar Juscelino e dizer que se responsabilizava pelos cartazes: – *Presidente, esta campanha diária contra o senhor, feita pela imprensa, rádio e televisão, está sendo causada pela minha confiança no seu governo. Fui eu quem mandou imprimir e colocar cartazes em todas as principais cidades brasileiras.*
Ao que Juscelino respondeu: – *Então, Bloch, você acha que nós vamos fazer o Brasil caminhar 50 anos em apenas cinco anos?*
Riram os dois. E a partir dali se tornaram grandes amigos.

Adolpho editou pela Bloch Editores todas as obras de Juscelino, sendo que prefaciou *Por Que Construí Brasília*, em que pela primeira vez apareceu sua mais famosa frase: *A vida só é digna de ser vivida quando se faz algo pela vida, em vida,* que dedicou a JK. Além disso, montou um escritório para o amigo no 2° andar do edifício do Russel, com uma grande mesa de jacarandá.

A amizade entre eles nunca se desfez nem mesmo quando a Ditadura Militar instituiu o AI-5 em 1968 e Juscelino foi preso e exilado. Quando deixou o cargo, Juscelino passou a escrever para o amigo resenhas de livros, críticas sobre romances, artigos sobre economia e ensaios. Adolpho pagava a JK os mesmos 100 cruzeiros por lauda oferecidos aos demais colaboradores. Juscelino não queria aceitar, mas a ordem interna na Bloch era de que se não aceitasse o dinheiro, não seriam publicados seus textos.

Em 20 de agosto de 1976, Juscelino veio a São Paulo para a Conferência dos Governadores da Bacia do Prata e se hospedou na Casa da Manchete (esquina da Rua Groenlândia com a Avenida Europa). Adolpho também estava na cidade. Na manhã do dia seguinte, na cozinha, Juscelino disse ao amigo: – *Bloch, depois que eu perdi o meu cunhado e irmão Júlio Soares, você ficou sendo o único irmão que tenho. Cuide bem de sua saúde porque eu preciso de você!*

Nesse mesmo dia, Juscelino acompanhou Bloch até o aeroporto já que seguiria para Brasília de carro no dia seguinte. Na noite de 22 de agosto, domingo, Juscelino Kubitschek morria em um acidente rodoviário. Adolpho ficou em estado de choque, teve que ser medicado e chorou muito a morte do amigo. Em seguida, escreveu um artigo sobre Kubitschek para ser publicado na edição especial de Manchete sobre JK. A pedido de dona Sarah e das filhas, o velório do ex-presidente foi realizado no saguão do Russel, ao som da canção *Peixe Vivo*, que Juscelino tanto gostava, entoada pela multidão.

Adolpho Bloch teve vários amigos ilustres, brasileiros e estrangeiros, entre eles, Carlos Lacerda, João Goulart, David Nasser, Oscar Niemeyer, Luiz e Mauro Salles, Jorge Amado, Austragésilo de Athayde. Conheceu todas as grandes personalidades mundiais de sua época. Mas o amigo mais querido, sem dúvida, foi Juscelino Kubitschek. A sala de JK no Edifício Manchete foi transformada em museu e tudo foi deixado na posição em que estava quando ele a utilizou pela última vez. Até mesmo sua caneta permaneceu sobre a mesa.

Em 12 de setembro de 1981, foi inaugurado em Brasília o Memorial JK, sonho que Bloch alimentou por anos, desde a morte do amigo.

Sobre a morte de Juscelino, Adolpho Bloch falou no livro *O Pilão* (Bloch Editores, pág. 228): *Tentei fazer sozinho o nosso passeio na praia. Não consegui andar muito. Voltei triste para casa. E verifiquei que três seres foram muito importantes na minha vida: minha Mãe, o senhor, Presidente, e a Manchetinha.*

Os Homens Bloch

Colegas ou amigos? Ou as duas coisas? Falta definição para o tratamento de Adolpho Bloch com aqueles com quem trabalhava. Muitos dos colegas começaram cedo na empresa e ficaram por lá até seus últimos dias. Foram décadas de vida e de companheirismo, numa fidelidade à empresa acima do comum. É claro que faltam nomes na relação abaixo, mas é uma amostra daqueles que ajudaram Adolpho Bloch a transformar a pequena gráfica em um dos maiores grupos de comunicação do País. Para começar, é preciso falar da *troika*, os donos da Bloch, uma vez que Adolpho Bloch tinha nos dois sobrinhos – Oscar Bloch Sigelman e Pedro Jack Kapeller – seus mais fiéis colaboradores.

Oscar Bloch Sigelman

Acompanhou o tio desde o início da empresa, começando de baixo para aprender tudo – seu primeiro cargo foi de office-boy. Décadas depois, o garoto já era o experiente *Senhor Oscar*, vice-presidente das Empresas Bloch. Em 1981, foi o escolhido para viabilizar o projeto da rede de televisão, concretizando o sonho de Adolpho. Com seu falecimento em 1995, Carlos Sigelman, seu filho, que anteriormente coordenava a Rádio Manchete, assumiu o cargo.

Pedro Jack Kapeller – Jaquito entrou na Bloch um pouco depois de Oscar, no final da década de 1950. Em 1971 já era diretor-superintendente da empresa, cargo que passou para a filha Jaqueline Kapeller com a morte do tio Adolpho, ao assumir a presidência no lugar dele. As filhas Carla e Daniela mais tarde também trabalhariam na Bloch ajudando o pai. Elas fundariam, em 2001, a Editora K.

Fazem parte do time de colegas profissionais que ficaram na Bloch boa parte de suas vidas, como Murilo Melo Filho, Carlos Heitor Cony, Salomão Schwartzman, Isaac Hazan, Expedito Grossi, Arnaldo Niskier, Zevi Ghivelder, Osmar Gonçalves, Eli Halfoun, Carlos Chagas, Roberto Muggiati, Lincoln Martins, Lúcio Portella, Jiri Biller, Osias Wurman, Luiz Sales, Dirnei Sodré, José Allan Léo Caruso, Ney Bianchi, Alberto Dines (em Nova York). É importante ressaltar que, assim como Adolpho, a maioria tinha apreço pela cultura e pela escrita tanto é que três ex-diretores da Bloch hoje fazem parte da Academia Brasileira de Letras: Murilo Melo Filho, Carlos Heitor Cony e Arnaldo Niskier.

Saiba agora um pouco sobre alguns deles, que colaboraram para o crescimento da Rede Manchete. Esses que estão juntos com Rubens Furtado, que apesar de não ter sido funcionário da Bloch antes da televisão, foi o primeiro contratado do grupo para gerir a emissora e teve grande importância na construção de seu perfil.

Homem de cultura

Seus trabalhos em benefício da literatura, da cultura e da educação tornaram *Arnaldo Niskier* imortal da Academia Brasileira de Letras, em 22 de março de 1984. Em 1998, assumiu a presidência da Academia e foi reeleito no ano seguinte. É autor de inúmeros livros, sendo que 12 deles foram publicados pela Bloch. Hoje é Secretário da Cultura do Governo do Estado do Rio de Janeiro e tem como uma de suas metas a reabertura do Teatro Adolpho Bloch, localizado dentro do Edifício Manchete.

Arnaldo Niskier foi presença constante na história da Rede Manchete. Sua ligação com a emissora é anterior à inauguração, quando já trabalhava para a Bloch Editores. Sua história na empresa começou em 1960, quando se tornou chefe de reportagem da *Revista Manchete*, cargo que ocupou até 1968, quando o promoveram a diretor do departamento de jornalismo da Bloch Editores.

Em 1972, assumiu a direção da recém-criada Bloch Educação, departamento responsável pelos livros e projetos em prol da educação através da mídia. É nesse setor que surgiram publicações como *A Vida do Bebê*, obra que atualmente é publicada pela Ediouro. Três anos depois criou e dirigiu uma divisão de cursos e seminários da Bloch Educação. Essas funções só abandonaria em 1992, ao contrário da direção do departamento de jornalismo, de onde saiu em 1979.

Adolpho Bloch fazia questão da presença de Niskier na televisão, para que pudesse levar ao novo meio os trabalhos da Bloch Educação. Foi assim que Arnaldo Niskier ingressou na história da Rede Manchete e realizou diversos programas, a maioria apresentada nas manhãs de domingo, a partir das 8 horas, em seqüência. Essas atrações não contavam com grande audiência mas seus tespectadores eram cativos. Eram elas:

- *Homens e Livros* (1983-1987), como diretor e apresentador, Niskier entrevistava escritores, intelectuais e falava dos principais lançamentos do mercado editorial, além de analisar obras contemporâneas e comparar com antigas.
- *Debate em Manchete* (1983-1991), diretor e apresentador;
- *Estação Ciência* (1986-1989), diretor;
- *Verso e Reverso – Educando o Educador* (1987-1989), diretor;
- *Jornal do Professor* (1988), diretor. Niskier abria o debate entre o professorado, dava dicas sobre educação e estabelecia comparações

entre escola pública e particular, buscando iniciativa para a melhoria de ambas.

• *Sinfonia da Natureza* (1988), diretor-geral.

Após deixar a direção da Bloch Educação em 1992, Anna Maria Rennhack assumiu seu cargo, dando continuidade a seus trabalhos.

Homem de notícia

Credibilidade. Essa foi a principal marca do telejornalismo da Rede Manchete durante sua existência. Inovando desde o princípio, seus noticiosos tornaram-se referência para o público, mudando o jeito de fazer – e ver – a notícia. Na Central de Jornalismo do Russel ou nas outras emissoras da rede, as equipes tinham como meta sempre informar mais e melhor. O maestro por trás disso era o jornalista *Zevi Ghivelder*, diretor geral de jornalismo, um homem que dedicou sua vida à notícia e às Empresas Bloch. Aqui, seu depoimento:

Uma vida em Manchete

Comecei na Bloch, na Revista Manchete, na Frei Caneca em 1959 – mudamos para o Russel em 1968, saí em 1992 e voltei em 2000, quando já não existia mais a televisão, só a revista. Ainda consegui levantar um pouco a tiragem, mas depois não deu mais, e acabou vindo à falência, e parou por aí. Comecei como repórter, depois fui chefe de redação, diretor da revista, diretor editorial de todas as publicações da Bloch. Lancei uma série de produtos até começar a televisão e me engajei na TV em 1982, antes dela ir para o ar em 83. Lá eu era um dos diretores da televisão, e mais especificamente diretor responsável do jornalismo.

É difícil de falar, fica parecendo arrogância ou vaidade, mas eu era um dos principais diretores da empresa. Então, no momento em que começou a se armar o projeto da televisão, foi naturalmente que eu fui encaminhado. Tem uma coisa importante, ninguém tem isso anotado: o primeiro passo concreto para a instalação da televisão deu-se em 1981. Eu fui com Adolpho Bloch para Washington – 1981 foi o ano em que houve o atentado ao Papa João Paulo II, eu estava lá nessa época – e seguimos para Norfalk, em Virgínia, onde era a sede da Christian

Broadcast Network (rede cristã de televisão), daquele famoso pastor Pat Robertson. Almoçamos com o Pat Robertson, ele é uma figura ímpar, e o Sam Tolbert foi nos levar ao aeroporto, o Adolpho acertou ali a vinda do Sam para o Brasil. O Sam começou a se interessar por eletrônica e aprender televisão quando serviu como soldado no Exército Americano que estava estacionado na Alemanha.

Em maio de 1982, nos preparativos, fui para Los Angeles e fiquei uma temporada lá nos screenings, onde os grandes estúdios apresentam os seus produtos aos compradores de televisão. Estavam todas as televisões brasileiras e latino-americanas lá. A primeira coisa que fiz foi a seleção de alguns dos produtos, seriados e filmes que foram comprados para a TV Manchete. O importante a salientar nisso tudo é que quem imaginou, quem desenhou, emoldurou essa televisão no começo foi o Rubens Furtado. O projeto do Rubens era fazer uma televisão classe A. A rigor, se você fizesse uma comparação, é como se a Manchete, embora televisão aberta, tivesse quase que uma programação de televisão fechada. Então, escolhi dezenas de filmes, de diversas produtoras, mais alguns seriados... Um deles fez um enorme sucesso, o Acredite se Quiser. Nesse mesmo ano, fui a Londres para comprar material da BBC, comprei diversos clássicos de literatura que foram adaptados – comprei Crime e Castigo, coisas assim de peso. Ou seja, era um conceito muito de televisão elitista, classe A. Quem intermediou tudo isso, e até ajudou a escolher, negociou, foi o Waltinho Salles, que era o representante da BBC no Brasil naquele tempo. Depois ele fez a Intervídeo com o Roberto D´Ávilla e o Fernando Barbosa Lima. Um dos primeiros programas da TV Manchete, que era produção do Fernando Barbosa Lima com o Waltinho, foi Conexão Internacional, e até por conta do bom relacionamento que o Waltinho tinha, pelo nome do pai e tudo o mais, foi apresentada uma exclusiva com a Nancy Reagan. Depois, em 1983, eu fui para Nova York e fiquei umas três semanas acompanhando a produção do CBS Morning News – nós temos muito contato com a CBS, de quem compramos o 60 Minutes (Sessenta Minutos), e mais algumas coisas. O CBS Morning News ia para o ar às sete da manhã. Era inverno e eu acordava em Nova York às cinco da manhã pra estar no estúdio às seis e meia, mas valeu porque eu fui me familiarizar com um jornal, um noticioso, com entrevistas, com diversas coisas, que era mais ou menos o modelo que a gente estava querendo para o Jornal da Manchete.

Estive na CNN também, mas ela tinha problema de satélite ainda, então fizemos um contrato com a ITN, em Londres, que tinha um brasileiro como gerente, o Luiz Carlos Sá. Depois, ainda em 1982, voltei a Londres em outubro pra instalar o escritório da Manchete – a correspondente era a Sandra Passarinho. Em Nova York, o Luiz Carlos Azenha foi o primeiro correspondente, se eu não me engano, mas o escritório de

Londres foi o primeiro, porque naquele tempo, Londres é que concentrava todos os noticiários internacionais de televisão.
Eu acho que a TV Manchete se firmou e adquiriu prestígio logo no início por causa do telejornalismo. Nós começamos com um projeto muito ousado, que foi fazer um telejornal com duas horas de duração, isso em 1983, estamos falando de uma coisa de 20 anos atrás. Era uma insanidade pensar que você podia fazer um jornal assim, foi até pretensioso de nossa parte. Mas fizemos, começamos com duas horas e depois vimos que realmente era uma operação muito complicada, inviável, nem era tão de agrado do espectador duas horas de telejornal, embora segmentos fizessem parte, tinha entrevistas, era assim mais um formato, além de noticioso, do que a gente chama de hard news, tinha uma parte meio revista também. Antes, o jornal tinha duas horas e o esporte estava dentro. Aí depois, Manchete Esportiva passou a ser um programa em separado... Havia também o comentário internacional... O Newton Carlos fazia isso na Bandeirantes e eu fazia o comentário internacional da TV Manchete, fiz durante dez anos. Eu geralmente entrava na primeira e segunda edição, ou só na primeira, ou só na segunda, e é muito curioso que desde que eu parei, em 1992, nunca mais na televisão brasileira apareceu outro comentarista internacional. Por isso é que essas notícias da Chechênia, da Bósnia, do Oriente Médio, dadas na lata, *a maior parte dos espectadores não entende o que está acontecendo. Eu peguei particularmente um período muito rico, que foi a queda do Muro de Berlim, o desmoronamento da União Soviética, a Guerra do Golfo... Você vê que essa última cobertura da Guerra do Golfo, que todo mundo já tinha CNN, tinha aquela coisa já compactada, de computador, o Uchôa (correspondente da TV Globo) fazendo aquela mensagem compactada e tudo o mais, sempre era notícia. Comentário, comentário mesmo, nunca mais se fez. Eu acho que faz muita falta. Eu gostaria que hoje a televisão brasileira tivesse outro comentarista internacional, acho necessário.*
Nós começamos com um time muito grande porque como eram duas horas de duração, eles mais ou menos revezavam. Aí tinha o (Carlos) Bianchini, teve a Íris Lettieri, Luiz Santoro... A fase que teve como apresentadores do Jornal da Manchete. O Eliakim Araújo e a Leila Cordeiro foi a melhor, sem dúvida. Teve um ator que resolveu ser locutor de notícias, o Roberto Maia, depois veio a Leila Richers, depois nós começamos com o Edição da Tarde, com a Leda Nagle...
Depois teve uma época no jornalismo, talvez a melhor época do jornalismo da Manchete, o Mauro Costa tinha saído uma temporada, depois voltou quando a Manchete foi vendida para aquele Hamilton (IBF), pela primeira vez.. Mas uma época em que o Mauro tinha saído, a Alice-Maria veio trabalhar na Manchete e nós tínhamos um time muito bom, foi uma época muito brilhante no jornalismo que nós tivemos..

O Renato Machado, por exemplo, veio trabalhar conosco, e eu mandei ele cobrir a primeira Guerra do Golfo. Como a ameaça era que Saddam Hussein bombardeasse Israel, ele foi para Israel, pra fazer a cobertura de lá, mandava as notícias, hard news, de Jerusalém, ou de Tel Aviv, onde estivesse, e eu fazia os comentários. Isso era no Jornal da Manchete. E tinha o Edição da Tarde, tinha o Primeira Edição (que eu acho que ia para o ar às oito e meia da noite) e tinha a Segunda Edição, que ia para o ar lá pelas onze, onze e meia da noite. É como a Globo tem hoje. A gente tinha o local também (Rio em Manchete, São Paulo em Manchete, Ceará em Manchete...). Depois nós tivemos bons comentários de economia, uma moça chamada Regina Martins. Como comentarista político durante um bom tempo em Brasília, o Alexandre Garcia... Realmente foi uma época em que o time da Manchete em jornalismo era excelente.

Não acho que a Manchete tenha influenciado o telejornalismo atual. A Manchete entrou no ar em 1983 e o Jornal Nacional existia desde 1969, a rigor, quem influenciou todo mundo foi o Jornal Nacional... Lembro que nós fizemos um programa chamado Manchete Documento, por exemplo, que era uma espécie de Globo Repórter, mas com temas mais consistentes, não era leopardo, jararaca, não tinha muito isso. Para o Manchete Documento, fiz entrevistas exclusivas com o Ronald Reagan, com o Lech Walesa, fui à Polônia, fui a Los Angeles. Esse Manchete Documento era assim, bastante consistente.

Do primeiro Jornal da Manchete é difícil de falar, porque eu estava sentado no switcher e só tinha uma preocupação: que desse certo. Inclusive, teve uma época que a gente fazia até o jornal gravado pra não incorrer em algum erro grosseiro. Entre a gravação e ir ao ar tinha uma diferença de 15 a 20 minutos. Até que depois a gente deixou isso de lado e disse: – ao vivo é outra coisa.

Tinha outro apresentador muito bom, junto com a Leila Richers na Segunda Edição, que era o Ronaldo Rosas (que também participou da Primeira Edição, ao lado de Carlos Bianchini). O Ronaldo Rosas era bem a cara da Manchete, era muito bom.

No primeiro dia eu lembro que entrou uma matéria do 60 Minutes sobre o poderio militar chinês, uma de 12 minutos, nenhum telejornal naquele tempo se atrevia a fazer uma matéria desse tamanho. Teve no primeiro dia também uma entrevista – o cara não era nem da televisão, era da revista, o Roberto Muggiatti – com o Dr. Sabin... Mas foi uma operação que até de certa maneira, a gente dominou com bastante rapidez, apesar da extensão.

Tinha uma editora internacional excelente, chamada Tereza Barros, extremamente eficiente na editoria, Mauro Costa, que foi importantíssimo como chefe de reportagem, tinha alguns bons repórteres, aqui em São Paulo o Florestan, um ótimo repórter, o Alexandre Garcia em Brasília, o Heraldo Pereira... Tinha um bom pessoal de edição, tinha uma menina que começou como editora do jornal local, achei que ela tinha talento, ela acabou dando certo, chamada Márcia Monteiro, nem sei onde ela anda hoje em dia. É muita gente... Lembrar o nome das pessoas, é uma tortura...

O que eu me recordo da inauguração da TV Manchete é que começou entrando o tape errado. Tinha uma saudação do Adolpho, que ele tinha gravado antes... Aliás, a Manchete começou com um comercial da Petrobrás (Lubrax 4, foi a primeira imagem que pintou no ar, depois tinha que entrar a saudação do Adolpho, mas entrou o tape errado). O programa de inauguração foi quase todo musical e teve três horas de duração... Acho que alguns programas da TV Manchete tiveram influência, assim como o formato de alguns programas que ainda pintam por aí até hoje, aquele Bar Academia, por exemplo, um programa excelente. Não se esqueça que a Xuxa começou na Manchete, a Angélica começou na Manchete, quer dizer, a Manchete foi embrião de muita coisa boa que aconteceu na televisão brasileira. No dia da inauguração nós estávamos no 10º andar do prédio da Manchete, assistindo à televisão, eu não tive nenhuma função específica. Fiz alguns textos, o Cony também ajudou muito na redação de alguns textos de apresentação. Ele era um dos diretores da empresa e depois foi muito útil, até pela experiência de romancista dele, na parte referente à dramaturgia. Cony foi responsável pelo sucesso da novela Corpo Santo, quando o Wilker dirigiu o departamento de dramaturgia. Tinha um tripé: eu, o Cony e o Wilker. Quem escrevia era o José Louzeiro.

A Manchete entrou no ar em 1983, foi cumprindo a sua trajetória de televisão classe A, só que para a publicidade brasileira, você pode botar classe AAA, se não der Ibope, você não tem anúncio. Quer dizer, a resposta publicitária, nem que você fizesse todo um discurso, você quer vender um carro, eu tenho um público que compra carro, porque não adianta você botar anúncio de carro pra classe D, porque a classe D não vai comprar automóvel. Eu nunca fui do Comercial, mas o Comercial tinha muitos argumentos pra vender uma televisão classe A. Mas no fim a Manchete teve que acabar se rendendo à tirania do Ibope. O primeiro grande salto que houve nesse sentido foi em 1984, quando a Manchete teve exclusividade para fazer o Carnaval, porque a Globo não quis fazer, o Boni, vice-presidente de operações da TV Globo naquele período, achava que não valia a pena, que não dava Ibope, imagina... E aí, em função do sucesso do Carnaval, eu disse: – bom, agora nós vamos ter que virar uma televisão como as outras, não dá mais essa história de hiper-classe A, não vai dar pra continuar desse jeito. E aí nós produzimos (fui eu que produzi, até) uma bela minissérie chamada A Marquesa de Santos, com a Maitê Proença, depois fizemos uma outra minissérie, escrita pelo Manoel Carlos, Viver a Vida, uma boa minissérie, e aí fomos engrenando a parte de dramaturgia com Carmem, que foi uma boa novela, Corpo Santo, que foi uma boa novela, até estourar com o grande sucesso que foi Pantanal.

Peguei uma greve, acho que foi em 1990, mas com meia dúzia de gatos pingados a gente segurou, conseguiu botar o jornal no ar. O pessoal não veio trabalhar, simplesmente: ficaram em frente ao prédio fazendo tumulto... Tinha um grupo xiita que queria ocupar a torre de transmissão do Sumaré, imagina, coisas assim... Mas de um modo geral, as pessoas gostavam muito de trabalhar na Manchete. Diziam que na Globo tem muita puxação de tapete, não sei porque nunca trabalhei lá, mas isso nunca teve na Manchete, o pessoal era muito unido, jogava no mesmo time, legal, pouca gente e gente eficiente. Não tinha muita bateção de *cabeça, não tinha ninguém misturando com o trabalho do outro.*

A Manchete era assim, ousada, entrou no ar em 1983 e em 1984 já fez a transmissão dos Jogos Olímpicos de Los Angeles, em 1986 já fez a Copa do Mundo no México, em 1990 fez a Copa do Mundo na Itália. Teve um episódio que foi a ida do João Saldanha para a Itália. O Saldanha era comentarista esportivo, muito bom na Manchete inclusive, e como estava muito doente, a gente não queria que ele fosse, achava que ele ia morrer.... Aí ele foi no peito, pegou o cartão de crédito dele e comprou uma passagem para Roma... *A gente tinha dado ordem na tesouraria para não dar dinheiro pro João, pra não deixar ele ir, que a gente sabia que ele estava muito mal, mas ele chegou lá e disse pro rapaz:- se você não me der o dinheiro que tem que dar, eu vou te encher de porrada. O cara deu o dinheiro pra ele e realmente o João ficou muito doente lá e morreu, na Copa de 90. O pessoal do esporte, que era o Alberto Léo, o Paulo Stein, o Márcio Guedes, não* sei *como eles conseguiram trabalhar, porque ficaram praticamente como enfermeiros do João o tempo todo. E mesmo assim o João ainda fez o comentário. Até o dia em que o Brasil perdeu de 1 a zero da Argentina, o comentário dele ainda foi pro ar, levaram ele para o estúdio em cadeira de rodas. No esporte a gente tinha o Manchete Esportiva que era um bom programa, tinha a mesa redonda dos domingos – Toque de Bola, que era Alberto Léo, Paulo Stein, Márcio Guedes, eu acho que o Washington Rodrigues andou por lá um tempo também.*

Saí da Manchete, em primeiro lugar, porque já não havia televisão. A emissora havia sido vendida em maio de 1992 e eu já tinha um plano muito antigo de fazer a minha própria produtora de vídeo, o que de fato eu fiz. Então, muito amigavelmente, sem nenhum problema, eu saí em 1993 e fiquei com a minha produtora de 1993 até 2000, quando aí me pediram para voltar pra Manchete e aí eu fechei a produtora. Aí era só a revista. Jornalisticamente, fiz de tudo o que se possa imaginar. Fui diretor de revista, lancei produtos novos, fui chefe de redação, chefe de reportagem... Aliás, a redação da Manchete no tempo da Frei Caneca, quando eu era chefe da redação, em 1964, era uma redação de grande elite. Os redatores da Manchete, naquele tempo que eu me lembre, eram Joel Silveira, Raimundo Magalhães Júnior, Narceu de Almeida... Repórteres da Manchete, naquele tempo, eram o Homero Homem, poeta consagrado, Ledo Ivo, que hoje é acadêmico, Paulo Henrique Amorim, não sei se foi o Franklin Martins ou o irmão dele também, Atenéa Feijó, uma excelente repórter... Tinha uma equipe fotográfica maravilhosa, o Walter Firmo, Jader Neves, Gervásio Baptista, lendas, praticamente lendas do jornalismo. Eu acho que um dos bons momentos que vivi na revista foi quando fiz uma edição especial do Tri, na Copa de 70. A Manchete tinha um editor esportivo de primeiríssima ordem, que era o Ney Bianchi. Tinha o Wilson Lage, que hoje é professor da Universidade de Santa Catarina, Marcos de Castro... A Copa acabou num domingo, fechamos na segunda-feira a edição normal da Manchete, começamos a trabalhar em seguida uma edição especial do Tri, que na quinta ou na sexta-feira já estava na banca, nós vendemos acho que 600 mil exemplares. A televisão ajudou muito a prolongar a vida da revista, tanto é que quando não teve mais televisão, a revista acabou. A televisão foi muito importante, como marca, a Rede Manchete tinha uma presença de tal natureza, que se refletia na Manchete na banca também. Na TV Manchete, no começo teve o Xingu, que foi um documentário maravilhoso, a Manchete fez muita coisa boa durante o seu tempo.

É difícil falar do Adolpho porque eu tinha uma relação muito íntima com ele. Em certos momentos de nossa relação, era como se fôssemos irmãos, em outros momentos como se ele fosse o meu pai. Acho que fui uma das pessoas mais próximas dele, de quantos passaram pela Bloch. A Adolpho foi um cara muito importante na minha vida, emocional e profissional também. Já a Manchete foi a minha vida, fiquei lá de março de 1959 a fevereiro de 1993, foram 34 anos. Até hoje, a minha imagem, minha cara, meu nome, continuam associados à Manchete, as pessoas não conseguem me desvincular da Manchete, é uma coisa impressionante. Eu não sei se isso é bom ou mau, mas de qualquer maneira não posso refazer 34 anos de vida, e nem quero, porque nesses 34 anos eu me realizei profissionalmente, basta isso. Além do que, apesar de ter ido a cargo de direção muito cedo, muito jovem, nunca fiquei parado atrás da mesa, como a maioria dos chefes faz hoje em dia. Eu sempre saí pra rua pra fazer reportagem, fui cobrir a guerra de 1973, do Yom Kippur, fiquei 40 dias em Israel. Cinco dias depois voltei a Israel, fiquei lá 20 dias fazendo todas as matérias do pós-guerra. Na televisão, também, eu nunca fui chefe, fechado em gabinete. Em primeiro lugar, nunca trabalhei com porta fechada, nunca ninguém teve que bater na porta da minha sala pra entrar, entrava quem quisesse, a qualquer dia, a qualquer hora. Hoje em dia, os chefetes são todos inacessíveis, ninguém fala. Eu me dava ao trabalho, antes do Jornal da Manchete *ir pro ar – tinha um bom chefe de redação, o Luís Edgard de Andrade – de sentar com a canetinha na mão, pegar as cabeças (textos) que os locutores iam ler e eu mesmo corrigia os textos, quando necessário. Ou antes da matéria ir pro ar, eu via pelo monitor da redação e se desse tempo – e quase sempre dava – ainda mandava corrigir alguma coisa na edição também. Eu sempre fui um cara de estar onde estivesse a panela cozinhando, sempre fui pro campo, nunca fui de ficar trancado na sala. O meu relacionamento com o pessoal não seguia uma relação hierárquica, sempre trabalhei com a galera toda, de colega para colega, e isso era muito bom, porque é assim que você faz uma equipe. Se algum dia acontece alguma coisa e você tem uma emergência, e de repente tem que editar alguma coisa e ficar até às três da manhã, como aconteceu diversas vezes, se o diretor vai pra casa dormir, ele não tem o mesmo respeito de quando ele está lá, trabalhando junto, junto com a galera. Eu sempre me comportei dessa maneira.*

O cenário do Jornal da Manchete quem fez foi o Arlindo Rodrigues, um carnavalesco famoso, um grande cenógrafo, e foi inspirado no que nós vimos na CNN. A CNN começou em uma casa antiga, um casarão em Atlanta, tipo... E o Vento Levou, *estive lá, depois é que eles passaram pro prédio novo. Mas aquele conceito de locutor na frente com o* switcher *atrás, com o pessoal trabalhando, foi a Manchete que inovou com isso. Lembro que tinha uma mesa de aço escovado muito bonita, que o Arlindo desenhou, e a luz dava reflexo na cara dos apresentadores, então, tivemos que colocar uma borracha em cima daquele lindo aço escovado. O cenário inicial do Jornal da Manchete era belíssimo e inovador, passava uma credibilidade jornalística muito grande. Hoje, o pessoal da Bandeirantes está fazendo assim, a Globo também, mostram aquele cenário todo, o pessoal... Isso a Manchete fez 21 anos atrás.*

A Manchete esteve na nossa mão de 1983 a 1992 e não teve nada de jornalisticamente importante que a gente não tenha acompanhado: a campanha das Diretas Já, o comício junto à Candelária, no Rio, na Avenida Presidente Vargas. Nós alugamos dois quartos no Hotel Guanabara, que ficava perto do palanque, e captamos a imagem lá de cima.. Na votação das Diretas Já, uma sessão muito agitada na Câmara dos Deputado. Eu fui para Brasília, quem estava chefiando a sucursal de Brasília era o Luiz Gonzaga Mineiro, e eu fiquei junto coordenando aquela cobertura. Quando a Manchete foi parar na mão do Hamilton, de 1992 a 1999, eu não sei o que aconteceu, porque eu estava com a minha produtora.

Aos colegas da Manchete eu diria que é hora de virar a página, o que já era, já era. Eu não tenho o menor sentimento de nostalgia de nada. A Manchete foi ótima enquanto durou, acabou, acabou. O Mappin também era uma loja muito festejada aqui em São Paulo, quando fechou, fechou, não adianta ficar com saudade do Mappin. Eu estou inclusive satisfeito, porque eu acho que 90% do pessoal que trabalhou na Manchete trabalha em outras televisões hoje em dia. Isso até significa que a Manchete deve ter sido uma boa escola, a Manchete formou muitos profissionais, com certeza.

Zevi Ghivelder

Homem de negócios

Osmar Gonçalves era um dos funcionários da Bloch Editores mais antigos dentro da Rede Manchete. Um dos homens de confiança de Adolpho Bloch, fazia parte da diretoria operacional do grupo e acompanhou a história da TV Manchete do início ao fim, além de ajudar na criação de diversos programas, principalmente os feitos em São Paulo, praça que fez questão de fortalecer ao longo dos anos. Trouxe para a emissora nomes como Claudete Troiano, Milton Neves, Ruy Viotti, Raul Gil e Sula Miranda, com quem se casou. Atualmente, é diretor da rede CNT (Central Nacional de Televisão) em São Paulo.

Três décadas de Bloch

Na Bloch, iniciei em 1967 como tráfego da Revista Manchete e depois passei a assistente de contato, contato e supervisor de atendimento, tudo na sucursal do Rio da Bloch Editores. Aí passei a gerente de grupo, gerente de publicidade do Rio de Janeiro e fui ser diretor comercial da rede da Rádio Manchete. Retornei à Bloch Editores como diretor comercial, onde fiquei mais uns quatro anos e depois, em 83, com o lançamento da TV Manchete, passei a vice-diretor comercial na rede. Um ano, um ano meio depois, cheguei a diretor nacional de comercialização e até 1989, com a saída do Rubens Furtado, quando o Expedito Grossi assumiu a direção geral, eu passei a superintendente comercial de toda rede. Aí eu fiz uma reunião com Adolpho, Jaquito e Oscar e transferi a superintendência comercial pra São Paulo. E vim para São Paulo.
Em 1992 o Adolpho vendeu a televisão para o Grupo IBF, que lá ficou durante dez meses. Em abril de 1993 reassumimos a Manchete e acumulei algumas funções, como superintendente comercial e também uma superintendência, uma supervisão geral na programação, contra-

tação de artistas, até por pedido de Adolpho, dado à intimidade que nós tínhamos. Foi uma sugestão do Adolpho e Jaquito que eu ficasse responsável por essas áreas também em São Paulo, onde criamos um núcleo praticamente separado do Rio. Aí nós começamos a fazer uma programação mais voltada pra São Paulo, com a contratação de Raul Gil, Milton Neves... Começamos a enxertar artistas de São Paulo na programação nacional. E fiquei até apagarem as luzes da Rede Manchete de Televisão.

Comecei na Bloch na Rua Frei Caneca, 511. O departamento comercial foi o primeiro a ir para o prédio novo, no Russel, no 804 – depois é que foram construídos o 766 e o 744. Passei por todas essas fases. E quando vim pra São Paulo em 89, tinha uma sala no Rio de Janeiro, com uma secretária, e outra aqui em São Paulo. Durante dez anos eu fiz a ponte-aérea. Ficava em São Paulo de segunda à noite até sexta-feira, por volta de três, quatro horas da tarde e encerrava a semana no Rio. É que como diretor nacional de comercialização, eu sentia que faltava uma base sólida em São Paulo. E Adolpho, muito enraizado no Rio de Janeiro, tinha São Paulo como uma afiliada da Rede Manchete. Eu o convenci, graças à amizade que tinha com ele e com Jaquito. Eu tratava Adolpho como tio, o adorava. Adolpho Bloch realmente teve uma importância não só profissional, mas como humana na minha vida. Ele me ensinou muitas coisas profissionais e humanas. Era um homem que tinha uma visão maravilhosa, que tinha lampejos de gênio e que construiu todo esse império. E como ele o império foi-se. Fez muita falta pra nós, embora tenhamos lutado muito pra segurar. Isso é da vida.

Mas quando tomei a decisão de vir para São Paulo, ele não queria. Lembro que ele me falou: – Como é que eu vou falar com você? Eu disse: – Pelo telefone. Vamos colocar uma LP, uma ligação. Você pega o telefone, tira e eu pego lá em São Paulo, então, vamos falar como se estivéssemos frente à frente. A hora que você quiser, você fala comigo. E nós falávamos 10, 15 vezes por dia, falávamos o dia inteiro. Eu me sinto até envaidecido de poder falar de Adolpho Bloch. Poucas pessoas compartilharam dessa amizade com ele. Não era só o lado profissional, era o lado família. Nós éramos uma família. Na Bloch, ele sempre deixava bem claro: – Eu não quero uma empresa que você é diretor, o outro é um funcionário que tem que te respeitar ou ele tem que ter medo, receio teu. Tem que respeitar como uma família. É um ajudando o outro. Ele próprio metia a mão na massa e participava de tudo. Era um sujeito fora de série. Tudo que ele metia a mão era aquele toque de sucesso.

O que o departamento comercial tem que trazer é faturamento. Graças a Deus, até 1998, quando funcionávamos com até um pouquinho de crise, tínhamos o terceiro faturamento de televisão no Brasil, atrás da Globo e do SBT. Era um negócio gostoso de trabalhar porque a Manchete era tida naquela época como uma emissora simpática, agradável, em todos os sentidos, até comercialmente, dito no mercado pelas pesquisas. Uma vez, o Manoel Mauger e o Luiz Grottera fizeram uma pesquisa com a Bloch Editores para saber como estava o desenvolvimento do departamento comercial. Eles fizeram a pesquisa para a Bloch, mas só aparecia o departamento comercial da Rede Manchete. E era o departamento comercial mais agradável, que trazia soluções, não dizia não. *Era assim: – Eu quero comprar 30 segundos. Não tem os 30 segundos, mas eu posso criar isso aqui. O que você acha? E se fazia sempre comparecendo, participando dos problemas dos clientes, haja visto o Carnaval que nós fazíamos. O povo dizia que o Carnaval era feito pela Manchete e não pela Rede Globo. A Rede Manchete conseguia humanizar o passista, a pessoa que estava ali desfilando. Não só nos bailes, nos desfiles das Escolas de Samba, no desfile do Concurso de Fantasia.*

A Rede Manchete foi atípica. Foi a única televisão que a primeira imagem dela foi um comercial, um top da Petrobrás, do Lubrax-4. Na época o Expedito, que era o diretor comercial, fechou com a Alcântara Machado, que detinha a conta da Petrobrás. Na Rua do Russel foi feito um jantar do lançamento da Rede Manchete, o Adolpho ia ligar a chave e ela iria para o ar. Então, nós estávamos sentados no chão, em cima do tapete, no 10° andar, assistindo em uma televisão maior. Foi realmente emocionante. Depois, teve um discurso do Adolpho falando na televisão. A falha de som no discurso foi porque o filho do Jaquito, o Boris, mexeu num botão. Mas isso foi logo sanado e entramos com o som e a imagem belíssima.

Os equipamentos eram os melhores da época, dado o avanço tecnológico. E o Jaquito conseguiu comprar junto com o Rubens, nas viagens, e o Chiquinho (Francisco Cavalcanti), diretor técnico. Sistema polarizante, os transmissores... A Manchete entrou como a mais avançada naquele momento, era um orgulho mostrar para todos clientes, mostrar pra todo mundo. Nas visitas aos estúdios, no 4° andar onde estava instalado tudo, mesa de 24 canais, ADO, todos saíam boquiabertos. Aquilo era um lançamento para o Brasil e para a família dos profissionais da Rede Manchete de Televisão que foram convidadas também. Estavam lá minha esposa na época, cada diretor e cada funcionário com sua esposa. Um jantar no 3° andar, um coquetel no 10° andar. Adolpho tratava as empresas dele como família.

Nessa oportunidade, eu estava trabalhando, nós profissionais da TV. O primeiro dia que a Rede Manchete foi ao ar ela fechou o faturamento de comparativamente (porque na época eram cruzeiros) um 1 milhão de reais. Em dólar, em 83 era mais ou menos uns 300 mil. A televisão vinha com uma expectativa muito grande porque era do Grupo Bloch, um grupo que editava uma revista chamada Manchete. Existia uma expectativa no mercado não só nacional, mas principalmente no do Rio de Janeiro. O Adolpho queria transformar a televisão eletronicamente na Revista Manchete. Se você pegasse o Programa de Domingo, era a Manchete da quarta-feira, quando ela ia pra banca. As matérias principais que estavam na revista estavam sendo focadas no Programa de Domingo que era uma revista eletrônica. A DPZ criou o logotipo em meados de 1982. As cinco esferas representavam as cinco emissoras próprias da Manchete.

Quando saiu a notícia de que nós tínhamos ganhado a concessão, houve uma certa preocupação nossa, homens da Bloch. Mas um companheiro meu, o Expedito Grossi, que era diretor junto comigo, estava saindo e indo para a televisão e acreditou naquilo. Eu falei para ele: – Tomara que isso dê certo, vai dar uma alavancada muito grande no grupo.

Eu vinha pra São Paulo pela Bloch Editores e conversava muito com o Fernando Severino, que já faleceu e que foi o primeiro diretor de publicidade, em São Paulo, da TV Manchete. Quando eu ia embora para o Rio, passava na sala dele e perguntava: – Fernando, você tem alguma coisa para o Rio? Filme, fita e tal... Me dá que eu levo para o Rio de Janeiro, não tem o menor problema. Aí ele dizia: – Não, eu vou gerar daqui. Três meses depois eu estava na TV Manchete. O Expedito aproveitou que o Adolpho viajou e convenceu o Oscar Bloch de me levar para lá. Eu disse: – Olha, Expedito, eu acho legal televisão, mas o Adolpho tá viajando, vamos esperar ele chegar? E o Oscar disse: – O Adolpho vai voltar e não vai deixar você ir! O Expedito ainda brincou: – Televisão é igual comer jiló, se você põe um pouco de pimenta, um pouquinho de molho, fica delicioso. Então, você vai provar e nunca mais vai deixar de fazer televisão. E a televisão é realmente uma cachaça, um negócio tão envolvente, tão inebriante, um negócio que te cerca, que não tem rotina. E eu ficava até meia noite!

Em 84, estávamos eu, Rubens Furtado, Walter Forster, Moysés Weltman e o Walter Clark no 5º andar, tomando aquele uísquezinho e batendo papo... Quando começaram a falar de Carnaval, eu sugeri ao Rubens fazer um plano de Carnaval antes do fim do ano, porque o réveillon já é a entrada do Carnaval. Achava que a gente tinha que fazer um plano com um pacote de comerciais, de chamadas, de vinhetas e que fosse mais atrativo que simplesmente a audiência que a Globo ia dar, porque seria o nosso primeiro Carnaval junto com a Globo. Quando veio a notícia que ela não iria fazer, a Manchete ficou conhecida no Brasil inteiro com uma grande jogada de marketing que caiu no nosso colo. Eu disse que nós precisávamos fazer umas pílulas até chegar o Carnaval. Falei para o Rubens: – No meu tempo de garoto, nós cortávamos uma lata de banha, botávamos uma papelão daqueles de saco de cimento, amarrava com corda, passava uma goma por cima e esquentávamos no fogo para ficarmos brincando. Era o nosso bumbo, frigideira, panela da mãe. O Rubens topou e logo deu o título, Esquentando os Tamborins, que ficou conhecido por todo mundo. Foi ele quem inventou também o Feras do Carnaval, que naquele ano começou em 3 de novembro e foi até o Carnaval. Foi um grande pontapé da Rede Manchete.

A TV Manchete era muito querida por todos. Era uma televisão alegre, saudável, limpa. Hoje você vê o slogan de outras emissoras falando televisão da família. *A Manchete não, a Manchete era* **a** *televisão da família. Nos perguntavam: – Por que vocês não têm o Disque Sexo? Era um* disque *que tinha em todas as televisões, que ia bater na Holanda, ia bater não sei onde... Eu não aceitava aquilo, nunca veiculei aquilo na televisão. E me disseram: – Ó, você tá perdendo um faturamento... E eu respondia: – Eu não estou perdendo. Eu estou ganhando porque o que pretendemos fazer é uma televisão pra família, uma televisão segmentada, mais aberta a alguns programas populares, mas com respeito à família brasileira. Até o programa Na Rota do Crime fazíamos com uma classe.... Ele tinha o rótulo de um programa do crime, mas não era marginal e tratava a policial militar e a civil como cidadãos também. E depois passamos a fazer com a Rota de São Paulo. Era muito bem feito.*

A Manchete conquistou a classe AB. E depois a classe CD também, mantendo a AB. Por exemplo, a Veja é classe AB e CD, a pessoa da classe CD se sente mais prestigiada com uma Veja debaixo do braço. Exatamente a Manchete. Uma vez eu disse para o Rubens que devíamos vender a nossa televisão como uma grife. E isso eu botei na cabeça de todo meu departamento comercial. Porque a Manchete conseguia oferecer programas como Bar Academia, Um Toque de Classe, novelas como Pantanal, Xica da Silva, Kananga do Japão, Marquesa de Santos. Ela conseguia trazer um pouco da história do Brasil também pra dentro da sua casa, sem você precisar ler um livro, vendo na novela. Obviamente adaptando do livro pra teledramaturgia. A comunicação visual da Manchete, só a Rede Globo tinha igual ou melhor. E as produções tinham continuísmo, detalhes no cenário. O Bar Academia era gravado em estéreo e tinha um bar. Nós tínhamos em Água Grande um marceneiro, um português, que fez um bar que você podia pegar e levar pra sua casa. Era um bar de madeira maciça, de cerejeira.

A Manchete, na área comercial, teve pioneirismo. A maioria das emissoras trabalha com um, dois patrocinadores – a Manchete trabalhava com seis. O Carnaval tinha seis patrocinadores e mais alguns merchandisings, pacotes especiais. Uma vez, eu fechei com a Antarctica e disse ao Luiz Toledo que queria botar a latinha de cerveja na tela – eu já tinha feito isso com a Galinha Azul do Caldo Maggi, quando ela passava sambando. Eu queria fazer isso no Desfile das Escolas de Samba, sei que o contrato não me permitia isso porque estávamos num pool com a Globo, mas quando entrava um tape, um replay, eu podia fazer o que então quisesse. Então, comprei uma latinha de cerveja gelada e enxugamos. Mandamos comprar uma quente também. O Luiz Toledo trouxe a câmera, gravou e botamos a latinha sambando. Isso me deu um certo aborrecimento porque como era pool, o Legey da Globo reclamou que a gente estava sujando a imagem. E eu fui falar com o Legey: – Eu estou valorizando a minha cota. E a latinha passa sambando toda vez que eu vou pra o replay.

Outro ineditismo da Manchete foi também o Botequim do Samba que nós tínhamos na entrada do Desfile, com alguns participantes de cotas especiais do Carnaval como Caninha 51, Brahma e outros. Ficava ali o Jorginho Aragão – antes eram o Paulo Silvino e o Sargentelli. Foi ineditismo fazer aquilo ali na entrada, na concentração das escolas. Enquanto a escola que ia desfilar estava se esquentando, nós trazíamos a ala dos compositores, entrevistávamos eles primeiro e dávamos todas as notícias de como é que vinha a escola, o samba... Era a grande inovação da Manchete no Carnaval, nós dávamos coisas que a Globo não dava. Depois que a Manchete parou *de fazer o Carnaval, a Globo está fazendo isso.*

Um terço do faturamento da Rede Manchete era do jornalismo, um terço da teledramaturgia e linha de shows e um terço de todo resto da programação (infantil, eventos, etc.). De janeiro a agosto de 1998, a Manchete faturou 10 milhões e meio, o departamento de marketing me dava o estudo mensalmente. Cavaleiros do Zodíaco deu grande faturamento, foi uma coqueluche, nada fez tanto sucesso, foi o terceiro país em maior venda de bonecos do seriado. O contrato com Cavaleiros do Zodíaco era até 2002. A Globo queria passar o seriado depois que a Manchete foi vendida, mas podia só depois de 2002. Agora está com o Grupo Bandeirantes.

Em 1995, fechei o contrato com o locutor Ruy Viotti, o Luiz Felipe e a Koch Tavares para o torneio de tênis Roland Garros. Conseguimos fazer o Guga. Galvão Bueno disse uma vez, numa entrevista, que tinha conseguido gritar 'Ayrton Senna, campeão', 'Brasil, tetracampeão', *mas que não conseguiu gritar* 'Guga, campeão de Roland Garros'. *Foi porque a Manchete fez. Quando o Guga foi para a final, em 1997, eu botei um telão na marquise do Ibirapuera, pedi licença à Prefeitura e distribuímos camisetas do Banco Real, que era patrocinador do Guga. Foi um negócio que alavancou a Manchete. Amigos meus me ligavam dizendo:* Parabéns, eu vi pela Manchete! *Nem TV a cabo tinha transmitido, era só a Manchete. A Manchete marcou muito ponto com essas coisas.*

Eu costumo dizer que televisão é feita de três pontas: prestígio, audiência e faturamento. Faturamento você só consegue com esses dois. A Rede Manchete conseguia o terceiro faturamento porque tinha a outra ponta, prestígio, e qualidade de imagem e de programação. Ela tinha prestígio, audiência qualificada e faturamento. Há emissoras que tem

grandes audiências, mas não agregam o prestígio a esse produto e não têm faturamento.
Aos profissionais do canal, que eles continuem a ser, em qualquer emissora que estejam, os grandes profissionais que foram junto comigo na Manchete pois serão sempre reconhecidos. Que sejam sempre profissionais. Aos telespectadores, que esperem. Mais cedo ou mais tarde a televisão vai ser repensada. Como diz o Boris Casoy, com muita propriedade: Tem que passar a limpo tudo isso. *A televisão vai ter que ser passada a limpo. Esse negócio da briga pela audiência é uma briga ingrata. Ainda vai surgir uma televisão com mais qualidade.*
A Manchete era uma emissora muito alegre internamente. Trabalhava-se com alegria, com brincadeiras. E é preciso estar contagiado para levar alegria e entretenimento para o telespectador.

Osmar Gonçalves

Homem de idéias

Rubens Furtado foi quem coordenou e deu cara à Manchete, sendo seu diretor-geral antes mesmo da inauguração. Foi o primeiro funcionário da extinta Rede Tupi a ser contratado por Adolpho Bloch que acreditava que ele poderia idealizar, criar e desenvolver um novo projeto de televisão diferenciado dos antigos. Os colegas não só acreditam na sua opinião e na sua experiência, como o consideravam um visionário.

Era natural que a nova rede viria com um certo requinte, não fosse Adolpho Bloch um homem que sempre valorizou as artes em geral e que procurava o melhor em tudo que fazia. Esse requinte foi moldado e construído em cima das idéias de Rubens Furtado e dos demais colegas da direção da Manchete, como Oscar Bloch, Zevi Ghivelder, Expedito Grossi, Osmar Gonçalves, entre outros.
Na opinião de Furtado, a Manchete teria que seguir uma linha de televisão de primeira qualidade, voltada para um público exigente como o das classes A e B. Ele queria trazer para a TV um pouco daquilo que tinha visto há décadas, nos já distantes anos 1950: uma programação voltada para as classes mais favorecidas e que vinham sendo abandonadas com a popularização do meio. Ver a apresentação de uma orquestra pela TV, em 1983, só seria possível em emissoras comerciais em um programa no final da noite ou nas emissoras públicas, como no caso da Cultura. Seguindo a idéia de que Rubens Furtado era um visionário, pode-se interpretar essa escolha pela classe AB como um exemplo de segmentação na TV, uma postura nunca assumida antes por nenhuma outra emissora. Todas criavam programações próximas umas das outras, sem distinguir um público em si. Tupi, Excelsior e Globo sempre falaram de suas produções em teledramaturgia, mas nunca se voltaram para um único gênero. Assim como a Record que não direcionou sua programação apenas para os festivais. A Manchete fez o contrário: antes de lançar

os gêneros, definiu o público e uma postura que ficava aparente desde o programa infantil até o jornal do final da noite. Procurava audiência qualificada graças ao conteúdo bem-acabado e sofisticado.
Quando saiu da Manchete, em 1988 – o colega Expedito Grossi assumiu seu cargo, Rubens foi um dos responsáveis pelo fortalecimento da Bandeirantes como o *canal do esporte*. A segmentação então veio depois com a MTV Brasil e com a televisão a cabo, mas os primeiros exemplos, com certeza temos que atribuir às idéias e ao empenho de Rubens Furtado.
Com o tempo, a segmentação para a classe AB foi se tornando frágil e havia a necessidade de ampliar o público para que a emissora resistisse à crise que teve em 1987 um dos seus piores resultados. A crise não afetou apenas a Manchete, mas todas as emissoras, e obrigou a Manchete a mudar de foco. Rubens Furtado, um especialista em crises, continuou no comando para realizar tal manobra por ter sempre acreditado na possibilidade de fazer muito gastando pouco, de cortar verbas, improvisar e garantir sempre o melhor. No entanto, mesmo com a mudança de planos e com o novo enfoque dado à rede, até 1999 ela nunca perdeu a característica de uma emissora que oferecia o melhor, com mais requinte. Quando era exibida uma produção da Manchete, feita 100% por ela, o telespectador sempre tinha a esperança de que veria um produto de qualidade, com *cara de Manchete.*

Ronald Sidi, ex-funcionário da Manchete carioca, define bem o papel de Furtado dentro da Manchete: *É uma pessoa que conquistou grande respeito e admiração pela forma com que conduziu a emissora. Foi um lutador incansável para não deixar a emissora acabar como a Tupi*.
Vem daquele senhor de cabelos e bigodes grisalhos, de olhos atentos por trás de um par de óculos, muito do espírito e da garra dos funcionários da Manchete. Muitos funcionários afirmaram que se espelhavam na figura de Furtado para levar adiante a televisão, mesmo em momentos difíceis. Se muitos ainda consideram Adolpho o pai da Manchete, Rubens Furtado ocupa a posição de padrinho ou de tio, não ficando muito longe dessas *funções*.
Mineiro, desde os 14 anos, em 1947, resolveu dedicar a vida às comunicações. Trabalhou em rádio, formou-se em Direito, foi ministro do Tribunal de Contas da União, revisor, professor de Comunicações da Universidade de Brasília, responsável pela revista O Cruzeiro e pelo O Jornal, repórter, redator, editor, diretor de shows, diretor de programação, diretor administrativo, diretor financeiro, diretor-geral da Tupi, Manchete e Bandeirantes. Desde 1950 ocupou todos os cargos possíveis em rádio e televisão.
Quando se desligou da Manchete, Furtado foi para a Rede Bandeirantes, onde ficou por 13 anos. Hoje, aposentado, vive no Rio de Janeiro.

Folclore Manchetesco

Seu Adolpho era uma figura presente em suas empresas. Passeava pela TV e não se importava de ceder sua sala para uma gravação, se necessário. Adorava conversar com os funcionários e fazia questão de tratar a todos por igual, independente do cargo. Quando não estava contente com alguma coisa, abria o jogo. Gostava de ouvir opiniões, ouvia sempre, mesmo que não aprovasse algumas delas. Gostava de visitar os estúdios no horário das gravações para ver o andamento dos programas e, não raro, acompanhava as gravações de novelas na cidade cenográfica, um dos lugares que mais gostava de visitar. Quando precisava falar com alguém, não mandava mensageiro: ou ligava ou ia ao encontro da pessoa. Não media esforços também para falar com o público e com os concorrentes. Por essas características, era cercado de histórias, algumas lendárias, outras comprovadas. Tinha um coração enorme e um gosto apurado, principalmente nas artes. Era determinado, carismático, impulsivo. Um ser encantador que cumprimentava os funcionários sempre que saía de sua sala, mas de humor flexível... Um sujeito *de lua*, como se diz popularmente. Aqui, um pouco sobre as histórias de Seu Adolpho:

- **A cadela** – Adolpho tinha adoração por cachorros. Manchetinha, a mais velha, citada até em seus textos, era a predileta e o acompanhava em todos os lugares. Tinha olhos claros, como Adolpho, que a tratava como uma pessoa. Dizia dela: *Foi uma grande figura humana.*
- **Os filhos da Manchetinha** – Na década de 70, sua cadela dinamarquesa teve 12 filhotes. Ele e Lucy, sua primeira esposa, deram o nome de *Bataclã* à prole. O coletivo vem da relação com o livro *Gabriela, Cravo e Canela*, de Jorge Amado. Todos os cães tinham nomes de personagens criados por seu amigo baiano.
- **Crachá** – Todos os funcionários da Bloch tinham crachás e ai de quem não os usasse – até suas cachorras tinham e usavam crachás. Uma vez, Adolpho pegou um funcionário sem o crachá no corredor e o mandou embora para casa. Como não havia ninguém que pudesse substituí-lo naquele horário e naquela função, chamou o funcionário e mandou que voltasse para o setor usando crachá.
- **Contratação** – Certa vez, Adolpho cismou que um funcionário estava fazendo pouco caso do trabalho e mandou seu chefe demiti-lo. Quando soube que o homem não era contratado da TV Manchete, deu uma contra ordem: – *Então contrata e demite.*
- **Tapete** – Na entrada do prédio da Rede Manchete em São Paulo, ainda na Rua Bruxelas, havia um tapete com o logo da emissora. O M ficava na posição certa para quem entrava mas quando Adolpho saía do prédio, via o M ao contrário, é óbvio. Irritado, mandava que virassem o tapete para que ele saísse vendo o M na posição certa. Quando voltava ao prédio, vinha outra ordem...

• **Fila** – Nos dias de pagamento, em frente à agência do banco que existia dentro do Russel, os funcionários formavam uma fila que lotava o saguão, saía do prédio e atravessava a rua até a Praia do Flamengo. Bloch odiava aquela fila que estragava o visual da entrada do prédio e dizia: – *Saiam, que vocês estão enfeiando a entrada do meu prédio*.
• **Sem camisa** – Adolpho viu um funcionário que trabalhava sem camisa por causa do calor e o demitiu. Minutos depois, ao reencontrar o mesmo funcionário ainda sem camisa, disse: – *É melhor você colocar a camisa, porque eu já coloquei hoje um na rua por causa disso*.
• **Ascensorista** – Adolpho demitiu um ascensorista dentro do elevador e quando chegou no saguão do Russel, perguntou às pessoas que aguardavam se sabiam como operar o elevador. Como todos disseram que não, com exceção do ascensorista, ele autorizou sua volta ao trabalho.
• **Paletós** – Paletós e bolsas pendurados na cadeira eram, para Adolpho, sinônimo de funcionário fora da mesa, portanto, sem trabalhar. Quando via isso, ele, simplesmente, abria a janela e jogava tudo na rua. Para resolver essa questão, eram mantidos no 6ª andar, próximo das janelas, vários armários de jacarandá que abrigavam bolsas e outros objetos. Quando alguém via Bloch chegando, a mensagem se espalhava: – *Ele está chegando, guardem suas coisas!*
• **Móveis** – Todos os móveis da Bloch – cadeiras, mesas e armários – eram grandes e pesados, feitos de jacarandá, portanto, dificílimos de serem tirados do lugar ou movimentados. Eram desenhados pelo próprio Adolpho e produzidos pela marcenaria da Bloch Editores. Adolpho dizia que se um dia as empresas estivessem em crise, pagaria as dívidas com os móveis. Infelizmente, seu plano não deu certo. Além dos móveis, a Bloch produzia também a própria tinta de suas revistas, no Parque Gráfico de Parada de Lucas.

• **Elevador** – O elevador praticamente lotado, a porta quase fechando quando um funcionário, ao ver Adolpho chegando devagar, decide segurar a porta para o patrão. Adolpho entra a resmunga: – *Puxa saco...*.
• **Elevador (2)** – Um bailarino que ensaiava o show inaugural entra no elevador comendo um sanduíche e encontra Adolpho, sem saber de quem se tratava. Bloch diz: – *Não pode comer aqui*. O bailarino responde: – *O sanduíche é meu e eu como onde quiser*. E Bloch retruca irritado: – *O sanduíche o senhor comprou com o seu dinheiro, mas o elevador eu comprei com o meu. E não quero que seja transformado num boteco*.
• **Monitores** – Visitando o estúdio do *Jornal da Manchete*, Adolpho não gostou das imagens diferentes exibidas pelos monitores ao fundo. Não ficou satisfeito enquanto todos os monitores não foram sintonizados na Manchete.

Capítulo III
Aconteceu, Virou História

A Rede de Emissoras

A Rede Manchete foi inaugurada em 1983 com cinco emissoras próprias e a TV Pampa. Teve grande progresso até 1992, quando foi vendida para o grupo IBF. Algumas afiliadas retornaram após a volta da Bloch Editores, mas não muitas. O sinal da rede também chegava através das antenas parabólicas a cidades pequenas, que não possuíam emissoras locais, retransmissoras ou afiliadas. Na fase de *Pantanal*, a Rede Manchete chegou ao seu ponto máximo, com uma rede verdadeiramente nacional, cobrindo o país integralmente. Eis o mapa da rede naquele período: Rio de Janeiro (RJ) – TV Manchete – Canal 6; São Paulo (SP) – TV Manchete – Canal 9; Belo Horizonte (MG) – TV Manchete – Canal 4; Fortaleza (CE) – TV Manchete – Canal 2; Recife (PE) – TV Manchete – Canal 6; Porto Alegre (RS) – TV Pampa – Canal 4; Cachoeira do Sul (RS) – TV Pampa Centro – Canal 11; Pelotas (RS) – TV Pampa Sul – Canal 13; Carazinho (RS) – TV Pampa Norte – Canal 9; Brasília (DF) – TV Brasília – Canal 6; Londrina (PR) – TV Vanguarda – Canal 9 (retransmissora) – SSC – Sistema Sul de Comunicação, hoje ligado à rede Record; Cornélio Procópio (PR) – TV Vanguarda – Canal 12 – SSC; Maringá (PR) – TV Vanguarda – Canal 13 – SSC; Curitiba (PR) – TV Independência – Canal 7 – SSC; Pato Branco (PR) – TV Sudoeste – Canal 7 – SSC; Maceió (AL) – TV Alagoas – Canal 5; Uberaba (MG) – TV Uberaba – Canal 7; Uberlândia (MG) – TV Uberaba – Canal 12 (retransmissora); João Pessoa (PB) – TV Manchete – Canal 13 (retransmissora); Natal (RN) – TV Tropical – Canal 8; Vitória (ES) – TV Vitória – Canal 6; Salvador (BA) – TV Aratu – Canal 4; Florianópolis (SC) – TV Barriga Verde – Canal 9; Joaçaba (SC) – TV Barriga Verde – Canal 6; Manaus (AM) – TV RBN – Canal 8; Campina Grande (PB) – TV Manchete – Canal 11 (retransmissora); Campinas (SP) – TV Metrópole – Canal 6; Campo Grande (MS) – TV Mato Grosso do Sul – Canal 11; Juiz de Fora (MG) – TV Manchete – Canal 2; Aracaju (SE) – TV Jornal – Canal 13; Macapá (AP) – TV Equatorial – Canal 8; Goiânia (GO) – Rede Manchete Centro – Canal 11 (retransmissora); Itabuna (BA) – TV Cabrália – Canal 7; Ribeirão Preto (SP) – TV Clube – Canal 17 (UHF); Araraquara (SP) – TV Morada do Sol – Canal 9; Teresina (PI) – TV Antena 10 – Canal 10; Belém (PA) – TV RBA – Canal 13; Rio Branco (AC) – RD TV Norte – Canal 11 (retransmissora); Porto Velho (RD) – TV RBN – Canal 6; São Luís (MA) – TV São Luís – Canal 8 (retransmissora).

Em 1999, a Rede Manchete saiu do ar com 30 emissoras (25 afiliadas e cinco próprias). Atualmente, suas afiliadas estão divididas entre Rede TV!, SBT, Record e Bandeirantes.

Comitê de Afiliadas – O comitê era composto por todas as afiliadas e dele participavam ativamente os diretores executivos das emissoras como Xerxes Gusmão (TV Vitória), Leonardo Petrelli (TV Independência), Paulo Velloso (TV Barriga Verde), Nestor Amazonas (TV Cabrália), Roberto Kock (TV Bahia), Camilo Centeno (RBA), José Luiz Pizzani (TV Clube), entre outros. Xerxes Gusmão mais tarde seria convidado para assumir a direção de marketing da rede e depois a comercial. Foi um dos personagens importantes em tempos de crise.

OUTRAS AFILIADAS – TV Alternativa (Laranjal do Jarí / AP), TV *Amazônia* (canal 7, Santarém / PA), TV Aratins (canal 13, Araguaína / TO), TV Aratu (canal 4, Salvador / BA), TV Boa Vista (canal 12, Boa Vista / RR), TV Borborema (canal 9, Campina Grande / PB), TV Brasil Maior (Tailândia / PA), TV Cachoeira (Alto Araguaia / MT), TV Camaçari (Camaçari / BA), TV Centro Norte (canal 7, Alta Floresta / MT), TV Cidade Sul do Pará (Redenção / PA), TV Curitiba (canal 2, Curitiba / PR), TV Exclusiva (canal 59 UHF, Curitiba / PR), TV FR Paulista (canal 4, Bauru / SP), TV Guaporei (Pontes e Lacerda / MT), TV Gurupi (canal 13, Gurupi / TO), TV Independência (canal 13, Maringá / PR), TV Independência (canal 2, Guarapuava / PR), TV Independência (canal 7, Toledo / PR), TV Jornal (canal 13, Aracajú / SE), TV Juara (canal 7, Juara / MT), TV Kayabi (canal 5, Sinop / MT), TV Lucas (canal 6, Lucas do Rio Verde / MT), TV Mar (canal 8, Santos / SP), TV Marajó (canal 27, Belém / PA), TV Morada do Sol (canal 13, São José do Rio Preto / SP), TV Morada do Sol (canal 9, Araraquara / SP), TV Nativa (canal 13, Imperatriz / MA), TV O Estado (canal 10, Chapecó / SC), TV O Norte (canal 10, João Pessoa / PB), TV Palmas (canal 13, Palmas / TO), TV *Pantanal* (canal 10, Cáceres / MT), TV *Pantanal* (Santa Maria do Pará / PA), TV Pioneira (Água Boa / MT), TV Piraíba (canal 9, Colider / MT), TV Pontal Paulista (canal 6, Presidente Prudente / SP), TV Rádio e Televisão Atalaia (Óbidos / PA), TV Rio Paraguai (canal 9, Barra do Bugre / MT), TV Rondon (canal 5, Cuiabá / MT), TV Rondon (canal 8, Rondonópolis / MT), TV Sistema (Itaituba / PA), TV Sorriso (Sorriso / MT), TV Sul Bahia (canal 52, Teixeira de Freitas / BA), TV Tambaú (canal 5, João Pessoa / PB), TV Tapajós (canal 7, Poxoreu / MT), TV Tauari (canal 52, Castanhal / PA), TV Terra (canal 13, Tangará da Serra / MT), TV Thathi (canal 11, Limeira / SP), TV Thathi (canal 14, Ribeirão Preto / SP) e TV Vale do Jauru (canal 13, Mirassol do Oeste / MT). Algumas emissoras da rede chegaram a mudar de nome: a TV Uberaba (Uberaba e Uberlândia) mudou para TV Regional; a TV FR virou TV Thathi; a TV Gurupi e TV Aratins em TV Comunicatins, a RD TV Norte em TV Gazeta, a Rede Manchete Centro em TV Goiânia e a TV Vanguarda em TV Independência (Cornélio Procópio).

Ajudando uma Rede a crescer

Paulo Velloso, que era um dos membros do comitê de afiliadas da Manchete, fala da relação entre elas, das dificuldades culturais e operacionais, da reação do público e da importância do regionalismo dentro de uma rede de televisão.

Fomos um dos primeiros afiliados da Manchete – a TV Pampa foi a primeira – e tivemos essa parceria de 1984 a 1992. Eu era da TV Barriga Verde de Florianópolis e dava suporte à de Joaçaba, que são duas emissoras catarinenses. Minha função era a de diretor executivo na época, comandando toda emissora – antes fui diretor comercial. O diretor da TV Joaçaba era o Carlos Bordin. A TV Barriga Verde antes era afiliada ao SBT e quando a Manchete surgiu, apostamos na sua filosofia, voltada para a classe AB. Então saímos do SBT e fomos pra Manchete, apostando até o final. Mas, infelizmente, deu no que deu.

A gente fez a primeira reunião da Rede Manchete em Salvador, porque a TV Bahia era afiliada. Lá constituímos um comitê de quatro pessoas para discutir a relação das afiliadas com a rede: Norte/Nordeste representava uma região, Centro-Oeste outra, Sul e Sudeste outra. Fiquei como membro do Sul do Brasil. Entendo que com esse comitê ajudamos muito a rede. Muitas coisas que a Manchete podia ter feito de errado, nós conseguimos resolver na conversa. Tínhamos a cada 60 dias uma reunião com o pessoal, muitas vezes no Russel. Estavam o Rubens Furtado, depois o Expedito Grossi, seu Oscar Bloch também participava. Eram reuniões muito cordiais e bem profissionais em que levávamos os temas, se discutia, devolvia, era muito bom. Fizemos convenções em Florianópolis, Vitória, Bahia, Uberaba, várias no Rio de Janeiro, em São Paulo também e em outras cidades. Seu Adolpho tratava maravilhosamente bem os membros do comitê, sempre com muito carinho. Eu sempre tive uma admiração muito grande por ele, tive um relacionamento muito bom com os Bloch. E só saímos da Manchete quando ele vendeu. Saímos, mas tentamos ficar.

Toda relação entre rede e afiliada é meio complicada, pois cada um quer resolver seus problemas pessoais, mas o bom senso fica acima de tudo. E na Manchete não era diferente, nosso relacionamento com eles era muito bom As afiliadas reclamavam do jeito carioca, assim como reclamam do jeito paulista da Bandeirantes, cada uma tem seus problemas. A rede Manchete não era carioca, apenas tinha o sotaque mais carioca, e não tem jeito de tirar o sotaque, assim como o dos apresentadores da Globo – sotaque é sotaque. Quanto à padronização, as emissoras que tinham uma estrutura legal, como a RBA de Belém, a TV Clube do Pizzani (Ribeirão Preto – SP), a de Vitória, Bahia, Barriga Verde, Pampa conseguiam manter. Umas tinham estrutura outras não. Depende do mercado. Na novela Ana Raio e Zé Trovão diziam: O Brasil que o Brasil não conhece. *Então, conversamos com a direção da Manchete para não fazer isso só na novela, mas mostrar efetivamente as emissoras. Então, tinha lá: Barriga Verde, canal 9... com imagens de Santa Catarina, a ponte de Florianópolis e outros pontos característicos como Blumenau, a Oktoberfest... E também aconteceu no fechamento e abertura da emissora, com o símbolo da Manchete rodando e passando pelas cidades onde havia afiliadas e pousando no Rio de Janeiro, no terraço lá em cima.*

O pessoal de Ana Raio e Zé Trovão ficou muito tempo em Santa Catarina, a maior parte do tempo em Treze Tílias. Foi o auge para nós, catarinenses, e o auge da emissora, aumentou a audiência consideravelmente. A gente deu todo suporte, a parte de logística, ajudamos muito lá, providenciando hotel, refeição. Para a instalação dos atores na região, fizemos permuta com hotéis.

Tratávamos a Manchete como rede, mas fazíamos uma programação própria e independente. A programação local sempre é importante em qualquer rede, como era na Manchete também, é quem alavanca a audiência e dá faturamento. Nós brigávamos muito por causa da programação local e dentro do comitê conseguimos abrir muito essa grade de programação. E isso também deu sobrevida, porque as cinco emissoras próprias viram que isso era importante e começaram a fazer também programação local. A gente queria mais. Se perguntar a qualquer emissora de qualquer Estado e de qualquer rede elas querem sempre mais espaço local. O nosso jornal era o Jornal da Barriga Verde que continua igual, com 1ª e 2ª Edições. Nós tínhamos o jornal das 12h30 às 13h e das 19h30 às 20h, na época. O Jornal da Manchete começava mais tarde que todo mundo.

A Manchete tinha uma característica, um carisma muito forte na classe AB. Nossa audiência era muito boa em Santa Catarina, todas as afiliadas tinham boa audiência. Quando da novela Pantanal, a gente estourou em audiência, aproveitou bem. Pode ser que eu esteja errado, mas Pantanal foi o começo do fim da Manchete. E eu digo isso porque a Manchete não se preparou para ter o sucesso de Pantanal. Se a Manchete viesse crescendo como vinha, na ascendência de Kananga do Japão, iria acertar naquele horário sem aquele boom. *Acho que foi aí que começou a derrocada da Manchete. E Amazônia acabou com ela, infelizmente.*

Fomos um dos últimos a sair da Manchete. Eu estava na rede quando fiz o fechamento, que foi com o Xerxes Gusmão. Quando os Bloch venderam, a gente tentou ficar na rede. Teve uma grande evasão. Foi uma derrocada. Muitas saíram junto com a Barriga Verde. E atualmente, eu sou o diretor nacional de rede da Bandeirantes – a TV Barriga Verde hoje é nossa afiliada.

Paulo Velloso

Visão Internacional

A Manchete, desde o início, sempre valorizou as transmissões internacionais. Possuía correspondentes exclusivos e utilizava as principais emissoras e agências de notícias do mundo, como a CBS norte-americana, a inglesa BBC e a Visnews.
Sua primeira correspondente foi Sandra Passarinho, que fazia uma carreira brilhante na Globo, com grande atuação na década de 1970. Ela voltou para a emissora ainda na década de 1980. No início da Manchete foi presença constante no *Jornal da Manchete*. Já os comentários internacionais eram feitos pelo jornalista Zevi Ghivelder. Diversos correspondentes passaram pela Manchete. Como, por exemplo, Sérgio Wertz (Londres), Antonio Augusto (Nova York) e Luiz Carlos Azenha – que também apresentou na emissora o programa *New York News*, no início da década de 1990. Com ele estavam sempre Domingos Mascarenhas (câmera), Hélio Alvarez e Paulo Bolívar (produção). Na Manchete, Azenha consagrou-se como correspondente internacional usando a seu favor a sorte e o profissionalismo. É como narra em seu site *Vi o Mundo* (*www.viomundo.com*), no texto que gentilmente nos cedeu.

O Dia em Que o Muro Caiu: Marteladas que mudaram a história

A crise já existia, a cortina de ferro *simbolizada pelo muro de Berlim começava a desabar. Os ventos vinham do Oeste, de Moscou, onde Mikhail Gorbatchev prometia reformar o mundo comunista e lentamente retirava o apoio do regime que mantinha a Alemanha dividida.*
Nós sabíamos que era uma questão de tempo. O regime de Eric Honecker, ditador alemão oriental, estava para desabar. Fomos para a Alemanha sem noção do que iríamos testemunhar. O objetivo da viagem era mostrar os dois mundos que o muro dividia. Tínhamos visto de entrada para a Alemanha comunista – a partir de Berlim ocidental, atravessamos o muro para o outro lado, de trem.
A Stasi, polícia política comunista, ainda mantinha no ar a sensação de uma cidade vigiada, além de milhares de prisioneiros políticos.
Conhecemos uma cidade agradável, apesar da arquitetura stalinista que fazia o centro moderno *de Berlim oriental parecer um museu vazio e decadente. Mas não havia outdoors, letreiros nas lojas, o apelo consumista que poluía e ainda polui com mensagens intermitentes o nosso cotidiano.*
Fomos à casa de uma família, para falar do cotidiano. Eles nos pareciam divididos. Sim, queriam liberdade para ir e vir, o fim da polícia política, mas revelavam ansiedade com o terremoto que se prenunciava. Teriam emprego? Casa? A estabilidade de hoje? Voltamos para o lado Ocidental e fomos pegos de surpresa pelo rápido colapso do governo comunista.

Era de manhã, e o que começou lentamente transformou-se numa ensurdecedora sinfonia de martelinhos. Eles demoliam dos dois lados cada pedacinho do muro que um dia antes nos parecera uma fortaleza insuperável.

Os guardas alemães orientais haviam desistido de impedir que as pessoas do lado de lá se aproximassem do muro. Quando as fendas se abriam no concreto, mãos de desconhecidos se tocavam, celebrando o fim de uma era. Nós estávamos lá quando as primeiras filas se formaram para permitir que os orientais viessem conhecer o que acreditavam ser o paraíso ocidental. O governo de Eric Honecker havia desabado.

Voltamos à casa da mesma família antes entrevistada. Eles aceitaram o convite para atravessar o muro conosco, a bordo de um Trabant (o carro padrão da Alemanha Oriental).

Testemunhamos o olhar de espanto deles, quando descobriram que na Berlim daqui os táxis eram Mercedes Benz.

Queriam logo ir a um supermercado, matar a curiosidade e a fome de produtos ocidentais. Ficaram perdidos no setor de frutas, diante de tantas novidades.

A Alemanha Oriental importava bananas e laranjas – e só. A família que nos acompanhava viu pela primeira vez um coco – tive que explicar que era um fruto, sim, que havia água dentro e que provavelmente havia sido importado do Brasil. Também foi a primeira vez que viram uma carambola e um caju, frutas tropicais de um mundo a que eles só tinham acesso pelos mapas.

Para tornar a reunificação atrativa, o governo ocidental ofereceu trocar os marcos da Alemanha Oriental, que não valiam o papel em que estavam impressos, pelo dinheiro ocidental, na base do um por um. Quem tinha poupança sob o regime comunista de repente enriqueceu.

Voltei a Berlim unificada desde aquele dia histórico, 21 de novembro de 1989. Dezenove dias depois do nascimento de minha segunda filha, dois dias antes de meu aniversário.

Lentamente, a Alemanha se recompõe. Pelo menos visualmente. Os Trabant foram aposentados. Há desemprego no antigo lado oriental e o encanto com a reunificação acabou.

Fisicamente, o muro caiu, mas ainda é uma cidade dividida pelo ressentimento mútuo. Quem mora do lado de cá *acha que pagou caro pela reunificação, em impostos e empregos. Quem mora* do lado de lá *se acha tratado como cidadão de segunda classe.*

Há apenas uma seção do antigo muro, preservada para relembrar o tempo que o mundo era dividido pela Guerra Fria.

Luiz Carlos Azenha

Com esta reportagem de Azenha, a Manchete foi a primeira emissora brasileira e mostrar a queda do muro de Berlim.

Sede da Rede Manchete, na Rua do Russel

O *M* Voador

A famosa vinheta do *M* voador começava e encerrava a programação da Rede Manchete e ficou na cabeça de muitos telespectadores. As crianças, principalmente, queriam entender como aquele M, apelidado de *nave* por funcionários, voava. O enorme M em metal vinha do espaço, cruzava o céu da esquerda para direita e, sempre girando, passava pelos morros e pelo nascer do Sol. Aos poucos, o dia clareava e revelavam-se coqueiros e jangadas, com grandes velas, o Nordeste, e o M passando por trás delas, no alto do céu. Seis pescadores acenam para o objeto.

O M continua seu vôo, agora sobre Brasília. Segue na direção da Praça dos Três Poderes, o Sol aparecendo entre dois prédios, dá uma uma volta e some ao longe. A volta se completa quando ele vai para São Paulo e, como se estivéssemos dentro de uma nave, vemos carros andando sobre as várias pistas da Radial Leste – Oeste, o famoso Minhocão. Continuando a viagem, ainda na visão do objeto, vê-se à esquerda o Pão de Açúcar, no Rio de Janeiro. O M prepara-se para aterrissar no prédio da Manchete, na Rua do Russel.

Se o telespectador achava que o M havia sido feito em computação gráfica, enganava-se. Tratava-se, na verdade, de um objeto maciço, realmente feito para essa animação. Por sinal, tão bem sucedida, que as sedes da TV Manchete no Rio de Janeiro e São Paulo, posteriormente, tiveram instalados em seus topos versões do M feitos de aço. A TV Regional de Uberaba também teve seu M, porém na torre de transmissão. O objeto tinha pouco mais de um metro e foi colocado em diversas posições, para que fosse gravado de todos os ângulos. Com o uso do *chroma-key*, fizeram com que o fundo fosse recortado da cena e colocaram as imagens aéreas da vinheta. Para simular o efeito de giro, de aproximar e afastar, a Manchete utilizou o ADO (*Ampex Digital Optics*), equipamento responsável por modernos efeitos especiais, inédito no Brasil daquela época.

O M voador foi uma das primeiras produções da Rede Manchete dirigida por Aldir Ribeiro, que hoje é diretor de programas na TVE. No final da vinheta, sempre havia uma locução com o prefixo e o canal, além dos principais destaques da programação do dia. Aqui, um exemplo do texto padrão do Rio de Janeiro e outro de São Paulo.

- **Início de programação:** *ZYB 519 – TV Manchete Canal 6 – Rio de Janeiro. Estamos iniciando nossas transmissões de hoje certos de que estaremos trazendo até você uma programação do mais alto nível. Pra você sempre o melhor na Rede Manchete.*

- **Encerramento:** *ZYB 863 – TV Manchete Canal 9 – São Paulo. Estamos encerrando nossas transmissões de hoje, certos de termos levado até você uma programação do mais alto nível. Logo mais estaremos juntos novamente. Pra você sempre o melhor na Rede Manchete.*

A Voz da Manchete

A voz principal da Rede Manchete foi só uma em toda sua existência: Eloy Decarlo. É comum hoje, para quem assistia a Manchete, ouvir sua voz em algum comercial de TV, ou no rádio, e associá-la à emissora. A convite de Carlos Siegelman, seu ingresso como locutor oficial da rede deu-se em 25 de maio de 1983, uma semana e meia antes da inauguração: *Tivemos que gravar quase todas as falas da TV num curto espaço de tempo.*

Eloy enfrentou toda história da Manchete, os altos e baixos, mas nunca comprometeu a qualidade de seu trabalho. Não deixou em nenhum momento transparecer algo sobre a situação. Se ele dissesse alguma coisa, seria a própria Manchete falando. Gravou chamadas, *oferecimentos* e editoriais da rede.

O momento mais importante pra todos nós foi com Pantanal. Os carnavais também nos proporcionaram bons momentos. Mas para mim foi a festa dos 13 anos (realizada em 26 de junho de 1996), quando apresentei o show. A princípio só ia apresentar o show para o público que ia assistir lá no Aterro do Flamengo. Em cima da hora mudaram o perfil e fui encarregado de apresentar para a TV também ao lado do Gerson Brenner, que ficaria entrevistando os artistas no camarim. Naquele dia, o PC Faria foi assassinado em Alagoas. Soube pelo ponto (no ouvido) e o diretor pediu que fizesse uma chamada para a matéria que iria ao ar logo depois do show, no Programa de Domingo. Foi tudo muito rápido. Em 30 segundos ele me contou a história e disse: Fala isso aí... Vai!!!

Eloy saiu-se bem. Pela primeira vez, o público ficou conhecendo aquela voz. Poucos foram os momentos que Eloy não foi a voz principal. A primeira foi em 1987, onde por oito meses saiu da TV para administrar a Rádio Teresópolis, que havia comprado com amigos. Nessa época, Geraldo Fleury o substituiu. Já na fase IBF, ele lá permaneceu e garante que a crise não afetou sua rotina. Mas muitos se lembram da retomada da Bloch ao comando, quando Eloy gravou a chamada *A Rede Manchete está de volta!*, seguida de um pequeno pronunciamento de Adolpho Bloch. Depois disso, apenas no final de 98 sua voz deixou de ser ouvida. Com a Renascer no comando, gravaram em São Paulo,a chamada *Rede Manchete, tudo novo no verão 99.* Nem mesmo sua famosa empostação de voz ao falar *Rediii Mãnchétiii* foi mantida. Mas no período entre a saída da Renascer e a venda para TeleTV!, Eloy esteve de volta ao ar.

Durante a existência da Manchete, Decarlo foi também locutor da Rádio Manchete FM e chegou também a trabalhar na Rádio Globo FM, do Rio de Janeiro. Com o fim da emissora, sua voz continuou garantindo seu ganha-pão. Passou por rádios como Jornal do Brasil FM, Mundial, 98 FM (RJ) e atualmente tem um estúdio de gravação em Botafogo, o *Locutare*. Com ele, Eloy continua assessorando emissoras e gravando locuções para produtoras de todo o País. Continua administrando a Rádio Teresópolis.

A Manchete foi uma experiência profissional sem igual. Sou conhecido profissionalmente no Rio, onde trabalho em rádio há 30 anos. Mas, no entanto, a Manchete foi a que mais me valeu em termos de retorno no País.

Decarlo faz questão de dizer que não trabalhava sozinho. Dos mais próximos, relembra nomes como do sonoplasta Fábio Yatti, *o mago da sonoplastia da chamada* e diretores do Departamento de Chamadas como Darcy Bürger, Roberto Faustino, Roni Cid, Francisco Ferraiolo e Jorge Delgado.

A emissora possuía também outras vozes. Houve uma época que existiam três vozes principais: Eloy, Marcos Fernando (uma voz mais jovem, para os rabichos comerciais) e Fernando Paes (responsável pela locução de cabine, num tom mais grave que Eloy e não tanto jovem como a de Marcos Fernando). Apesar dos estilos diferentes, todas eram vozes suaves. Para produções, destacam-se também as vozes de Luiz Armando Queiroz, Roberto Maya e até do famoso dublador Jorge Ramos, que realizou as chamadas da novela *A História de Ana Raio e Zé Trovão*. Roberto Canazio era o locutor principal das Empresas Bloch, conhecido por chamadas com *Bloch, dá gosto de ler* e *Aconteceu, virou Manchete*, da revista.

Cada emissora da rede possuía um locutor diferente, que seguia o estilo de Eloy Decarlo. Na TV Manchete de São Paulo, por exemplo, um dos locutores foi Fernando Moreno, que mais tarde seria um dos criadores da Rede Nativa FM.

Da Lua para o Rio

A Manchete, a exemplo da TV Globo, tinha por trás de suas primeiras vinhetas um estrangeiro. Samuel ou Sam Tolbert, que foi acima de tudo o diretor e consultor técnico máximo da emissora, uma figura desconhecida do grande público, mas que entre outras coisas, criou imagens muito conhecidas, era diferente de Hans Donner em todos os sentidos. Fisicamente, Donner é branco, loiro, usa barba, olhos azuis, austríaco. Sam é negro, olhos e cabelos castanhos, sem barba, norte-americano. Opostos, assim como as emissoras que representavam.

Sam ou Samuel Tolbert nasceu nos Estados Unidos e se especializou em engenharia de televisão. Na época em que foi contratado para a implantação da Manchete, trabalhava na rede americana CBN (*Christian Broadcasting Network*). Além disso, já havia comandado a implantação de emissoras de televisão, não se importando quanto ao país ou ao tamanho do desafio. Veio para o Brasil a convite de Jaquito Kapeller e Zevi Ghivelder, que o haviam conhecido nos Estados Unidos, solicitando orientação na escolha de equipamentos para a montagem da futura rede de televisão. Dizem que a minuta de seu contrato teria sido feita às pressas, nos Estados Unidos, no verso de um maço de cigarros aberto sobre uma mesa.
Sam, então, estipulou quais seriam os equipamentos da emissora, e também criou as primeiras vinhetas com o logotipo do M. Montou também a primeira equipe que daria prosseguimento ao estilo de programação visual da emissora. Era um homem brincalhão e sorridente que falava poucas palavras em português. Era fanático por corridas de automóvel.

No período em que esteve no Brasil, chegou a montar uma escuderia no Rio de Janeiro. Possuía dois carros de Stock-Car.
Sempre muito bem relacionado e influente, Sam foi chamado pelo Governo dos Estados Unidos na época da primeira Guerra do Golfo, para comandar a recuperação das comunicações no Kuwait, depois da retirada das tropas iraquianas. Recusou a proposta por achar a missão arriscada.
Em junho de 1996, num especial publicado em comemoração aos 13 anos da rede, Sam Tolbert deu o seguinte depoimento: *Eu já estava trabalhando na* Manchete *um ano e meio antes da inauguração da TV. Foi uma época de muito planejamento, design, investimentos, compra de equipamentos e instalações técnicas. A filosofia do projeto da televisão era voltada para a técnica, para os engenheiros e, somente depois, para o usuário. A Manchete revolucionou no desenho dos móveis, na construção de salas grandes, que davam conforto aos funcionários. Criou-se uma emissora moderna e muito compacta para os padrões daquele momento. A alta tecnologia permitiu isso. Estávamos todos empenhados nesse projeto arrojado. O resultado foi o equipamento de televisão mais moderno do Brasil. Acreditei na* Manchete *desde o início.*
Investimos em equipamentos e numa nova filosofia de trabalho que é a edição não-linear, já utilizada havia dois anos (1994). O *videocube revolucionou a edição de imagens, que hoje não precisa de fita de vídeo, responsável pela elevação do custo da operação*.
Sam permaneceu na Rede Manchete pelo menos até 1998 e então retornou para sua terra natal. Segundo informações, hoje vive no Estado da Geórgia, onde é dono de uma emissora de TV com instalações inusitadas: a fachada é similar à da casa da fazenda do filme *...E o Vento Levou* e ali estão os melhores equipamentos disponíveis, com a arquitetura baseada nas salas de controle da NASA. A semelhança com as instalações da agência espacial americana não é ocasional: no final da década de 1960, Tolbert desenvolvera para a NASA o sistema de transmissão de sinais de TV que em 1969 mostraram ao vivo, para uma humanidade extasiada, a chegada da tripulação da Apollo XI à Lua.

Campanhas

Muitas campanhas e slogans institucionais fizeram parte da Manchete e foram símbolos de suas diversas fases:
A televisão do ano 2000 – O primeiro slogan, que causou impacto no público, ao imaginarem uma emissora bem diferente das outras. Dizer na época que a televisão era do "ano 2000" era dizer que seria moderna, futurista. Até o ano 2000, a expressão foi utilizada dessa forma. Nos seus primeiros anos, foram utilizadas na campanha as cinco primeiras notas da música-tema de *Contatos Imediatos de Terceiro Grau* como prefixo da emissora. As vinhetas seguiam a idéia de espaço, com

estrelas ao fundo. Por uma ironia do destino, a Manchete deixou de existir sete meses antes da chegada do ano 2000.

Televisão de Primeira Classe – Foi lançada juntamente com a campanha *A televisão do ano 2000*, nos primeiros dias da nova rede. Seu intuito era definir seu público-alvo (classe AB) e ao mesmo tempo mostrar o requinte e a qualidade de sua programação.

Fique com a gente – Marca registrada dos primeiros tempos da emissora, era com essa frase que os apresentadores encerravam os noticiários (a frase era usada também em todas as locuções em *off* no final dos programas) pedindo que os telespectadores continuassem sintonizados no canal. O bordão ficou marcado na memória dos telespectadores.

Qualidade em primeiro lugar – Com a mudança de estratégia, a Manchete trocou de cara. Em vez de insistir no foco de ser uma televisão moderna e voltada para a primeira classe, resolveu colocar apenas a qualidade em primeiro plano (uma produção de primeira qualidade pode ser para primeira classe ou não). É um dos slogans mais lembrados pelo público e representava uma forma de mostrar que o que interessava não era a guerra pela audiência, mas a qualidade de suas produções. Foi utilizado na principal fase da emissora, em que estavam no ar produções como *Kananga do Japão* e *Pantanal*.

Na década de 90, o slogan foi utilizado em outras campanhas. Em uma delas, de 1996, existia um enorme logotipo da Manchete em branco afixado na parede. Surgia na tela um artista plástico que pintava não só o logo, como o fundo, transformando-o em um grande quadro com o M. Entre os artistas estavam alguns conhecidos do público, como Manabu Mabe.

Curiosamente, em 2003, a Rede Cultura reutilizou o slogan, criando nova campanha sem qualquer analogia com a da Manchete.

O Brasil mudou de canal. Mude você também – Em 1990, na época em que *Pantanal* e *Jornal da Manchete* alcançavam o primeiro lugar no Ibope, a Manchete lançou essa campanha em que se podia entender um ataque à Rede Globo, o canal que o Brasil deixou de assistir. Ficou pouco tempo no ar.

Público qualificado: gente que compra – Também do início da década de 90, foi a primeira campanha da Manchete direcionada aos anunciantes. Para bom entendedor, a emissora mostrava às empresas e agências que era um bom investimento anunciar na Manchete.

O Brasil que o Brasil não conhece, O Brasil passa pela Manchete, A televisão que o Brasil reconhece – As três campanhas foram exibidas entre 1990 e 1991, fase em que a Manchete mostrou-se como uma forte opção no mercado, após o sucesso de *Pantanal*. Essa idéia de nacionalizar a Manchete foi uma criação conjunta da emissora e das afiliadas, que não só teriam a programação regional valorizada, como estariam juntas ressaltando a principal qualidade da emissora: produzir novelas e minisséries que abusavam de externas e mostravam ao telespectador suas cidades.

A Manchete se orgulha de exibir programas entre os comerciais – Era mais uma campanha voltada para o mercado anunciante, lançada em 1991. A Manchete colocava o mercado anunciante em primeiro lugar, sendo bem objetiva em defini-lo como o grande destaque da rede.

93: O Ano Azul – Campanha criada por César Castanho, no final de 1992. Nessa época a Manchete permanecia sob o comando da IBF.

Uma TV apaixonada, Uma TV que fala ao coração, Uma TV de tirar o fôlego, Manchete! A televisão de um novo tempo, Uma TV bonita de se ver, Uma TV de cara limpa, Uma TV que não banaliza a violência, Uma TV de arrepiar os cabelos, Uma TV sensual, Uma TV para a Família Brasileira, Uma TV de alegrias, Uma TV em que a notícia não é circo, Uma TV de talentos – No meio da crise, assim que Jayme Monjardim retornou à emissora, em fevereiro de 1993, ele propôs um bloco de campanhas que seguiriam um padrão adotado em terapias de sons e cores. Cada período do dia a emissora receberia tonalidades e escalas sonoras diferentes, o que possibilitaria ao telespectador reconhecer a emissora durante um simples *zap* com o controle remoto.

A Manchete é Bloch – Quando Bloch retomou à Rede Manchete, surgiu uma chamada com trecho do discurso inaugural de Adolpho dizendo: *Com emoção, posso dizer, que a Rede Manchete é Bloch,* e era seguido de imagens, com a narração de Eloy Decarlo:

A Rede Manchete começa uma nova fase, uma nova televisão. A Manchete volta a ser a televisão de primeira classe realizando para você o melhor da TV. Volta o jornalismo dinâmico, imparcial, um show de notícias, voltam as grandes notícias, a cobertura dos grandes acontecimentos. Volta a Manchete dos grandes musicais, filmes de alta qualidade, as orquestras internacionais, os grandes espetáculos esportivos. A sua Manchete falando em cultura, otimismo e confiança no Brasil. A Manchete está de volta. Logo em seguida, surgia o logotipo da emissora, com o nome *Bloch* abaixo, marca que ficou até 1997.

Brasil, terra da gente – Em 1994, após o retorno de Bloch ao comando da emissora, voltaram com a idéia de nacionalizar a programação. A campanha *Brasil, terra da gente* exibia belíssimas paisagens aéreas e pessoas trabalhando: boiadeiros, seringueiros, metalúrgicos. Como tema foram utilizados dez versos dos 21 existentes na música *Minha Terra* (1923), do paraense Valdemar Henrique. A canção ficou eternizada na voz de Francisco Alves, que a regravou em 1946. Alguns desses versos cantados pelo Quarteto em Cy: *Este Brasil tão grande amado / É meu país idolatrado./ BRASIL, TERRA DA GENTE* e *Este sol, este luar / Estes rios e cachoeiras / Estas flores, este mar / Este mundo de palmeiras / Tudo isto é teu, ó meu Brasil/ Deus foi quem te deu / Ele por certo, é brasileiro / Brasileiro, como eu. – BRASIL, TERRA DA GENTE.*

MANABU MA

Você em primeiro lugar – De volta às origens, a Manchete trazia novamente o visual espacial: três esferas (vermelha, verde e azul) se chocavam no centro da tela causando uma grande explosão, de onde surgia o logotipo da emissora. Seguia a idéia da criação do mundo a partir de um *big-bang*. Foi a última campanha institucional da Rede Manchete, lançada no final de 1997. Essa vinheta era uma miscelânea de todas as outras que passaram e ficou no ar até a metade de 1999, quando mudou de nome. Ao contrário das outras vinhetas, criadas a partir de 1993 (quando a Bloch retomou a emissora), essa não mais utilizava a palavra *Bloch* abaixo do logotipo.
Nova Manchete: tudo novo no verão 99 – Campanha lançada no final de 1998 e que ficou no ar até janeiro de 1999. Ficava bem claro que a emissora havia sido arrendada para a Igreja Renascer em Cristo. Abaixo do logo que aparecia na vinheta, estavam as letras RGC (Rede Gospel de Comunicação). Nessa campanha surgia em primeiro lugar um Sol que perdia seu brilho, transformando-se na esfera central do logotipo da Manchete (em dourado). Aos poucos surgia o restante do logotipo a partir da primeira esfera. Quando completo, um guarda-sol passava pela tela revelando as palavras *REDE MANCHETE* ao fundo.

Trilha de Sucessos

Ao contrário da maioria das emissoras, que limitavam-se a usar músicas encontradas em discos para montar a trilha sonora de seus programas, a TV Manchete optou desde o início por trabalhar com as chamadas *trilhas brancas,* pacotes de músicas especialmente compostas para programas de televisão, muito comuns nos Estados Unidos e Europa. Mais do que isso, contratou profissionais para que compusessem as trilhas sonoras, muitas das quais são lembradas até hoje.
Emissora nova, Roupa Nova – A idéia de se criar uma televisão *classe A*, com toda uma aura de modernidade, tinha de ser refletida em toda a programação. Muitas músicas que pontuaram a programação da Rede Manchete, num primeiro momento, vinham de um pacote de trilhas da tradicional empresa americana Valentino. Mas para o *Jornal da Manchete*, que se propunha um telejornal inovador, as trilhas americanas ainda soavam muito básicas. Assim, foi encomendada para o conjunto Roupa Nova (que já produzia vinhetas para rádio) a criação de uma trilha especial, que refletisse agilidade, força, modernidade e credibilidade. Assim nasceu *Videogame*, a música que marcou o *Jornal da Manchete* durante toda sua existência, mesmo tendo recebido diversos arranjos durante 16 anos. Para a Manchete, o Roupa Nova também criou a trilha incidental e a música de abertura (*Um Lugar no Mundo*) da novela *Corpo Santo*: *Quanto vale a chance/ Prá quem tem a pressa de viver / Abra o seu caminho/ Sem ter medo de se arrepender*

Arte de Manabu Mabe, para a campanha institucional de 1997

/ Quem vai tomar o seu lugar no mundo / Se o poder de crescer/ De lutar e vencer / Tá batendo em você / Eu fico preso na garganta/ Eu fico meio sem motivo...

Portuguesa, com certeza – Em 1985, a primeira novela diária, no formato padrão, produzida pela Rede Manchete, foi *Antônio Maria*. A trilha sonora contava com diversas músicas – antigas e modernas – com intérpretes portugueses.

O tema principal era *A Dança da Lua*, de Eugênia Melo e Castro, que também trabalhava como atriz na novela.

Senhora de Araxá – Em 1987, foi a vez do compositor Wagner Tiso colocar uma composição na tela da Manchete. Conhecida até hoje, a trilha foi composta especialmente para o primeiro grande sucesso da emissora, a novela *Dona Beija*. Tiso compôs *Tema de Dona Beija*, interpretado por ele e pelo conjunto Viva Voz: *Beija flor, Beija menina/ Quem a fez assim tão divina / Quem a fez tão bela e tão fera / Chuva e sol de primavera / Senhora de tantos amores / A dona de Araxá / Por ela sonham os homens/ Quem a Beija beijará...*

O Maestro da Manchete – Um dos profissionais que mais trabalhou na história da emissora foi Alexandre Hees de Negreiros, responsável por boa parte das aberturas da Manchete, sobretudo no telejornalismo. Tecladista, compositor, arranjador e produtor musical, de 1988 a 1992 trabalhou na TV Manchete, como produtor musical de aberturas e vinhetas do Departamento de Arte do Jornalismo. Assinou composição, arranjo e execução de trilhas sonoras para as aberturas de programas e especiais da emissora, como *Documento Especial, Manchete Esportiva* (onde fez o arranjo sobre a trilha original da Valentino), *Show de Gols, Jornal da Manchete* (rearranjando a própria *Videogame*), *Rio em Manchete, Eleições 92, C&A Shopping Show, Clube da Criança, New York News, Programa de Domingo, Noite Dia, Edição da Tarde* (uma belíssima trilha, com andamento sinfônico e assinatura marcante), *São Paulo em Manchete, Aconteceu na Década, Guerra do Golfo, Feras da Copa, Aniversário da Angélica, Carnaval,* vinhetas de assinatura e interprogramas, *Mestre Kim*, e também a trilha sonora dos vídeos de ginástica *Step Trainning* e *Lígia Azevedo IV,* produções para o mercado caseiro lançadas pela Manchete Vídeo. Em suma, quase todas as trilhas que podiam ser ouvidas na emissora, no período, eram de sua autoria.

Voltando ao passado – Superprodução de época, que marcou o início da era de ouro da Rede Manchete, a novela *Kananga do Japão* estreou em 1989, contando com um trabalho musical tão detalhista quanto sua cenografia e direção. Músicas das décadas de 1920 e 1930 foram regravadas e outras músicas foram compostas especialmente. Destaque para *Minha*, o tema de abertura da novela, composta por Francis Hime e gravada por Misty. *Minha / Vais ser minha/ Desde a hora que nasceste / Minha/ Não te encontro / Só sei que estás perto/ E tão longe* *no silêncio / Noutro amor / Vou te amar e tanto, tanto/ Amor que até pode assustar...*

Compositor de Sonhos – Entre os que produziram a música da Manchete, o compositor mineiro Marcus Viana é sem dúvida o mais conhecido, pela grandeza e impacto de sua obra. Líder do grupo de rock progressivo *Sagrado Coração da Terra*, em 1989, teve sua música *Passional* escolhida como um dos temas principais da novela *Kananga do Japão*. No ano seguinte, recebeu um convite para criar e produzir a trilha sonora e o tema de abertura da novela *Pantanal*, até hoje relembrado: *São como veias, serpentes, os rios / Que trançam o coração do Brasil / Levando a água da vida do fundo da terra / Ao coração do Brasil / Gente que entende, que fala / A língua das plantas, dos bichos...*

Marcus Viana passou a compor a trilha da maioria das minisséries da Manchete – *O Canto da Sereias, Filhos do Sol*, entre outras. Em 1991, Marcus compõe a abertura e a trilha sonora da novela *A História de Ana Raio e Zé Trovão*. A música tema, *Raio e Trovão*, contou com a interpretação de Paula Santoro e do próprio Marcus: *Corre em minhas veias, tempestade/ Viajo em nuvens de fogo/ Por estradas, campos e cidades/Sou relâmpago nos olhos do povo / A luz da lua e das estrelas faísca no casco dos cavalos / Nosso caminhão iluminado/ É constelação, cometa, dragão dourado...*

No segundo semestre do mesmo ano, começou a criar a trilha de *Amazônia*, uma novela que acabou frustrando as expectativas. Porém, em sua trilha se destaca a participação de Milton Nascimento na música *Eldorado*, tema principal da novela: *Uirapuru cantou pra mim/ Sua última canção / Iara me mostra/ Em que Igarapé mora / O último boto rosa/ O incêndio vermelho levou / A última orquídea azul...*

Em 1996 voltou a produzir para a Manchete, realizando a trilha sonora de *Xica da Silva*, resultante de um profundo trabalho de pesquisa de música barroca. Foi seu último trabalho para a emissora. Foi para a TV Globo em 1999 e seu trabalho mais recente é a trilha sonora da primeira versão de *América*. Dando continuidade à já consagrada parceria com o diretor Jayme Monjardim, Marcus compôs as 25 trilhas do filme *Olga.*

Letras ao Vento – Em *Tocaia Grande*, uma das novelas da fase de retomada do crescimento da Manchete, a trilha sonora era composta pelo músico Ednardo: *Vento/ O vento da vingança é um furacão / O vento/ Escora a escória na escuridão...*

Nas trilhas do cangaço – O compositor Sérgio Ricardo realizou uma única, porém marcante, trilha sonora para a Rede Manchete, a da novela *Mandacaru,* ilustrando com maestria os movimentos dos bandos de cangaceiros e das forças policiais pelo sertão. O compositor tem um histórico no mínimo brilhante. É uma lenda viva da música brasileira, e mais conhecido pelo episódio onde quebrou seu violão em sinal de protesto contra o público no festival da Record.

O começo, o fim, e o meio – A última novela produzida – e inacabada – da Rede Manchete, *Brida*, teve apenas uma música gravada especialmente, a própria trilha de abertura. E não era uma produção original, mas a música *Gita*, de Raul Seixas e Paulo Coelho, esse último o autor do livro em que foi baseada a produção. *Gita* ganhou uma roupagem nova, mais adequada aos anos 1990, com interpretação da cantora Rosa Maria: *Às vezes você me pergunta,/ perguntas não vão lhe mostrar,/ que eu sou feita da terra, do fogo, da água e do ar,/ eu sou o seu sacrifício/ eu sou o medo de amar,/ eu sou a luz das estrelas/eu sou a cor do luar,/ eu sou as coisas da vida,/ o início, o fim, o meio.../ Brida...*
A novela foi um grande fracasso, não atraindo nem os fãs do livro. Para piorar, a música, mesmo com um bonito arranjo, acabou desagradando público e crítica, principalmente os fãs indignados de Raul Seixas. Existia uma história corrente entre os fãs dizendo que a música *Gita* jamais deveria ser regravada, e que haveria um tipo de maldição contra quem o fizesse. Lenda ou realidade, o fato é que a crise na emissora se agravou e *Brida* foi encerrada abruptamente, num golpe de misericórdia que levou a emissora ao seu fim.

Alta Tecnologia

A primeira inovação que a Manchete trouxe, já na sua chegada, foi tecnológica. Em suas instalações, a emissora dispunha de equipamentos de ponta, muitos dos quais não existiam em nenhuma emissora brasileira.

ADO – A Manchete foi a primeira rede do País a possuir um ADO (Ampex Digital Optics) em seu *switcher*. Hoje em dia, o equipamento é mais do que ultrapassado. A vinheta do M voador foi uma das várias que utilizou o ADO na emissora. Um dos operadores de ADO foi Carlos Henrique Pinheiro, que fala sobre o equipamento: *O ADO fazia efeitos com a imagem. No jornal ele era usado no canto do vídeo, com uma outra imagem que ficava ali dentro. Às vezes era, por exemplo, uma imagem de São Paulo que ficava no ADO. Ele fazia a abertura do jornal, a escalada....*
Digital Video Effects – Entre os equipamentos de última geração estava o DVE (*Digital Video Effects*), com a função de redimensionar a imagem numa escala de zero a 200. Isso facilitaria a visualização de deta-

lhes dentro de uma cena e se tornaria um diferencial nas matérias do telejornalismo.

Ilhas de edição – No 4° andar do Russel, foram montadas diversas ilhas com equipamentos Sony da série BV (Biovision Technologies Incorporation) que dividiam o andar com o departamento de jornalismo da rede. Três sistemas padrão de edição: BVU, BVE e BVH (para U-Matic e 1 Polegada). Havia espaço para a finalização e locução. Os sistemas de controle de áudio, nas emissoras próprias e em todas as afiliadas (por determinação da direção técnica), eram da marca Soundcraft e os monitores de vídeo, em toda a rede, eram da marca alemã Bosch. **Antenas, transmissores e câmeras** – A Rede Manchete fez questão de construir novas torres para cada uma das emissoras próprias. Todas, exceto São Paulo, ainda possuíam estruturas que pertenciam às Emissoras Associadas. A Manchete poderia usá-las, mas não o fez. A Bloch implantou nas cinco capitais antenas RCA de polarização circular, as mais modernas da época, com irradiação de bandas horizontais e verticais, permitindo a transmissão de imagens com o dobro de qualidade das emissoras concorrentes, que utilizavam o padrão de antenas painel.

Os transmissores dos canais da rede foram os primeiros do País próprios para operar com som estéreo. Foi em 15 de abril de 1987 que a Rede Manchete passou a transmitir programas com este recurso, usando o sistema BTSC, de origem americana e adotado oficialmente pelo Brasil, tornando-se a primeira emissora a transmitir regularmente em som estéreo, durante quase toda sua programação. O sistema nacional foi inaugurado oficialmente durante a exibição do filme *Contatos Imediatos de Terceiro Grau* (o mesmo da inauguração da emissora), e por um especial apresentado por Roberto Maia e Jacyra Lucas, mostrando as vantagens da nova tecnologia. Só havia um problema: na época, o número de televisores estéreo no Brasil ainda era insignificante!

Diversos modelos de câmeras Ikegami eram utilizadas para gravações em estúdio e externas (sobretudo HL-79D e ITC-730A). A qualidade do equipamento era tão boa, que apesar da falta de manutenção, duraram até o fim da emissora.

A Manchete foi a primeira emissora a utilizar as câmeras Betacam no País, nas externas da novela *Pantanal*. Curiosamente, quando a RedeTV! entrou no ar, foi um enorme salto na qualidade de imagem. Para piorar, a potência do canal 9 de São Paulo foi reduzida pela metade no final da década de 1990. Em meio às crises, o transmissor do Sumaré sofreu uma pane técnica gravíssima, que reduziu sua potência de 60 para 30 KW, passando a operar com apenas uma das bandas de irradiação. Como não havia dinheiro para a manutenção, o transmissor permaneceu nessas condições até o final da emissora. Quando a RedeTV! foi inaugurada, o equipamento foi consertado e finalmente voltou a trabalhar com a potência original.

Entre o final dos anos 1970 e o início dos anos 1980, as emissoras de televisão geravam seus intervalos comerciais sob duas formas distintas, gravando toda faixa comercial, editada com os filmes em seqüência, ou o operador de master exibia a seqüência manualmente, disparando filme após filme. A Rede Manchete definiu que não utilizaria nenhum desses sistemas e criou em suas instalações o **Compubloch**, um sistema computadorizado que comandava seis VTs U-Matic, na ordem predeterminada, assim que o controle mestre chaveava o sinal para seu sistema. O Compubloch funcionava em uma sala paralela aos masters da rede, onde um operador apenas trocava as fitas das máquinas. O Compubloch operou na emissora desde sua fundação até seu encerramento.

Vida de Produtor

Entre cabos, roteiros, fones de ouvido e apresentadores, o produtor é aquele que tem que estar antenado a tudo o que acontece e ser o primeiro a correr atrás de algum material ou detalhe a pedido do diretor. É claro que nesse corre-corre muitas coisas acontecem. Na Manchete não era diferente.
Quem irá contar um pouco sobre a vida de produtor na emissora é André Auler, que foi não só produtor, como diretor de programas na Rede Manchete. Auler atualmente é Coordenador Geral de Programação e Produção do Universal Channel (Globosat) e, voluntariamente, tomou o livro como causa e me ajudou a resgatar o lado carioca da história, da cabeça-de-rede da Manchete, ao mesmo tempo em que resgatava sua própria história. Ganhei muito mais do que um colaborador, um amigo, a quem agradeço. André, muito obrigado. Esse livro também é seu.

A TV Manchete e Eu

Estava um dia, em setembro de 1986, gravando um comercial na Cinédia quando, naquela loucura de produtor no dia da gravação, recebo um telefonema do cineasta Maurice Capovilla me perguntando se eu estaria interessado em ocupar o cargo de produtor da série de documentários Desafio do Mar que ele dirigia na Manchete. A produtora do programa havia sido demitida numa greve dos funcionários naquele mês – parecia mentira, mas era a mais pura verdade. No dia seguinte, fui conversar com ele, na própria emissora, e acertei todos os detalhes assumindo a função em outubro daquele ano. Em uma semana como produtor do programa, fui gravar em Areia Branca, Rio Grande do Norte, fazendo escala em Natal na volta. Que maravilha!!! Não podia acreditar!!! No mês seguinte, fomos gravar em Fernando de Noronha. Ainda inacreditável!!!
Desafio do Mar era uma série/documentário em 12 episódios, patrocinada pela Petrobras, e a cada programa mostrávamos alguma região

do Brasil que vivia de uma maneira ou de outra do mar. Era muito interessante, mas o problema é que era um programa mensal, exibido numa terça-feira cujo horário na teoria era 23 horas, mas o programa de fato sempre era exibido por volta de meia-noite, uma hora da madrugada. A série foi produzida até julho de 1987. Logo depois, Capovilla foi convidado para escrever e dirigir um especial de cinco episódios sobre Portugal – Viagens às Terras de Portugal – e como funcionávamos bem, Capô me convidou para ser o produtor do programa. Na época eu tinha 23 anos. Fomos para Portugal com uma equipe de cinco pessoas: além do Capovilla, eu como produtor, o cinegrafista Jonas Ramatis, o operador de VT César Pedreira e na iluminação o Adilson Alves.

Naquela época, as UPs (Unidades Portáteis) eram no formato U-Matic e, além da câmera com o operador, precisávamos de um VT também com o respectivo operador. Foram 40 dias gravando em Portugal e conheci aquele país como muito português não conhece. Gravamos desde Lisboa e Porto e suas noites com fados e as loucuras da noite alternativa, como também captamos imagens de um vilarejo ao norte do país onde as mulheres só andavam de preto, não havia luz elétrica e o forno era comunitário. Parecia que tínhamos viajado séculos atrás. Fomos de Póvoa de Varzim, ao norte de Portugal, à Sagres no extremo sul do país e andamos muito pelo interior. Às vezes gravávamos em duas ou três cidades no mesmo dia, uma loucura, muito cansativo e muito prazeroso ao mesmo tempo. Já nos últimos dias da viagem, o ônibus utilizado pela equipe capotou no meio da estrada e quase foi pego por uma carreta imensa. Eu e Capovilla fomos para o hospital mais próximo de ambulância, mas nenhum de nós teve graves ferimentos, apenas fortes dores pelo corpo. O único que se machucou um pouco mais foi o motorista que quebrou a perna. Mesmo assim não paramos e no dia seguinte continuamos a gravar, claro que com outro ônibus e outro motorista. O que não faltam são histórias dessa viagem: bebedeiras, paqueras, muitas gargalhadas, muita comida gostosa, muitos doces, muitas entrevistas, muitas recepções, muitos jantares, muitas fitas, muitas imagens e muito cansaço.

De volta ao Rio, tivemos um final de semana de folga e começamos a editar o programa numa luta contra o tempo. Trinta dias de edição, sempre de madrugada das uma às sete horas. Na Manchete havia apenas duas CPPs (ilhas de edição e finalização) que eram utilizadas pela novela e pelo departamento de chamadas durante o dia. Os programas da linha de show disputavam as madrugadas para finalizar seus programas. Acompanhei a edição todos os dias, ou melhor, todas as madrugadas, pois o Capô, quando queria uma determinada cena, eu tinha que me lembrar em que pedaço da viagem tinha sido, ver em que fita U-Matic estaria aquele take e ver para qual fita BVH (uma polegada) ela tinha sido copiada. Só para você entender melhor, nós gravávamos em U-Matic e finalizávamos em BVH. No caso, (em) cada fita BVH tinham sido copiadas 3 fitas U-Matic. Em suma, o controle teve que ser absurdo, mas eu sabia onde estavam todos os takes, todas as cenas que o diretor queria. O programa ficou pronto em cinco episódios que foram ao ar em novembro de 1987 e depois foi feita uma versão de aproximadamente cem minutos que foi lançada em VHS pela Manchete Vídeo.

No final de janeiro de 1988, a Manchete me colocou à disposição do mercado, uma vez que não tinha programa nenhum para me encaixar – Capovilla nessa época já tinha saído de lá. Entretanto, em meados de 1989, fui chamado de volta, dessa vez para produzir um programa infantil chamado Cometa Alegria, dirigido por Tomil Gonçalves e estrelado por Cinthya Rachel, que morava em São Paulo, e Patrick de Oliveira que morava no Rio. Uma curiosidade, Tomil é ator e havia feito duas novelas da Globo: O Espigão, de 1974, e Feijão Maravilha, exibida em 1979. Para mim, era engraçado trabalhar com ator que fez parte da minha infância. Gravávamos duas vezes por semana, cinco programas e em alguns momentos seis, quando o programa foi exibido as sábados. Cada programa tinha quatro horas de duração e era recheado com desenhos e seriados japoneses. De qualquer maneira, era muito texto para duas crianças decorarem mas, muitas vezes, o redator entregava o texto no dia da gravação e as crianças incrivelmente conseguiam decorar tudo – eram dois pequenos superprofissionais. O programa foi incrementado com o tempo e teve mudança de cenário, foram incluídos alguns quadros como: Receitinhas da Cinthya, em que ela ensinava as crianças a fazer comidinhas sem ir ao fogo, Mestre Kim que ensinava aos meninos golpes e passos de Tae-Kwon-do, além de outro que ensinava Origami. Aliás, todo final de gravação do quadro Receitinhas da Cinthya, nós da equipe comíamos bastante. Nos finais de gravação, os meninos e suas respectivas mães subiam para sala de produção no 6º andar e enquanto as mães conversavam com o diretor ou com mais alguém, eu ficava distraindo os meninos. Como o Patrick era muito mirradinho, muito leve, uma das brincadeiras que fazíamos era eu esticar para frente os meus braços e o Patrick deitar em cima deles numa posição de vôo de Super-Homem. Então, eu corria com ele pelo longo corredor do prédio e ele adorava porque ele se sentia voando baixo. Claro, o único suporte dele eram meus dois pobres braços. O programa ficou no ar até meados de 1991 mas desde o início do ano, Tomil tinha assumido o núcleo dos musicais, então, muitas vezes era eu quem dirigia o programa, fazia a marcação de cena dos meninos, atuava para mostrá-los como eu queria que eles fizessem e eles adoravam e eu também. Como outro diretor deveria assinar o programa, o escolhido foi Olívio Petit, hoje na Endemol e por muitos anos na produção do SporTV. Mas quem dirigiu o programa para o Petit ver como era, fui eu.

Ao acabar o programa, fui para o Cinemania, programa sobre cinema exibido aos sábados, criado e escrito por Wilson Cunha, hoje diretor do Multishow. Fiquei apenas alguns meses, mas tive a oportunidade de entrevistar o cineasta Alan Parker que veio ao Rio promover seu mais recente filme de então: The Commitments. Daí fui escalado para fazer o jornalístico Retrospectiva 91 com mais um produtor de jornalismo e dois pesquisadores. Muito trabalho, muitos detalhes e sempre correndo contra o tempo. Depois, fiz uma série de especiais de carnaval, chamada Tantos Carnavais, apresentada pelo ator Luiz Armando Queiroz, com cenas em externa e muitas cenas de arquivo, uma facilidade que tínhamos na Manchete com o arquivo da revista que ficava no 8° andar. Não tinham imagens em movimento, mas muitos artigos, muito texto e fotos numa época que não havia microcomputador.

Por falar em Carnaval, nos anos de 1990, 1991 e 1992 trabalhei respectivamente no desfile de fantasias do Hotel Glória, na Avenida Marquês de Sapucaí (Sambódromo) e nos bailes do Scala. Havia uma produção própria para a transmissão do evento que começava uns dois meses antes. Os produtores, diretores, editores e equipe técnica da casa trabalhavam apenas nos dias de Carnaval propriamente ditos, até porque os outros programas não podiam parar. A única equipe da casa que começava a trabalhar antes eram os técnicos responsáveis pela montagem dos eventos (cabos, fiação, ligações para as câmeras, áudio, UM, etc.).

Algumas curiosidades sobre minha experiência nessas produções:

O desfile de fantasias do Hotel Glória era um evento que ninguém queria fazer porque era muito chato. Já o Sambódromo era o máximo, todos queriam trabalhar na avenida. Tínhamos credencial de imprensa que nos dava acesso a, se não todos, quase todos os lugares. Noventa por cento dos funcionários ficavam envolvidos nas transmissões de carnaval e 70% no evento da Sapucaí. Em cada canto da avenida havia um produtor de evento e um produtor de carnaval sempre acompanhados de uma equipe portátil. Em 1991, eu fiquei com a equipe responsável pelas imagens e entrevistas que entrariam assim que saísse do pool. A transmissão de imagens era uma só até quase o final do desfile das escolas e a partir de um determinado momento, a TV Globo entrava com a sua imagem própria e a TV Manchete com a dela. Eu era o produtor responsável pela entrada dessa câmera no ar e tinha que estar com tudo armado: todos da equipe em seus postos e pelo menos um entrevistado, arranjado pelo produtor de carnaval, pronto para falar. Daí fazíamos uma, duas ou três entrevistas e a UM (Unidade Móvel) cortava para a câmera exclusiva que estava na concentração, ou seja, no início da Avenida. A partir daí, eu tinha aproximadamente uma hora livre para fazer o que quisesse, então, ou ia descansar na tenda da Manchete ou andar pela avenida inteira. Normalmente, eu andava a avenida de ponta a ponta. Muita azaração, muito papo, muita folia,

mas sempre consciente que havia uma transmissão sendo feita. Não sou muito ligado a samba, gosto, mas não sou fanático, mas confesso que ficar perto da bateria da Escola de Samba é algo inenarrável, ninguém consegue ficar parado ao som de todos aqueles instrumentos. O som entra dentro de você e te faz sambar e pular muito. É muito bom!!!!
Fui o coordenador de transmissão dos nove bailes do Scala, é extremamente cansativo. Não acontece nada demais nos bailes, não é nada do que o telespectador em casa imagina. Claro que tem um clima sexual no ar, mas nada demais acontece. O baile mais família é o Gala Gay e é fácil de explicar. Com todo aquele aparato de televisão, cobertura dentro e fora do baile, os gays da cidade não aparecem, então, o que se vê nesses bailes são gringos, Drag Queens e velhinhos e velhinhas. Agora, como acontece em qualquer baile, quando a câmera vira para um determinado grupo, as pessoas fazem caras, bocas e poses. O pior baile, pelo menos no ano que trabalhei, foi o Vermelho e Preto. Eram pessoas mal-educadas e houve até tiroteio. Um horror!!!
Nesse ano, a Manchete contou com a colaboração de vários repórteres-apresentadores durante os bailes e em um deles, uma famosa atriz seria a primeira a entrar no ar. A hora ia passando e a atriz não aparecia. Era um doce de pessoa, gentilíssima, mas não largava a bebida no camarim. Tive que arrastá-la, praticamente puxando-a pelo braço, até a sua posição no meio do salão. Ao chegar lá, parecia que ela desmontaria no chão de tão doida que estava. Quando estávamos todos a postos, segundos antes de entrar, fiz a contagem regressiva e ao dar o sinal para ela, mostrando que estava no ar, ela falou tudo direitinho como se fosse a pessoa mais sóbria do mundo. Assim que saiu do ar, que passou a bola para outro apresentador, seu rosto voltou a ficar diferente como se estivesse (e estava) completamente bêbada.
Era uma loucura ter que correr atrás dos apresentadores e dos entrevistados, estando completamente preso a fios. Tínhamos que usar fones e esses eram presos por fios, claro. Então, não apenas nosso raio de ação era restrito como também todos ficávamos pisando nos cabos. Mas era muito divertido e muito estressante. No último baile, trabalhei ardendo em febre. Todos no salão bebendo muita cerveja e eu bebendo muito chá quente, morrendo de frio.
Lembro-me de ter ficado no palco quando a Manchete transmitiu o show do Roxette na Apoteose, eu e mais dois seguranças do meu lado. Foi como se o show tivesse sido exclusivo para mim, eu bem na frente entre o palco e o público. Foi um show tranqüilo e muito bom de ter trabalhado. A Manchete também quase transmitiu um mega show realizado no Rio Centro com Marisa Monte, Nana Caymmi, Titãs e vários outros. O esquema era de flashes ao vivo das 19 às 21 horas, e a partir desse horário a emissora transmitiria direto do local. Tudo ia muito bem quando, num flash ao vivo enquanto os Titãs tocavam, eu, que estava com a repórter

Bia Becker fazendo na hora uma entrevista com um dos organizadores do evento numa torre em frente ao palco, vi que o palco começou a incendiar e o fogo veio rápido pelos feltros que estavam no teto do local. Eu estava com fones de ouvido e o pessoal da UM gritava comigo para eu encerrar a entrevista. Como estávamos todos plugados por fios, o estrago nos equipamentos da TV poderiam ser enormes. Eu movimentava minhas mãos para a Bia encerrar a entrevista e ela, sem entender nada, foi terminando a conversa mais rápido do que queria e mais devagar do que deveria. Todos na UM desesperados e eu quase arrancando o microfone da mão da Bia. Quando ela encerrou, saímos do ao vivo e corremos para fora do pavilhão do Rio Centro. O fogo se alastrou, tudo ficou cheio de fumaça, o povo todo correndo em direção à saída que era exatamente na direção onde estávamos. Uma catástrofe poderia ter acontecido, mas no final ninguém se feriu e não se perdeu nada de valioso no incêndio.

Uma outra curiosidade da Manchete foi que na época da crise, colocaram uma bomba cabeção-de-nego dentro de uma das privadas do banheiro do 6° andar, onde ficava a diretoria artística da TV e as produções dos programas da linha de show. Além disso, não se podia

Filmagens de Desafio do Mar *(acima) e* Viagens às Terras de Portugal *(abaixo).*

Nas duas, André Auler com sua prancheta de produtor

mostrar pessoas feias ou pobreza de um modo geral na tela na Manchete. Pelo menos no início, essa era a ordem. No início de 1992, após alguns meses sem pagamento, os funcionários fizeram greve. A grande maioria ficou na porta da emissora sem entrar para trabalhar. No primeiro dia de greve, às 13 horas, hora que o jornal da tarde entraria ao vivo, a exibição colocou o programa Acredite se Quiser, uma vez que não havia ninguém para colocar o jornal no ar.
Em produção, tive a oportunidade de gravar em favelas e em palácios. Isso nos dá uma visão tão diferente da vida. É algo que realmente nos abre os horizontes.

André Auler

Departamento de Pesquisa

A Rede Manchete foi a primeira televisão do País e da América Latina a possuir um departamento de pesquisa – as demais emissoras só criaram posteriormente departamentos similares. A Globo, por exemplo, criou o Projeto Memória em **1999**, sob a gerência de Silvia Fiúza. Criado em 1990, o Departamento de Pesquisa da Manchete funcionava dentro do Russel, dando apoio a todas as produções que precisavam de pesquisas históricas, fossem da linha de shows ou novelas. O setor foi desfeito no final de 1991, restando na emissora Mônica Cair e Leila Melo – por causa da crise, no meio de *Amazônia* ficou apenas Leila que saiu em 1992, com a venda da Manchete. Ela é quem conta: *A chefe era Maria Celeste Lustosa, depois entrei eu, a Denise, que hoje está na Globosat, no canal Futura, a Gigi (Gisele)... Tinha ainda a Bia Lima, que hoje é produtora de arte do Caldeirão do Huck e a Mônica Cair*.
O interessante é que todos os livros comprados para as produções permaneciam dentro do departamento de Pesquisa da Manchete, podendo ser emprestados para quem deles precisasse. Por alguns anos, esses livros ficaram perdidos, jogados em Água Grande, até que em 1995, Leila os encontrou com Anna Bentes Bloch, esposa de Adolpho, que permitiu que ela e Miriam Mendes os recuperassem, limpassem e catalogassem para que pudessem ser requisitados para novas produções. Leila e Miriam utilizaram boa parte deles nas quatro novelas de Walter Avancini: *Tocaia Grande*, *Xica da Silva*, *Mandacaru* e *Brida.*
Em 1995, o Departamento de Pesquisa foi reinaugurado com as duas profissionais e ganhou uma sala em Água Grande, no andar superior da sala da direção, onde trabalhava Avancini. Diferentemente de outras emissoras, em que os pesquisadores levam as pesquisas para casa, na Manchete elas eram arquivadas, o que facilitava futuros trabalhos e o mínimo de erros – é também por essa razão que muitas novelas e séries da Manchete eram elogiadas pela competência nas reconstituições históricas. Não raro, na TV Manchete os pesquisadores acompanhavam as gravações para auxiliar a produção no tema pesquisado.

A Manchete também tinha outra qualidade. Os pesquisadores normalmente são divididos em dois grupos: um para o autor e outro para trama. Ali, era comum existir apenas um grupo para os dois setores, o que evitava conflitos nas pesquisas e problemas gerados pela falta de informação de algum dos lados.

Amazônia – A novela, apesar de não ter dado grande audiência, foi a que exigiu a maior pesquisa. Os trabalhos começaram nos últimos meses de *Pantanal*, em 1990, e mesmo quando a novela foi substituída por *A História de Ana Raio e Zé Trovão*, a pesquisa continuou e durou um ano e meio. Os profissionais viajaram para Belém, Manaus e Acre e ficaram 40 dias trabalhando tanto sobre o passado, como sobre o futuro, já que a novela tinha duas frentes: parte da história se passava no final do Século 19 e outras cenas, no final do Século 21 – por causa disso, *Amazônia* tinha duas produções de arte, duas equipes de figurino, duas de cenografia e... uma de pesquisa.

Sobre o futuro, por exemplo, houve pesquisas sobre desmatamento e queimadas na região e estudadas as transformações geográficas que podem acontecer na *Amazônia* em mais de cem anos. Para estudar o passado, Leila Melo, Edílson Martins (consultor de *Amazônia*) e os câmeras Pai e Lula tiveram que visitar um seringal perto de Xapuri. Andaram quatro horas dentro da floresta acreana e quando chegaram ao local, seringueiros ofereceram à equipe paca com arroz e banana – nem todos comeram o primeiro prato. Depois das gravações, andaram mais quatro horas, totalizando oito horas sem descanso! Por causa da baixa audiência, a primeira decisão foi desistir das cenas do futuro e a equipe foi reduzida. Então, boa parte dos profissionais de arte, cenografia e figurino foram absorvidos para as cenas do passado.

No primeiro capítulo de *Amazônia* foi feito um sepultamento típico da tribo Bororó, em que o morto é coberto de penas. Leila Melo fez o levantamento de vários enterros que poderiam existir na região, não necessariamente na *Amazônia*, e conseguiu como referência a cópia de um vídeo: *Acho que foi o Levy-Strauss que esteve naquela região filmando e a gente conseguiu uma cópia para os diretores verem. Na gravação, o cara parecia um pato andando, coberto de penas – no ritual Bororó, o cara é preparado pra morrer e as mulheres se rasgam, sangram, choram. O corpo fica sendo regado 40 dias e depois é enterrado no rio, tem uma balsa que leva.*

A crítica, no dia seguinte à exibição desse capítulo, escreveu uma nota dizendo que a novela era ruim e muito confusa por causa da mudança constante de tempo. Mas elogiava a cena do enterro dizendo que tinha sido muito bem feita, estava bonita de se ver. Até hoje Leila se recorda com saudade daquela produção e da repercussão de seu trabalho.

Jornalismo e pesquisa – Em *O Marajá* e *Guerra Sem Fim* existia a proposta de uma *novela jornalística*. Foi quando a pesquisa foi dividida em duas partes: a histórica, com Leila Melo, e a jornalística, com Lílian Campello. Juntas, as duas gravavam depoimentos que eram inseridos nas tramas. Na primeira novela, a imprensa era um manancial, pela quantidade de informações sobre Collor e seu Governo – o assunto ainda era muito recente. Em *Guerra Sem Fim,* a mesma equipe correu muito e em 20 dias conseguiu realizar dois capítulos. Muito material foi coletado em dois dias dentro da Favela da Mangueira.

Tocaia Grande – Como a Manchete sempre deu oportunidade aos pesquisadores de viajarem para aperfeiçoar o trabalho, Leila e Colmar Diniz (figurino) ficaram uma semana na Bahia e estiveram em Ilhéus e Itabuna.

A novela que não foi ao ar – O roteirista Sylvan Paezzo foi contratado pela Manchete para criar uma novela que se passaria no Rio de Janeiro imperial, com enfoque sobre uma mulher que ficava louca. Mais uma vez Leila Melo foi escalada mas a novela não chegou a ser gravada, pois logo surgiu a idéia de *Xica da Silva.*

Xica da Silva – Por ser uma novela do século 18, mais complicada que as anteriores, Leila pediu a Avancini que escalasse Miriam Mendes, do figurino, para ajudá-la. As duas foram parceiras até *Brida*, assim como aconteceu com Léia Meira que foi diretora de arte de *Tocaia Grande* a *Brida.* De acordo com as pesquisas, os atores tiveram que utilizar roupas pesadas, feitas de tecidos grossos, perucas altas e muita maquiagem. Muitos se queixavam por causa do calor, ainda mais Guilherme Piva que, além da roupa, teve que usar espartilhos para a criação de seu personagem homossexual.

Parte das gravações foi realizada em Minas Gerais, com o apoio de Herildo, um consultor que ajudava as duas na pesquisa e que teve papel importante principalmente nas questões que envolviam a Igreja. Como no Rio de Janeiro existe uma lei proibindo gravações dentro das igrejas, o jeito era recorrer aos mineiros. Mesmo assim, a Cúria do Rio de Janeiro forneceu informações sobre cores das roupas dos padres, leis do Concílio de Latrão e anulação de casamentos naquela época, informação utilizada para a personagem de Carla Regina que pediria anulação do seu casamento na novela. Os sacerdotes que assistiam a novela só reagiram quando a Manchete inseriu na trama relações sexuais entre freiras e padres.

Mandacaru – Foi pesquisado o cangaço desde o século 19 até a metade do século 20. Como a equipe queria fazer uso de algumas imagens fotográficas sobre o movimento, teve que ficar meses atrás dos detentores dos direitos autorais das fotos em Sergipe, Alagoas, Pernambuco. Durante a pesquisa da novela, foi contatada Vera Ferreira, neta de Lampião e Maria Bonita, além de uma cangaceira que vivia em São Paulo e que tinha escrito um livro. Como a novela ficou um ano no ar, também a pesquisa trabalhou esse tempo.

Brida – Esperança. Era isso que *Brida*, adaptada do *best seller* de Paulo Coelho, significava para a emissora já em crise. O início da pesquisa – a história da Irlanda Medieval – foi bem em cima da trama, o que não aconteceu no restante porque a novela não estava emplacando. Embora os primeiros capítulos tivessem sido gravados na Irlanda, nenhum pesquisador viajou com a equipe, formada pelos atores, o figurinista Oswaldo Arcas, o produtor Edu Santoro e o maquiador Guilherme Pereira. Com o começo das greves em 1998, Miriam Mendes foi demitida e apenas Leila Melo ficou na pesquisa. Um mês depois, as gravações pararam e o setor fechou de vez. Sem mais condições de trabalho, Leila deixou sua sala, com seus materiais, e passou na sala de Avancini, que sempre havia demonstrado profundo respeito por seu trabalho, para se despedir:
– *Avancini, triste fim de Policarpo Quaresma. Eu não vou trabalhar de graça, então, estou vindo te comunicar que estou aderindo à greve.*
Até 1999, a Rede Manchete reuniu cerca de 650 livros, uma coleção das mais completas, na opinião geral dos pesquisadores, que ficou perdida.

Produção de Arte

Sabe aquele detalhezinho do jeito de falar, de vestir, das manias, do carro que passa no fundo da cena? Quem cuida de tudo isso é o produtor de arte, um dos responsáveis pela qualidade diferenciada das produções da Manchete, principalmente em teledramaturgia. Muitos profissionais passaram pela *arte* na Manchete: Tiza de Oliveira, Beto Leão, Lila Bôscoli, Beto Herriot, Luiz Pereira, Teresa Riba, Colmar Diniz, Léa Meira, Ronesier Corrêa, Tânia Jussara, Denise Dourado, Zezé (Maria José), Laura Ferreira, entre outros.
Denise Dourado, que fez parte desse conceituado grupo da Manchete de 1988 a 1994, fala da importância do setor e de como a emissora foi importante em sua vida profissional.

Fazendo arte

Eu já tinha trabalhado em cinema e na Manchete passei a fazer algo parecido: pesquisa de arte, como era chamado. Havia, então, um departamento de Direção de Arte, comandado por Lila Bôscoli e Tiza de Oliveira, que ia da pesquisa de hábitos e costumes à produção de cenários e objetos – fizemos muitos trabalhos de época.
O primeiro grande projeto da TV Manchete no qual me envolvi foi a novela Kananga do Japão, um trabalho belíssimo, na minha opinião. Eu fazia parte de uma equipe comandada pelo Beto Leão e a Lila, juntamente com Laura Ferreira, Léa Meira, Tânia Ferreira e Íris Gomes. Na pré-produção, fizemos um levantamento de tudo, desde preço dos jornais, transporte, comida, ao gestual, costumes e prosódia. Foi um

trabalho de pesquisa muito sério, aquela novela era a menina-dos-olhos do Seu Adolpho. Ele ia lá de vez em quando, passava pra olhar a cidade cenográfica, os estúdios... É só perguntar, que todos têm uma história pra contar, envolvendo Adolpho Bloch. No meu caso, as lembranças são ótimas: fui trabalhar na montagem de uma peça infantil, escrita por Isabela Lago que também era produtora de arte na Manchete. Só tínhamos um pequeno patrocínio, da Cultura Inglesa, e precisávamos de mais dinheiro. Fomos pedir ajuda a Seu Adolpho, que liberou a marcenaria da Manchete, cedeu o aderecista que foi trabalhar com a gente lá no Teatro Nelson Rodrigues – a melhor coisa da peça foi o cenário.

O seu Adolpho Bloch era um amante das artes. Todos os móveis e obras-de-arte eram catalogados. À entrada, um Krajcberg enorme tomava conta da recepção. No almoço, havia sous-plats de prata.

Também trabalhei na linha de shows da TV Manchete, nos programas Milk Shake, Dudalegria, Cinemania, VT Show. Fiz também um misto de dramaturgia/jornalismo chamado Família Brasil.No Cinemania eu fiquei um tempão, o Marcus Vinícius César dirigia. Foi muito divertido fazer, produzíamos uns programas temáticos, gravados em praias, cemitério, etc. O Wilson Cunha escrevia e apresentava, qualquer novidade ele achava bacana.

Ilha das Bruxas, a minissérie gravada em Santa Catarina, foi uma coisa muito gostosa de fazer, porque você recebe todos os capítulos de uma só vez. Então, quando a gente foi pro Sul já conhecíamos toda a história e deu pra produzir com bastante cuidado. Montamos uma cidade cenográfica num vilarejo de pescadores e tivemos que produzir muita coisa no local, até pra se adequar aos costumes da região. Saíamos com o caminhão da Manchete lotado. Arte, cenografia e figurino... trocávamos muita informação antes, durante e depois das gravações.

Em O Fantasma da Ópera exploramos cada cantinho do Teatro Municipal do Rio, ficamos mais de um mês lá dentro, foi maravilhoso. O Del Rangel e o Atílio Riccó assinaram a direção. Gravamos também no Metrô, numa parte desativada do Largo da Carioca. Rede de Intrigas foi feita em Arraial do Cabo. O Leonardo Brício era um paranormal e por outro lado tinha um núcleo neonazista que me incomodava. Mas dramaturgia é isso, tem que fazer um pouco de tudo.

Filhos do Sol, com Raul Gazolla e Cláudia Magno, teve locações em Minas e no Peru – gravamos muita coisa em São Tomé das Letras. Minha colega, a Laura Ferreira foi para o Peru, eu ficava mais no Rio e um pouco em São Tomé. Nostradamus (especial de fim de ano) também foi um trabalho belíssimo que fiz com o Alexandre Meyor.

Quando gravamos a novela Guerra Sem Fim, dirigida por Marcos Schetman, logo nos primeiros dias de gravação um carro de cena sumiu e pediram o meu emprestado. Meu gurgelzinho passou a novela inteira subindo e descendo a Mangueira, com Júlia Lemmertz no volante e

um arsenal de armas cenográficas no banco de trás. Eram tempos diferentes. Não existia internet nem celular. Dá pra imaginar? A troca de informações entre nós da equipe muitas vezes foi na base do orelhão mesmo. Rolava muita saia-justa.
Em 1993, Nilton Travesso e o David Grinberg montaram o núcleo de teledramaturgia do SBT, em São Paulo, e trouxeram do Rio de Janeiro uma pessoa de cada área de produção. Várias delas vieram da TV Manchete, era uma referência. Atualmente eu trabalho no SBT, onde faço produção de arte. Acho que vou fazer isso o resto da vida! Mas não sei se faria televisão até hoje se não tivesse começado pela TV Manchete. Éramos apaixonados pelo que fazíamos... Acho que, por isso, continuei em televisão. Porque acreditava que era daquela forma que tinha que ser feito.

Denise Dourado

O Mundo da Cenografia

Fazer cenários, criar ambientes, montar realidades. É essa a função dos cenógrafos, especialistas em dar vida aos sonhos. Era uma equipe grande a da Manchete, formada por profissionais como Cláudio Duque, Danilo Gomes, Érica Luvisi, Fernando Schimith, Francisco C. Silva, Gil Haguinauer, Irênio Maia, Isabela Urman, João Nascimento, Juliana Carneiro, Juracy (cenotécnica), Maria Odile, Joaquim Carneiro, Moema Jambeiro, Rodrigo Cid, Cláudio Duque, Odilon Cid, Sandra Noronha, Jorge Madeira, Seu Vinhal (marcenaria) e Sérgio Peliconi, entre outros.
As produções da Manchete sempre foram elogiadas pelo requinte das cidades cenográficas e dos cenários montados para cada uma delas. O realismo era tanto, que as pessoas que visitavam a televisão e a cidade cenográfica chegavam a tocar nos cenários para saber se eram reais.
João Nascimento redesenha nas próximas linhas o pano de fundo, as paredes e o chão das histórias da Manchete. Atualmente, é o chefe de cenografia do SBT.

O cenário da história

Entrei na Manchete em 84 e fiquei até o SBT montar o núcleo de teledramaturgia, em 93. Vim direto da arquitetura e foi meu primeiro contato com a cenografia propriamente dita, de projetar, de construir alguma coisa. Antes, trabalhei no estúdio do Renato Aragão, eu era o chato que brigava com o cenógrafo que queria pendurar isso, montar aquilo. Até que um dia eles disseram: – Você tá no lugar errado, você tem que fazer cenografia. Aí me arrumaram uma vaga na Manchete.
Quando cheguei, eles já estavam fazendo A Marquesa de Santos. Comecei como assistente de cenografia, trabalhei com o Raul Neves durante umas três ou quatro novelas e quando terminou o núcleo do Herval

Rossano, me juntei à equipe do Jayme Monjardim e fiz os cenários e os estúdios de Kananga do Japão. Em seguida fiz o cenário do Pantanal, aí já como cenógrafo, e também Amazônia. Passei mais dois anos fazendo minisséries na Manchete, até Guerra Sem Fim. Fiz Floradas na Serra, Ilha das Bruxas e O Farol em Florianópolis, Mãe de Santo, Filhos do Sol. Antes disso, devo ter passado um ano fazendo uns casos meio de Amazing Stories, o Incrível, Fantástico, Extraordinário. Comecei lá reciclando cenários de novelas antigas.

Era fantástico trabalhar na Manchete. A maioria das minisséries que eu fazia era baseada num pequeno roteiro que alguém escrevia. Ilha das Bruxas, escreveram duas páginas e aquilo foi o suficiente pra Manchete arregimentar uma equipe e mandar para o Sul do País. Só que você chega lá e vê que as locações eram fantasias dos autores, os lugares que descreveram não era aquilo que a gente tava encontrando, então, a gente readaptou todo o texto, toda a história.

Mãe de Santo ia ser sobre o Gantois, a Mãe Menininha do Gantois. Aí o Antonio Carlos Magalhães descobriu que a Manchete, concorrente da Globo, ia fazer uma minissérie sobre o Gantois e proibiu o terreiro de receber o pessoal. A Manchete parou a minissérie só que o autor que ficou na Bahia, enlouquecido, achou outro terreiro, escreveu uma outra história e a Manchete resolveu em cima disso fazer a minissérie. Você recebia debaixo da sua porta o que ia gravar no dia seguinte e eu saía de manhã pra achar as locações, pra preparar e a equipe saía depois do almoço para gravar.

O cenógrafo cria uma realidade. A linha de show tem uma certa fantasia; na dramaturgia você tem uma coisa quase que arquitetônica. Minha formação é de arquiteto, então tem um pouco a ver isso. É você conseguir fazer a criação de coisas que você não conseguiria fazer na arquitetura, por exemplo, é um pouco dessa brincadeira também. É gratificante você conseguir projetar, se fizer pelo menos 80% daquilo que planejou, dê-se por satisfeito porque é mais ou menos essa a média que a gente consegue.

Na Manchete, era uma estrutura pequena e como a marcenaria ficava ao lado, você participava de todo processo de criação, orientava a oficina, almoçava com o chefe da marcenaria que estava construindo o teu cenário. Hoje a coisa é em escala muito maior. A Manchete tinha duas marcenarias: a de cenografia, montada para atender à novela, que tinha umas 30 pessoas mais ou menos, e a marcenaria de construção de móveis lá mesmo em Água Grande. O mestre, o seu Vinhal, era um grande marceneiro. Todo projeto da Manchete foi do Oscar Niemeyer, os móveis de Lúcio Costa, de Sérgio Bernardes, e todos esses móveis eram executados na marcenaria da Manchete – os Bloch também tinham uma marmoraria. E quando veio novela grande, por exemplo, Kananga do Japão, a marcenaria da Manchete passou a atender a gente também.

A cidade cenográfica depois virou uma atração. Se bem que diferente da Globo, não havia ali solução de continuidade. A gente montou Kananga, que era o Rio de Janeiro, década de 20, e tinha excursão, tinha até turista visitando, mas a coisa ficou parada porque Pantanal não tinha cidade cenográfica e Ana Raio era uma novela itinerante. Em Pantanal, a luz da janela era artificial, o que foi um grande choque para o Jayme Monjardim que tinha medo de voltar para o estúdio. Eu já estava construindo o estúdio e ele não queria, tanto é que foi difícil ele se adaptar, ele queria essa integração com a natureza.
Em Água Grande nós tínhamos quatro estúdios, mas tudo começou bem primitivo. Fazia um calor imenso dentro do estúdio, o elenco passava mal com o calor, então inventaram as torres com roda que tinham aparelhos de ar condicionado, enfileirados, quatro aparelhos de cada lado e no meio, ventiladores. Aí, quando parava a gravação entrava essa torre na frente da boca de cena do cenário pra poder ventilar o elenco. Esse estúdio era um galpão gigantesco que tinha quase 3 mil metros quadrados, permitia montar uma novela inteira dentro dele. Ele tinha colunas de 60 x 60, mas espaçadas entre 14 e 21m.
Pantanal era um cenário que tinha uma boca de cena de 15 metros, nem no Projac você tem isso. Lá, os estúdios são de 2 mil metros quadrados, os nossos aqui do SBT são de 800 metros quadrados. Como não havia problema de monta-desmonta, você podia fazer cenários mais elaborados. Aquele galpão te proporcionava montar metade da novela fixa – hoje, se 40 cenários entram numa novela, você consegue colocar oito a dez fixos. Chegamos a montar no mesmo galpão dois cenários de novelas diferentes, uma terminando e começando outra. Teve um cenário que foi quase que um evento que a gente montou lá, a favela de Guerra Sem Fim dentro do estúdio. Colocamos uns dez caminhões de terra, criamos vala de água servida, compramos material de demolição.
Um cenário atípico foi a abertura da Kananga, montada pela Equipe de Abertura, era o Adolfo Rosenthal que comandava. Foram mais de 15 caminhões dentro do estúdio, plantamos até pé de café pra repetir aquela cena do quadro do Portinari do mulato carregando a saca de café. A cidade cenográfica de Kananga ficava no Recreio dos Bandeirantes, em uma área prevista para loteamento, tinha até um certo arruamento. Estava abandonada há anos mas, como era área de manguezal, o Ibama vetou a construção. Então, a Manchete conseguiu levantar uma licença temporária como se a gente estivesse montando um circo, não teria fundações, não teria esgoto, e então Prefeitura permitiu. Pra fazer Dona Beija, a Manchete montou uma cidade cenográfica para o lado de Caxias, tinha uma cachoeira natural.
Nós tínhamos dois meses para implantar uma novela. Começávamos gravando as externas pra dar tempo de montar os estúdios. Às vezes tinha coisa corrida de em 15 dias você ter que preparar. Na crise da

Manchete, eu como chefe da cenografia tive que ir demitindo as pessoas, foi horrível. A gente tinha acabado de fazer Amazônia, uma novela caríssima, com a maior cidade cenográfica da América Latina, nem em cinema no Brasil se fez uma cidade tão grande, devia ter uns 8 mil metros quadrados. O Irênio literalmente reconstruiu Manaus de mil e oitocentos e pouco perto de Guaratiba, uma coisa fantástica. Quando chegou a crise, tinha umas 30 pessoas trabalhando entre cenografia e produção de arte. O público mandava cartas, principalmente pra produção de arte, elogiando ou fazendo algum comentário sobre os cenários. Recebíamos muita carta na época da Kananga falando que não era bem assim na época.

A Manchete foi tanta aventura, tanta coisa me marcou... Nas minisséries, essa coisa de viajar o País inteiro, de ficar 40 dias em cada cidade que você acaba conhecendo mais do que os próprios habitantes. Não é turismo, tem que bater nas portas das pessoas, pedir móveis emprestados, pedir a casa pra alugar.

Como a gente trabalha muito com o processo de monta-desmonta, numa novela atual você reaproveita muito material, você consegue reciclar. A produção de época é sempre mais cara porque você tem um detalhe de arquitetura. É mais rebuscado, os cenários são mais trabalhados. Se você pega uma novela de época como a gente fazia na

Manchete, que era Rio de Janeiro, 1860, ou Kananga que é 1920, então você tem todo um projeto de muita pesquisa e muito detalhamento. Muda cor de porta, usa papel de parede, você tem um rebuscamento muito maior pra transmitir melhor a época. A gente não chega a ter móveis de antiquário, mas são móveis antigos de certa forma que a gente comprava na Rua do Lavradio ou em Minas Gerais. Íamos comprar móveis em Ouro Preto, Diamantina, arrematar de depósitos antes que eles chegassem aos antiquários.

Água Grande tinha um depósito de cenários gigantesco que até hoje eu acredito que exista. Lá na Frei Caneca havia um depósito de uns quatro andares, se juntar tudo devia ter uns 4 mil metros quadrados de depósito, eram seis andares de móveis, todos empilhados, móveis fantásticos. Tem uma sala de jantar art-decô de rádica de nogueira da Índia, comprada pra Kananga do Japão que era um conjunto que hoje, se completo, restaurado, é coisa pra mais de US$ 40 mil. E tá lá jogada fora, tá lá empilhada, se estiver lá ainda.

Eu fiz também O Marajá. A Casa da Dinda a gente montou em estúdio, algumas coisas do gabinete, do escritório do Collor também. Tinha uma cama gigantesca, meio ringue, que a gente mandou fazer de espuma.

Tínhamos um diretor de cenografia, o Rodrigo Cid, já falecido, que era o grande mentor de toda cenografia da Manchete. A emissora foi uma grande escola, não só pra mim, mas pra TV Globo principalmente porque o pessoal via na Manchete uma forma de trabalhar muito mais

voltada pra arte, pra criação. Era toda uma grande família, com muito do espírito do teatro. As pessoas saíam pra beber todo dia junto, a gente convivia muito no bar, tinha uma certa boemia. A cenografia tinha três pontos de encontro: Adega do Pimenta, Taberna da Glória e Petisco da Vila. Era nesses lugares que a gente discutia, já saía todo mundo com os cenários desenhados no guardanapo, ia pra casa ainda pensando nos cenários, ficava até de madrugada na prancheta. Praticamente todos os cenários de Ana Raio surgiram na Adega do Pimenta em Santa Teresa. O pessoal ia pra lá no almoço, ficava das duas da tarde às nove da noite, ninguém voltava mais para o Russel, mas, em compensação, no dia seguinte a novela já estava toda pensada.
Em Ana Raio, a produção saía na frente, achava uma cidade e o Jayme Monjardim sobrevoava, ele sabia pilotar avião agrícola. Se achava interessante aquela cidade, então era lá que ele ia gravar e a caravana ia se deslocar. Ana Raio tinha uma coisa de circo. Uma semana podia ter na equipe 70 pessoas e na seguinte, 240, a cidade inteira. Os caminhões foram cedidos pela Volvo e montados pelo Rodrigo Cid, o cenógrafo Danilo Gomes, a Maria Odile, mais a Juliana Carneiro que hoje estão na TV Globo.
Com todo mundo que você falar da Manchete, se não vierem as lágrimas na hora... Muita saudade do espírito que era, dessa coisa empreendedora que ela tinha em busca da arte, da arte pela arte mesmo. Era uma coisa louca, que às vezes dava até lucro. Essa filosofia que ela tinha, essa coisa meio romântica dela, ela pagou esse preço de certa forma.

João Nascimento

A Cara da Notícia

Microfone na mão e canopla com M prateado à mostra: o passaporte garantido para uma boa matéria. E para batalhar pela notícia, uma grande equipe de repórteres. Muitos que acabaram sendo associados à imagem da emissora como Solange Bastos (que passou depois à apresentadora) e Renato Chappot, que por lá permaneceram em quase toda sua existência. Profissionais como Aline Pacheco, Ana Lúcia Ferreira, Ana Maria Braga (que havia sido antes apresentadora da Tupi), Ana Paula Padrão (da TV Brasília), Ângela Britto, Bianca Vasconcellos, Bob Faria, Carla Vilhena, Carmem Amorim, Cátia Moraes, Célia Serafim, César Galvão, Débora Ghelvan, Edilson Campos, Eliane Pires do Rio, Fábio Pannunzio, Felipe Pena, Graça Araújo, Helena Duncan, José Ilan, José Paulo Lanyi, Leila Ferreira, Luis Ernesto Lacombe, Luiz Carlos Azenha, Márcia Bongiovanni, Márcia Prado, Marco Uchôa, Marcos Garcia, Marcos Lucas, Mônica Puga, Mônica Varella Vilela, Nathércia Mota, Patrícia Cabral, Paulo Lima, Rejane Schumann, Renato Encarnação, Rodrigo Bocardi, Sandra Passarinho, Sérgio Aguiar, Simone Braga, Ulda Toledo, Vinícius Dônola e tantos outros que vestiram a camisa da Manchete em busca da melhor informação, que mereciam também fazer parte dessa lista.

Como hábito de nossos telejornais, a cobertura nacional se concentrava em três pontos: Rio de Janeiro, São Paulo e Brasília. Para falar sobre a vida de repórter da Manchete, escolhemos Ulda Toledo, de São Paulo, e Ângela Britto, da emissora carioca.

Ulda Toledo – Chamada de repórter linkeira pela equipe de São Paulo, foi repórter da Manchete de 1989 até o final. Participou de diversas matérias que marcaram a história do País. Foi chamada pra trabalhar na TV Cultura como contratada e na TV Manchete para cobrir férias de um mês. Optou pela Manchete.

A TV Manchete era o sonho de todo jornalista naquela época, entrou no mercado com a manhã inteira de jornalismo, isso pra gente era inédito, trabalhar na TV Manchete era uma outra referência de jornalismo. Então, fui pra lá e quando terminou aquele mês de cobertura de férias, fiquei o segundo e no terceiro eles me contrataram. É uma história que me fez feliz, porém, durante os vários períodos de greve na Manchete, eu ligava pro diretor da TV Cultura que tinha me chamado e estimulado e falava: – Você me deu um conselho errado, seu infeliz!

Comecei a trabalhar no Jornal da Manchete – Edição da Tarde, que era ao meio dia, e fazia também matérias à noite para o jornal São Paulo 8 Horas, pelo qual eu tinha um carinho muito grande e era apresentado por Otávio Ceschi, meu grande amigo. Entre os repórteres nessa época trabalhavam a Márcia Bongiovanni, a Bianca Vasconcellos e o marido dela.

Seu Adolpho, cada vez que eu encontrava, me perguntava: – Ô, minha querida, tudo bem? Você tá feliz? Eu respondia – Estou. Ele dizia: – Eu também tô feliz. Você sabe que eu cheguei aqui no Brasil de navio e quando desci no Rio de Janeiro, jornalistas como você me perguntavam assim: – Qual a impressão que você está tendo aqui do Brasil? Eu não podia dizer a impressão, o que eu tinha visto era o céu, o mar e a areia, mas como eu queria impressionar de alguma forma, eu dizia: – Isso é tudo muito lindo, isso é maravilhoso. No lançamento de Pantanal, eu cobria para o Jornal da Manchete e encontrei o Seu Adolpho: – Ô, minha filha, tá tudo bem com você? Você sabe que eu cheguei num navio... E ele repetia aquela história que eu ouvi não sei quantas vezes. Ele podia falar trilhões de vezes, que eu faria sempre cara de espanto e surpresa.

Apesar de seu famoso bom humor, dentro e fora do ar, a repórter enfrentou momentos em que era impossível sorrir.

No desabamento da Favela Nova República, no bairro do Morumbi, estava fazendo flashes ao vivo quando vi em um dos garfos de uma retro-escavadeira subir a cabeça de uma criança, que estava soterrada. Estava também na queda do avião da TAM, que caiu 20 minutos após a decolagem. Centenas de mortes, resumidas à corpos no chão, cobertos com sacos plásticos.

Para sua infelicidade, seu ponto de plantão era o necrotério. Lembra-se, portanto, quando cobriu a chacina do Carandiru, transmitindo diretamente do IML (Instituto Médico Legal*):*

Nesse dia, eu entrevistava uma mãe que tentava identificar o corpo de um filho, ela chorando, dizia que o filho era inocente! Aí eu perguntei: – Mas porque ele estava preso? E ela: – Só porque estuprou durante um assalto. Esse dia foi o pior da minha vida, não de choque, mas de como eu voltei pra casa, porque para uma mãe, o filho é sempre aquele herói maravilhoso, fantástico. O filho pode ser o pior ser humano que existe na face da Terra, mas ela é todo carinho. Saí do IML e depois que terminou tudo, depois que o Jornal da Manchete – 2ª Edição já tinha ido para o ar, eu entrei no carro e chorei, chorei muito. Porque é uma mistura muito grande pra você ser porta-voz dos acontecimentos e transmitir a notícia com lisura, sem ter influência emocional.

Ulda Toledo também estava na transmissão do velório de Ayrton Senna, na Assembléia Legislativa. Chamada às pressas, em um dia de folga, passou o dia todo lá, sendo substituída apenas na manhã do dia seguinte por Carmem Amorim. Em contraponto, teve a felicidade de ter conhecido a princesa Diana em visita ao Brasil.

Aquela beleza, aquela formosura, aquele ser humano que acho que vai demorar séculos para surgir um igual. Outras coisas maravilhosas, vivi na Manchete, mas a gente acaba deixando a alegria se espaçar porque o que foi mais triste marca mais. 359

Ulda destaca que nada seria perfeito sem a presença dos cinegrafistas, o braço-direito dos repórteres. Recorda-se de dois, Lenin e Márcio Luiz Gabriel Iório, com os quais brigava muito mas que marcaram sua carreira. Lenin serve para exprimir a relação entre repórter e cinegrafista. Certa vez, Ulda teve que fazer uma matéria sobre uma exposição ambulante dentro de um caminhão da Granero. Lenin queria derrubar a matéria, pois acreditava que aquilo iria parecer propaganda da Granero.

O Lenin era muito compulsivo, muito briguento, andava brigando com a vizinhança. Então, eu falei: – Meu lindo, você vai fazer sem mostrar a Granero, vai pegar o bico do farol pra gente mostrar que é dentro de um caminhão e depois lá dentro faz quadro a quadro. Mas que nós vamos fazer, nós vamos fazer! A gente fez essa matéria, a perua da TV Manchete foi me deixar em casa primeiro e depois foi levá-lo, fomos conversando o tempo todo. No dia seguinte, toca o telefone da minha casa e o meu chefe de reportagem avisa que o Lenin tinha sido assassinado pelo pai de um amigo do filho com quem ele tinha brigado. Mostramos a última matéria dele, a do caminhão com a exposição itinerante.

Na seqüência, o operador de áudio dele, o Márcio Luiz Gabriel Iório, já promovido a cinegrafista, foi comigo cobrir um dos primeiros assaltos com reféns que foi o da professora Adriana Caringi, ali em Perdizes. Discutimos e ele acabou colocando a câmera no tripé bem do lado do atirador de elite. Na hora que o atirador disparou, ele foi o único cinegrafista a gravar essa imagem que foi distribuída pro mundo inteiro. Não esqueço disso. Que eu tive que brigar com aquele que faleceu pra fazer aquela imagem e brigar com esse que acabou dando um grande furo jornalístico.

A teimosia, no entanto, não vinha apenas por parte dos cinegrafistas. Ulda é, sem dúvida, a única repórter que pertenceu a duas emissoras de televisão ao mesmo tempo. O fato aconteceu durante a grande greve da Manchete, quando ela foi trabalhar em São José dos Campos. As partes sabiam, mas publicamente desconheciam o fato. Em outra fase de greve, Ulda chegou a trabalhar como apresentadora na TV Globo de Sorocaba, onde passou a ser editora-chefe do *São Paulo Já* (futuro *SP TV*).

Quando terminou a greve, eu voltei pra Manchete e continuei. Foram duas experiências fantásticas de greve. Num outro momento, eu estava com férias vencidas, fui pra Europa. Quando voltei, era greve, greve, greve na TV Manchete até o final. Então, como meu pai tinha tido um enfarto, eu fiquei 30 dias no Incor com ele, depois cuidei do restabelecimento... A história mais infeliz de todas de greve foi essa, porque meu pai faleceu e minha vida então mudou. Eu disse: – Não quero mais trabalhar, não quero mais fazer nada, só quero viver. Porque até a nossa cultura é machista, não existe uma repórter envelhecida no vídeo e eu não queria que a idade chegasse sem a minha decisão.

A função do repórter é de investigar, traduzir para uma linguagem e mostrar para o telespectador. Durante muito tempo a reportagem contribuiu com a minha vida e eu contribuí dando essa energia de quem está no vídeo, de quem está pesquisando, investigando. A Manchete pra minha vida significou o meu grande aprendizado, a minha lição do que é fazer jornalismo em televisão. Em nenhum lugar eu aprendi como na TV Manchete. Eu podia falar com o meu entrevistado, na minha matéria, por um minuto e meio, dois minutos. Passear pela matéria para esclarecer o telespectador é uma forma gratificante de você poder contar o que é a realidade daquela matéria, poder explicar com maior clareza. A Manchete era uma família. Sabe o que é amor, o orgulho de vestir a camisa? Sabe o que é você contribuir, você cuidar? Na TV Manchete existia isso. Era uma empresa diferente, não arrogante. E esse pensamento fazia dela uma grande família.

Ângela Britto – Ela conheceu uma Manchete que estava tentando se reerguer, longe daquela que atingia picos de audiência. Como repórter da Manchete carioca, fez matérias para os principais telejornais da rede e também para os locais, como o *Rio em Manchete*.

Fiz coberturas como a do Edifício Palace II. Foi uma semana inteira indo lá... de plantão, nos escombros, acompanhando aquela gente olhando em estado de choque para o prédio deles, que seria demolido em poucos dias. Muito forte.

Mais forte que isso, no entanto, foi a cobertura de um acidente na saída da Linha Vermelha, que por causa de uma forte chuva, um ônibus bateu em uma van, provocando 13 mortes. Quando Ângela chegou ao local, os bombeiros tentavam tirar o motorista do ônibus que estava preso nas ferragens: *Ele morreu olhando pra mim... Foi horrível. E eu, meio inexperiente na época, não consegui fechar a matéria. Mais de dez anos e eu ainda me lembro do olhar daquele homem.*

Ângela comenta que os profissionais da Manchete tinham muita garra, sabiam trabalhar na adversidade, ao contrário de outros que, por virem de outras emissoras, se apoiavam mais na infra-estrutura. Nesse ponto, a Manchete tornou-se uma grande escola.

Por duas vezes, e por conta de Roberto Carlos, eu deixei uma repórter da Globo muito brava comigo. Como ele é exclusivo da Globo, lá eles têm um esquema para só a Globo entrevistá-lo, o que não significa que ele se recuse a falar com outros. Numa entrega de prêmios, descobri que ele sairia pelos fundos do Teatro e que a repórter da Globo o esperava lá. Corri com minha equipe, seguidos da Band, da TVE e quando ele estava começando a entrevista para a Globo, nós chegamos com as câmeras ligadas. Mandei correndo uma pergunta pra ele, que respondeu com toda a calma e educação, e a Globo teve que usar a minha pergunta com *minha voz em off, claro! Mas dava para ver ele respondendo para o microfone da Manchete. Da outra vez, no ensaio para a visita do Papa João Paulo II, isso em 97 ou 98, o meu motorista ficou perambulando por lá, enquanto fazíamos a matéria, e ouviu a repórter da Globo avisando a equipe onde estaria falando com o Roberto Carlos. Chegamos juntos e mais uma vez ele foi adorável! Ficaram só o microfones da Globo... e da Manchete.*

Para Ângela, a Manchete era um porto seguro onde quase ninguém era demitido. Assim como ela, todos acreditavam que a emissora poderia se reerguer.

Havia um clima de amizade, era a casa da gente. Mesmo agonizando, era vista com respeito, só perdia para a Globo. Os entrevistados esperavam primeiro a Globo chegar e depois a Manchete. A crise era enorme, mas ninguém acreditava que iria falir. Hoje, sempre que passo em frente ao prédio da Manchete, me dá uma dor no coração. Olho com saudade, com lamento. Não há uma só vez nesses anos, que eu não tenha passado e suspirado. Dá uma enorme vontade de entrar e descobrir que ainda está todo mundo lá, que foi só um pesadelo.

Por Trás da Câmera

Entre jacarés e tuiuiús, um profissional se destacou na produção de *Pantanal,* novela que quebrou a hegemonia diária de audiência da Rede Globo depois de décadas. José de Oliveira, operador de câmera, mais conhecido como *Zé Microondas*, foi responsável pela gravação de todas as imagens externas da novela em pleno Pantanal Mato-Grossense, fazendo parte de uma equipe que estava destinada a marcar seu nome na história da televisão. Dono de uma simplicidade que oculta o valor de seu trabalho, ele tem um ponto de vista único sobre a novela que mudou a história da teledramaturgia brasileira.

A paisagem mágica

Trabalhei dois anos e meio na Manchete e fiz Pantanal, A História de Ana Raio e Zé Trovão e Amazônia. Eu trabalhava com o Jayme Monjardim na TV Globo, Pantanal estava na gaveta já há uns três ou quatro anos quando ele me falou que estava indo para o Pantanal ver umas locações. Na volta, apresentou os planos de gravações e a Globo achou que o projeto continuava inviável, que seria uma loucura gravar lá. Depois de um tempo, o Jayme saiu da Globo e levou esse plano e o Benedito Ruy Barbosa pra Manchete, e me convidou pra ir pra lá.

Nas gravações, ele fazia as marcações dele e me falava pra botar os efeitos do jeito que eu quisesse, me deixava à vontade pra criar em cima das imagens. A gente usava muitos filtros para mudar o tom das imagens. Um dia a gente estava voltando da gravação, dentro de

uma chalana, e vimos uma formação de tempestade, um fundo com raios, tudo caindo lá. Aí, o Jayme começou a pegar os scripts na hora e começamos a gravar, ali mesmo na chalana. Ficou uma cena muito bonita, clássica na novela, com os raios caindo. Usávamos filtro difusor, o âmbar a gente usava muito, e também trabalhávamos muito com a caloria *da câmera. Por exemplo, a casa da Juma não tinha luz então, para obter aquela imagem, usava filtro 1 e batia o branco na luz do sol, aí levávamos a câmera para dentro. A gente também levava espelhos, rebatia o sol para dentro da casa dela, para fazer noite. Isso era loucura. A luz natural também ajudava muito. A paisagem do Pantanal é mágica, então, para onde você virar, se você tiver um momento de criação, já basta. Para gravar cenas com o sol, nem se usava muito os filtros, era mais a paisagem mesmo. Às vezes, em uma cena ou outra, a gente dizia* merece um filtro aqui, vamos enfeitar mais aqui*...*

Gravar ali era fogo. O fuso horário é uma hora antes e o Jayme gravava uma hora antes do horário de lá. Então, se você tinha de levantar às quatro, você tinha de levantar às duas. Aí você tomava um belo café reforçado e nos primeiros raios de sol já tinha de estar gravando porque era uma câmera só e era tudo take a take, você tinha que caminhar, porque o calor lá não era fácil. A gente ia gravando até umas quatro e meia, cinco horas da tarde por causa da luminosidade, isso quando a gravação tava normal, não tava atrasada, mas normalmente o Jayme mantinha uma boa frente.

A câmera que era utilizada era uma Ikegami HL-79, gravando em Betacam. Foi a primeira novela, a primeira produção a utilizar Beta no Brasil. Não tem muita diferença na operação, é mais a qualidade mesmo. A diferença de imagem, na época, foi equivalente aos equipamentos de alta definição de hoje em dia.

Depois do nosso futebol das quatro horas, aquele célebre joguinho com os peões, sempre tinha uma cervejinha. Uma vez, o Marcelo de Barreto, um dos diretores que faleceu pouco tempo depois, começou a passar mal, problemas de coração. Já era noite e como não dava pra levantar vôo, tivemos que iluminar a pista toda, colocar fogo nas beiradas, pro teco-teco poder levantar e levá-lo até Campo Grande. Ele chegou na hora exata.

Uma passagem que me impressionou um pouco foi quando um jacaré quase pegou a Juma, a Cristiana Oliveira. Eu tava gravando, o jacaré viu, veio e ia atacar ela, não me lembro se foi um peão que puxou ela... O jacaré chegou a abocanhar mas não pegou ela não.

Um fato inédito aconteceu com um auxiliar de câmera, o Mineiro, que chegou lá entusiasmado. A gente saiu pra pescar à noite, com o Almir Sater, quando ele pegou uma piranha e tentou tirar a piranha do anzol. O peixe quase arrancou o dedo dele, os dentinhos pegaram no osso. Ele foi direto pro ambulatório, um médico e um enfermeiro acompanhavam a gente. Iluminador lá no Pantanal não tinha. Tinha o Augusto Black, que era o diretor de fotografia. O Chico Bóia, o outro diretor de fotografia, ficava no estúdio no Rio de Janeiro.

Zé Microondas com Sérgio Reis, Luciene Adami e Cláudio Marzo nas gravações de Pantanal

Eles gravavam muito lá na fazenda, mas quando não dava, iam pro Rio, gravavam os quartos, já tinha tudo montado lá. Como produtora tinha a Paula, esposa do Carlos Magalhães, eles se casaram depois. O Benedito Ruy Barbosa também ia sempre lá incentivar a equipe. A gente sabia que a coisa estava bem pelo Ibope, o Jayme estava sempre perseguindo o Ibope e a repercussão da novela foi enorme, uma novela que não tinha nem texto, tinha só imagem. A imagem lá é mágica, no Pantanal pra onde você virar tem imagem, então, o Jayme se aproveitou disso e esticou a novela só com imagens... Ele nem precisava falar que eu já estava sabendo, quando eu via umas imagens diferentes, eu já fazia. Minhas imagens foram valorizadas com Pantanal, tanto que a Globo me quis de volta lá e valorizando o salário.

Em A História de Ana Raio e Zé Trovão, tivemos locações lindas, Treze Tílias, boa parte do Paraná, Santa Catarina, Laguna. Eu não conhecia a Chapada dos Guimarães, fiquei meio deslumbrado. Tem aquele negócio de disco voador no Trópico, eu ficava com um medo danado. Tinha a carreta da Ana Raio, a carreta do Zé Trovão, a da Dolores Estrada, tinha um ônibus da Dolores, era muito carro, tanto é que tinha um desfile de apresentação da caravana quando a gente chegava nas cidades.

Em Pantanal eu ficava completamente isolado, o bar mais próximo estava a uma hora de vôo de teco-teco. Já em A História de Ana Raio e Zé Trovão, o público queria invadir as gravações, queria conversar, as pessoas ficavam até meio irritadas,

Zé Microondas com Tarcísio Filho e Ângelo Antonio, nas gravações de Pantanal

mas se você deixasse todo mundo lá, ninguém trabalhava. A caravana tinha de dois quilômetros e meio a três, era trabalhoso gravar nos rodeios. Nós gravávamos o rodeio normal e depois a gente inseria as cenas do Zé Trovão... Para fazer as cenas deles sobre os cavalos ou bois, diversas vezes eles ficavam sentados na cerca das baias do rodeio, a gente botava uma cela e eles ficavam segurando na rédea. A gente enquadrava uma parte do corpo contra o céu, mexia com a câmera um pouco e pronto.
Amazônia eu fiquei pouco tempo, logo depois a Globo me chamou. Eu tinha estado no Peru, em Macchu Picchu e Cuzco fazendo o início da novela, gravei com o Marcos Palmeira uma cena em Cuzco, dentro de um túmulo, ele roubava uma jóia, acho que um cetro, descia uma escadaria antiga. Tinha ele, a Helena Ranaldi, a Solange Couto.
A primeira novela diária de televisão que eu fiz foi 2-5499 Ocupado, na Rede Excelsior. E a evolução de equipamentos entre essa época e Pantanal você nem imagina... Imagem, então, não tinha câmera portátil, facilitou tudo... Foi o que tinha no Pantanal que mostrou pra Globo que era viável fazer uma novela em exterior, tanto que a Globo fez de tudo pra derrubar Pantanal e não conseguiu. Botou shows, botou novela, atrasava o jornal, adiantava o jornal, e não conseguiu.
A Manchete revolucionou a televisão com Pantanal e se não fosse mal administrada, estaria hoje no encalço da Globo. A diferença é que a Manchete só era líder naquele horário, Pantanal deixou os caras da Globo de cabelo em pé.
O clima na Manchete era gostoso, organizado, o pessoal todo integrado, e depois de Pantanal melhorou mais ainda. Minha profissão foi valorizada desde que eu fui chamado. No tempo em que eu estive lá, fui supervalorizado, até demais. Ver a Manchete acabar foi triste, de repente você vê aquilo lá se diluindo, salários atrasados, problemas. Pra mim a Manchete foi um presente, foi um entusiasmo muito grande fazer a novela Pantanal. E foi a persistência do Jayme e a colaboração de todos, a união de todos que empurrou aquilo com aquelas chalanas, aquele Pantanal. Sinto orgulho de ter participado daquela novela. Sinto saudades.

Zé Microondas

Imprensa em Manchete

A relação da Rede Manchete com a imprensa é contada por Wilson Roberto Santos, antigo gerente de comunicação da emissora em São Paulo, que fala de como divulgava as notícias para a imprensa, apresentando um panorama geral da história do setor: *Eu era repórter do jornal O Estado de São Paulo e do Jornal da Tarde, cobria a área de televisão. Fiz algumas matérias com os Bloch, com Seu Adolpho, com o próprio Jaquito, com o Nilton Travesso que era o diretor artístico na época. Quando saí, em 89, do Caderno 2 do Estadão, o Osmar Gonçalves, que era o superintendente comercial, e o Jaquito me convidaram para montar o Departamento de Divulgação aqui em São Paulo. Eu era o gerente da Comunicação de São Paulo e trabalhava diariamente, no período da tarde, saía de lá muito tarde. Minha área era de Assessoria, Gerenciamento e Divulgação da programação. Eu sempre estive ligado à diretoria, então, trabalhei na Avenida Rebouças e depois na Casa Verde quando inaugurou a sede nova. Eu ficava no primeiro andar do prédio administrativo, da editora, o prédio de vidro.*

Quem cuidava da chefia, lá no Rio de Janeiro, era uma das sobrinhas do Seu Adolpho, Iná Serebrenick Bloch, casada com um sobrinho dele. A Áurea Balocco editava o boletim. Como naquela época a gente não tinha Internet, editávamos um boletim semanal que era distribuído nacionalmente com a grade e os destaques da programação – havia matérias do Rio e São Paulo. A gente usava até os malotes para mandar os boletins pra diversas praças. Eu ia uma vez por semana ao Rio para uma reunião e nunca tive dificuldades de trabalhar com a Iná, a Áurea, nem com a Tânia Athayde, a Adriana Carvalho, a Dalce Maria Souto Lima. Nós sabíamos que pra televisão subir a audiência, pra poder vender os produtos, patrocínios, as agências tinham que estar informadas pelos jornais, ver o que estava rolando na TV Manchete. Então, nosso objetivo era divulgar a televisão e mostrar o trabalho artístico que estava sendo feito. No Rio, inicialmente, o departamento era no prédio do meio, no 8º andar. Depois mudaram para o prédio da televisão e ficava no 6º andar.

A Divulgação não tinha fotógrafos contratados, então, muitas vezes usávamos os serviços dos fotógrafos da própria Bloch que eram profissionais maravilhosos, porque na Revista Manchete e nas revistas do grupo, Seu Adolpho privilegiava as imagens. A Revista Manchete era uma revista que tinha como modelo a Paris Match que se baseia muito em imagens, tinha muita fotografia. Então, ele tinha uma equipe fantástica de fotógrafos. Em São Paulo tinha o Vic Parisi, o Eurípedes... Eles tinham foto de tudo, desde o médico que fez o primeiro transplante de coração, o Dr. Christian Barnard, até dos casamentos de várias rainhas.

Uma coisa muito marcante foi a repercussão e a divulgação da novela Pantanal. Nesse período, eu estava diariamente na Manchete, porque a conta da TV era minha, mas tinha um escritório de comunicação e uma sócia que me ajudou muito nesse trabalho de divulgação da novela, a Ana Maria Lattes. Os jornais e revistas estavam extremamente abertos à programação porque tinham uma simpatia muito grande pelo trabalho da Manchete. Eu tenho impressão que era um pouco por conta da concorrência que oferecia à TV Globo.

A Manchete não tinha um departamento de eventos, então, quem organizava as festas para a imprensa era o meu departamento. Naturalmente, eu não fazia tudo isso sozinho, o pessoal do Comercial e do Marketing me ajudava. Havia uma estrutura muito boa, oferecíamos verdadeiros banquetes e Seu Adolpho trazia o cozinheiro chefe do restaurante do Rio, da diretoria, pra vir orientar. Antes da festa, Seu Adolpho provava os alimentos porque era um gourmet mesmo, e provava para ver se tudo estava certinho. Gostava muito de mesas bem postas, muito bonitas. Toda vez que tinha lançamento de novela, principalmente, era feita uma festa e todo mundo queria ser convidado. Sabe aquela história de disputar convite a tapa? Na verdade, a festa era para o mercado, pra divulgação na imprensa, e tinham que ser convidados clientes, agências de propaganda, imprensa. Quando as festas eram no restaurante do prédio administrativo da Manchete, cabia muita gente, eram festas com 350 pessoas, sempre. Os artistas vinham do Rio para fazer o lançamento da telenovela e havia projeções no telão. A festa de Ana Raio e Zé Trovão foi no antigo Palace, imensa, lotou! Quando tinha produções grandiosas, o pessoal também fazia festa de lançamento. O Salomão Schwartzman, quando seus programas aniversariavam (como o Momento Econômico), costumava reunir anunciantes e jornalistas para falar das modificações que estava pretendendo introduzir. Eu trabalhava inclusive nas festas. Ficava esperando a imprensa, levando, credenciando.

Outra fase marcante, de forma não positiva, foi quando se entregou a administração da Manchete para o Sr. Hamilton Lucas de Oliveira. Foi exatamente os dois anos que eu passei fora, nesse período eu me mudei de São Paulo, comprei um jornal.. E já começaram num crescente de não pagar salário de funcionários, atrasavam muito. E quando o Jaquito e o Osmar Gonçalves retomaram a televisão, me convidaram novamente. Foi um período que o Seu Oscar Bloch veio aqui para São Paulo para ajudar no comercial e deu uma arrumada na casa. Conseguiu um bom faturamento, a televisão faturava muito, as outras empresas do grupo é que eram deficitárias. O que deixava a impressão de que muito do dinheiro da televisão era utilizado pra pagar dívidas das outras empresas. Eles gostavam muito de pôr dinheiro na gráfica.

Quando a crise começou, o Sindicato dos Jornalistas e o Sindicato dos Radialistas faziam manifestações na porta da emissora e os próprios sindicatos se encarregavam de avisar as redações dos jornais. A crise da Manchete, se pesquisar em jornais antigos, Internet, vai ver que todo mundo sabia o que estava acontecendo. Na minha posição, enquanto gerente da Comunicação, não seria ético eu estar falando coisas desse tipo para jornais, embora soubesse de tudo que estava acontecendo lá dentro. A única coisa que me recordo é que uma vez eles fecharam um contrato e me pediram para passar uma nota oficial dizendo que naquele mês os salários estariam regularizados, porque havia um temor muito grande de a televisão sair do ar. Porque teria que fazer uma nova licitação para uma nova concessão. Essa nota foi da última crise, do final, quando ela já ia caminhando para falência.

A primeira divulgadora que a Manchete teve em São Paulo era a jornalista Lyba Fridman. Depois veio a Fernanda di Franco e como eu cobria televisão, tinha contato com ela direto. Ela foi embora e veio o Laerte Ferreira e depois vim eu. Quando fui para o Interior, eu e a Ana Maria Lattes desfizemos a sociedade e ela ficou com a conta, quando era IBF. Eles não pagaram e ela saiu. Ficou um período sem ninguém, no segundo semestre de 1994, e em 1995 voltei e não saí mais.

Todos nós sentíamos assim uma apreensão, um sentimento de frustração e tristeza de ver uma emissora como aquela, com uma programação com aquela qualidade, acabar. Eu não tive o último dia de trabalho na Manchete. Quando a TV Ômega comprou a TV Manchete, fui convidado a continuar e fiquei, até 2000. Num primeiro momento eles precisavam da gente, mas depois foram tirando todos que eram da Manchete. Eu fui dispensado e no meu lugar entrou a Sandra Zatz, que tocou o trabalho por um período.

Atualmente, faço alguns textos para algumas publicações e sou o chefe da Comunicação da Secretaria Municipal de Planejamento Urbano.

Fazendo o fechamento – Outros profissionais trabalharam no Departamento de Divulgação, como Lousi Reis, Tânia Athayde (que teve depois Wellington Almeida como assistente), Alvimar Rodrigues, Denise Figueiredo, Pedro Cruz Lima (de São Paulo) e Valéria Cotta. As artes do boletim eram feitas por Wilson Rocha e posteriormente por Angel Guzmán. Já a produção por Hélio Muzis e Célio Fernandes. Nas demais emissoras próprias da rede trabalharam ainda os jornalistas: Karla Peixoto (Fortaleza), Graça Villas-Boas e Maria Guida (Recife), Tany Faria e Maria Mazzarelo (Belo Horizonte).

Entre os fotógrafos da Bloch que trabalhavam para a Divulgação da Rede Manchete, para todas as revistas e para a Manchete Press, estavam André Wanderley, Indalécio Wanderley, Frederico Mendes, João Silva, Cibele Clark, Ademir Martins, Orlando Abrunhosa, Orestes Locatel, Alexandre Bréa, Wagner Almeida, Sérgio de Souza, Fernando Cussate, Solano Goldfarb, Nilton Ricardo, Lena Muggiati, Ruy de Campos, Gervásio Batista, Lenise Pinheiro, Gil Pinheiro, Vic Parisi, Oripedes Ribeiro, Lailson Santos, Marcos Muzi, José Pinhal de Castro e tantos outros que fizeram parte desse grande time.

Imprensa na TV – A Revista Imprensa, voltada principalmente para os jornalistas, estreou na Manchete o programa *Imprensa na TV* em 19 de novembro de 1992. Ele já havia sido exibido anteriormente na Record. Na Rede Manchete, passava às quintas-feiras, à meia noite e meia, após o telejornal *Noite Dia*. Quando mudaram de canal, a própria revista

lançou uma campanha, cujo slogan era *De tanto envolvimento com a Imprensa, a gente acabou virando Manchete.* E mais abaixo ressaltavam a importância do jornalismo da rede: às *mesmas análises, críticas e comentários do Imprensa na TV agora contam com a tradição do jornalismo da Manchete. Nada melhor que discutir os bastidores da imprensa na emissora que reconhecidamente tem uma das melhores programações jornalísticas.*
Essa produção independente um ano depois se mudaria para a CNT Gazeta. O *Imprensa na TV* se retirou bem no meio da crise. Muitos na imprensa acreditavam que logo a emissora fecharia, o que realmente aconteceu, seis anos depois.

Manchete Vídeo

Em meados da década de 1980, as Empresas Bloch, ao perceberem o crescimento das locadoras de vídeo no País e a redução de preços dos videocassetes, lançaram uma nova empresa: a Manchete Vídeo, coordenada por Rosaly Bloch. Localizada no 11° andar do Edifício Manchete, no Russel, a nova divisão, originalmente, comercializava as produções exibidas na Rede Manchete, e depois passou a trabalhar com filmes e produções feitas especialmente para o mercado caseiro.

Estande da Manchete Vídeo, no FestRio 88

Curiosidades

Entrevistando quase cem pessoas para a produção deste livro, acabamos por conhecer histórias no mínimo curiosas, vividas nos bastidores da Rede Manchete.

Batizado de Televisão – O produtor Wagner Salgado Costa conta que tratava-se de uma curiosa brincadeira de boas-vindas para funcionários novos inocentes e incautos: – *Um dia me entregaram uma caixa fechada para levar até a sala do gerente de operações. Eu tinha que tomar muito cuidado com o que estava lá dentro, que era extremamente frágil, então me mandaram ir na ponta dos pés. A caixa era extremamente pesada, eu suava, e quando cheguei na sala do gerente, coloquei na mesa dele com o maior cuidado. Pedi a ele para assinar o protocolo em que estava escrito: pacote contendo Colorbar Cue. Ele então me respondeu que quem deveria receber a caixa era uma outra pessoa que estava em Água Grande, lá é tudo de paralelepípedo, e fui indo até umas quatro pessoas. A última me falou que era para eu voltar pra base. Voltei e quando entrei na sala de produção, todas as pessoas às quais eu fui entregar a caixa estavam lá rindo. Dentro da caixa havia um peso de grua, foi cômico.*

Em casa – O sonoplasta Valdir Milagres Junior conta de um período difícil, porém curioso, quando esteve morando na Bruxelas, primeira sede paulista, sem ninguém saber. – *Eu saí de Brasília sem nada e quando cheguei em São Paulo, consegui um emprego através de um sonoplasta da Manchete, o Davi Gaguinho. Ele me mandou ir lá na rua Bruxelas porque ia sair de férias, pra conversar com o Bucci, que era o supervisor de operações. Contei pro Bucci da minha situação difícil e ele me contratou para cobrir as férias do Davi, mas acabei ficando com a vaga. Como eu estava morando numa pensão de favor, e notei que não tinha segurança, quando era meia noite, uma hora da madrugada, eu entrava no switcher, atrás do rack, e dormia ali. Levantava cedo, na hora que a operadora de caracteres chegava, ia até a casa de uma tia na Freguesia do Ó para tomar banho, voltava e ia trabalhar. Fiquei vivendo uns meses assim, até que a situação melhorou. A Manchete pra mim foi sempre muito abençoada.*

Contatos Imediatos – O filme *Contatos Imediatos de Terceiro Grau*, que fez parte da inauguração da Manchete, em 5 de junho de 1983, também esteve no primeiro dia da RedeTV!, sua sucessora, em 15 de novembro de 1999.

Bons sonhos – José Carlos Jardim, sonoplasta, conta sobre *Baiacu*, um iluminador da Manchete do Russel que dormia onde quer que estivesse, até mesmo dirigindo. – *Às vezes ele estava fazendo o jornal e pegava no sono. Uma ocasião, o Jaquito chegou, bateu nas costas dele e disse: – Baiacu, tá dormindo? E ele: – Não, tou olhando pro meu interior.*

Uma vez, pegaram ele dormindo, amarraram na cadeira, levaram a cadeira de rodinhas até o elevador, botaram ele dentro do elevador, e ele ficou descendo e subindo, dormindo.

Nas alturas – O sonoplasta Genivaldo Antunes Rodrigues, o Geninho, conta uma passagem – no mínimo inusitada – ocorrida pouco tempo depois da inauguração dos estúdios do Bairro do Limão. Numa manhã, ao entrar no Estúdio B para acertar o áudio de um programa que seria gravado mais tarde, ele começou a. ouvir vozes que o chamavam insistentemente. Ao olhar para cima, viu o inimaginável: o diretor de fotografia, João Alberto Curan, pendurado no *grid* (estrutura metálica usada para fixar os refletores, que atravessa toda a área do estúdio), a quase dez metros de altura. É que enquanto posicionava os refletores para o programa, a escada onde ele estava havia caído.

Closed caption – A operadora de caracteres Suzy Halfoun, da TV Manchete do Rio de Janeiro, conta uma história curiosa ocorrida em pleno *Jornal da Manchete*. No encerramento das edições, no momento em que os nomes da equipe técnica sobem pelo vídeo, é tradicional que os microfones fiquem desligados e apenas a trilha sonora do telejornal seja ouvida. Acontece que uma noite, um dos apresentadores dirigiu-se ao colega na bancada pronunciando diversos palavrões e sua atitude foi percebida por um telespectador surdo-mudo que, em carta, reclamou à emissora da atitude do apresentador. Ele havia entendido os palavrões graças à leitura labial. A resposta veio no próprio *Jornal da Manchete*. O apresentador, ao término da edição, assim que o microfone foi desligado, encarou a câmera de forma certeira e começou a dizer algo como *seu surdinho de m..., se você pensa que eu vou parar de falar palavrão, está muito enganado!*.

Vira, vira, vira – O sonoplasta José Carlos Jardim lembra de outra passagem vivida no Color Bar, vizinho do Russel. Procuravam pelo operador de TV, Bacalhau, para editar uma matéria, quando Jaquito o encontrou no bar e tirou de sua mão o copo de cerveja. Bacalhau pegou a bebida de volta da mão de Jaquito, bebeu de um único gole e voltou ao trabalho.

A fama de cobra – Ainda hoje, Rafaela, a sucuri da abertura de *Pantanal,* vive do sucesso da novela. É a principal atração do Instituto Vital Brazil, em Niterói (RJ) e, ao contrário dos outros animais que ali estão, não é preciso agendar visita para vê-la – ela vive em uma redoma com seus três filhotes em frente ao Instituto. Rafaela não é só famosa por ter virado estrela da TV, mas também por ser um caso único no mundo: é a única sucuri que deu à luz 23 filhotes sem ter tido contato com nenhum macho. Seu DNA está sendo estudado por diversos cientistas da comunidade internacional. Já a onça da abertura da novela pertencia ao empresário Beto Carrero e por muitos anos o acompanhou em entrevistas e shows.

Todo mundo nu – A Manchete se notabilizou também por novelas e minisséries onde era mais do que freqüente atores e atrizes aparecerem nus, prática iniciada com o sucesso de *Dona Beija*. O que pouca gente sabe é que o primeiro comercial com um nu frontal feminino foi exibido com exclusividade pela emissora, já que a Globo o achou chocante para época. Em 1985, num comercial da Maxiducha Lorenzetti, a atriz estreante Vera Zimmerman entrava numa academia de ginástica onde um repórter de TV realizava uma matéria e se deparava com ela nua. A emissora atingiu altos pontos no Ibope nos intervalos!

Ângulo incomum – O telejornal *Noite Dia*, apresentado por Renato Machado no começo dos anos 1990, tinha um apelido bastante particular dado pelos funcionários. Motivado pelo ângulo em que o âncora se posicionava para conversar com os outros jornalistas, em São Paulo e Brasília, através de monitores no estúdio, o telejornal era chamado de *Jornal da Nuca*.

Homenagem – Adolpho Bloch recebeu uma homenagem póstuma da cidade de São Paulo em 12 de abril de 1996, quando foi inaugurada a Praça Adolpho Bloch, na região dos Jardins. Bastante arborizada e contando com um parque infantil, a praça encontra-se encravada na Avenida Europa, não muito distante da primeira Casa da Manchete paulistana. Há uma estátua de Adolpho, segurando uma *Revista Manchete* debaixo do braço, acompanhado da cadela Manchetinha.

Capítulo IV
Dicionário da TV Manchete

Nesta parte do livro, estão mais de 250 programas diferentes, de todos os tipos e épocas que não foram detalhados em outros capítulos (*os demais devem ser procurados no restante do livro*).

Campanhas

- **Clip da Paz** – Campanha pela paz no mundo em 1991, durante o período da 1ª Guerra do Golfo. No videoclipe criado pela emissora, com pomba voando e todos vestidos de branco.
- **Criança 90** – Foi uma grande campanha de conscientização nacional pelos direitos da criança e do adolescente. Da manhã até à noite, foram realizados diversos shows com artistas nacionais e a apresentação de Angélica. Os grupos de escoteiros do Rio de Janeiro marcaram presença mostrando um pouco de seu trabalho e para as crianças havia também um show de cães amestrados. *Criança 90* aconteceu no domingo, 7 de outubro de 1990, ao vivo para toda rede.
- **Direitos da Criança** – Em outubro de 91, a rede divulgou a campanha pelos direitos da criança ao lazer, diversão e esporte. Contava com participação de Luiz Armando Queiroz e um casal de crianças.
- **Movimento de Corpo** – A Renascer, no período em que arrendou a Rede Manchete, no início de 1999, realizou campanha com um sábado inteiro dedicado aos fiéis em geral e Gideões (que contribuem financeiramente com a igreja). Com apresentação da Sônia e Estevam Hernandes, o evento foi realizado na sede do Limão, com os fiéis ocupando todo o auditório do estúdio 3. Fernanda e Tid Hernandes também dividiram o comando com os pais e o repórter Percival de Souza também participou. Diversas bandas gospel se apresentaram. A campanha contribuiu negativamente para o fim do contrato de arrendamento da emissora e foi a última da Manchete, que não chegou a participar de nenhuma das edições de Teleton, criado em 1998 pelo SBT e pela AACD. Em 1999, quando se formou a *Rede de Amizade*, o *pool* de emissoras que transmitiram o Teleton, a emissora já estava em transição para a RedeTV!.
- **Natal** – A campanha de Natal era pouco difundida na televisão, embora fosse um costume anual nas emissoras próprias da Rede Manchete – era marca da emissora esse espírito solidário. Havia arrecadação de brinquedos e oferta de cesta básica para famílias carentes. Na semana do Natal, era feita a doação do que havia sido arrecadado. É curioso saber que o Natal, uma tradição cristã, era comemorado por uma empresa de origem hebraica. Havia respeito pela outra religião, já que a maioria dos brasileiros (e dos funcionários) era cristã.

• **Natal Feliz** – Campanha realizada pela Rede Manchete com o apoio da Fundação Renascer em Cristo, em dezembro de 1997. Os apresentadores da emissora (Raul Gil, Sula Miranda, Magdalena Bonfigliolli, etc) apareciam vestidos de branco e incentivavam os telespectadores a participarem da campanha que tinha como intuito arrecadar fundos que seriam revertidos em alimentos e brinquedos às famílias de baixa renda.
• **Rio Amigo** – Campanha realizada pela Rede Manchete em 1988, após uma grande enchente que afetou drasticamente alguns bairros da cidade do Rio de Janeiro. Foi uma semana de recolhimento de roupas, mantimentos e remédios para os desabrigados.
• **Um Sorriso de Criança** – Foi realizada em outubro de 1989, com direção de Augusto César Vanucci, que também dirigiu *Criança 90*. Foram 12 horas de transmissão ao vivo dedicadas ao público infantil, com arrecadação de fundos e links ao vivo para todo o Brasil. Teve forte presença da TV Manchete carioca e das demais afiliadas. Carlito Camargo, que fez a direção artística do evento pela Manchete paulistana, conta que a participação de São Paulo seria de alguns flashes, mas coube à emissora em São Paulo o comando da cabeça-de-rede por mais de quatro horas ao vivo. Fundamental a participação da engenharia, Wagner Mancz, que conseguiu fazer chegar o sinal a várias cidades do Estado de São Paulo em que não havia a Manchete. Um dos eventos que agradaram o público foi o show da Turma da Mônica. Enquanto os bonecos cantavam e dançavam no palco, crianças gritavam querendo chegar perto dos personagens de Maurício de Sousa. Realizado no Aterro do Flamengo, com várias cidades participando ao vivo. Em frente a sede das emissoras da rede (próprias e afiliadas) foram montados postos de arrecadação e distribuição de brinquedos e alimentos.

Cultural

• **Campus** – A partir de 1994, *Campus* era exibido aos domingos, 10h30 da manhã, para alunos e professores universitários. Ensinava dicas de memorização, métodos e experiências relativas à educação universitária. O programa era produzido pela UFRJ (Universidade Federal do Rio de Janeiro). Mais tarde, *Campus* passou para TVE, abandonando a Manchete.
• **Ensino Seguro** – Produção independente da GW Comunicação e exibida na Manchete de 31 de março a 1° de maio de 1997. A Funenseg (Fundação Escola Nacional de Seguros) utilizava o programa para dar aulas de português, matemática e orientações sobre segurança. Tinha como intuito ensinar os telespectadores e os funcionários da Funenseg.
• **Linha de Produção** – Programa independente, exibido em 1993, aos sábados, 07h30 da manhã, e voltado para comerciários e sindicalistas.

• **Supletivo Aberto** – Exibido em 1995, a partir das 6 horas da manhã, servia àqueles que não puderam completar devidamente seus estudos. Assim como o *Telecurso 2000* (da Fundação Roberto Marinho), contava com quadros explicativos e um resumo no final de cada programa.

Entrevista

• **Álvaro Aguiar** – Programa independente, exibido em 1995, sempre às segundas-feiras, à meia noite e meia. Com o radioator da Nacional (RJ) e ator da TV Tupi, que entrevistava colegas.
• **Bate Boca** – Passava nas tardes de segunda a sexta, a partir de 1993. A jornalista Solange Bastos intermediava debates sobre temas polêmicos e realizava entrevistas. Nesse caso, muitas vezes o entrevistado se tornava centro das atenções, desencadeando uma história de vida com fundo polêmico. Sempre ao vivo, com direção de Ewaldo Ruy, o programa durou até 1995.
• **Bob Coutinho em Dose Dupla** – Programa independente com o empresário Bob Coutinho, em 1995.
• **Channel Geographic** – Em 1994, era exibido aos sábados, às 7 horas da manhã. O programa consistia na exibição de vídeos da National Geographic Society, antes mesmo de existir o *National Geographic Channel* no Brasil. Além disso, a Bloch Editores era licenciada para publicar os materiais da *National Geographic Magazine* na *Revista Geográfica Universal*. A curiosidade fica justamente no nome do programa, que inverteu o nome do canal americano.
• **Debate em Manchete** – Apresentado por Arnaldo Niskier, muitas edições foram destinadas a assuntos políticos.
• **Diálogo** – O programa de 1983 era uma mesa-redonda na qual Roberto D´Ávilla mediava debates sobre diversos temas da atualidade. Como o nome já diz, tinha como objetivo incentivar o *Diálogo* entre os convidados que apresentavam opiniões divergentes sobre um mesmo tema, para exercitar o censo crítico do telespectador. Foi criação de Fernando Barbosa Lima com apresentação e direção de Roberto D´Ávilla. O programa existiu até o final da década de 1980, sempre produzido pela Intervídeo. Segundo o jornal Shopping News, de 23 de abril de 1989... *Diálogo, da Rede Manchete, provava ser possível unir a profundidade jornalística com a leveza de um espetáculo.*
• **Economia? Pergunte ao Tamer** – A partir de 1993, foi exibido de segunda a sábado, às 20h50. Entrava no ar entre o *New York News,* com Luiz Carlos Azenha, e o *Jornal da Manchete.* O economista e administrador de empresas Alberto Tamer respondia a perguntas de telespectadores sobre economia, dando dicas de onde aplicar dinheiro e de como gastar menos nos negócios.
• **Ferreira Neto no Mercosul** – Nova versão do *Programa Ferreira Neto,* exibida entre 1998 e 1999.

• **Frente a Frente** – Programa de entrevistas e debates apresentado por Ney Gonçalves Dias a partir de 1985, nos finais de noite, com personalidades do mundo político e da economia nacional. Em 1998, o jornalista Salomão Schvartzman, ao encerrar o seu *Momento Econômico*, após dez anos no ar, reeditou o *Frente a Frente*, deixando de falar só de negócios e economia. A nova versão do programa foi exibida até pouco antes da venda da emissora.

• **Gente de Expressão** – Em 1993, um grande talento anteriormente restrito às atuações em telenovelas mostrava a sua face oculta. Foi seguindo esses passos que surgiu o *Gente de Expressão*, programa de entrevistas terceirizado, com a apresentação da atriz Bruna Lombardi, que realizou entrevistas nacionais e internacionais.

• **Gente Famosa** – Mostrava os bastidores de diversos espetáculos e o dia a dia de personalidades famosas. Veio para cobrir o horário dos telejornais locais que haviam sido desativados na época em que o Grupo IBF controlava a emissora.

• **Gente Importante** – Anna Bentes Bloch, viúva de Adolpho Bloch, comandou *Gente Importante*, um variado programa de entrevistas que permaneceu no ar entre 3 de junho de 1996 e 1998, e era exibido de segunda a sexta-feira, inicialmente às 14h30 e depois às 10 da manhã. Foi exibido às 15h15 da tarde, a partir do final de 1997. Diversas personalidades nas mais variadas áreas de atuação confirmavam sua presença em uma das últimas produções próprias da Rede Manchete.

• **Grandes Nomes** – Apresentado por Márcia Peltier em 1988, aos domingos, realizava documentários sobre grandes empresas e empresários. Em um dos primeiros, trouxe a história da Coca-Cola.

• **Márcia Peltier Pesquisa** – Já tendo apresentado um programa de debates, e à frente do *Jornal da Manchete*, Márcia Peltier resolveu bancar a produção desse programa, em formato independente, a partir de 15 de novembro de 1995. Sempre exibido após o horário de novelas, às terças-feiras, com 60 minutos de duração, *Márcia Peltier Pesquisa* trazia reportagens e enquetes sobre o comportamento do brasileiro sobre os mais diversos assuntos. O programa foi exibido até 7 de agosto de 1996.

• **Momento Econômico** – Criado em 1987 e apresentado originalmente pelo jornalista Marco Antonio Rocha, *Momento Econômico* era um *talk show* sobre economia e negócios que um ano depois passou para as mãos de Salomão Schvartzman, um dos diretores das Empresas Bloch, radicado em São Paulo, e que permaneceu à sua frente até o encerramento, em 1997. Gravado originalmente nos estúdios da Rua Bruxelas, o programa transferiu-se em 1990 para a sede paulista da Manchete no Bairro do Limão.

• **Persona** – Um dos primeiros programas de debate da Rede Manchete, produzido pela Intervídeo na década de 1980. Criação de Fernando Barbosa Lima, direção e apresentação de Roberto D´Ávilla.

• **Por Acaso** – Entrevistas com personalidades famosas feitas por José Maurício Machline. Também se tratava de uma produção independente, exibida às segundas-feiras, 22h30, a partir de 1994.

• **Programa Ferreira Neto** – Tradicional programa de entrevistas comandado pelo jornalista Ferreira Neto. Exibido semanalmente entre 1992 e 1993, foi mais uma produção terceirizada que conquistou espaço na Manchete no período do Grupo IBF.

• **Programa Márcia Peltier** – Na segunda metade de 1991, a Rede Manchete contratou a jornalista Márcia Peltier com a intenção de realizar um programa popular, com debates variados e voltado aos mais diversos assuntos. Dirigido por Ewaldo Ruy, o programa diário foi ao ar à partir de 1992, transmitido ao vivo do Estúdio A (subsolo da central da Manchete no Russel). No entanto, fôra projetado para ser produzido nos estúdios paulistas da emissora, o que nunca se concretizou. Foi exibido durante pouco mais de um ano, com três convidados por edição. Alberto Russo, da produção do programa, relembra que alguns foram marcantes, como o que falou da morte do Ulisses Guimarães.

• **Show Business** – O programa *Business* começou em 1992, às quintas-feiras, 22h40. Apresentado por João Dória Jr., era uma co-produção entre a Rede Manchete e a Videomax (produtora do apresentador), gravada inicialmente nos estúdios da TV Manchete de São Paulo, no Bairro do Limão. Informações sobre economia e entrevistas sobre o mundo empresarial eram os principais enfoques do programa, que em 1998 transformou-se em *Show Business,* abrindo espaço para novos temas – Dória passou a entrevistar não só empresários como também celebridades. Foi aí que o programa tornou-se totalmente produção independente, comprando horário na Manchete. *Show Business* teve a participação de Fátima Turci, Tânia Rodrigues e Rosana Hermann, que atuava como repórter do programa e com seu jeito irreverente roubava a cena dentro da atração. Com a crise na Manchete, no final de 1998, João Dória Jr. deixou de produzir o programa nos estúdios do Limão que passou a ser feito em uma sala do Grande Hotel Meliá, em São Paulo. *Show Business* é o único programa da Manchete que ainda existe na RedeTV! Hoje ele é transmitido também pela TV Alphaville e TV Clima Tempo.

Esporte

• **500 Milhas de Indianápolis / Fórmula Indy** – Tradicionais provas de automobilismo, narração de Téo José e reportagens de Luiz Carlos Azenha.
• **A Itália de Falcão** – Exibido em três edições diárias em 1990, o boletim era apresentado pelo jogador Paulo Roberto Falcão, o *Rei de Roma*, como um aperitivo para a cobertura da Copa 90. Falcão disse à Revista Veja, em 18 de abril de 1990, que a única exigência que fez à Manchete para apresentar esse programa foi não falar de futebol.
• **A Grande Jogada** – Passava aos sábados, às 18 horas, por volta de 1995. Seu formato parecia o do *Esporte Espetacular* (Globo), mas chegava a ir além, colocando até luta livre no quadro *Supercatch* – as lutas eram realizadas no teatro da Manchete carioca. Era um programa independente que exibia todos os tipos de esportes e que em apenas um mês recebeu, por causa de uma promoção, mais de oito mil cartas de espectadores entre 6 e 14 anos, ávidos por uma foto de seu lutador predileto.
• **Bate Bola** – Boletim da Copa de 1998, apresentado por Paulo Stein, direto da França.
• **Bate Bola com Zagallo** – Programa informativo com o técnico da Seleção Brasileira, Mário Lobo Zagallo, nos preparativos da Copa do Mundo de 1998.
• **Boletim Olímpico** – Boletim sobre a Olimpíada de 1996 em Atlanta.
Campeonato Italiano de Futebol – Co-produção da Rede Manchete com a MultiSports, tinha a narração de Osmar Santos, no início da década de 1990.
• **Campeonatos Regionais de Futebol** – A Rede Manchete transmitiu diversos campeonatos regionais. Por exemplo, a Copa Rio, com Paulo Stein e Márcio Guedes, e o Campeonato Paulista, que em 1993 teve narração de Osmar Santos.
• **Canal 100** – Co-produção da Manchete e Carlos Niemeyer, reexibindo imagens do antigo cinejornal esportivo e novas matérias. Esteve na grade entre 3 de setembro de 1994 e 23 de dezembro de 1995. Com apresentação de Milton Neves aos domingos, que estreava como apresentador de televisão.

• **Copa Total** – Mesas Redondas da Copa do Mundo de 1986, transmitidas diretamente do México

• **De Olho na Copa** – Boletins da Copa de 1994, nos Estados Unidos. Transmitido aos sábados, em julho de 1994, às 20h, com 25 minutos de duração. A emissora não transmitiu os jogos.

• **Esporte e Ação** – Transmitido em 1990, no horário das 00h20, cobria esportes radicais e exibia noticiário geral ligado ao esporte amador.

• **Esportíssimo** – Programa esportivo independente, transmitido em 1993, aos domingos, 13 horas. Em janeiro e fevereiro daquele ano, foi um dos programas exibidos entre uma edição e outra dos boletins do *Super Verão 93*. O mesmo aconteceu com *O Mundo dos Esportes* nessa fase.

Fórmula 3 – A prova, realizada na Argentina, era transmitida pelo canal ESPN Brasil. Em forma de parceria, a Manchete reutilizava as imagens, colocando uma tarja preta sob a marca d´água da outra emissora e um enorme M no mesmo canto da tela.

• **Fórmula Ford** – Tradicional competição automobilística, foi transmitida pela Rede Manchete em finais dos anos 1980 e início dos anos 1990.

• **Full Contact** – Transmitido ao vivo pela Rede Manchete aos domingos, 16h15, no final de março de 1993. Direto do Hotel Maksoud Plaza (SP), os lutadores competiam pelo Título Mundial de Super Pesos.

• **Master de Futebol de Salão** – Campeonato transmitido ao vivo a partir de 1988.

• **Melhores Momentos do Jogo** – Compacto dos jogos da Copa do México em 1986, que não eram exibidos ao vivo pela emissora.

• **Movimento Olímpico** – O boletim mostrava os preparativos da olimpíada de Barcelona, o andamento da cidade sede dos jogos e os preparativos das equipes participantes. Foi exibido no mês de junho de 1992, com 25 minutos de duração, as 12h40 e 20h00.

• **Olimpíadas de Inverno** – Transmissão da competição em janeiro de 1998. Os esportes incluíam patinação no gelo e ginástica artística. A Manchete transmitiu o evento com exclusividade, direto de Nagano, no Japão.

• **Olimpíadas de Verão** – O evento foi transmitido em 1997 e 1998, sendo que nesse ano foi realizado nas areias de Copacabana, no Rio de Janeiro. O slogan era: *Olimpíadas de Verão: COB e Rede Manchete*. O evento era patrocinado pelo COB (Comitê Olímpico Brasileiro).

• **O Mundo dos Esportes** – Comandado por Alberto Léo, a partir de 1987, aos domingos. Era patrocinado pela tradicional marca de lâminas de barbear Gilette e utilizava na abertura o famoso jingle da marca nos Estados Unidos, *Look Sharp March*. O programa trazia apenas as principais notícias – internacionais – dos esportes em geral.

• **Osmar Santos Show** – Não restrito ao esporte, era um *talk show* comandado em auditório pelo *pai da matéria*, o narrador esportivo Osmar Santos.

• **Raio-X** – Trazia o trabalho dos repórteres da Rede Manchete na França, entrevistando torcedores na Copa do Mundo de 1998. Era exibido sempre antes de começar os jogos.
• **Rumo à Olimpíada** – Boletim sobre a Olimpíada de Los Angeles, em 1984, a primeira a ser transmitida pela Rede Manchete.
• **Super Verão 93** – Essa Olimpíada foi realizada em cidades do Interior do Estado de São Paulo e em Guarujá, entre janeiro e fevereiro de 1993. A grande final foi no Guarujá em 14 de fevereiro de 1993. A Rede Manchete montou um espaço para transmissão das partidas de Biribol, Vôlei, Bola ao Cesto, Chute a Gol, Peteca, Natação, entre outras, na praia de Enseada.
• **Torneio de Vôlei** – Transmissão ao vivo de partidas de vôlei. Em 1993, o Vôlei de Praia também passou a ser exibido, aos domingos, 10 horas da manhã (torneios masculinos e femininos).
• **Toque de Bola** – Mesa redonda esportiva exibida aos domingos, contando com a participação de toda a equipe esportiva da Manchete

Feminino

• **Cozinha Multicolorida** – Programa de culinária,exibido em 1995, às quartas-feiras, as 15h30.

Infantil

• **Clube do Seu Boneco** – Com duração de 15 minutos, trazia da Globo o personagem Seu Boneco, interpretado por Lug de Paula, que cantava, dançava e animava as crianças no mesmo estilo do *Clube da Criança*. Toda vez que voltava dos comerciais, as crianças e Lug cantavam (pulando, é claro): *Ê ô, ê ô...Seu Boneco é um terror!*. Quando acabava o programa, Seu Boneco se despedia com seu bordão *E eu vou pra galera...* Com direção de Adenir José, passava às 19 horas a partir de 1995 e no mesmo ano saiu do ar por falta de audiência.
• **Clubinho da Manchete** – Sessão de desenhos animados, exibida a partir de 1989, às 8hs da manhã.
• **Sessão Super-Heróis** – Com o sucesso dos heróis japoneses, a Manchete apostou definitivamente no filão, criando também uma faixa de séries de super-heróis, transmitida a partir de 1991.
• **Turma do Arrepio** – No início de 1995, após o sucesso dos desenhos japoneses e séries infanto-juvenis à tarde, a emissora passou a exibir no horário das 16h00,o seriado infantil *Turma do Arrepio*. Uma adaptação da história em quadrinhos homônima de César Sandoval. A história contava as aventuras de um vampiro, uma bruxa, uma múmia, um Frankenstein e um lobisomem e revelou talentos para a televisão como Beto Hora (humorista e excelente imitador) e Fabiano Augusto (atual-

mente mais conhecido como o *garoto das Casas Bahia*). O programa era uma produção independente, realizada pela Chroma Entertainment. O diretor de imagens Julio Francfort, hoje na Rede Bandeirantes, na época finalizador do programa, comenta que *às vezes o programa era finalizado somente às duas, três horas da tarde. Para a gravação, utilizavam o sistema DFS-500, que possuía um problema: todo final de cena, ao mudar de câmera, no último frame, a imagem repicava. Então era preciso* frisar (congelar) *a imagem para que ficasse perfeito. Então, todos os cortes precisavam ser refeitos, o que prolongava mais ainda a finalização.* Tinha direção de Odorico Mendes. Não teve o resultado esperado e seus altos custos fizeram com que a atração fosse cancelada após cinco meses.

• **Vila do Tiririca** – O programa pretendia trazer um pouco daquela essência existente no seriado *Chaves*, do SBT: um humor inteligente, de fácil entendimento, com um pouco de malícia e excesso de bordões. Não era uma cópia fiel, mas enquanto Chaves morava numa vila, Tiririca mostrava a realidade de um nordestino morando em uma favela no Rio de Janeiro dentro de um barraco, com a malandragem de querer levar vantagem em tudo. Até Dedé Santana chegou a fazer uma participação especial, em uma fase em que a *Vila do Tiririca* recebeu o circo. A falta de empatia do elenco com o público, como também o roteiro que acabou não explorando tanto a idéia original como pretendia, acabou causando o fim do programa. O último capítulo foi no Beach Park de Fortaleza.

Jornalismo

• **Brasil 7:30** – Informativo vespertino da emissora. Criado em 1990 e produzido diretamente da capital federal pela TV Brasília.

• **Edição Nacional** – Lançado em 14 de março de 1994, no horário do *Jornal da Manchete – Segunda Edição,* era exibido de segunda a sexta, às 23h45, com apresentação de Ronaldo Rosas. Havia quadros de Roberto D'Ávilla (entrevistas), Karmita Medeiros (*Em Sociedade*) e Ricardo Amaral (*Sobe/Desce*), Sônia Pompeu (entrevistas com personalidades nacionais), Murilo Mello Filho (análise dos presidenciáveis), Márcio Guedes (esportes), Kátia Moraes (reportagens especiais), Marcello Maia (cinema), Nélson Portela (música), Rubens Corrêa (teatro) e Carlos Heitor Cony (crônicas diárias), Nani (caricaturas), Paulo Markun (economia), Carlos Chagas (política). Seu criador e diretor-geral, Fernando Barbosa Lima, definia o programa como uma revista jornalística, mais gráfica, com mais movimento, nos moldes do *Jornal de Vanguarda*, que revolucionou o telejornalismo brasileiro. Apesar de ter tido pouca duração na Manchete, Fernando Barbosa Lima levou o nome *Edição Nacional* para o telejornal que criaria na TVE em meados do ano 2000, quando assumiu a direção-geral da emissora.

• **Espaço Rural** – Voltado para o universo rural, abria a programação da Rede Manchete em 1993. Exibido de segunda a sexta, às 7 horas da manhã. Produção independente, pertencente à fase em que a emissora estava sob o comando da IBF.

• **Jornal da Manchete** – Principal telejornal da emissora.

• **Manchete Economia** – Boletim informativo, só com arte e trilha sonora, mostrando os indicadores econômicos da Down Jones, Bovespa e outros, em tempo real, durante os intervalos da programação matutina e vespertina da emissora. Transmitido a partir de 1988.

• **Manchete Extra** – Intervenções de plantões do jornalismo durante a programação da emissora, nos primeiros anos de transmissão.

• **Manchete Já** – Plantão com as últimas notícias do *Jornal da Manchete,* antes ou depois dele entrar no ar. Durante todo dia, sem horário fixo. A partir de 1997.

• **Manchete Rural** – Estreou em meados dos anos 1980, com apresentação de Luiz Adriano, aos domingos, às 10 horas da manhã. Informativo exclusivamente dedicado às notícias rurais, tinha direção de José Mandarino e Augusto Corrêa e reportagens de Ioram Sheps e Ana Câmara. Originou uma revista homônima pela Bloch Editores.

• **New York News** – Luiz Carlos Azenha apresentava direto de Nova York (EUA) o comentário internacional de 5 minutos. A cada dia, era um tema diferente, de costumes à política. O programa era exibido às 20h25, antes do *Jornal da Manchete,* e estreou em 1991.

• **Nosso Tempo** – Com direção de Nelson Hoineff e apresentação de Ronaldo Rosas, foi apresentado no início dos anos 1990, trazendo grandes reportagens, como descreve o produtor Alberto Russo: *Uma coisa inesquecível foi uma reportagem que eu fiz no interior do Pernambuco. Fiquei dez dias lá com uma repórter e um câmera e entrevistamos um cara que na época chamava-se* Homem Gabirú, *muito pequeno, com 1m20, por causa da desnutrição. Esse cara virou um símbolo dessa geração perdida do Nordeste. Fomos conhecer sua realidade. Tinha mais de 10 filhos, morava num lugar sem luz elétrica.*

• **Retrospectiva Manchete** – Retrospectiva das notícias mais importantes do ano, transmitido sempre no final do mês de dezembro. Durante algumas edições, chamava-se apenas *Retrô...* e mais o ano em questão, já que a Rede Globo havia registrado a expressão *Retrospectiva* para uso nesse tipo de programa. Na maioria das vezes, foi apresentado por Ronaldo Rosas. As retrospectivas eram tradicionais também na *Revista Manchete.*

• **Rio 9 Horas** – Telejornal local do Rio de Janeiro, transmitido nas manhãs no início da década de 1990.

• **São Paulo 8 Horas** – Telejornal local de São Paulo, transmitido nas manhãs, apresentado por Tavinho Ceschi, até abril de 1989.

• **Telemanhã** – Em 1990, o telejornal *Brasil 7:30* transformou-se em *Telemanhã*, iniciando agora às 7 horas da manhã. Era produzido pela

TV Brasília, afiliada da Manchete no Distrito Federal e teve como apresentador Álvaro Pereira. Muitos telespectadores percebiam que eram rodadas matérias do *Jornal da Manchete*, por causa das duas marcas d'águas na tela (uma às vezes desfocada, mas sempre com a outra em cima). *Telemanhã* era um resumo do dia anterior com entrevistas.

Política

• **Boletim da Constituinte** – Funcionava como os programas *O Povo e o Presidente* (Rede Globo) e *Semana do Presidente* (SBT): um resumo com o dia a dia de Brasília, relatando as mudanças realizadas pelo Governo Federal. Uma das funções também era preparar o telespectador para as eleições municipais de 1988. O programa, que durava cinco minutos, foi exibido em 1987.

• **Eleições** – A Rede Manchete realizou diversos debates entre candidatos a presidente, governador e prefeito, abrindo espaço para produção local e incentivando a transmissão de debates regionais. Muitos profissionais mediaram os debates pela Manchete, entre eles, Arnaldo Niskier e Eliakim Araújo (em 1989). Weber Tadeu, supervisor de operações da Manchete carioca, fala sobre o debate das Eleições 89: *Um dia, a gente estava botando no ar, ao vivo, um debate de presidenciáveis. E por acaso, saindo às 19 horas, eu entrei no controle B lá embaixo, na rua. E eu ando sempre de tênis, calça jeans malhada, desbotada, sempre com uma péssima aparência, mas passei sem problemas. Quando cheguei lá em cima, encontrei o diretor da transmissão, Mauro Costa, a secretária dele e o operador de áudio dentro do controle e ouvi o controle-mestre da emissora avisando que faltavam apenas 45 segundos pra voltar para o estúdio. Não vi o diretor de TV, o Mauro Costa também não sabia onde ele estava, então, sentei, troquei a posição das três câmeras com a pessoa que estava apresentando o debate e os debatedores. Cinco minutos depois chegou o diretor de TV muito apavorado porque havia saído para ir ao banheiro fora do prédio e os seguranças dos presidenciáveis não o deixavam voltar. Não entendo até hoje como eu consegui passar pelos federais na porta. Eles não deixaram nem o diretor de TV passar com crachá.* Muitos debates foram transmitidos em *pool* pelas principais redes de televisão do País. Quando não era *pool*, Bandeirantes e Globo eram as principais concorrentes da Manchete nesse tipo de programa. A emissora foi a única a realizar o debate entre os presidenciáveis em agosto de 1998, em parceria com a ABI (Associação Brasileira de Imprensa).

• **Jogo do Poder** – Carlos Chagas apresentou durante a década de 90, após o horário nobre, às quartas-feiras, o programa no qual mediava o debate entre jornalistas e políticos sobre as questões do poder. Todos sentavam em torno de uma mesa, assim como em *Se Liga Brasil*. O apresentador foi para a CNT após a criação da RedeTV!, em novembro de 1999, e *Jogo do Poder* teve continuação na rede paranaense, sendo exibido de terça a quinta, às 20h30.

• **Plantões e boletins** – Eram realizados durante a programação, obviamente sem hora ou formato definido. Quase sempre eram notícias de Brasília ou de acidentes pelo País (característica comum dos plantões televisivos).

• **Plenário** – Noticiário político apresentado direto de Brasília, em 1987, com Alexandre Garcia e Malu Guimarães. Com uma hora de duração, passava às terças-feiras, 23h20.

• **Se Liga Brasil** – Estreou na primeira metade 1999 e era exibido de segunda a sexta, às 22h30. Era praticamente o *Jogo do Poder* com novo nome e roupagem. Carlos Chagas era o apresentador e Sebastião Nery, presença constante no programa. Era exibido durante a semana, às 22h15. Com o agravamento da crise da Manchete, o programa ganhou uma reprise no início das tardes.

Religioso

• **Clip Gospel** – Primeiro programa de videoclipes de música gospel na televisão brasileira, foi apresentado por Tid e Fernanda Hernandes, filhos do apóstolo Estevam Hernandes e da Bispa Sônia que chegaram a apresentar o programa nos primeiros meses. Foi o primeiro programa da Igreja Renascer exibido pela Manchete entre 1991 e 1999. Em uma época era o único programa da Renascer na Manchete. O *Clip Gospel* até dava audiência, porque era diferente, com um formato moderno. Muitos telespectadores, no início, não associavam o programa à uma igreja. A Igreja Renascer construiu sua imagem a partir desse estilo. Nessa fase, o programa utilizava uma linguagem jovem, abusando de gírias: *Pô, meu, cê tá aí? Jesus, fala meu, vem...vem que tô aqui*. O segundo programa da RGC (Rede Gospel de Comunicação) na Manchete foi *Espaço Renascer*, sendo que em seguida estreou também em 1994 *Tribo Gospel* (na mesma linha do *Clip Gospel*) e *De Bem com a Vida*. Em fevereiro de 1999, após o término da parceria da RGC com a Manchete, todos os programas saíram da grade de programação da emissora.

• **Clube 700** – Programa evangélico norte-americano, transmitido aos sábados, em 1995, às 8 horas da manhã. Independente, foi exibido recentemente pela Rede Play TV.

• **De Bem com a Vida** – Apresentado pela Bispa Sônia Hernandes, era um misto de programa de entrevistas e programa religioso. Exibido à 1h30 da tarde e depois ao meio-dia.

• **Escola Bíblica da Fé** e **Escola Bíblica na TV** – Programas da Igreja Bíblica do Brasil.

• **Espaço Quadrangular** – Programa da Igreja Quadrangular.

• **Espaço Renascer** – Entrevistas com Bispa Sônia, similar ao *De Bem com a Vida.*

• **Igreja da Graça no Lar** – Programa evangélico apresentado pelo missionário R. R. Soares (Romildo Ribeiro Soares), primeiro pregador a ter um programa evangélico na TV brasileira. Exibido há anos, o programa chegou a dar um título inédito ao seu apresentador: a pessoa que mais tempo ficava no ar em horas consecutivas, já que era apresentado por praticamente todas as redes brasileiras de televisão, com exceção de Globo, Record e SBT.

• **Movimento de Corpo (2)** – Programa que deu nome à campanha realizada pela Igreja Renascer também em 1999, passava no horário da manhã, de segunda a sexta. Tinha apresentação do Apóstolo Estevam Hernandez e ficou no ar apenas na fase Renascer, tendo servido de chamariz para a campanha.

• **Movimento Pentecostal** – Programa da Igreja Pentecostal, exibido às 10h15, nos primeiros meses de 1999.

• **Nosso Tempo (2)** – Programa da Igreja Universal, enfocando temas polêmicos, com participação do telespectador. Não tem ligação com o homônimo produzido pela Rede Manchete, com direção de Nelson Hoineff.

• **Outros programas religiosos:** *Despertando Vocações, Despertando, Espaço Gospel, Mensagem de Esperança, Novo Tempo de Paz, Pare e Pense, Proclamai, Vinde*. Exibidos na época de crise da emissora, contribuíram para o sucateamento da grade comercial.

• **Programa LBV** – Programa também chamado de *Boa Vontade,* era apresentado por José de Paiva Neto, dono da LBV (Legião da Boa Vontade). Exibido aos domingos, às 13h30, a partir de 1998.

• **Sábado Especial** – Programa com uma hora de duração, exibido de 1996 a 1997, depois do *Comando da Madrugada*. Era um culto dirigido à família, apresentado novamente pela Bispa Sônia.

• **Sara Nossa Terra** – Programa evangélico da igreja sediada em Brasília, que contava com a presença de diversas pessoas do mundo artístico.

• **Shekinah** – Produção independente da Missão Evangélica Shekinah, exibida a partir de 1993, aos sábados, das 9h às 9h30, apenas para as emissoras próprias de São Paulo e Rio de Janeiro. Na TV Manchete de Fortaleza, Belo Horizonte e Recife era exibida a *Sessão Animada*, com desenhos.

• **Terceira Visão** – Voltado ao público espírita, originou-se na Rede Bandeirantes, com direção de Augusto César Vanucci. Na Manchete era exibido aos sábados, em 1995, por volta das 00h30, e apresentado por Luiz Antonio Gasparetto, que fazia demonstrações de pintura mediúnica, um fenômeno que o tornou internacionalmente famoso, objeto de estudos e foco de interesse de várias redes de TV.

Saúde

• **Linha Viva** – Programa independente produzido pela GW Comunicação, em 1995, para a IDESP / Fundacentro (Fundação Centro Técnico Nacional), falava sobre o trabalhador e os cuidados que deveria ter enquanto está no serviço. Ressaltava a importância da saúde, bem-estar físico e mental, boa alimentação e a segurança na hora do trabalho. No mesmo ano, o programa recebeu a Menção Honrosa do Prêmio Vladimir Herzog de Jornalismo.
• **Os Médicos** – Entrou no ar em 1995, na programação da tarde, com apresentação de Ana Bentes Bloch, que entrevistava pessoas ligadas à medicina e saúde, com ênfase aos médicos especialistas. Era gravado nos estúdios do Rio e algumas vezes em São Paulo. Esteve no ar entre 1994 e 1996, às 14h30.

Teledramaturgia

• *Marquesa de Santos* (21/8 a 05/10/84, 21h15 – minissérie)
• *Viver a Vida* (9/10 a 20/11/84, 21h30 – minissérie)
• *Santa Marta Fabril* (21/11 a 29/12/84, 21h15 – minissérie)
• *Tudo em Cima* (Março de 1985, 21h15 – minissérie)
• *Antônio Maria* (1/7 a 23/11/85, 18h30 – novela)
• *Dona Beija* (7/4 a 11/07/86, 21h30 – novela)
• *Novo Amor* (14/7/86 a 20/9/87, 21h30– novela)
• *Tudo ou Nada* (15/9/86 a 21/3/87, 19h45 – novela)
• *Mania de Querer* (22/9/86 a 28/3/87, 21h30 – novela)
• *Corpo Santo* (30/3 a 2/10/87, 21h30 – novela)
• *Helena* (4/5 a 7/11/87, 19h40 – novela)
• *Carmem* (5/10/87 a 14/5/88, 21h30 – novela)
• *Rainha da Vida* (16/11 a 2/12/87, 22h20 – minissérie)
• *Olho por Olho* (22/8/88 a 6/1/89, 21h30 – novela)
• *Kananga do Japão* (19/7/89 a 25/3/90, 21h30 – novela)
• *Pantanal* (27/3 a 10/12/90, 21h30 – novela)
• *Escrava Anastácia* (15/5 a 5/6/90, 22h50 – minissérie)
• *O Canto das Sereias* (16/7 a 26/7/90, 22h30 – minissérie)
• *Mãe de Santo* (9/10 a 2/11/90, 22h30 – minissérie)
• *Rosa dos Rumos* (20/11 a 30/11/90, 22h30 – minissérie)
• *A História de Ana Raio e Zé Trovão* (12/12/90 A 13/10/91, 21h30 – novela)
• *Filhos do Sol* (16/1 a 09/2/91, 22h30 – minissérie)
• *Ilha das Bruxas* (4/3 a 28/3/91, 22h30 – minissérie)
• *O Farol* (15/4 a 2/5/91, 22h30 – minissérie)
• *Na Rede de Intrigas* (6/5 a 4/6/91, 22h30 – minissérie)
• *Floradas na Serra* (12/6 a 9/7/91, 22h30 – minissérie)

- *O Guarani* (19/8 a 28/9/91, 22h30 – minissérie)
- *O Fantasma da Ópera* (15/10 a 29/11/91, 21h30 – minissérie)
- *Amazônia* (10/12/91 a 29/6/92, 21h30 – novela)
- *O Marajá* (26/7/93, prevista para ir até 21/9/93, 21h30 – novela)
- *Família Brasil*
- *Guerra Sem Fim* (30/11/93 a 09/4/94, 21h30 – novela)
- *74.5 – Uma Onda No Ar* (11/4 a 22/10/94, 21h30 – novela)
- *Tocaia Grande* (16/10/95 a 10/9/96, 21h30 – novela)
- *Xica da Silva* (17/9/96 a 11/8/97, 21h30 – novela)
- *Mandacaru* (12/8/97 a 8/8/98, 21h30 – novela)
- *Brida* (11/8 a 23/10/98, 19h e 21h30 – novela)

• **Família Brasil** – Exibido de agosto de 1993 a fevereiro de 1994, o seriado era baseado na idéia do diretor-geral Fernando Barbosa Lima, em criar novelas que misturassem jornalismo e ficção, *Família Brasil* era realizada em cima das notícias do dia, tanto que o roteiro ficava pronto pela manhã e às 13 horas começava a gravação. O roteiro era escrito por Regina Braga, Márcio Tavolari e Carlos Eduardo Novaes. Direção de Henrique Martins e supervisão de Marcos Schetman e Fernando Barbosa Lima. Revelou para a televisão a atriz Nívea Stelmann, que até então fazia apenas propagandas. No elenco, Carlos Gregório, fazendo um engenheiro de minas, especializado em hidrogeologia, Beth Erthal, religiosa, mística e supersticiosa, que vive juntando dinheiro para viajar, Luis Carlos Bahia, fazendo um operário da construção civil, Silvia Massari como uma supermulher que toca uma empresa de promoção de eventos, Marcos Weinsberg, homem de negócios, Danton Melo, que prega a coleta seletiva do lixo e o uso racional dos alimentos, e Daniel Ávila, representante da geração ligada nas novidades da eletrônica. Os atores encontravam problema por ter que decorar e gravar no mesmo dia o seriado.

• **Fronteiras do Desconhecido** – Foi exibido entre 1990 e 1991 e trazia uma série de 14 episódios de histórias sobrenaturais, místicas e contos populares. Foram destaque, por exemplo, *Maria do Cais* e *Frei Galvão,* mas a série mais conhecida foi *A Escrava Anastácia*, com Ângela Corrêa. O programa contava com um grande time de autores – Walcyr Carrasco, Wilson Aguiar Filho, Rita Buzzar e de diretores, estando à frente do projeto, Augusto César Vanucci, Henrique Martins, Jayme Monjardim e Atílio Riccó. Em 1992, às 19h30, os episódios foram reprisados em um novo programa, *Histórias Populares*, que realizou apenas três séries inéditas (*O Retorno*, *Jogo do Bicho* e *O Concerto*). Um ano depois, algumas histórias de *Fronteiras do Desconhecido* e *Histórias Populares* foram reprisadas no programa *Enigma,* às 21h30.

• **Nostradamus** – Exibido em dezembro de 1991, foi um especial de fim de ano. Baseado principalmente no mónologo de Nostradamus

(Rubens Corrêa), que fazia previsões sobre o futuro do mundo. Direção de Marcos Schetman.

• **Séries e novelas estrangeiras** – Além das famosas séries americanas, como *Acredite, Se Quiser*, a Manchete exibiu produções argentinas, mexicanas e venezuelanas, seguindo a onda existente na televisão brasileira. Foi o caso de *Santa Bárbara* (1992), *Valéria e Maximiliano* (1993), *O Vôo da Águia* (1994), *Além do Horizonte* (94) e as americanas *A Bela e a Fera* (1997) e *Crônicas Americanas* (1997).

• **Romance da Tarde** – A sessão foi ao ar a partir de 1987, às 18h30. Nela eram apresentadas as minisséries e novelas da Manchete produzidas até então. Exibido até o final da década.

Televendas

• **Brazil Connection** – Exibido em 1999, aos sábados, 23h30 vendia o kit capilar da Hair Sync, facas afiadas, aparelhos de ginástica e panelas de mil utilidades.

• **Canal Direto** – Era apresentado por Emilio Surita e Tina Roma aos sábados, em 1999, em dois horários (13 e 16 horas). *Canal Direto*, *Grupo Imagem* e *Brazil Connection* foram os últimos programas de televendas da Manchete, ainda no ar na fase de transição da emissora.

• **DirecTV** – Programete vendendo o sistema DirecTV (televisão por assinatura digital via satélite), considerado uma novidade para a época.

Grupo Imagem – O mais antigo dos programas de *infomerciais* trouxe ao Brasil os famosos produtos vendidos pelo número (011) 1406: Meias Vivarina, Facas Ginsu 2000, entre outros. A frase clássica era: *Sabe quanto você vai pagar por isso? Não responda ainda, pois você ainda leva a exclusiva...*

• **Home Shopping Show** – Exibido pela Rede Manchete nos anos de 1996 e 1997, com apresentação de Bob Floriano. Sempre às quartas-feiras, 8h30 da manhã. Foi o primeiro programa de televendas a oferecer a compra de livros via Internet. Isso aconteceu a partir de 1997, quando Jack London criou o portal BookNet (um concorrente nacional da Amazon.com) que mais tarde se tornaria o portal de compras Submarino.com. Era produzido pela Interunion Capitalização, de Arthur Falk.

• **Momento Mulher** – O programa era exibido de segunda a sexta, às 11h, a partir de 1995. Produzido pela Telemil, como o *Papo Sério*, tinha como função vender produtos da linha Sand Lake. Intercalava *merchandising* com entrevistas e reportagens. Era apresentado por Amália Rocha e tinha a participação de Thaís de Campos, Marlene Silva, Celene Araújo e Rosana Hermann. Teco Brandão era autor do programa.

• **Noite dos Importados** – Produzido por Luiz Antonio Galebe, criador do Shop Tour, entrou no ar em 1994 já oferecendo todo tipo de produto importado: queijos, vinhos, eletro-eletrônicos, brinquedos e ferramentas. Era realizado pela produtora Box 3 e apresentado por Cristina Nicoloti e Débora Santili aos domingos, das 22h30 às 23h30. Quando saiu da Manchete, o programa se transferiu para o canal CBI (Canal Brasileiro da Informação, ex-Jovem Pan TV).

• **Papa Tudo** – Com duas edições no início da tarde, tinha como função divulgar esse título de capitalização, concorrente da *Tele Sena* (Grupo Silvio Santos). Os comerciais do programa, exibidos dentro dessa faixa de 15 minutos cada, tinham como garota-propaganda Xuxa. Os sorteios eram realizados durante o programa de Xuxa na Globo e junto a cada premiação, era doada uma ambulância. Esses programas foram exibidos pela Manchete em 1997.

• **Papo Sério** – Exibido em 1995, de segunda a sexta, às 15h45, era realizado pela produtora Telemil e comercializava 22 produtos da linha Sand Lake como a goma de mascar emagrecedora *Chroma Gum*, o eliminador de mau-hálito *Z-30* e o estimulante sexual *Êxtase*. Entre um *merchandising* e outro, havia debates e desfiles de modas apresentados por Lolita Rodrigues.

• **Teleamericanas** – Muito antes de existir o Americanas.com.br, as Lojas Americanas anunciavam seus produtos pela televisão, com a possibilidade de compra por telefone. O *Teleamericanas* era exibido no horário do almoço (13h), com duração de 15 minutos. Estreou na Manchete em 1996.

• **TV Mappin** – Exibido pela Rede Manchete aos domingos, às 11 horas, a partir de 1994, o serviço de compra por telefone (inaugurado pelo Mappin em 1991) era apresentado por Emilio Surita e Renata Magalhães. Com exaustão, eram repetidas as frases: *Aproveite agora, aproveite o preço TV Mappin. Ligue já para (011) 866-9595* ou *Comprar no TV Mappin é muito fácil. É só ligar para 0800-11-0001 e fazer o seu pedido. Viu como é fácil?*

Durante todo o programa, ficava tocando o jingle do Mappin (*Mappin, venha correndo, Mappin...*), na versão instrumental. A partir de 1996, *TV Mappin* contou com o apoio do site *www.mappin.com.br*, que tornou a loja de departamentos uma das pioneiras na venda de produtos via Internet. Em janeiro de 1998, quando o departamento foi fechado, o site saiu do ar e o programa também. Por coincidência, a Manchete e o Mappin acabaram no mesmo ano.

Variedades

• **Abre-Alas** – Boletim sobre o Carnaval, exibido a partir de janeiro de 1991, às 13h e 1h25.

• **Agita Brasil** – Musical bastante diversificado apresentado pela cantora Tânia Alves, no final da década de 1980

• **Almanaque** – No ar a partir de 29 de março de 1992, era exibido à tarde, de segunda a sexta-feira, com apresentação de Tânia Rodrigues e César Filho. Tinha música, entrevistas, brincadeiras, culinária, dicas de filmes e outras curiosidades. Contava também com a participação de Jussara Freire na cozinha, Wilson Cunha nas dicas de filmes, Ala Szerman no quadro de beleza e Marilú Torres no de turismo, além de reportagens especiais com Rosana Hermann. *Almanaque* era apresentado direto do estúdio principal da Manchete de São Paulo, sendo um dos únicos destaques da emissora naquele ano. O diretor Eduardo Ramos, relembra: *Almanaque tinha auditório, foi o último programa que eu fiz lá. Ficava duas horas e meia, quase três horas no ar, era uma loucura, portanto. Tinha muita música, sempre uma atração ao vivo. Naquela época, programa de auditório não é como hoje. Aquele era divertido, leve, tinha muita informação, muito jornalismo, entrevistas de conteúdo. Sônia Racy, que é uma das maiores jornalistas de economia hoje, fazia o quadro de economia.*

• **Alô Pepa, Alô Dola** – Em 1986, o casal Pepita Rodrigues e Carlos Eduardo Dolabella foi contratado para fazer *Alô Pepa, Alô Dola,* que misturava jogos e sorteios com o clima de *Alô Doçura* (TV Tupi). Um mês depois o programa saiu do ar e os dois voltaram para a Globo.

• **A Magazine** – Co-produção entre a Manchete, a Audi Motors e o empresário Leonardo Senna, o programa estreou em 17 de março de 1998, às 22 horas. Apresentava gravações feitas no Brasil e no exterior, sendo que a estréia contou com a presença do ator Antonio Banderas, direto de Los Angeles (EUA). A atração não só falava de carros, como também sobre gastronomia, degustação de vinhos. Mais tarde, o programa passaria a ser exibido pelo canal a cabo Superstation.

• **Canta Brasil** – Apresentado no segundo semestre de 1998, era dedicado à exibição de clipes. Ficava entre o *Jornal da Manchete* e a novela que vinha na seqüência.

• **C&A Shopping Show** – Série de shows musicais de rock patrocinado pela cadeia de lojas de departamento e roupas C & A. Permaneceu no ar até abril de 1989.

• **Certas Palavras** – Pode ser considerado um avô do programa *Uma História de Sucesso* (*ver verbete*). Criado e dirigido pelo documentarista argentino Maurício Beru, era uma espécie de biografia musical em tamanho de longa-metragem, em que um cantor ou cantora tinha sua vida relatada por amigos e colegas de trabalho. O primeiro programa foi ao ar no dia 24 de dezembro de 1987, às 22h20, e falou sobre a carreira de Chico Buarque de Hollanda. Teve a duração de 1h45 e contou com 22 músicas de Chico Buarque, além de depoimentos de Vinícius de Moraes, Toquinho, Maria Bethânia, Caetano Veloso, Francis Hime, Cida Moreira e outros.

• **Cinemania** – Um dos mais originais formatos de programa adotado pela Manchete, era exibido aos sábados e permaneceu no ar entre 1989 e 1993. Dedicava-se exclusivamente à cobertura de lançamentos de filmes nacionais e internacionais, além de mostrar os bastidores das produções cinematográficas. Apresentado por Wilson Cunha, um renomado crítico de cinema de nosso País, em 1991, o programa ganhou uma outra versão, que era exibida nas madrugadas de segunda para terça-feira. Tratava-se do *Cinemania II – Mais Forte Ainda,* que se destinava aos lançamentos de filmes mais picantes.

• **Comando da Madrugada** – O programa já está próximo dos 30 anos de existência, sempre apresentado por Goulart de Andrade. Chegou a possuir outros nomes, mas nunca mudou totalmente de cara. Goulart é considerado hoje o repórter mais antigo em atividade e um dos pais da produção independente no Brasil. Foi ele também que ajudou na valorização dos programas da madrugada. Seu primeiro trabalho foi na TV Rio, no programa *Preto no Branco*. Depois fez *Noite de Gala*, com Flávio Cavalcanti e passou por diversas emissoras: TV Rio, Excelsior, Tupi, TV Jornal do Commércio, Globo, Record, Gazeta, Band, SBT e Manchete. As raízes do programa surgiram na Globo, em março de 1978, quando ele criou o *Plantão da Madrugada* que acabou virando produção independente. *Comando da Madrugada* ficou na Rede Manchete por pouco tempo e retornou em 1993 como *Vem Comigo* (seu famoso bordão). Quatro anos depois (1997), o programa transformou-se em uma revista eletrônica de duas horas com um novo nome – *Novo Comando da Madrugada* ia ao ar aos sábados, meia noite e foi nele que Nanny People fez sua primeira aparição na TV.

• **Clássicos em Manchete** – Concertos musicais de compositores famosos interpretados por renomados músicos. Apresentado por Salomão Schvartzman no final da década de 90.

• **Clip Show** – Programa de videoclipes exibido em 1987, aos domingos, às 16 horas, com uma hora de duração. Entre os clipes, eram apresentadas entrevistas com cantores e músicos, que normalmente abordavam o tema do videoclipe. Eclético, apresentava desde bandas de rock internacionais até samba de raiz. Direção de Aparecida Menezes.

• **Domingo Forte** – Era uma revista eletrônica, nos moldes do antigo *Programa de Domingo,* e estreou em junho de 1993, sempre aos domingos, 20h. Foi um dos primeiros programas a serem feitos após a retomada da família Bloch ao comando da Rede Manchete. Era gravado no Russel, apresentado por Lúcia Abreu e tinha uma série de quadros como *Amigos do Tárlis* (com Tárlis Baptista) e *Ponto e Contraponto.* Assim que a Manchete deu os primeiros sinais de recuperação da crise, ela retornou com o *Programa de Domingo.*

• **Domingo Milionário** – Estreou em outubro de 1997, com a direção de Homero Salles, para entrar na briga pela audiência aos domingos, dominada por Faustão (Globo), Gugu e Silvio Santos (SBT). A idéia da Manchete era apostar em vários apresentadores ao invés de um ou dois, criando uma faixa dominical de programas de entretenimento. A primeira edição foi feita com outras câmeras, ao invés das antigas Ikegami da Manchete. A melhoria na imagem era para impressionar e chamar a atenção do telespectador para a estréia do programa. Mas depois do primeiro *Domingo Milionário*, voltaram com as câmeras antigas. J. Silvestre, que havia estabelecido residência na Flórida, retornava à televisão com o programa. Durante toda sua carreira, Silvestre sempre teve o controle total da produção de seus programas. *Domingo Milionário* foi o primeiro a não ser produzido por ele. Por curiosidade, a empresa responsável pela atração era a produtora TV Ômega, de Amílcare Dallevo (que mais tarde tornar-se-ia a controladora da Rede TV!). Ao lado de J. Silvestre, no comando do *Domingo Milionário*, estavam o VJ Luís Thunderbird e o cantor Marcelo Augusto. Essa faixa de programação era dividida da seguinte forma: *Domingo no Palco* às 12h, *Perdidos na Tarde* às 14h, *Programa J. Silvestre* às 17h e *Corrida Milionária* das 19 às 20 h. A primeira parte era conduzida inicialmente pela garotinha Debby e posteriormente pelas crianças Luis Fernando Bacci e Isabela Veiga. Era o *Domingo no Palco*. Em 2008, Bacci apresentou no SBT o *Fantasia* e *Aqui Agora*. Já no *Perdidos na Tarde*, Marcelo Augusto e Thunderbird realizavam várias brincadeiras no lado de fora da emissora para se igualar às brincadeiras que Gugu Liberato realizava em seu *Domingo Legal* (SBT). Teve também um quadro chamado *Os Intocáveis*, na verdade, um concurso para escolha dos piores cantores e piores músicas! Depois vinha o *Programa J. Silvestre*, que seguia o mesmo padrão de *O Céu É o Limite*, e *Corrida Milionária*, onde os telespectadores concorriam a prêmios exorbitantes: houve um prêmio de cerca de R$ 1 milhão! Em novembro de 97, o *Domingo Milionário* e o *Gol Show* (SBT) foram intimados pela Comissão Parlamentar de Inquérito (CPI) a apresentar contas comprovando que não havia irregularidades nas premiações ligadas aos *Disque 900* nos dois programas. Seis meses depois, o programa saiu do ar. J. Silvestre retornou à Florida e faleceu aos 77 anos, em 7 de janeiro de 2000.

• **Domingo Total** – Substituindo o *Domingo Milionário*, o programa era realizado pela TV Ômega, com o formato da Columbia Tristar Television (o que foi anunciado como grande destaque em relação à atração) e direção de Hélio Vargas. O primeiro programa foi especial, com a participação de Zezé di Camargo e Luciano. Essa nova faixa possuiu três programas: *Encontro Marcado* onde os casais se encontravam e debatiam a relação com Virgínia Nowick a partir de jogos; *Festa do Mallandro* (com Sérgio Mallandro),das 14 às 16h, depois foi das 16h às 20h e *Otávio Mesquita Invade* (onde o apresentador popularizou mais ainda o quadro onde acordava artistas e gente famosa). Na estréia de seu programa, dentro de *Domingo Total*, Otávio pediu aos telespectadores que trouxessem televisões antigas para atirarem de uma altura de 20 metros, mais ou menos. Quem atirava a televisão, ganhava uma nova. Com a crise, o *Domingo Total* ficou resumido apenas à *Festa do Mallandro*, com um Sérgio Mallandro mais sensacionalista. Dedé Santana, depois de tanto tempo afastado (não só da Globo, como também do meio), voltou para a televisão fazendo um quadro humorístico.

• **Ela & Ele** – Produção que ocupou a linha de shows da Rede Manchete. Era semanal e apresentado por Luiz Carlos Miéle, nos anos 1980.

• **Estilo Ramy** – Em 1998, estreou o *Programa Ramy Moscovic* (mais tarde *Estilo Ramy*) na Rede Manchete. Essa produção independente, realizada pela OM Produções, de Otávio Mesquita e apresentada pelo próprio Ramy, enfocava o colunismo social. Ramy mantém seu programa desde 1995, tendo passado pela Rede Mulher, Manchete, Record, RedeTV!, CNT e Gazeta (onde ainda é exibido).

• **Feiras & Negócios** – Exibido nas madrugadas de quarta-feira, o programa trazia as últimas novidades das feiras empresariais, sobretudo de São Paulo e Rio de Janeiro, no ano de 1998. Produção independente.

• **Free Jazz in Concert** – Festival apresentado pela Rede Manchete anualmente, sempre aos domingos à zero hora. Praticamente todas as edições foram exibidas pela emissora até que o festival foi extinto por causa da lei que proibia que empresas de cigarros e bebidas alcoólicas patrocinassem eventos, principalmente musicais.

A Manchete exibia o *Free Jazz in Concert* no formato de programas, compactando os shows de rock e jazz. O músico Miles Davis era uma das figuras mais presentes nos festivais.

• **Grandes Momentos** – Exibido aos domingos, das 23 horas à meia noite, mostrava o cantor lírico Nelson Portela comentando o que o telespectador iria assistir: a história da ópera, os cantores, diretores, etc. Foi a primeira vez na televisão brasileira que se exibiu óperas legendadas. Houve também *Grandes Nomes*, que estreou em 1992 como mais um programa que seguia a proposta da televisão de *Primeira Classe*, mas durou pouco tempo.

• **Hot Spot** – Primeiro e único programa erótico da Rede Manchete, foi exibido a partir de janeiro de 1993, na madrugada. O programa possuía inúmeros quadros, com *merchandising* de produtos eróticos e fitas de vídeo pornô. *Hot Spot* passou no período em que a Manchete estava sob o comando da IBF, mergulhada em uma de suas piores crises no Rio de Janeiro e em São Paulo. A emissora, que sempre se negou a transmitir programas totalmente eróticos, recorreu a esta produção independente porque não tinha quase ninguém trabalhando, nem ao menos produzindo programas. A presença de *Hot Spot* na grade foi criticada pelo público da época.

• **Imprensa na TV** – Produção da Feeling Editorial.

• **Incrível, Fantástico, Extraordinário** – Programa que mostrava casos sobrenaturais, sem ser sensacionalista, em 23 de novembro de 1994. Exibido às quartas-feiras, 21h45. A atração tinha direção de Marcos Schetman. Na estréia, Rubens Corrêa, Suzana Faini e Rogério Fróes protagonizaram *A Garra do Macaco*. O nome do programa surgiu de uma atração da Rádio Nacional do Rio de Janeiro, na década de 40, que tinha o mesmo enfoque. Na televisão surgiu pela primeira vez na Rede Excelsior e posteriormente na Rede Tupi.

• **Inverno Quente** – Em 1994, a Manchete enviou sua equipe para Campos do Jordão (SP) para realizar a programação especial de inverno, sintetizada no programa *Inverno Quente* – exibido aos domingos, 19 horas. A atração era praticamente a transmissão do que acontecia na cidade, com um pouco de esporte, concursos e shows noturnos ao ar livre como os do grupo Só Pra Contrariar, Toquinho, Paralamas do Sucesso, Elba Ramalho e Fábio Jr.).

• **Intervalo** – Programa independente produzido pela Tele Tape. Os bastidores da propaganda brasileira também tiveram um capítulo especial na história da Rede Manchete, entre 1992 e 1993. Direção de Carlos Alberto Vizeu.

• **Manchete Clip Show** – Último programa de clipes da Manchete estreou em 1998 e passava às 19 horas. Tinha apresentação de Carla Cavalcanti. Ficou no ar na fase de transição para a Rede TV!. Em 1999, durante essa fase, o programa se transformou em *TV! Clip.*

• **Manchete Shopping Show** – Era um programa de variedades, que passava no início da tarde. Mais tarde, passou a ser exibido aos sábados com maior número de atrações musicais. Estreou em 1984 e possuiu diversos apresentadores: Clodovil Hernandes, Jalusa Barcelos e Janaína Barbosa, então com 12 anos. Janaína depois passou a apresentar o *TV Fama*, na Rede TV!, e casou-se com Otávio Mesquita.

• **Max Headroom** – Passou na Manchete durante o ano de 1993. Inspirado em um filme da televisão australiana na década de 1980, foi uma criação da agência Mccan-Erickson americana para a campanha New Coke na década de 80. Depois, esse modelo virtual (ou melhor, só a cabeça do modelo) se tornou garoto-propaganda da MTV norte-americana. A série, quando chegou ao Brasil, foi reduzida apenas às inserções onde Max Headroom apresentava clipes – ele estava mais para um VJ (vídeo-jockey) do que um personagem de uma série. O ator Matt Frewer é quem dava cara e interpretação ao modelo virtual (Headroom foi o primeiro do mundo). Nos Estados Unidos, ele representava a cultura *cyberpunk*, presente na estética dos anos 80.

• **Mazzaropi** – De 5 de junho a 10 de julho de 1993, a Rede Manchete exibiu uma série de documentários sobre os filmes de Mazzaropi. Entre um bloco e outro, foram inseridos depoimentos, debates e gravações que refletiam o filme que estava sendo exibido. Foi uma criação de Tomil Gonçalves e Jayme Monjardim. Tomil foi o diretor-geral dos seis documentários, que transformaram o filme em série. Maysa Monjardim (prima de Jayme Monjardim) também esteve na direção. A série, sempre aos sábados (21h45), foi lançada em comemoração aos dez anos da Rede Manchete, no dia do aniversário da emissora. Teve entre seus apresentadores Júlia Lemmertz e Almir Sater. Foi dividido nos seguintes episódios: 1° – A Sorte e o Sonho (5/6), com o filme *Jecão, o Fofoqueiro no Céu;* 2° – O Homem e o Circo (12/6), com o filme *Betão Ronca Ferro;* 3° – As Assombrações de Mazzaropi (19/6), com o filme *Jeca Macumbeiro;* 4° – Mazzaroppi, esse Capeta! (26/6), com o filme *Jeca contra o Capeta;* 5° – O Artista Genial (3/7), com o filme *Um Caipira em Bariloche; e* 6° – Jeca Cineasta (10/6), com o filme *Casinha Pequenina*. Os scripts do documentário hoje podem ser vistos no Museu Mazzaropi, em Taubaté (SP), pois foram doados por Marcos Resende, autor dos documentários.

• **Mexe Brasil** – O programa nasceu no primeiro semestre de 1997, inspirado no Especial de fim de ano *Samba Brasil*, com apresentação de Marcelo Augusto. Enfocava não só o samba, como diversos gêneros musicais – os grupos de pagode marcavam presença constante no programa que era exibido às quintas-feiras, depois da novela. Ficou no ar até 1999, sendo que nos últimos meses com reprises.

• **Miéle & Cia**. – Programa humorístico comandado por Luiz Carlos Miéle, contava com diversos esquetes cômicos e shows, sempre intermediados por ele. Foi a primeira atração que Miéle fez após o sucesso de *Sandra & Miéle* – os dois programas tinham formato parecido. Miéle saiu da Manchete no início da década de 1990.

• **Mistério** – Programa apresentado por Walter Avancini, a partir de 07 de dezembro de 1996. Inicialmente aos sábados, 22h45, transferiu-se para as quartas, 23 horas, a partir de 1997. O telespectador tinha contato com histórias intrigantes. Com matérias sobre vampiros, espiritismo e esoterismo. Reprisava histórias inicialmente criadas para *Fronteiras do Desconhecido* (1990). Avancini apresentava o programa de maneira séria e direta, transmitindo credibilidade e sem cair no sensacionalismo. Uma das matérias mais marcantes do programa foi o caso do ET de Varginha (MG), cuja repórter foi Rejane Schumann. Exibido em 5 de fevereiro de 1997, a Manchete foi até Minas, falou com as meninas que encontraram o ET, ufólogos e até com o Corpo de Bombeiros, acusados do sumiço do al enígena. *Mistério* saiu do ar no fim de 1998, com o início da crise.

• **Nas Ondas do Rádio** – Dirigido por Jayme Monjardim, trazia para a televisão a recriação de um programa de auditório, radiojornalismo e radionovelas, no estilo da década de 1930. Apesar de não ter grandes índices de audiência, foi bastante comentado pela imprensa. No elenco estavam os músicos e humoristas Laerte Sarrumor e Wandi Doratiotto.

• **O Som das Águas** – Festival de música popular brasileira promovido e transmitido pela Rede Manchete em 1987 e 1988. Realizado em Minas Gerais, o festival foi um grande incentivador da Nova MPB.

• **Perfil** – Produção terceirizada que permaneceu na tela da Manchete entre 1992 e 1993. Apresentado por Otávio Mesquita, era exibido de segunda a sexta-feira, baseando-se na cobertura de diversos eventos sociais e com direito a entrevistas.

• **Pra Valer** – Estreou em fevereiro de 1999, às 20h, como produção independente. O programa saiu do quadro de Celso Russomano no *Mulher de Hoje* e enfocava os direitos do consumidor.

• **Raio Laser** – No final de 1993, após a Bloch retomar a Manchete, foi lançado o programa de videoclipes que tinha como apresentador o jornalista e ator Nato Kandhall. O cenário era uma ilha de edição da emissora. Ele foi também repórter da TV Rio e apresentador da TV Educativa (TVE).

• **Réveillon da Manchete** – Minutos antes da virada de um ano para o outro, a Rede Manchete colocava no ar a transmissão do réveillon na praia de Copacabana. O telespectador via a queima de fogos na praia e a cascata que aos poucos cobria o Hotel Copacabana Palace, montada também a partir de fogos.Foi na transmissão do réveillon de 1988 para 1989, que os funcionários souberam que o Bateau Mouche estava afundado e fizeram a transmissão até o início da tarde de 1° de janeiro de 1989. Quase sempre a Manchete aproveitava a transmissão da virada do ano para anunciar as atrações que seriam lançadas no ano seguinte.

• **Revista Banco Nacional de Cinema** – Aos domingos, 22 horas, Júlia Lemmertz apresentava a *Revista Banco Nacional de Cinema*, uma agenda cultural que mostrava também os bastidores de produções nacionais e internacionais. Depois de permanecer um bom tempo (sempre na década de 90) na Manchete, o programa foi exibido pela TVE / Rede Brasil.

• **Rock Progresso** – Passava aos domingos, 19 horas. Era um programa co-produzido com a Metavídeo e mais segmentado para esse gênero musical e os clipes apresentados iam do pop rock ao hardcore. Foi talvez o primeiro programa totalmente segmentado ao rock e durou pouco – não chegou a passar para a década de 90.

• **Samba Brasil** – Em dezembro de 1996, a Manchete exibiu um especial de Natal voltado para o samba, com apresentação de Tânia Alves em sua primeira experiência no gênero. A atriz chegou a participar de diversas novelas da Manchete, tendo se revelado em *Pantanal*, ao fazer Filó na primeira fase da trama.

• **Sandy & Júnior Show** – O primeiro programa de Sandy & Júnior na televisão. Exibido aos sábados, 18h15, começou em 13 de setembro de 1997. Sandy tinha 14 anos e Júnior 13. A Manchete acreditava que o programa faria sucesso, pois a dupla já possuía um público cativo. Com números musicais, jogos, brincadeiras e entrevistas com famosos. Apesar do programa ter conseguido um certo sucesso, a Manchete já não tinha mais condições de tocar uma atração com aquela estrutura, deficiência que desagradou não só os realizadores, como aos poucos os outros colegas da rede, como Raul Gil. Mais uma vez a Manchete começava a perder seus profissionais de peso. *Sandy & Júnior Show* ficou apenas seis meses no ar. Em março de 1998 o programa, que era gravado no Teatro Franco Zampari, em São Paulo, com direção de José Carlos Furlan, foi encerrado.

• **Sem Limite** – Luiz Armando Queiroz apresentava em 1989 o programa de perguntas e respostas, no mesmo estilo de *O Céu é o Limite,* de Jota Silvestre na TV Tupi. Duas concorrentes que marcaram época, por ficarem por muito tempo participando de *Sem Limite* foram Bartô (que respondeu sobre Clara Nunes) e Paulo Machado (que falou sobre a vida de Golda Meyer).

• **Sérgio Reis do Tamanho do Brasil** – O programa dominical trouxe boa audiência para o canal, principalmente pelos seus ingredientes: moda de viola, humor e entrevistas que o cantor fazia nos lugares mais inusitados. Para ajudá-lo (ou atrapalhá-lo) estavam Rosa & Rosinha, dupla sertaneja que se vestia com roupas cor-de-rosa. Para promover o programa, a *Revista Manchete* publicava uma propaganda de duas páginas e meia que começava mostrando os pés de Sérgio Reis, até chegar ao corpo inteiro. Faziam então um trocadilho entre o tamanho de Sérgio Reis e o do Brasil. Em março de 1998, a atração se transferiu para o SBT.

• **Sessões de cinema** – O primeiro filme exibido pela Rede Manchete foi *Contatos Imediatos de Terceiro Grau*, que encerrou a programação inaugural da emissora em 5 de junho de 1983. Uma grande quantidade de filmes, comprada antes da estréia, garantiu boa audiência à Manchete em seus primeiros anos uma vez que a apresentava diversas sessões de cinema (todas com uma exibição por semana): *Domingo no Cinema*: em 1987 era exibida às 11 horas da manhã. Passava todos os tipos de filmes adequados para o horário. Esteve na grade de programação até 1993; *Primeira Classe:* a primeira e a mais importante sessão que, em 15 anos, teve seu dia de exibição na semana alterado diversas vezes. Ocupava o horário nobre; *Manchete Cine Festival* durante a crise no período IBF, a Manchete prometeu a exibição de um pacote de filmes estrangeiros a partir de 29 de março de 1993, de segunda a sábado, às 21h45. Foram amplamente divulgados filmes como *Mahabharata, Inverno 54* e *Romuald e Juliette*. Por problemas na emissora, a maioria não foi ao ar; *Sessão Bang-Bang:* outra sessão de cinema utilizada para ocupar horários vazios da grade em tempo de crise, já que a exibição de filmes era mais barata que a produção de programas. Ficou no ar apenas em 1993, aos domingos, 17h30; *Sessão Extra:* a sessão disputava espaço com o Corujão da Globo e foi ao ar em 1994, sempre aos sábados, 01h30. Era exibida após o Sábado Campeão; *Sessão de Gala CBS – Rede Manchete:* existiu de 1995 a 1996 e exibia filmes produzidos pela rede CBS dos Estados Unidos, feitos especialmente para televisão; *Sessão Preto e Branco*: filmes antigos (em preto-e-branco), sempre dublados. Grandes clássicos do cinema passaram nessa sessão; *Cine Ação:* de 1983 a 1987 existiu essa sessão de séries, onde Hulk e Homem Aranha estavam presentes. No ar de segunda a sexta, 15 horas; *Cinema Nacional:* filmes de sucesso do cinema brasileiro, de diversos diretores consagrados: Nelson Pereira dos Santos, Glauber Rocha, Cacá Diegues, entre outros; *Festival Manchete de Cinema:* em 1998, com o fim do Domingo Total e com a Manchete já em crise, o domingo foi praticamente ocupado por filmes das 12 às 20 horas. *O Anjo Guerreiro* foi o filme mais repetido nessa sessão, que perdurou até o fim da emissora; *Sala Vip:* dedicada ao cinema nacional e voltada a temas do cotidiano. Na década de 80 passava às sextas-feiras, 1h25 e posteriormente, aos sábados, 21h30; *Sessão Original* grandes sucessos do cinema internacional com som original e legendas em português. Passava às quartas-feiras, após o Jornal da Manchete – Segunda Edição. A proposta dessa sessão lembrava as campanhas do canal a cabo Telecine, que faz questão de destacar que só exibe filmes com som original; *Vesperal de Sábado*: sessão de cinema que passava aos sábados, 15 horas, a partir de 1987, até 1994, com todos gêneros de filmes. Foi criada para competir com Sessão de Sábado da Rede Globo.

• **Seu Boneco nas Paradas** – Transmitido aos sábados, em 1995, era um grande programa de auditório, com calouros, em que Lug de Paula, o Seu Boneco, desclassificava os candidatos. Entre os jurados, Magda Cotrofi, João Roberto Kelly, Rogéria e Chiquinho Scarpa. Marcava o retorno da Manchete aos programas de auditório após a crise de 93 mas não fez sucesso e foi tirado do ar ainda no mesmo ano.

• **Shock** – O programa, um dos precursores dos programas jovens da década de 80, tinha um pouco de tudo – vídeo-clipes, shows e matérias sobre os bastidores da televisão – e ocupava as tardes de sábado. Sua primeira apresentadora foi Angélica e quando ela saiu da atração, *Shock* passou a ser exibido aos domingos, às 17 horas, com Jimmy Raw e Andréa Morucci na apresentação – posteriormente, por Carolina Ferraz, que iniciou sua carreira ali. O programa estreou em 1986 e saiu do ar em 1990, quando Carolina Ferraz se tornou atriz. Em março de 1992 a atração voltou, comandada por Alexandra Marzo.

• **Show da Manchete** – Era uma faixa de programas noturnos criada após a retomada da Manchete pelos Bloch, em 1993, e que não durou praticamente um mês. Eram diversos programas, um diferente por dia, após o *Jornal da Manchete*, que pretendiam alavancar a audiência noturna da emissora pós-crise. Nessa faixa estavam presentes Otávio Mesquita, Monique Evans com um *talk show,* Ivon Cury em um dos seus últimos programas, Armando Marques, entre outros.

• **Show da Manchete (2)** – A Manchete estreou em 1998, assim que o *Domingo Total* saiu de vez do ar, o programa que só reutilizava o nome de uma antiga atração da emissora. Apresentava gravação de shows às 20 horas. Chitãozinho & Xororó, Sandy & Jún or e É o Tchan foram alguns dos shows exibidos pelo programa. Em 1999, a atração terminou.

Som Maior – Surgiu em 1985, após a contração de Mylena Ciribelli, locutora da Rádio Fluminense de Niterói, que acompanhava shows e realizava entrevistas com grandes astros do universo musical. Junto com ela, nascia para a televisão também Lorena Calábria, que se tornou roteirista do *Som Maior,* que era apresentado aos domingos. Três anos depois, Mylena deixou o programa e foi trabalhar na equipe de esportes da Rede Manchete, onde apresentou os boletins da Olimpíada de Seul (1998) e participou das corridas de Fórmula 1. Em 1991 foi para a Globo. Lorena Calábria também saiu da Manchete, indo para a Globo em 1986 para apresentar *Clip Clip*. Foi uma das primeiras apresentadoras da MTV Brasil e passou pela TVA e SBT como repórter. Depois foi para a TV Cultura, onde por sete anos apresentou *Metrópolis.*

• **Sula Miranda Show** – Era exibido nas noites de sábado e estreou em 23 de agosto de 1997. Gravado em um estúdio independente, numa co-produção entre a Rede Manchete e a Sula Miranda Produções, não utilizava as câmeras da emissora. O programa significou um passo importante na participação da emissora de São Paulo na produção da rede. Era dirigido por Waldemir Fernandes e tinha Marcos Zago como responsável pela produção da rede em São Paulo. *Sula Miranda Show* não recebia apenas números musicais sertanejos, mas trazia convidados dos mais diversos gêneros.

• **Terra à Vista** – Programa independente sobre turismo e navegação, exibido às 9h30, aos sábados, em 1992 e 1993.

• **Thalassa** – Uma co-produção com a TV FR3 da França, dedicada exclusivamente à náutica, com direção de José Paulo e direção-geral de Johnny Ferrari. Foi exibido entre 1992 e 1993 nas madrugadas de terça para quarta-feira, às 0h40, com quadros produzidos no Brasil, como *Papo do Convés* (entrevistas com autoridades da marinha, secretários do turismo, oceanógrafos, pescadores, etc). Em 1993, Thalassa apresentou a cobertura completa do campeonato brasileiro de Jet Ski em Curitiba (PR).

• **Um Toque de Classe** – Era o programa que melhor classificava a televisão de primeira classe, pois levava o erudito para dentro da Manchete. Não eram mais concertos como antes, mas pequenas apresentações feitas pelo pianista Arthur Moreira Lima e pelo saxofonista Paulo

Moura. Entrou no ar em 1985 e, em uma segunda fase, foi apresentado pelo músico César Camargo Mariano. O programa tinha como função também tornar popular a música clássica, por meio da apresentação de vários intérpretes, e terminou quando a emissora resolver mudar de perfil.

• **Uma História de Sucesso** – É o pai de programas como *Vida de Artista* (CNT), que mostra o dia a dia de personalidades e artistas, onde vivem, com quem moram, seus costumes e manias. Passava aos sábados, 19 horas, em 1997 e 1998. Quando eram artistas internacionais (Madonna, por exemplo) passavam os clipes. No caso de artistas brasileiros, além dos clipes havia entrevistas feitas na casa dos artistas ou em locais normalmente freqüentados por eles. O programa era só depoimento, não tinha apresentadores, nem repórteres e começava com uma cortina em computação gráfica se abrindo para o logotipo ou foto do artista.

• **Vídeo em Manchete** – Estreou em 1985, com apresentação de Jacyra Lucas, e assim como o *Vídeo Show* da Globo, mostrava os bastidores da programação, entrevistava artistas e exibia *making-ofs* de novelas e programas. O público apelidou o programa de *Vídeo Show da Manchete,* devido às semelhanças. Outro atrativo era exibir trechos de programas internacionais, de difícil acesso, pois na época não existia TV a cabo no País. O recurso utilizado pelo *Vídeo em Manchete* era transmitir o sinal dos canais internacionais que vinham pelo satélite. Inicialmente o programa era aos sábados, às 15 horas, mas com o crescimento da audiência passou para domingo, às 14 horas. Saiu do ar em 1989.

• **Vídeo Loco** – Criado para ser uma atração aos sábados, com estréia prevista para início de 1992, seria basicamente um programa mostrando as famosas vídeo-cassetadas, internacionais e nacionais, que estouravam em audiência nas tardes de domingo no programa do Faustão, na Globo. Uma das mais cotadas para apresentar o programa era Mariane, ex-apresentadora infantil do SBT. Devido à crise que se iniciava, o programa nem chegou a estrear.

• **Vivendo com Classe** – Programa independente exibido a partir de 1993, aos sábados, 11 horas da manhã, mostrava a vida de ricos e famosos, com todo tipo de sofisticação e luxo. A curiosidade fica por conta de que, na mesma época, a Manchete estava mergulhada em uma de suas piores crises e tinha uma programação um tanto defasada, longe dos tempos em que era considerada a televisão de primeira classe.

• **VT Show** – Estreou em abril de 1992, com apresentação de Daniela Barbieri. Era praticamente uma continuação do antigo *Vídeo em Manchete* mas, diferentemente do primeiro, tinha quadros mais diversificados como o *VT Show Xeretando com a Nani,* em que Nani Venâncio invadia a casa dos artistas. A fórmula foi copiada mais tarde por outros apresentadores e canais. Jussara Freire tinha um quadro de culinária (inspirado no sucesso de sua personagem em *Pantanal*, a cozinheira

Filó). Andréa Richa mostrava os erros de gravação: uma das imagens mais mostradas foi a de Cristiana Oliveira fugindo dos jacarés em *Pantanal.* A direção era de Viktor Junot, com direção-geral de David Grinberg, produção de Carla Braga e autoria de Marcos Resende. *VT Show* passava nas tardes de sábado e com a saída de Daniela Barbieri, Ângela Leal passou a apresentar o programa. Uma curiosidade é que o primeiro *VT Show*, que não tem ligação com o da Manchete, estreou na Globo em 1967 e era exibido aos sábados, ao vivo somente na TV Globo Paulista (antiga TV Paulista). Apresentado por Ademar Dutra, aquele *VT Show* mostrava um resumo do melhor da programação na semana. Já o *Vídeo Show,* também na Globo, nasceu em 20 de março de 1983.

MANCHETE

Capítulo V
O Espírito da Televisão

Um sentimento de grupo. É assim que posso definir o espírito dessa televisão. Deixo os funcionários explicarem o que significou a Manchete. Afinal, eles fizeram essa história. Em suas palavras, por vezes redundantes, revela-se um sentimento coletivo que não se restringia só a um departamento ou afiliada da rede.

- *Foi uma escola. Eu vejo com muito saudosismo, mesmo com as coisas negativas que vivi lá. Ainda sinto a presença dela muito forte. Tenho mais boas do que más lembranças.* **(Alberto Russo)**
- *Significou muito, pois eu tinha 23 anos de idade e um de profissão quando entrei. Aprendi muita coisa com colegas e diretores. Os primeiros programas que dirigi foram na Manchete. Sem muitos recursos, aprendemos a colocar a TV no ar de uma maneira ou de outra. A Manchete foi uma escola.* **(André Auler)**
- *Aprendi mais do que nos 4 anos da faculdade. O que eu faço hoje, é reflexo direto do que eu aprendi lá, do padrão de qualidade que a gente se exigia.* **(Arthur Ankerkrone, o Fofão)**
- *Quem sobreviveu à Manchete pode trabalhar em qualquer lugar no Brasil.* **(Carlito Camargo)**
- *Uma mudança de time... pro time A!* **(Carmen Busana)**
- *Uma faculdade de televisão.* **(Cristina Santana)**
- *O começo de tudo, eu aprendi muita coisa e conheci muita gente em TV.* **(Edmilse Silva)**
- *O profissional que sou hoje devo a ela.* **(Eduardo Ramos)**
- *A minha profissionalização. Através da exposição do meu trabalho, fui contratado pela Globo.* **(Fábio Pannunzio)**
- *Uma etapa difícil. Mas agora é parte da história. Precisamos olhar pra frente.* **(Marcos Zago)**
- *Vivi tantas coisas lá, vivi a boa fase, a estréia, a disputa com a Globo, com equipamentos de ponta, fazendo ótimos trabalhos, e depois a decadência.* **(José Carlos Jardim)**
- *Muitos anos de um longo casamento feliz.* **(Leila Miccolis)**
- *Ela ajudou a moldar meu caráter. O profissional que eu sou hoje eu devo a Manchete.* **(Marcelinho Fernandes)**
- *Metade da minha vida, tudo que aprendi.* **(Márcio Luiz Gabriel)**
- *Significou emprego pra mim e para meus filhos. Não havia constrangimentos de que família não poderia trabalhar junta. E nos aprimoramos muito.* **(Mário Iório, o Pescoço)**

• *Eu fiz parte da equipe que preparou todos os detalhes para que a emissora fosse ao ar. Permaneci na TV Manchete mais tempo do que na minha própria casa. Preciso dizer o que ela significou? Encontre você, por favor, o significado.* **(Mauro Costa)**

• *Todo mundo tinha muita garra.* **(Moneta Vautier)**

• *Todos os amigos que tenho vieram da Manchete. Tudo família.* **(Mônica Cristina de Mesquita)**

• *Um ganho de confiança. Vi que era capaz de trabalhar em TV.* **(Renato Nogueira)**

• *Você tinha vontade de trabalhar.* **(Ricardo Fremder)**

• *Conhece a música* Meu Bem, Meu Mal? *A Manchete teve esses dois extremos na minha vida.* **(Rinaldo de Oliveira)**

• *Um lugar em que tudo era muito legal.* **(Suzane Halfoun)**

• *Pude pesquisar e criar com total liberdade e dentro das dificuldades orçamentárias e técnicas, inventar soluções práticas para os desafios.* **(Toni Cid Guimarães)**

• *Trabalhei 10 anos, em que não perdi, mas aprendi a trabalhar. Eu pensava: um dia eu quero entrar pra história da TV. Realmente entrei. Ela fechou e eu fui junto!* **(Valmir Faceto, o Caniggia)**

• *Deixei a Manchete em outubro de 1996. Mas acho que ela nunca me deixou. Tenho amigos daquela época até hoje. E tenho Ivandra Previdi, editora do Jornal da Manchete, com quem comemorei mais de um década de casamento.* **(Walter Mesquita)**

• *Tinha que ter uma criatividade fantástica para atingir os padrões de qualidade que a Manchete exigia.* **(Weber Tadeu)**

Capítulo VI
História sem Fim

Cada um contou neste livro a saudade de um tempo que continua presente na memória. Quando a crise aperta, uma família de verdade se une e fica cada vez mais unida. O fim da Manchete não significou o fim de amizades, mas daquele convívio diário, de todo dia um olhar para o outro e dizer: *E aí, vamos tocar juntos essa televisão?*

A Manchete foi mais que uma emissora, foi a casa de todos. A Casa da Manchete. Um lugar onde tapete era para ficar no chão, não para se puxar. Um lugar que funcionava como uma grande escola, em que se ensinava e se aprendia muito. Onde o lugar de cada um era o lugar de todos, independente das hierarquias.

Não dá para explicar, nem mesmo em um livro, coisas intocáveis como o sentimento humano. As palavras ficam e a essência continua. Os funcionários da Manchete continuam por aí dando o melhor de si. Muitos se tornaram grandes professores de televisão, mas quando relembram da Manchete falam com a mais pura simplicidade, desvendando o segredo de que para se fazer o melhor em televisão, é preciso gostar daquilo que se faz.

Lá era a casa da criação, onde todos davam força, mesmo que fosse a última das forças nos piores momentos de crise. Talvez quem vê de fora não percebe que o que mais machuca não é a falta de pagamento, não é o dinheiro em si, mas a perda de tudo aquilo que existia em forma de emissora, de casa.

Peço desculpas aos funcionários que, ao serem entrevistados para este livro, tenham se sentido tristes relembrando alguns desses momentos. Que fique a observação de que, acima de tudo, o aprendizado e a força de vontade deles continua em pé. Estejam onde estiverem, continuam sendo aqueles velhos amigos da Manchete.

Com freqüência, ao colher estes depoimentos, tive que transmitir os abraços de um para outro. Ouvi também alguns desabafos que acabaram soando como agradecimento. Foi o caso de Mônica Mesquita, operadora de caracteres da Manchete carioca, que me confidenciou: *Sabe, é muito bom falar de Manchete. Me faz muito bem. Era tão bom*.

Muitos me pediram que encontrasse as verdadeiras razões para o fim da Manchete. Um lado critica a má administração. Outro culpa as crises econômicas que transformaram as décadas de 1980 e 1990, o crescimento das concorrentes. Não existe uma verdade absoluta para definir esta história. Foram diversos caminhos e processos que acabaram não dando certo. Tomem para si a verdade em que acreditam. Infelizmente, a Manchete trilhou um caminho que ninguém desejava e nem esperava. Muitos acreditavam sempre em uma última saída, já que a Manchete enfrentou uma crise gigantesca como parte de sua história e dela conseguiu se safar, como um doente que recebeu alta. Por infelicidade, no entanto, sofreu nova recaída.

A Manchete não foi daquelas emissoras que passaram pela história sem que ninguém notasse. Deixou sua marca, que se refletiu nos outros canais. Seja nos apresentadores, no formato, nas superproduções de nossa teledramaturgia. Sobre isso, fica a declaração de Eloy Decarlo, *a voz padrão*: *É difícil falar da Manchete com imparcialidade, mas ela contribuiu para o desenvolvimento da TV no Brasil. Em certos momentos de sua história, provou que não só os programas populares dão audiência, que uma TV de classe também pode ser massiva na propagação da nossa cultura e que uma programação bem-feita, de qualidade, dá resultados positivos.*

A história fica. E tudo que fica é porque
Aconteceu, virou Manchete.

Agradecimentos Especiais

Alessandre Brum Marques, Alzira Ankerkrone, Anderson Diniz Bernardo, André Auler, Carlito Camargo, David Grinberg, Diogo Montano, Edmilse Silva, Eduardo Ferreira, Eduardo Sander, Eliana Pace, Fábio Pannunzio, Fernando Barbosa Lima, José Paulo Lanyi, Leila Melo, Luiz Francfort, Marcos Zago, Maurício Viel, Nelson Hoineff, Nilson Xavier, Osmar Gonçalves, Patrícia Mayo, Regina da Glória Lopes, Ricardo Xavier (Rixa), Rosângela Marques, Rosemary Sommadossi, Sandra Miranda, Tatu (Wilson Borges), Ulda Toledo e Daniela Arrieta (Assessoria SBT), Vida Alves e Lú Bandeira (Pró-TV). Aos companheiros da Imprensa Oficial, que tiveram total dedicação para a confecção desta obra.

Agradecimentos

Ancelmo Góes, André Braun, Ângela Mattos, Anna Lee, Biblioteca Mário de Andrade (SP), César Galvão, Christian Côrte-Real Castanho, Cristina Padiglione, Éde Pandolph, Eliane Leme (Assessoria de Imprensa – Rede Bandeirantes), Eric Goerlich, Francisco Cripiani Abi Saber, Guilherme Grandi, Gustavo Alves Ferro, Helena Vieira, Ivan Finotti, Leandro Luiz Fontes Ribeiro, Luciana Lima, Marcel Britto de Freitas, Marco Antônio Beatriz, Mário Quaranta Filho (Marinho), Nilton Travesso, Paulo Senna, Rafael Valente, Rodrigo Bocardi, Rosana Hermann, Rosângela Melo (Gazeta), Sérgio Nesteriuk Gallo, Sílvia Marques e Christina Ravanelli (MIS – Museu da Imagem e Som, SP), Thiago Uberreich, Universidade Anhembi Morumbi. **ENTREVISTADOS:** Abilio Ribeiro Vieira Neto, Adolfo Rosenthal, Alberto Russo, Amintas Ferreira da Silva, Ângela Correa, Ângela Britto, Beatriz de Burgos Peine, Carla Regina, Carlos Henrique Pinheiro, Carmen Busarra, Celene Araújo, César Castanho, Cristina Santana, Cyro Del Nero, Daltony Nóbrega, Débora Elias, Denise Dourado, Domingos Mattei Neto, Dominó (Luiz Augusto Brandão Moraes), Eduardo Ramos, Eliakim Araújo, Geninho (Genivaldo Antunes Rodrigues), Gilvan Guimarães, Gina Masello, Hélcio Magalhães, Ivandra Previdi, Jacques Lagoa, Jayme Monjardim, João J. Silvestre, João Nascimento, Joaquim Lopes da Rocha (Quim), Jorge Machado, José Carlos Jardim, José Edmar Lima (Lima), Juliana Lambert, Julio Francfort, Leandro Oliveira, Leila Cordeiro, Leila Miccolis, Lourenço Carvano, Luiz Carlos Azenha, Manoel Coelho Viana (Mané), Marçal José, Marcelo Fernandes dos Santos (Marcelinho), Marcelo Muniz, Márcio Luiz Gabriel Iório, Marcos Dvoskin (e Paula Kinker), Marcos Hummel, Marcos Resende, Mário Iório (Pescoço), Maurício Sherman, Mauro Costa, Miguel Fortunato, Miguel Ramos Camargo (Miguelzinho), Moneta Vautier, Mônica Cristina de Mesquita, Nivaldo dos Santos, Patrick de Oliveira, Paulo Velloso, Pé-de-Anjo (Wilson Nascimento), Pedro Zeballos,

Renato Nogueira, Ricardo Fremder, Rinaldo de Oliveira, Ronald Sidi, Rosa Helena Arras, Rosyres de Carvalho Óppido, Samuel Tolbert, Suzy Halfoun, Toni Cid Guimarães, Valdir Milagres Jr. (Milagres), Valmir Faceto (Caniggia), Wagner Mancz, Wagner Salgado Costa, Walter Mesquita, Weber Tadeu, Wilson Roberto Santos, Wilton Diogo da Silva Jr. (Paranazinho), Zé Microondas, Zevi Ghivelder e a todos aqueles que ajudaram no resgate da história da Rede Manchete aqui fica nosso agradecimento.

Bibliografia

Livros

ALENCAR, Mauro. *A Hollywood Brasileira: Panorama da Telenovela no Brasil*. Rio de Janeiro, Senac, 2002.
BLOCH, Adolpho. *O Pilão*. Rio de Janeiro, Bloch Editores, 1978.
BRITTO, Ângela. *O Último Artesão: Walter Avancini*. Rio de Janeiro, Gryphus Ed., 2005.
FERNANDES, Ismael. *Telenovela Brasileira: Memória*. São Paulo, Brasiliense, 4ª edição, 1997.
SILVA, Arlindo. *A Fantástica História de Silvio Santos*. São Paulo, Editora Brasil, 2001.
XAVIER, Rixa; SACCHI, Rogério. *Almanaque da TV: 50 Anos de Memória e Informação*. Rio de Janeiro, Objetiva, 2000.

Jornais e Revistas

Boletim de Divulgação – Semana em Manchete (1987-1999), Jornal Correio Braziliense (1983-1998), Jornal da Tarde (1991-2003), Jornal do Brasil (1983-1999), Jornal Folha de São Paulo (1983-2004), Jornal O Dia (1996-2004), Jornal O Estado de São Paulo (1983-2004), Jornal O Globo (1983-2004), Jornal Shopping News (1989), Revista Amiga (1987-2001), Revista Contigo! (1994), Revista Imprensa (1991-1993), Revista Istoé (1995-2004), *Revista Manchete* (1978-2004), Revista Propaganda (1990), Revista Superinteressante (2004), Revista Tela Viva (1994-1999), Revista Veja (1980-1999)

Sites

ALBIN, Instituto Cultural Cravo. Dicionário Cravo Albin da Música Popular Brasileira – *http://www.dicionariompb.com.br*
AZENHA, Luiz Carlos. Vi o Mundo – *http://www.viomundo.com*
CORREIA, Izaías. Séries Brasileiras – *www.seriesbrasileiras.hpg.com.br*
FERREIRA, Eduardo. Rede Manchete: Qualidade em Primeiro Lugar – *www.redemanchete.cjb.net*
IMDB. The Internet Movie Database. *www.imdb.com*
INTERNET ARCHIVE. Internet Archive – *www.archive.org*
MONJARDIM, Jayme. Jayme Monjardim – *www.jaymemonjardim.com.br*
MONTANO, Diogo. Rede Manchete: Uma História de Sucesso. – *www.redemanchete.hpg.com.br*
PRÓ-TV. Museu da Televisão Brasileira – *www.museudatv.com.br*
SILVESTRE, João J. Jota Silvestre – www.jsilvestre.com
VALIM, Maurício. Tudo Sobre TV – www.tudosobretv.com.br
VAN TILBURG, João Luís. Banco de Dados TV Pesquisa – http://www.tv-pesquisa.com.puc-rio.br
VIANA, Marcus. Sonhos & Sons – http://www.sonhosesons.com.br
VIEL, Maurício. Retrô TV – www.retrotv.com.br
XAVIER, Nilson. Teledramaturgia – www.teledramaturgia.com.br

Índice

Crédito das fotografias

Ademir Martins/TV Manchete 89
André Auler/TV Manchete 347
André Wanderley/TV Manchete 186, 193
Angel Guzmán (arte)/TV Manchete 152
Arquivo Pró-TV 49, 58, 59, 81, 82, 92, 149,
Aurélio Rodrigues/TV Manchete 158, 163, 167, 170
Benício (arte)/TV Manchete 84, 189, 4ª capa
Bloch Editores 26, 300
Cibele Clark/TV Manchete 248
Cristina Isidoro/TV Manchete 177
Divulgação Rede Manchete 171, 172
Everest Vídeo 54, 55
Indalécio Wanderley/TV Manchete 251
João Silva/TV Manchete 64, 173, 178
Julio Francfort 16
Luiz Albert/TV Manchete 259
Manabu Mabe (arte)/TV Manchete 336
Marcelo Hörn/TV Manchete 177
Marco Antonio Rezende/TV Manchete 167
Orestes Locatel/TV Manchete 88
Revista Manchete 10
Sérgio de Souza/TV Manchete 173
Toei Company 240
Top Tape 54, 55
Vânia Toledo/TV Manchete 129
Zé Microondas 155, 158, 159, 363, 364
Logomarcas e propagandas são de divulgação e reprodução da TV Manchete.
As demais imagens são do arquivo pessoal do autor
Logotipo da 4ª capa redesenhado por Benício

Coleção Aplauso

Série Cinema Brasil

Alain Fresnot – Um Cineasta sem Alma
Alain Fresnot

O Ano em Que Meus Pais Saíram de Férias
Roteiro de Cláudio Galperin, Bráulio Mantovani, Anna Muylaert e Cao Hamburger

Anselmo Duarte – O Homem da Palma de Ouro
Luiz Carlos Merten

Ary Fernandes – Sua Fascinante História
Antônio Leão da Silva Neto

Batismo de Sangue
Roteiro de Helvécio Ratton e Dani Patarra

Bens Confiscados
Roteiro comentado pelos seus autores Daniel Chaia e Carlos Reichenbach

Braz Chediak – Fragmentos de uma vida
Sérgio Rodrigo Reis

Cabra-Cega
Roteiro de Di Moretti, comentado por Toni Venturi e Ricardo Kauffman

O Caçador de Diamantes
Roteiro de Vittorio Capellaro, comentado por Máximo Barro

Carlos Coimbra – Um Homem Raro
Luiz Carlos Merten

Carlos Reichenbach – O Cinema Como Razão de Viver
Marcelo Lyra

A Cartomante
Roteiro comentado por seu autor Wagner de Assis

Casa de Meninas
Romance original e roteiro de Inácio Araújo

O Caso dos Irmãos Naves
Roteiro de Jean-Claude Bernardet e Luis Sérgio Person

O Céu de Suely
Roteiro de Mauricio Zacharias, Karim Aïnouz e Felipe Bragança

Cidade dos Homens
Roteiro de Paulo Morelli e Elena Soárez

Como Fazer um Filme de Amor
Roteiro escrito e comentado por Luiz Moura e José Roberto Torero

Críticas de Edmar Pereira – Razão e Sensibilidade
Org. Luiz Carlos Merten

Críticas de Jairo Ferreira – Críticas de invenção: Os Anos do São Paulo Shimbun
Org. Alessandro Gamo

Críticas de Luiz Geraldo de Miranda Leão – Analisando Cinema: Críticas de LG
Org. Aurora Miranda Leão

Críticas de Ruben Biáfora – A Coragem de Ser
Org. Carlos M. Motta e José Júlio Spiewak

De Passagem
Roteiro de Cláudio Yosida e Direção de Ricardo Elias

Desmundo
Roteiro de Alain Fresnot, Anna Muylaert e Sabina Anzuategui

Djalma Limongi Batista – Livre Pensador
Marcel Nadale

Dogma Feijoada: O Cinema Negro Brasileiro
Jeferson De

Dois Córregos
Roteiro de Carlos Reichenbach

A Dona da História
Roteiro de João Falcão, João Emanuel Carneiro e Daniel Filho

Os 12 Trabalhos
Roteiro de Claudio Yosida e Ricardo Elias

Fernando Meirelles – Biografia Prematura
Maria do Rosário Caetano

Fome de Bola – Cinema e Futebol no Brasil
Luiz Zanin Oricchio

Guilherme de Almeida Prado – Um Cineasta Cinéfilo
Luiz Zanin Oricchio

Helvécio Ratton – O Cinema Além das Montanhas
Pablo Villaça

O Homem que Virou Suco
Roteiro de João Batista de Andrade, organização de Ariane Abdallah e Newton Cannito

João Batista de Andrade – Alguma Solidão e Muitas Histórias
Maria do Rosário Caetano

Jorge Bodanzky – O Homem com a Câmera
Carlos Alberto Mattos

José Carlos Burle – Drama na Chanchada
Máximo Barro

Liberdade de Imprensa – O Cinema de Intervenção
Renata Fortes e João Batista de Andrade

Luiz Carlos Lacerda – Prazer & Cinema
Alfredo Sternheim

Maurice Capovilla – A Imagem Crítica
Carlos Alberto Mattos

Não por Acaso
Roteiro de Philippe Barcinski, Fabiana Werneck Barcinski e Eugênio Puppo

Narradores de Javé
Roteiro de Eliane Caffé e Luís Alberto de Abreu

Onde Andará Dulce Veiga
Roteiro de Guilherme de Almeida Prado

Pedro Jorge de Castro – O Calor da Tela
Rogério Menezes

Ricardo Pinto e Silva – Rir ou Chorar
Rodrigo Capella

Rodolfo Nanni – Um Realizador Persistente
Neusa Barbosa

O Signo da Cidade
Roteiro de Bruna Lombardi

Ugo Giorgetti – O Sonho Intacto
Rosane Pavam

Viva-Voz
Roteiro de Márcio Alemão

Zuzu Angel
Roteiro de Marcos Bernstein e Sergio Rezende

Série Crônicas

Crônicas de Maria Lúcia Dahl – O Quebra-cabeças
Maria Lúcia Dahl

Série Cinema

Bastidores – Um Outro Lado do Cinema
Elaine Guerini

Série Ciência & Tecnologia

Cinema Digital – Um Novo Começo?
Luiz Gonzaga Assis de Luca

Série Teatro Brasil

Alcides Nogueira – Alma de Cetim
Tuna Dwek

Antenor Pimenta – Circo e Poesia
Danielle Pimenta

Cia de Teatro Os Satyros – Um Palco Visceral
Alberto Guzik

Críticas de Clóvis Garcia – A Crítica Como Ofício
Org. Carmelinda Guimarães

Críticas de Maria Lucia Candeias – Duas Tábuas e Uma Paixão
Org. José Simões de Almeida Júnior

João Bethencourt – O Locatário da Comédia
Rodrigo Murat

Leilah Assumpção – A Consciência da Mulher
Eliana Pace

Luís Alberto de Abreu – Até a Última Sílaba
Adélia Nicolete

Maurice Vaneau – Artista Múltiplo
Leila Corrêa

Renata Palottini – Cumprimenta e Pede Passagem
Rita Ribeiro Guimarães

Teatro Brasileiro de Comédia – Eu Vivi o TBC
Nydia Licia

O Teatro de Alcides Nogueira – Trilogia: Ópera Joyce – Gertrude Stein, Alice Toklas & Pablo Picasso – Pólvora e Poesia
Alcides Nogueira

O Teatro de Ivam Cabral – Quatro textos para um teatro veloz: Faz de Conta que tem Sol lá Fora – Os Cantos de Maldoror – De Profundis – A Herança do Teatro
Ivam Cabral

O Teatro de Noemi Marinho: Fulaninha e Dona Coisa, Homeless, Cor de Chá, Plantonista Vilma
Noemi Marinho

Teatro de Revista em São Paulo – De Pernas para o Ar
Neyde Veneziano

O Teatro de Samir Yazbek: A Entrevista – O Fingidor – A Terra Prometida
Samir Yazbek

Teresa Aguiar e o Grupo Rotunda – Quatro Décadas em Cena
Ariane Porto

Série Perfil

Aracy Balabanian – Nunca Fui Anjo
Tania Carvalho

Ary Fontoura – Entre Rios e Janeiros
Rogério Menezes

Bete Mendes – O Cão e a Rosa
Rogério Menezes

Betty Faria – Rebelde por Natureza
Tania Carvalho

Carla Camurati – Luz Natural
Carlos Alberto Mattos

Cleyde Yaconis – Dama Discreta
Vilmar Ledesma

David Cardoso – Persistência e Paixão
Alfredo Sternheim

Denise Del Vecchio – Memórias da Lua
Tuna Dwek

Emiliano Queiroz – Na Sobremesa da Vida
Maria Leticia

Etty Fraser – Virada Pra Lua
Vilmar Ledesma

Gianfrancesco Guarnieri – Um Grito Solto no Ar
Sérgio Roveri

Glauco Mirko Laurelli – Um Artesão do Cinema
Maria Angela de Jesus

Ilka Soares – A Bela da Tela
Wagner de Assis

Irene Ravache – Caçadora de Emoções
Tania Carvalho

Irene Stefania – Arte e Psicoterapia
Germano Pereira

John Herbert – Um Gentleman no Palco e na Vida
Neusa Barbosa

Sonia Oiticica – Uma Atriz Rodrigueana?
Maria Thereza Vargas

Suely Franco – A Alegria de Representar
Alfredo Sternheim

Tatiana Belinky – ... E Quem Quiser Que Conte Outra
Sérgio Roveri

Tony Ramos – No Tempo da Delicadeza
Tania Carvalho

Vera Holtz – O Gosto da Vera
Analu Ribeiro

Walderez de Barros – Voz e Silêncios
Rogério Menezes

Zezé Motta – Muito Prazer
Rodrigo Murat

Especial

Agildo Ribeiro – O Capitão do Riso
Wagner de Assis

Beatriz Segall – Além das Aparências
Nilu Lebert

Carlos Zara – Paixão em Quatro Atos
Tania Carvalho

Cinema da Boca – Dicionário de Diretores
Alfredo Sternheim

Dina Sfat – Retratos de uma Guerreira
Antonio Gilberto

Eva Todor – O Teatro de Minha Vida
Maria Angela de Jesus

Eva Wilma – Arte e Vida
Edla van Steen

Gloria in Excelsior – Ascensão, Apogeu e Queda do Maior Sucesso da Televisão Brasileira
Álvaro Moya

Lembranças de Hollywood
Dulce Damasceno de Britto, organizado por Alfredo Sternheim

Maria Della Costa – Seu Teatro, Sua Vida
Warde Marx

Ney Latorraca – Uma Celebração
Tania Carvalho

Raul Cortez – Sem Medo de se Expor
Nydia Licia

Sérgio Cardoso – Imagens de Sua Arte
Nydia Licia

TV Tupi – Uma Linda História de Amor
Vida Alves

Coleção Aplauso Série Especial

Coordenador Geral	Rubens Ewald Filho
Coordenador Operacional e Pesquisa Iconográfica	Marcelo Pestana
Projeto Gráfico e Editoração	Carlos Cirne
Assistente Operacional	Felipe Goulart
Assistentes	Edson Silverio Lemos
	Thiago Sogayar Bechara
Editoração	Aline Navarro dos Santos
Tratamento de Imagens	José Carlos da Silva

Dados Internacionais de Catalogação na Publicação
Biblioteca da Imprensa Oficial

Francfort, Elmo
Rede Manchete: aconteceu, virou história / Elmo Francfort. – São Paulo : Imprensa Oficial do Estado de São Paulo, 2008.
424p. : il. – (Coleção aplauso série especial / coordenador geral Rubens Ewald Filho)

ISBN 978-85-7060-589-4

1. TV Manchete - História 2. Televisão – Brasil – História I. Ewald Filho, Rubens. II. Título. III. Série.

CDD 791.450 981

Índices para catálogo sistemático:
1. Brasil : Televisão : História 791.450 981

Imprensa Oficial do Estado de São Paulo
Rua da Mooca, 1921 Mooca
03103-902 São Paulo SP
www.imprensaoficial.com.br/livraria
livros@imprensaoficial.com.br
Grande São Paulo SAC 11 5013 5108 | 5109
Demais localidades 0800 0123 401

Formato: 18 x 25,5 cm

Tipologia: Frutiger

Papel miolo: Offset LD 90g/m²

Papel capa: Triplex 250 g/m²

Número de páginas: 424

Editoração, CTP, impressão e acabamento:
Imprensa Oficial do Estado de São Paulo

editoração, ctp, impressão e acabamento
imprensaoficial
Rua da Mooca, 1921 São Paulo SP
Fones: 2799-9800 - 0800 0123401
www.imprensaoficial.com.br